Karl Rosenkranz

Kritische Erläuterungen des Hegel´schen Systems

Verlag
der
Wissenschaften

Karl Rosenkranz

Kritische Erläuterungen des Hegel´schen Systems

ISBN/EAN: 9783957003607

Auflage: 1

Erscheinungsjahr: 2015

Erscheinungsort: Norderstedt, Deutschland

Hergestellt in Europa, USA, Kanada, Australien, Japan
Verlag der Wissenschaften in Hansebooks GmbH, Norderstedt

Cover: Sandro Botticelli "Die Verleumdung des Apelles" (1495)

Kritische Erläuterungen

des

Hegel'schen Systems

von

Karl Rosenkranz.

Königsberg.
Bei den Gebrüdern Bornträger.
1840.

Inhaltsanzeige.

                                                                Seite.

Allgemeine Charakteristik Hegel's 1832 1

Erste Abtheilung.
Erläuterungen zur Logik.

I. R. v. L. über Sein, Werden und Nichts 1833 21
II. Gruppe's Wendepunct der Philosophie im neunzehnten Jahrhundert 1834 24
III. Branis' Metaphysik 1834 32
IV. Weiße's Metaphysik 1835 49

Zweite Abtheilung.
Erläuterungen zur Philosophie der Natur.

I. Hegel's Eintheilung der Naturwissenschaften 1837 91
II. Probe eines Commentar's zu Hegel's Lehre von Raum und Zeit 1835 107

Dritte Abtheilung.
Erläuterungen zur Philosophie des Geistes.

I. Daub's Anthropologie 1836 135
II. Hegel's Philosophie der Geschichte 1837 149
III. Hegel's Aesthetik 1836 177

	Seite.
IV. Hegel's Religionsphilosophie 1833	217

V. Kritische Erörterungen der Hegel'schen Religionsphilosophie.

1) Conradi's Selbstbewußtsein und Offenbarung 1832 . . .	251
2) Marheineke's kirchliche Religionsphilosophie 1836	260
3) Eschenmayer's pietistische Polemik gegen Hegel's Religionsphilosophie 1834	267
4) Günther's und Pabst's katholische Polemik gegen Hegel 1831	286
5) Daumer's Pantheismus und Kreuzhage's Autotheismus 1832	309
6) Stuhr's gelehrte Religionsphilosophie 1836	325
7) Göschel's Entwickelung der Hegel'schen Unsterblichkeitslehre 1835	348

Hegel und seine Schule.
Statt einer Vorrede.

Obwohl bereits von verschiedenen Seiten her und mehr als einmal das wahre Verhältniß der Hegel'schen Schule zu ihrem Stifter zur Sprache gebracht ist, so hat es doch noch immer den Anschein, als könne oder wolle man dasselbe nicht begreifen. In der letztern Zeit hat sich die entweder absichtliche oder in Befangenheit und Unkenntniß sich selbst betrügende Verleugnung und Verdrehung jenes Verhältnisses so oft, so hartnäckig, so unverschämt und gewissenlos geäußert, daß fast jeder, der ein näheres Interesse an der Hege'lschen Philosophie nimmt, sich darüber empört zu fühlen gezwungen worden ist. Ich habe mich, von andern gelegentlichen Bemerkungen abgesehen, vorzüglich am Ende meiner Schrift gegen Bachmann im Anfang des Jahres 1834 und in der Vorrede zu meiner Psychologie 1837 über diesen Punct erklärt, seitdem aber geschwiegen.

Dies Schweigen ist mir, je länger je mehr, gemißdeutet, verargt.

Man kann darin erstlich eine **theoretische** Verlegenheit suchen. Ich wisse nicht, was ich zu den ausgebrochenen Kämpfen sagen solle. Ich sei unsicher, schwankend.

Oder man kann zweitens eine **praktische** Verlegenheit darin entdecken. Ich wisse wohl, was ich sagen solle, aber ich wolle es nicht thun, weil bei der gegenwärtigen Constellation der öffentlichen Thatsachen gar mancherlei Bedenklichkeiten obwalten könnten, aufrichtig zu sein. Ich sei also zwar kein Heuchler, indem ich mir

keine gemachte Ueberzeugung zum Schaugepränge andich=
tete, aber ich sei doch ein Feiger.

Beide Vorwürfe sind mir bald sanfter, bald härter
angedeutet worden. Oft hat man meinen Namen nicht
genannt, aber ich wußte mich leicht zu finden, da Strauß
mir in dem einen Heft seiner Streitschriften die Stel=
lung gegeben hatte, das Centrum der Hegel'schen Schule
zu sein und man nun unter diesem Titel auf mich loszog.

Diese Ehre hat bei solchen, welche sich in der That
für das Centrum der Schule halten, offener oder ver=
steckter, viel böses Blut gegen mich gemacht.

Ich bin weit davon entfernt, so anmaaßend zu sein,
mich, der ich in dem äußersten Winkel Deutscher Litera=
tur ein höchst peripherisches, kryptogamisches Dasein führe,
als Mittelpunct der Schule zu setzen. Keine Thorheit
könnte diese übertreffen. Aber ich sehe vor allen Din=
gen in der Art und Weise, wie Strauß mich stellt, gar
keine Veranlassung dazu, mir irgendwie jene Centralität
so auszulegen, als ob sie über den Kreis der Christo=
logie der Hegel'schen Philosophie hinausginge. Strauß
hat nicht daran gedacht, so wenig als ich, in mir nach
Hegel's Tode dessen ächtesten, umfassendsten, tüchtigsten
Repräsentanten zu erblicken. Im Gegentheil sieht man
bei ihm deutlich genug, daß er, auch nur für die Christo=
logie, seine Consequenz für die centrale hält und
daß ich ihm in dieser Hinsicht nichts als eine Halb=
heit bin, welche er mit seiner Ironie in's Centrum stellt.

Da er diesen Ton einmal angeschlagen hatte, so
trieb ihn Michelet noch weiter. Er machte an der
Strauß'schen Theorie einige Modificationen und forderte
mich dann auf, unter Anerkennung derselben zu ihm,
der einst Straußens Lehrer gewesen sei, überzutreten.

Wenn ich mich hierüber, meinte Michelet, nicht erklärte, so sei ich zwar ein Centrum, aber nicht das der königlichen rothen Farbe, sondern des niederträchtigen Grau's, das weder Schwarz noch Weiß sei. Ich sei dann weder Fisch noch Fleisch. Diese Aufforderung ist, seit Leo's Anklage der Hegel'schen Schule auf Excommunication aus der Kirche, worin sie überging, unzähligemal in den verschiedensten Blättern und Broschüren wiederholt worden.

Mir kam sie als eine Uebereilung Michelet's vor. Es kann doch unmöglich auf Erklärungen, auf Assertionen ankommen? Es kann doch in der Wissenschaft nicht auf eine Entscheidung durch Stimmenmehrheit gerechnet werden? Eine solche Barbarei kann Michelet's Ernst nicht gewesen sein. Wenn ich mich zu ihm schlüge, so versprach er mir eine compacte Majorität in der Schule. Ich setze den Fall: ich hätte in den Intelligenzblättern der Literaturzeitungen dem Publicum die Anzeige gemacht, ich sei wirklich jetzt der Ansicht des Herrn Professor Michelet — was würde das geholfen haben? Ich hoffe doch, daß in einer Zeit, wie die unsrige, in welcher, wie Hegel schon 1807 sagte, das Selbstbewußtsein so erstarkt d. h. von der Bestimmung durch Auctoritäten frei geworden ist, meine winzige Auctorität Niemand bestechen wird? Thäte sie es aber, so würde ich dies nicht bloß für ein Unglück halten, sondern alles Mögliche thun, den Auctoritätsdruck zu vernichten, weil er dem Wesen der Wissenschaft widerspricht, welche nur durch Gründe, durch die Natur der Sache bestimmen will. Nicht umsonst sprach man ehemals von der Gelehrtenrepublik.

Ober sollte es mit uns in der That so weit gekommen sein, daß die liebe Subjectivität, die Meinung, sich wieder so breit machen, daß es nur darum zu thun sein dürfte, Erklärungen zu haben und das Was in der Wissenschaft von dem Wie zu trennen? Eine Regierung kann Erklärungen fordern, ob Jemand sie anerkenne oder nicht; eine Kirche, ob man in ihrem Symbolum das Wesentliche seiner Religion ausgedrückt und sich also durch sie befriedigt finde, ihr und ihrem Schicksal angehören wolle; — aber in der Wissenschaft reicht ein solch trocknes Erklären nicht aus, vorzüglich auch deshalb nicht, weil der Proceß des Erkennens in seinem Progreß einem solchen Verfahren widerspricht.

Ich schwieg auf Michelets Aufforderung, weil ich in meiner Schrift: der Zweifel am Glauben, in meiner Naturreligion, in meiner Encyklopädie der theologischen Wissenschaften (von der ich eine baldige zweite Ausgabe zu veranstalten gedenke, in welcher ich dann eine Menge Veränderungen und Erweiterungen vornehmen werde, wie sie der seit 1831 erfolgte Fortschritt der Wissenschaft fordert), in meiner Kritik der Schleiermacher'schen Glaubenslehre mich bestimmt genug ausgesprochen zu haben glaubte. Ich brauchte nicht zu reden, weil ich schon geredet hatte.

Als der Blitz der Leo'schen Anklage auf Atheismus der Hegel'schen Schule; als die carrikirte Nachahmung derselben von Schubarth zur Anklage der Schule auf Revolution erfolgte, habe ich, eine allgemeine Mißbilligung im Vorwort zum zehnten Bande der Werke Kant's abgerechnet, wiederum geschwiegen, weil ich zu viel herrliche, mir ewig unvergeßliche Stunden im Umgange mit Leo genossen habe und gegen ihn aufzutreten mich nicht gestimmt fand. Wir sind nun in unseren Richtungen auseinander, das ist gewiß. Unser Verkehr hat ein Ende, denn er würde jetzt nur ein gequälter sein. Die Zeiten, in denen ich glaubte, Leo verhalte sich, seine historischen Bedenken ausgenommen, überhaupt als ein Anhänger des Hegelschen Systems, sind dahin. Seine zeitherige Darstellung der Geschichte und seine ausdrückliche Erklärung haben diesen Irrthum bei mir zerstört. Aber dennoch wird mein Andenken an ihn stets von der innigsten Zärtlichkeit durchdrungen sein. Leo regte mich immer höchst poetisch an und ich schickte ihm manch schlechtes Gedicht zu, weil ich oft in seiner persönlichen Nähe, so sehr sie mich anzog, von einer gewissen Scheu und Befangenheit gefesselt wurde und mich doch gern gegen ihn mit Klarheit stellen wollte. So erinnere ich mich vom Mai 1833 noch folgender Verse aus einem Gedicht, die auch jetzt noch Wahrheit für mich haben:

Tausendfache Widersprüche mögen zwischen uns sich heben,
Belde mögen wir geharnischt feindlich uns entgegenstreben:
Dennoch wohnt im Herzensgrunde ein geheimes Liebeswalten,
Das mich, wie ich fern Dir stehe, immer treu Dir wird erhalten.

Dies Stadium der Hegel'schen Schule, der Kirche als härctisch, dem Staat als revolutionair verdächtigt zu sein, bildet nur die Kehrseite zu jener früheren Periode, in welcher sie dafür galt, sophistisch für das Interesse des Staats, und zwar speciell des Preußischen, eine aus den Gemüthern schon verschwundene scholastische Orthodoxie wieder zu erneuern und die politischen Zustände Preußens in ihrer unmittelbarsten Wirklichkeit als absolut vernünftig zu rechtfertigen.

Das Jahr 1838 ist nur der Gegenpol zum Jahre 1828, denn gleich darauf, seit 1830, begann die Polemik gegen die Hegel'sche Philosophie als einer Garantie für den status quo. Die Schule muß es daher als ein Glück ansehen, durch das Extrem des Extrems von der Beschuldigung des Systems als eines servilen einerseits, eines ultraistisch-liberalen anderseits, emancipirt zu sein. Denn wenn dasselbe System Gründe zu beiden sich widersprechenden Anklagen, das einmal für das anderemal gegen Thron und Altar, wie die jetzt beliebte Formel lautet, darbietet, so muß die Sache selbst sich offenbar doch wohl anders verhalten, als die Ankläger meinen. Es ist immer schlimm, wenn die Ansicht aufkommt, eine Regierung begünstige ein philosophisches System, oder sei ihm feindlich gesinnt. Beidemal entsteht dadurch auf die Länge unfehlbar Heuchelei. Die Accommodation an die Voraussetzung bleibt nicht aus und wirkt um so corrumpirender, je unbestimmter sie sein muß. Regierung ist ein Wort von weitem Umfang. Wer sind ihre Träger? Vom Regierungsrath bis zum Minister, endlich bis zum Fürsten, ist eine sehr verschlungene Linie. Wie steht hier die Philosophie? Welches Interesse für Philosophie, welche Kenntniß derselben ist hier anzunehmen? Wer weiß es denn eigentlich? Wer will dem Geklatsch sich anvertrauen? Und nichts destoweniger wird das Factum geboren. Ganz in's Blaue hinein gestaltet sich eine Sympathie für oder eine Antipathie wider eine Philosophie und wirkt im Stillen mächtiger, als man es glauben sollte. Die dumpfe Voraussetzung, daß eine Regierung diese oder jene Philosophie nicht mehr möge, daß also darin keine Carriere mehr zu machen sei, läßt uns unsere nächsten Bekannten sich oft in nicht zu langer Zeit bis zur Unkenntlichkeit verwandeln und sie haben plötzlich, zu unserer großen Ueberraschung, gegen ein System, für das sie noch vor Kurzem begeistert schwärmten, die Nadelstiche von zahllosen Bedenklichkeiten in Bereitschaft.

Man muß sich nur nicht einbilden, daß bei dem großen Haufen es sich um die Wissenschaft, um gewissenhafte Erkenntniß der ewigen Wahrheit, um eine geprüfte Ueberzeugung handle. Das Einkommen, die Ehre, die persönliche Auszeichnung, der Nepotismus, das Wohlleben, die Herrschsucht — das sind die Dinge, welche am Herzen liegen. Solche Menschen hören sogleich auf, für eine Philosophie sich zu interessiren, wenn sie in Ungnade gefallen ist. Und dies dürfte bei den Meisten jetzt wohl im Geheimen als die Meinung von dem Effect der Leo'schen Anklage angesehen werden können.

Es gereicht der Preußischen Regierung, deren wissenschaftlicher Sinn ja auch durch die Lebensrettung des Straußschen Lebens Jesu sich so rühmlich auszeichnete, abermals, wie einst bei dem Antrag der Pietisten, Wegscheider und Gesenius von ihren Aemtern zu entfernen, zu großer Ehre, die Anklage der Hegelingen sich in sich theoretisch haben verzehren zu lassen und der immer wieder angeschürten Erwartung, praktisch in den Kampf der Wissenschaft einzugreifen, keinen Raum zu geben. Leo wollte dann wenigstens dadurch eine Beschränkung der wissenschaftlichen Discussion herbeiführen, daß er den Antrag machte, die wichtigsten Untersuchungen sollten in Lateinischer Sprache geführt werden, um „das Gift nicht zu verschleppen" wie der banale Ausdruck lautet. Allein auch dieser Antrag wurde ignorirt und mit Recht. Denn die Wissenschaft kann sich nur in der Form der Nationalsprache vollenden, nur in dieser ihr Innerstes manifestiren. Und was würde auch das Lateinische Visir helfen? Hat eine Untersuchung ein wahrhaftes, allgemeines Interesse, ist sie mit objectiver Gründlichkeit und subjectiver Redlichkeit geführt, so eignet sie sich der Geist zuletzt doch in der ihm adäquatesten Form an. Strauß' Leben Jesu hat für die Laien der Theologie doch erst wieder zurecht gemacht werden müssen. Sein Deutsch war ihnen noch nicht Deutsch. Es mußte erst die gelehrte und speculative Hülle abwerfen. Die Franzosen haben es sich durch Littré nicht in's Lateinische, sondern Französische übersetzen lassen. Oder umgekehrt. Wegscheider hat seine Dogmatik Lateinisch geschrieben. Hat sie deshalb weniger Auflagen erlebt und ist nicht auch sie zuletzt in's Deutsche übersetzt?

Die Philosophie hat aber an einem Historiker, welcher offen erklärt, nichts von ihr zu verstehen und dessen Anklagen durch diese Erklärung daher sogleich wieder entkräftet werden, einen bei weitem glücklicheren Feind, als an den Philosophen, welche das Wissen durchaus wieder in ein Glauben verwandeln wollen und ihre Verwirrung für die Tiefe selbst nehmen. An der Spitze dieser Fraction stehen Fichte und Weiße. In einer Bemerkung, welche ich 1836 zu einem 1835 geschriebenen Aufsatz über Raum und Zeit hinzufügte, und welchen ich in den Erläuterungen des Hegel'schen Systems hier zum erstenmal mittheile, habe ich mich über beide im Allgemeinen; über Weiße aber speciell in einer Kritik seiner Einleitung in die Mythologie und seiner Metaphysik ausgesprochen. Eine mit Gründen belegte Widerlegung dieser Kritiken ist mir wenigstens nicht zu Gesicht gekommen. Von Weiße nur eine gedruckte Beschwerde, daß ich ihn, indem ich ihm Eitelkeit und Originalitätssucht vorwerfe und dies auch, wie ich denke, thatsächlich genug aus seinen Schriften beweise, persönlich angegriffen und den wissenschaftlichen Streit in die Gemeinheit moralischer Insinuation hinübergezogen haben soll. Mir dagegen wurde bei dieser Gelegenheit huldreich die Eröffnung gemacht, daß ich in meinen Arbeiten aller Wissenschaftlichkeit „Hohn spräche" und daß „meinem Treiben" ein Ende gemacht werden müsse. Fichte aber nannte mich einen „jungen spaßhaften Professor", dessen „Einfalt" von Andern irrig zuweilen für Witz genommen würde; charakterisirte mich als eine „Halbheit und Zweideutigkeit", welche durch Strauß und Michelet „unerbittlich, eine Partei zu ergreifen" gedrängt werde, und ließ mich mit Anderen „auf dem dürren Armuthfelsen des alten Hegelianismus dem geistigen Hungertode trotzen". Es mag an diesen polemischen Brocken genug sein, um so viel darzuthun, daß ich Fichte sowohl als Weiße in literarischer Beziehung nicht die geringste zarte Rücksicht, sondern nur Schonungslosigkeit schuldig bin. Persönlich habe ich nichts gegen beide und habe dies gegen Weiße auch durch Anerkennung seiner Schrift über den Göthe'schen Faust auszudrücken gesucht. Gabler hatte in den Berliner Jahrbüchern 1832, September, 431 auch schon gefunden, daß man Weiße für sein „gehässiges" Benehmen gegen Hegel keine rechte „Absolution" ertheilen könne. Dies „in's Gewissen Schieben" überging Weiße mit Stillschweigen und erst 1837 warf er Gabler „eine schulmeisterliche Süffisance" vor, welche mit der sonst von ihm kund gegebenen „Bescheidenheit seltsam contrastire"; vermißte bei ihm Beweise wissenschaftlicher Bestrebungen und bot

ihm schließlich ein dialektisches Turnier an, worauf Gab=
ler jedoch nicht eingegangen ist. Baur hatte Weiße ge=
zeigt, daß sein Leben Jesu in vieler Beziehung eine
Contrafactur des Strauß'schen und seine allegorisch=ästhe=
tische Auffassung oft nur die mythische von Strauß sei,
nur mit dem Unterschiede, daß sie gegen das Historische
sich oft noch negativer verhalte. Was ist die Folge ge=
wesen? Baur warf in späteren Debatten hierüber Weiße
ein „hämisches" Betragen, Weiße dagegen Baur „un=
würdige Tücke" vor!

Zuletzt ist er mit Michelet Schellings halber auch
auf eine Weise zusammengetroffen, in welcher abermals
ein moralisches Ingrediens zur Säuerlichkeit von persön=
lichen Verstimmungen führte. Es muß doch also in dem
Manne etwas liegen, was immerfort eine Einmischung
des subjectiven Benehmens urgiren läßt.

Was aber die Hauptsache ist, so vermisse ich bei
dieser deistisch = offenbarungssüchtigen Fraction durchaus
wirkliche Entwickelungen der Philosophie. Gebt
uns ein System der Naturphilosophie, der Ethik, der Re=
ligion — dann wollen wir uns wieder sprechen und se=
hen, worin die gerühmte Freiheit Eures Systems die ge=
schmähete Nothwendigkeit des alten Hegel'schen übertrifft.
Mit der Metaphysik Weißes und der Ontologie
Fichtes, welche beide das, was darin wirklich vernünf=
tig ist, oft eingeständlich, der Hegel'schen Logik verdanken,
ist bis jetzt wenigstens kein Fortschritt in der Wissen=
schaft gemacht worden. Man nenne mir doch Werke,
welche sich darauf basiren! Man zeige mir doch Ab=
handlungen, welche daraus hervorgegangen sind! Ich
kenne keine, denn der Tübinger P. Fischer, der sich al=
lerdings zu Fichte hält, hat sich selbst eine Metaphysik

geschrieben. In mehren Bänden einer Zeitschrift für Philosophie und speculative Theologie scheinen die Herausgeber Fichte und Weiße nur für ihre persönlichen Sympathien und Antipathien Raum haben zu wollen. Das allgemeine Reden über Methode, Princip, Anfang, altes und neues System, Erkennen, nimmt gar kein Ende und das wirkliche Erkennen, das auf concrete Gegenstände ginge, nimmt nur einen spärlichen und verworrenen Anfang mit Aphorismen über die Zukunft der Theologie, mit Grillen über die Bedeutung (!) des Grundsatzes der Identität u. s. w. Ich habe mich hundert Mal mit dem besten Willen bestrebt, etwas aus diesem Journal zu lernen. Ich habe z. B. der Beschreibung des Lichtes, welche Weiße Bd. 1. Hft. 2. S. 184 ff. macht, wochenlanges Nachdenken gewidmet, ob mir darin nicht ein Licht über die Naturphilosophie aufginge. Ich erfuhr nur etwa, was Hegel schon längst metaphorisch gesagt hat, daß das Licht das allgemeine Selbst der Materie sei, eingehüllt in eine Menge von Worten, und daß Weiße mit dem Begriff des Lichtes, nicht mit dem der Materie seine Naturphilosophie eröffnen wolle. Das merkwürdigste Actenstück bleibt das Sendschreiben Fichte's an Sengler, denn hierin schlingen sich die Knoten der Divergenz von Fichte, Weiße, Sengler in eine so gemachte harmonische Einheit zusammen, daß auch nicht der geringste Zweifel über die innere Unverträglichkeit dieser „Einverstandenen" bleiben kann. Was ich noch von wirklicher Entschiedenheit in diesem Gemisch entdecke, ist immer Neo-Schellingisch, sobald es den Begriff des Absoluten an und für sich, den Begriff der Offenbarung, der Religion betrifft, und Kantisch, sobald es den Begriff des Logischen, Metaphysischen und des subjectiven Erkennens angeht. In ersterer Beziehung finde ich daher ganz consequent, daß auch die alte Manier des Parallelisirens von Naturbestimmungen mit Bestimmungen des Geistes wieder auftritt, z. B. in dem Aufsatz von Ackermann über den **Chemismus der Sünde**. Wie eigentlich diese Richtung in Verhältniß zum Hegel'schen System noch enden werde, ist wegen der subjectiven Haltung ihrer Vertreter und wegen des steten subjectiven Beweisens, nämlich eines bloßen Kant'schen Postulirens eines persönlichen Gottes, einer Freiheit als Willkür und einer persönlichen Unsterblichkeit schwer zu sagen. Die unaufhörliche Anklage des Hegel'schen Systems als eines **Pantheismus**, nach welchem der einzelne Geist ohne ein Fortleben nach dem Tode, im Leben ein Sclav der Geschichte und Gott nicht für sich im Unterschiede vom Menschen absolutes Subject sein, vielmehr erst in dem einzelnen Menschen, zunächst dem speculirenden, zum Selbstbewußtsein kommen soll, diese Anklage ist der Köder, die Menge zu gewinnen. Und dies ist so ziemlich geglückt. Fichte und Weiße stehen bei ihr, vorzüglich bei Theologen, im besten Ansehen. Ihre Philosophie ist nach der Meinung solcher, welche die Philosophie nie als Selbstzweck, immer nur als Mittel für andere Zwecke betrachten, eine **christliche**, obwohl das Leben Jesu von Weiße doch wohl hätte zeigen können, daß man sich sehr irre, an Fichte und Weiße Verfechter einer cruden Buchstäblichkeit zu besitzen. Dies sage ich zu ihrem Lobe und trete auch ganz der **psychologisch-phänomenologischen** Entwickelung bei, welche Weiße im siebenten Buche von der Auferstehung und Himmelfahrt gibt. Diese Entwickelung verpflichtet mich gegen Weiße für dies Gebiet zum größten Dank, den ich hier gern abstatte.

Ich kenne keine bessere Erläuterung der S. 340 angeführten Worte Hegel's: „Die Auferstehung gehört wesentlich dem Glauben an. Christus ist nach seiner Auferstehung nur seinen Freunden erschienen; dies ist nicht äußerliche Geschichte für den Unglauben, sondern nur für den Glauben ist diese Erscheinung."

Diese Auffassung wird nach einigen tausend Jahren wahrscheinlich die allgemeine sein, denn sie läßt die Thatsache als Thatsache stehen: Christus ist seinen Jüngern erschienen. Sie braucht keine Fiction des Factums anzunehmen. Sie conservirt aber nicht nur die Form, sondern auch den Inhalt. Es ist wirklich Christus, welcher den an ihn Gläubigen erschien. Sie haben bei solcher Epiphanie sich zur ewigen Wahrheit, nicht zu einem zufälligen, gleichgültigen Wahn verhalten. Aber Christus ist nicht in objectiv sinnlicher Realität für sie erschienen, sondern in der viel höheren der geistigen Objectivität, in der tiefsten Innerlichkeit des ihm hingegebenen Gemüthes. Warum soll nun die sinnliche Objectivität vor der geistigen den Vorrang haben? Die ganze Apostelgeschichte muß von diesem Gesichtspunct aus einmal von Neuem durchgegangen werden, um zu begreifen, welch' ein ungeheurer, vielleicht, was sage ich? — nein, geradezu mit nichts vergleichbarer Proceß im Bewußtsein der Jünger nach dem Tode Christi vor sich gegangen ist, als der Gottmensch geistig in ihnen wieder auferstand, wie er ihnen vorher gesagt hatte und der Geist in ihnen durchbrach. Der Anfang der Johanneischen Briefe wird hier die feste Basis bilden müssen. Man kann es nicht schärfer ausdrücken, als hier geschehen ist, die unmittelbare Einheit des ewigen Logos und dieses einzelnen Menschen, den wir, wie

Johannes sagt, gesehen, gehört, gefühlt, getastet haben, zur lebhaftesten Anschauung zu bringen.

Ich will an diese Bemerkung nur sogleich mein Verhältniß zu Strauß anschließen. Ich habe in dem Vorwort zu meiner Kritik der Schleiermacher'schen Glaubenslehre, Königsberg, 1836, XVII. Strauß zum Vorwurf gemacht:

>daß er die Subjectivität der Substanz nur in der unendlichen Vielheit der Subjecte, in der Gattung der Menschheit, gelten lassen will.

Der Begriff der Substanz fehlt Strauß nicht. Er will keine Menschheit, deren Wesen nicht göttlich wäre.

Der Begriff der Subjectivität fehlt ihm auch nicht. Er will kein Göttliches, das seines Wesens nicht selbst bewußt wäre.

Allein die Subjectivität der Substanz und die Substantialität des Subjects ist es, welche er so auffaßt, daß die Substanz an und für sich nicht mit Einem Subject identisch, vielmehr nur in der Summe aller Subjecte sich selbst gleich sein könne. Er hält den Standpunct der Immanenz so fest, daß er für den Begriff ihrer Manifestation die Bestimmung der Transcendenz untergehen läßt.

Hiergegen habe ich mich erklärt und bleibe bei dieser Erklärung. Ich habe gesagt: im Wesen der Idee liege auch die Erscheinung der Absolutheit derselben als dieser einzelne Mensch.

Wird dies so verstanden, als wolle ich Christo eine schlechthin exclusive Stellung gegen die Menschen geben, so hätte ich Unrecht, denn allerdings ist jeder Mensch durch Gott zur Einheit mit ihm bestimmt, was Christus so ausdrückt, daß er uns für seine Brü=

der erklärt und Paulus so, daß er von sich behauptet, nicht Er lebe, sondern Christus in ihm. Von dieser Seite stehen wir alle neben Christus und sind ihm wesentlich coordinirt.

Aber von der Seite, daß die Einheit des Menschen mit Gott nicht nur durch den Menschen, sondern eben so sehr durch Gott gesetzt wird und Christus derjenige Mensch ist, welcher sich nur als mit Gott identisch wußte und dies, sein Selbstbewußtsein, als die Wahrheit unseres Wesens zur Erscheinung brachte, ist er uns übergeordnet, d. h. hat er uns mit Gott vermittelt. In dieser Vermittelung liegt seine Einzigkeit, die aber eine inclusive ist. Sie wird von ihm sehr bestimmt ausgesprochen, aber immer, um ihre discrete Einsamkeit in die Continuität der Gemeinschaft zu erweitern und die Anderen sich gleich zu machen. Er als der Gottmensch umfaßt zugleich alle Menschen. Seine Einzigkeit ist nicht die einer spröden Vornehmheit, sondern die von ihm als freie perennirende That in ihm gesetzte Sündlosigkeit. Er ist der Erstling von den Todten.

Die Menschheit wird immer dagegen reagiren, in Christus ein qualitativ anderes, mysteriöses, doketisches Wesen zu sehen und die Kirche hat gegen diesen Irrthum, wenn er eine entschiednere Form annahm, immer protestirt, wenn auch die Geistlichkeit oft den Hang dazu gehabt hat. Das Neue Testament muß nur gehörig im Zusammenhang studirt werden, so wird man in ihm die tiefsten Aufschlüsse über alle diese Puncte finden Christus will, nach demselben, nichts für sich behalten, sondern Alles, was sein ist, selbst sein Fleisch und Blut, zum unsrigen machen; ja er verheißt uns sogar, größere Thaten, als die damals geschehenden, zu vollbringen — in seinem Namen!

Strauß wirft mir nun ein, daß, wenn Christus als Subject absolut gewesen sei, er auch in allen Fächern, in der Poesie, Philosophie u. s. f., sich absolut ausgezeichnet haben müsse. Da man dies aber nur gewissermaaßen, nicht im eigentlichen Sinne von ihm sagen könne, so sei er nur ein religiöser Genius gewesen. Daraus fließen nun alle jene viel besprochenen Wendungen, nämlich, daß die Idee ihre Fülle nicht in Ein Exemplar auszuschütten liebe, daß ein moderner Katholicismus sich bilden werde, eine neue Heiligenverehrung, ein Cultus der Genien u. s. f.

Allein die Religion ist ja eben diejenige Sphäre, worin Alles, was wir Talent, Bildung, nennen müssen, sich zur Absolutheit des Verhältnisses aufhebt, in welchem der Geist als Geist zum Geiste steht; als Geist ist er sowohl sich die Form als der Inhalt. Die biblische Sprache drückt dies Nivelliren aller Particularität in der Religion damit aus, daß vor Gott kein Ansehen der Person sei; daß zwar viele Gaben, aber nur Ein Geist seien u. s. f. Weil Christus nur die absolute Bestimmtheit des Geistes zum Inhalt seines Lebens hatte, war jede andere Bestimmtheit schlechthin gegen sie verschwindend. Es verhält sich hiermit gerade umgekehrt, als Strauß es meint.

Strauß hat selbst Sokrates als eine besondere Natur in diese Betrachtungen hineingezogen. Eigentlich müßte dieser ihm vielmehr genug thun, denn Sokrates war Bildhauer, Musiker, Krieger, Politiker, Dichter, Philosoph, Stifter einer neuen Religion. In ihn oder in Niemand hatte die Idee ihre Fülle hineingeschüttet!

Aber hier sieht man auch sogleich, wie Ullmann in seinem Sendschreiben an Schwab sehr gut unter=

scheidet, daß man für den Genius wohl Verehrung, nicht aber Andacht empfinden könne.

Daß ich aber, was freilich in Betreff der Wahrheit selbst völlig gleichgültig ist, daß ich mit meiner Ansicht keineswegs aus dem Hegel'schen System herausgehe, kann ich durch alle Momente |desselben hindurch. beweisen z. B. Genialität ist nach Hegel ein natürliches Moment des Geistes; die Kunst hebt sich in der wahrhaften Religion auf; die Philosophie aber gibt nach Hegel nichts Anderes, als was die Offenbarung derselben für den Glauben enthält und hat es mit der Formbestimmtheit des Erkennens zu thun. Wenn ich dagegen von Strauß gesagt habe, er sei aus dem Hegel'schen System auf den Schleiermacher'schen Standpunct zurückgefallen, so ist mir diese Behauptung durch seine herrliche Abhandlung über Daub und Schleiermacher noch gewisser geworden. Er zeigt darin sehr gründlich den Spinozismus von Daub und Schleiermacher, aber zugleich seinen eigenen. — §. 116 der ersten Ausgabe der Schleiermacher'schen Glaubenslehre, Bd. 2. lautet:

Vermöge dieser Vereinigung des Geschichtlichen und Urbildlichen ist der Erlöser auf der einen Seite, was die menschliche Natur betrifft, uns vollkommen gleich, auf der andern Seite als Anfänger eines zur Verbreitung über das ganze menschliche Geschlecht bestimmten neuen Lebens dadurch von allen andern Menschen unterschieden, daß das ihm einwohnende Gottesbewußtsein ein wahres Sein Gottes in ihm war.

So ist es bei Strauß. Die Immanenz des Göttlichen in Christo setzt er nur als ein Sein Gottes in ihm. Die religiöse Genialität kann nicht 'abstracter, denn

als bloßes Sein ausgesprochen werden. Nach dem He=
gel'schen System, wie ich es wenigstens verstehe, ist das
Selbstbewußtsein Christi zwar für sich, aber nicht
an sich von dem Selbstbewußtsein Gottes verschieden.
Wer den Sohn sieht, siehet den Vater. — Ich finde
auch, daß Göschel, Schaller, Vatke und der Recen=
sent von Dorner's Entwickelungsgeschichte der Lehre
von der Person Christi in den Halleschen Jahrbüchern,
auch ein Aufsatz im Decemberheft des Tholuck'schen An=
zeigers, Strauß alle darin bekämpfen, daß er die Voll=
ständigkeit der Allheit mit der Wesentlichkeit der
Absolutheit, und demgemäß die natürliche Indivi=
dualität mit der geistigen Subjectivität, die un=
mittelbare Vereinzelung der Gattung in ihren
Exemplaren mit der vermittelten und sich vermit=
telnden Allgemeinheit des einzelnen Geistes verwech=
sele. — Das ist ganz meine Ansicht und das nur thut
mir innigst leid, Strauß damit gekränkt zu haben, daß
ich auf Schleiermacher's Leben Jesu, das uns aus seinem
Nachlaß erwartet, hinwies. Ich hatte dabei wahrlich
nicht im Sinne, die Eigenthümlichkeit dieses großen
Kritikers, dem die Theologie und Religionsphilosophie
eine so umfassende, so wohlthätige, Herz und Nieren
prüfende Erschütterung verdankt, im Geringsten zu beein=
trächtigen. Ich war nur auf die Sache gerichtet, denn
wenn jenes Leben Jesu von Schleiermacher erscheint, so
wird man allerdings zwar keine mythische, wohl aber ne=
gativ kritische Behandlung des thaumatischen Elemen=
tes darin finden. Die Selbstständigkeit der Strauß'schen
Forschung habe ich nie bezweifelt.

Doch eben dieses Element ist es eigentlich, beffent=
wegen mich Strauß zwischen die rechte und linke Seite

eingeklemmt hat, indem er das Wunder schlechthin verwirft, während die rechte Seite es eben so schlechthin annimmt. Wenn nun Strauß in der Vorrede zu seinen Charakteristiken sagt, er habe im Ganzen noch immer den Standpunct, den er bei seiner ersten schriftstellerischen Arbeit, der Kritik meiner theologischen Encyklopädie, einnahm, so kann ich auch sagen, ich bin über die damals von mir aufgestellte Christologie im Ganzen noch nicht, hinaus, wenn ich auch in der schärferen, wahrhafteren Erkenntniß des Details fortgeschritten zu sein glaube. Mögen Feuerbach, Ruge, Michelet und Andere deshalb mitleidig auf mich herabblicken; das kann und darf mich nicht bestimmen, anders zu denken, als mir möglich ist. Glaubt doch nur, ich würde sehr gern rechtsum oder linksum mich wenden, würde ich nicht durch den Zweifel an der Wahrheit der Extreme in der Mitte festgehalten! Wo ich kann, z. B. in der Eschatologie, sie aus der kraftlosen Jenseitigkeit der Vorstellung in die energische Diesseitigkeit des Selbstbewußtseins umzusetzen, stimme ich gern mit Strauß überein und habe längst vor ihm mich dahin ausgesprochen. Was aber das Wunder anbetrifft, so scheint mir Daub den besten Ausdruck getroffen zu haben, wenn er sagt: das Interesse am Wunder ist identisch mit dem Interesse an der Freiheit.

Das ist es, was im Wunder liegt und weshalb die Kirche wohl den Unglauben an das Wunder, da es nicht Princip, sondern nur Consequenz ist, dulden, aber den Glauben an dasselbe nie aufgeben wird. Die Vorstellung des Wunders enthält den Begriff der Freiheit des Geistes, einerseits negativ von der Natur

unabhängig, anderseits der sich positiv durch sie hin wi=
derstandlos selbst bestimmende zu sein. — Der Begriff
des Wunders ist gar kein absoluter, sondern nur ein re=
lativer und ist nur die Asymptote der göttlichen Frei=
heit, welche mit ihrer eigenen Nothwendigkeit nicht in
Widerspruch treten kann. Christus wird sogleich zu ei=
nem doketischen, unheimlichen Scheinwesen, sobald mit
seiner Erscheinung auch die Natur bis in ihre letzten
Tiefen (das sind Gottes=Gesetze) hin aufgeregt und revo=
lutionirt gedacht werden soll. Man nennt das jetzt Christi
kosmische Stellung. Prunkvolle Worte, die den ärg=
sten Aberglauben begünstigen können!

Das Wunder ist daher ein Wunder nur vom Stand=
punct der Natur aus, wenn man nur ihre mechanische,
chemische oder teleologische Causalität im Auge hat.

Das Wunder ist aber kein Wunder vom Stand=
punct des Geistes aus, der das Prius der Natur, ihr
Princip und für sich absolut freie Selbstbestimmung ist.

Ich finde daher nur diejenigen Wunder dem Geist
entsprechend, welche ich begreifen kann und für welche
ich in mir selbst das Analogon entdecke, z. B. die Ein=
wirkung auf psychisch Kranke durch meine Persönlichkeit.

Alle anderen Wunder, die von Christus erzählt wer=
den, halte ich für gleichgültig, ob sie buchstäblich ge=
glaubt werden oder nicht. Selbst Göschel sagt: es komme
nicht auf die Wunder, sondern auf das Wunder an. Das
Wunder im absoluten Sinne ist für mich die Existenz
der Freiheit des Geistes. Wandeln auf dem Meere, Wasser
in Wein verwandeln, Todte auferwecken, kann kein Mensch
und liegt ein solches Thun gar nicht in Begriff des
Gottmenschen, der Religion. Wäre ein solches Durch=
löchern der von Gott selbst gesetzten Nothwendigkeit der

Natur, wie Vischer das Wunder in dieser Beziehung nannte, etwas wahrhaft Religiöses, so müßte es zum Dogma werden können. Der Glaube kann nun zwar Berge versetzen d. h. den schwersten geistigen Widerspruch, die Sünde überwinden, aber er kann nicht das nach göttlichen Gesetzen Unmögliche wirklich machen. Sind nicht auch jetzt noch Tausende von Menschen des Mitleids werth, das Christus den Schwestern des Lazarus bewies? — Man muß zwischen den Wundern Christi unterscheiden. So habe ich es auch immer gefunden. Wenn Jemand mir sagte: ich glaube Alles, was in der Schrift erzählt wird; so fragte ich z. B. ob er glaube, daß Gott bei der Taufe Christi gesprochen habe? Sagte er mir: nein, das nicht, allein irgend ein außerordentlicher Vorgang muß doch Veranlassung zu dieser Tradition gewesen sein; — so war er inconsequent. Diese Inconsequenz ist es, welche Feuerbach neulich mit der furchtbaren Wendung gemeint hat, mit welcher er Christenthum und Philosophie als unverträglich auseinanderwirft. Nun frage man aber einmal, die Hand auf's Herz, jetzt herum: wie Viele ohne Heuchelei, mindestens ohne Selbstbetrug sagen werden, ja, sie seien überzeugt, der heilige Geist habe sich als Taube sehen lassen u. s. f. Wenn jedoch hier oder bei den Feuerflammen auf den Zungen der Apostel eine Licenz gestattet wird, warum soll sie anderwärts verboten sein? Warum soll die Regel, Alles ist buchstäblich zu glauben, ihre Ausnahmen haben dürfen? Heißt das nicht Kritik üben?

Es kommt besonders darauf an, die activen Wunder Christi von den passiven zu unterscheiden, wie ich in meiner Encyklopädie gethan habe. Denn die letzteren, Geburt, Auferstehung und Himmelfahrt Christi,

Lehren sogleich ihren symbolischen Charakter entschieben heraus, daß nicht Menschen durch ihre Zeugung, nur Gottes Geist Christus zum Gottmenschen und Welterlöser machen konnten; daß er, gestorben, unvergänglich in geistiger Wiederkunft in den Menschen Gestalt gewinnen muß; daß die in ihm gesetzte Einheit des Göttlichen und Menschlichen, der beiden Naturen, wie man späterhin sich ausdrückte, keine nur vorübergehende war, sondern eine ewige ist. Der von der Menschheit scheidende Gottmensch kann nur zu Gott wieder zurückgehen, denn unter Himmel ist ein sinnliches Local zu verstehen uns doch ganz unmöglich.

Diese Auffassung hat man ein Untergraben, Unterwühlen, Anfressen der historischen Basis des Christenthums genannt und den Völkern alles mögliche Unheil daraus geweissagt. Aber wahrlich, wenn der Geschichte Christi nicht die Idee der absoluten Religion immanent wäre, wenn ihre Facta nicht die Basis der Idee hätten, so wäre sie ohne alle weltüberwindende Kraft. Die Hegel'sche Philosophie hat dies in den kühnen Worten ausgedrückt: die Geschichte Christi ist die Geschichte Gottes; d. h. Alles, was das Wesen Gottes an sich ausmacht, ist für uns in der Geschichte Christi zur Erscheinung gekommen. Sie abstrahirt deshalb auch nicht von der Auferstehung Christi, sondern erkennt in dieser ein nothwendiges Moment an, negativ die Entsinnlichung des Bewußtseins der Jünger in der Erfassung Christi, positiv die geistige Verklärung desselben in ihnen. Schleiermacher sagt in seiner Glaubenslehre §. 120, alte Ausgabe:

Die Thatsachen der Auferstehung und Himmelfahrt Christi, so wie die Vorhersagung seiner Wieder=

kunft zum Gericht ſtehen mit der eigentlichen Lehre von ſeiner Perſon in keinem unmittelbaren und genauen Zuſammenhang.

Sofern Schleiermacher mit dieſer Beſtimmung die ſinnliche Facticität und deren vermeinte Wichtigkeit negirt, kann man ihm nur beitreten, aber man muß weiter gehen, als er und auch den poſitiven Gehalt dieſer Vorſtellungen, ihren dogmatiſchen Kern, aufſuchen. In dieſem Streben iſt Strauß außerordentlich mißverſtanden und oft auf empörende Weiſe von ſolchen behandelt, welche in die Geiſtloſigkeit des von Chriſto ſo ſtark verworfenen Buchſtabenglaubens, in den Trotz auf die Worte, wie ſie geſchrieben ſtehen, das wahrhafte Chriſtenthum ſetzen. Gegen ſolche hatte Strauß wahrlich Recht, zu fragen, ob denn eine Idee, ob die Idee etwas ſo Geringes ſei? Daß die Ueberlieferungen von der Geſchichte Chriſti aus ſeiner Idee als dem Gottmenſchen modificirt und ergänzt werden mußten, nannte er die mythiſche Geſtaltung in der Erzählung ſeines Lebens. Strauß hat durch den Ausdruck mythiſch das Nothwendige in dieſen Formationen ausdrücken und die Willkür einer ſubjectiv poetiſchen Thätigkeit ausſchließen wollen. Er hat die zum Theil gottloſe epideiktiſche Auffaſſung Chriſti als eines, der zur rechten Zeit Aufſehen zu machen verſtanden, und die bornirt ſchulmeiſterliche, fortwährend auf den Fortſchritt ſeiner Schüler eine pädagogiſche Reflexion zu üben und ihrer ſchwachen, ſchwankenden Intelligenz durch zeitgemäße Mittel entgegenzukommen, zu vernichten geſucht. Er hat im Leben Chriſti den Geiſt der Kirche die abſolute Wahrheit dichten — nicht erdichten — laſſen.

Aber hier eben tritt der Glaube ſowohl als die Speculation gegen Strauß mit dem Gedanken auf, daß

die Wahrheit nicht nur als das göttlichste Poëm in der
Menschheit überhaupt, sondern auch in der Realität die=
ses Jesus von Nazareth Existenz haben; daß sie aus
ihm heraus, nicht in ihn hinein gedichtet werden;
daß ein solcher Rabbi nicht nur die an sich geringfügige
Veranlassung, sondern die leibhafte Fülle der Sache selbst
gewesen sein soll. Relativ hat Strauß dies selbst in
den Worten anerkannt, daß, wie man bei der Poesie an
Homer und Shakespeare, so auch bei der Religion an
Jesus denken müsse, d. h. er hat die Nothwendigkeit
des historischen Christus anerkannt. Dieser ist nicht eine
lästige Voraussetzung der Tradition, sondern die Voraus=
setzung der Idee selbst. Die geschichtliche Auctorität hilft
in der Wissenschaft allein nichts mehr; das Christenthum
muß sich durch seine Vernunft bewähren; es muß seinen
Supernaturalismus, nur den Geist zum absoluten Prin=
cip zu machen, durch dessen eigenen Rationalismus recht=
fertigen. Daher hat sich auch die Kritik Straußens je
länger je mehr von der historischen Seite auf die phi=
losophische hinübergeworfen und wir alle werden seine
Dogmatik, die jetzt eben gedruckt wird, mit der größten
Spannung in die Hand nehmen.

Für Straußens Verfahren sind die Messianischen
Traditionen des Judenthums und die apokryphischen
Evangelien natürlich von nicht geringer Erheblichkeit, weil
auch sie den Proceß der Mythenbildung darstellen. Einer
meiner Freunde hatte nicht nur den genialen Einfall,
die Hauptmomente der Geschichte Christi aus den Apo=
kryphen herauszuheben, sie zu einer synoptischen Harmo=
nie zu vereinigen und darin den Unterschied des Pseudo=
historischen von dem Historischen der kanononischen Evan=
gelien bis auf die Structur hin nachzuweisen, und so

die wichtigste Parallele zu dem Werk von Strauß zu liefern, sondern er führte diesen Gedanken auch mit großer Gelehrsamkeit und Kritik beinahe bis zu Ende. Aber er ist ein Mann des Nonum prematur in annum. Zwei Jahre sind seit jenem Beinahe verflossen und wir haben von anderer Seite her indessen wenigstens — eine Christologie des Korans erhalten.

Daß man nun Straußen's Genesis der Geschichte Christi aus seiner Idee heraus dem unwissenschaftlichen Volk als eine Leugnung und Verleugnung des Christenthums selbst hat darstellen können, ist sehr begreiflich und die kleine Abhandlung von Strauß: Bleibendes und Vergängliches im Christenthum, vollendete diese Möglichkeit. Das ungemein Beklagenswerthe hierbei ist vorzüglich, daß die hierarchisch=pietistische Partei von den verschiedensten Puncten her, besonders seit der von ihr so gepriesenen Züricher Revolution, in die grenzenlose Rohheit fällt, die Masse des Volkes, die Fäuste desselben zum Correctiv und zur Schranke der übermüthig gewordenen, in Pantheismus und Heidenthum abgeirrten Wissenschaft zu machen. In der Zuversicht, daß man von „Oben" her, wie die beliebte Formel lautet, daß „höhern Orts", daß die Regierung durch das alte Christenthum die Begründung des Wohles der Staaten, die Sicherheit, Ruhe und Ordnung garantirt, hingegen durch die Wissenschaft und Speculation gefährdet glaube, geht man in der fanatischen Verdächtigung der letzteren bis zur lügenhaftesten Anschuldigung. Man hofft, durch die Furcht vor Amtsentsetzungen, vor Brodlosigkeit, die Offenheit und Redlichkeit der Wissenschaft einzuschüchtern. Ja, so weit ist es gekommen! Man beklagt sich sogar darüber, daß die Hegel'sche

Schule aufrichtig und freimüthig sei. Wahrlich, man könnte daraus, für die Ankläger die boshaftesten, schwär=
zesten Schlüsse ziehen. Mögen wir abwarten, welche
Früchte eine so plumpe und unvorsichtige Bearbeitung
der urtheillosen Masse tragen wird. Die Wissenschaft
wird ihre theoretische Emancipation vollenden; mit
der directen Gestaltung des Praktischen hat sie
nichts zu thun, so groß ihre indirecte Macht sein und
werden mag.

Ich will hier keinen Beschwerdekatalog geben, doch
eines der Mittel der Verdächtigung muß ich erwähnen.
Es wird nämlich gesagt, daß eine Richtung der Hegel'=
schen Schule sich zerstörend zum Christenthum verhalte
und eine neue religiöse Manifestation ankündige. Tho=
luck's literarischer Anzeiger nennt sogar im Vorwort
dieses Jahres bestimmte Namen in dieser Beziehung und
fügt dann in einer Parenthese hinzu, daß selbst ich in
einer Abhandlung über den Muhammedanismus in mei=
nen vermischten Schriften in diesem Sinne mich ausge=
sprochen hätte.

Um nicht alle irgend mögliche Schuld von mir ab=
zuwälzen, erkläre ich, daß ich eine Fortentwickelung
des Christenthums aus seinem Princip allerdings
für im Wesen des Christenthums liegend begründet halte.
Ich wüßte gar nicht, was für ein Interesse die Kirchen=
und Dogmengeschichte darböte, wenn nicht dies, daß das
ewige, unzerstörbare Wesen des Christenthums sich in
immer angemesseneren, reineren, geisterfüllteren Formen
offenbarte und ich halte z. B. mit Millionen Menschen
und Tausenden von Theologen die Reformation für einen
solchen Bildungsact. Aber nie ist mir eingefallen, nicht das
Christenthum selbst für das Princip seiner Perfectibilität

zu halten. Es kann nur das werden, was es an sich schon ist. Ich denke hierüber, wie mein Freund Alexander Jung in seinem schönen Aufsatz: Christenthum und Kirche.

Was aber jene in Parenthese hämisch eingefügte Bemerkung anbetrifft, welche mein Christenthum beschmutzen soll, das ich für eben so ächt und göttlich halte, als Tholuck nur immer das seinige, so hat sie mich erstlich von Tholuck geschmerzt. Denn wenn wir auch wissenschaftlich immer auseinandergingen, so haben wir doch persönlich, wie ich wenigstens meinte, immer so zu einander gestanden, daß wir uns keine Unwahrheiten nachsagen würden. — Nun habe ich aber zweitens niemals Vermischte Schriften herausgegeben, sondern nur einen Band Studien, worin Reden und Abhandlungen stehen. Aber darin steht keine über den Muhammedanismus, sondern 1838 im zweiten Heft des Freihafen steht eine Rede, welche ich hier in Königsberg am Krönungsfeste jenes Jahres vor einer öffentlichen Versammlung hielt: über die eigenthümliche Weltstellung des Islam. — Aber in derselben entwickle ich gerade das Verhältniß des Christenthums zum Islam in Ansehung der Civilisation, weil die kurz zuvor erfolgte Eroberung Constantine's mich in dieser Beziehung mit sanguinischen Erwartungen für Afrika's Zukunft erfüllte. Ich sagte daher ausdrücklich, daß ich dem Geiste zwar nicht absprechen wolle, auch außerhalb des Christenthums noch ungeahnte Gestalten erzeugen zu können, daß aber dies im Grunde an der Spitze alles wahrhaften Fortschritts stehe.

Sollten diese Worte etwa dazu geführt haben, mich in jenem Sinne, der destructiven Tendenz nämlich, auszuzeichnen? Und sollte Tholuck gar nicht wissen, was ich wohl mit solchen ungeahnten Gestalten außerhalb des

Christenthums meinen könne? Sollte z. B. die von mir erwähnte durch Akbar versuchte Verschmelzung des Islam mit dem Bramismus gar keinen Fingerzeig gegeben haben? Sollte er nicht wissen, wie der Bramâne Rommon Rhoy in unseren Tagen einen Indischen Unitarismus zu begründen suchte? Sollte er die merkwürdigen Verschmelzungen nicht kennen, welche auf dem großen Indischen Archipelagus zwischen Chinesischen und Malaiischen Elementen sich einleiten? 2c.

Was nun aber die Schule Hegels speciell betrifft, so verräth man in der Beurtheilung derselben nur zu oft, gar nicht zu wissen, was eine Schule ist. Einerseits wollte man Alle, die ein Interesse an der Hegelschen Philosophie nehmen, solidarisch verbindlich machen; die Eigenthümlichkeit der Anhänger sollte gleich Null sein. Anderseits klagte man über Monotonie, über das ewige Wiederkäuen des von Hegel schon besser Gesagten. Da macht sich die Eigenthümlichkeit geltend; die Uniformität hört auf; die Schüler entzweien sich mit einander. Erst ist diese Entzweiung nur ein Streiten über die orthodoxe Interpretation, aber bald müssen sich die Streitenden auf die eigenen Füße stellen. Allein in der Natur der Sache liegt es, daß die Entzweiung immer größer, heftiger und mannigfaltiger wird. Welcher Schüler will sich einem Schüler anschließen! Warum soll Hinrichs sich auf Gabler oder Gabler auf Hinrichs; warum Göschel auf Erdmann; Bayrhofer auf Schaller; Feuerbach oder Vatke sich auf Strauß u. s. f. berufen? Allein in diesem Auseinanderfallen der Einzelnen mußten doch Sympathien und Uebergänge von einem zum andern bleiben. Göschel wird sich besser mit Erdmann, Gabler, Schaller, Hinrichs; Feuerbach sich besser mit Strauß, Ruge, Bayrhofer vertragen. Fichte und Weiße sind schon ganz für sich etablirt und nur in vorübergehenden freundlichen oder feindlichen Berührungen mit einem Hegelianer begriffen. Diese Unruhe der Bildung, des Strebens ist wieder nicht recht.

Das Wesen der Schule in dieser Mannigfaltigkeit der Differenzen besteht nun einmal darin, alle Seiten des Hegel'schen Systems zur Entwickelung zu bringen. Nur alle Schüler zusammen sind wieder Hegel gleich; jeder für sich ist eine seiner Einseitigkeiten. Will man also wissen, was jetzt Hegel'sche Philosophie ist, so muß man Hegel selbst, das Urgebirge, die älteren Hegelianer als das Mittelgebirge, und die Hegelingen, Hegeliter, Junghegelianer als die jüngsten Aufschwemmungen und vulcanischen Eruptionen in Ein Ganzes zusammenfassen. Man muß die Berichtigungen der Schüler durcheinander beachten. Das ist freilich keine geringe Arbeit und Herr Dr. Mager könnte jetzt keine Dame mehr in einem mageren Brieflein über den Stand der Sache belehren.

Zweitens besteht das Wesen einer Schule darin, sich als Schule aufzuheben. Die Hegelsche ist so glücklich gewesen, in kaum zehn Jahren dies Resultat erreicht zu haben. Die Entzweiungen in ihr haben die gehörige Reife erreicht, um die Faulheit, in welche Schulen so oft versinken, indem man immer auf den Beistand der Andern wartet, fortan unmöglich zu machen. Es kommt schon gar nicht mehr darauf an, ob etwas Hegelsch, sondern ob es durch sich selbst wahr und gewiß ist, ob es sich beweisen läßt. Aber diese rein sachliche Haltung herbeigeführt zu haben, ist eben großentheils das Werk Hegel's und seiner Methode.

Mit vorstehenden Aeußerungen will ich natürlich über das darin Berührte nichts Erschöpfendes gesagt haben. Das versteht sich so sehr von selbst, daß ich es nicht erwähnt haben würde, könnte nicht Mancher einen solchen Abschluß darin suchen wollen und hätte Bayrhofer mir nicht den Vorwurf gemacht, ich besäße keine durchschlagende Kraft.

Das mag wohl sein, aber ich habe mich auch nie dafür ausgegeben und will sie ihm, falls er sie hat, gar nicht beneiden, sondern mich herzlich über seine Effecte freuen. Ich will mich damit nur davon frei machen, auf der rechten oder linken Seite oder im Centrum angenagelt zu werden und verbiete ihm hiermit, im Vorstehenden etwas Durchschlägerisches wittern zu wollen.

Mit den nachstehenden Erläuterungen aber wünsche ich eine tiefere Erkenntniß der Hegelschen Philosophie herbeizuführen, namentlich der Religionsphilosophie. Die Aufsätze, auch die hier zum erstenmal gedruckten, sind immer mit der Jahreszahl bezeichnet, in welcher ich sie schrieb. Dieser Umstand ist insofern wichtig, als sich daraus ergeben kann, ob, wann und wo ich im Wesentlichen zu einer Aenderung meiner Ueberzeugung gedrängt worden bin und was es mit den Versicherungen derer auf sich hat, welche behaupten, daß die Auffassung des absoluten Geistes als der absoluten Persönlichkeit und als des Principes des endlichen Geistes, der Natur und des abstracten Gedankens eine erst in Folge ihrer Bemühungen 1833 entstandene Umdeutung des Hegelschen Pantheismus sei.

Wie es sich aber mit meinen positiven Leistungen in der Wissenschaft ferner verhalte, so will ich darüber, wie sehr es auch Mode ist, nichts versprechen, sondern lieber, sobald ich etwas habe, wie gering es immerhin sei, geben. Da Bayrhofer mich von der Centralität des niederträchtigen Grau's, zu welchem Michelet mich verurtheilte, dadurch erlöst hat, daß er mir das grüne Centrum zuertheilte, so darf ich ja wohl der freudigen Hoffnung leben, daß mit der Zeit noch etwas aus mir werden könne.

Königsberg, den 23. Februar 1840.

Karl Rosenkranz.

Allgemeine Charakteristik
Hegel's.
1832.

Unsere Zeit ist zwar so sehr darauf gestellt, in formeller Hinsicht für den Zusammendruck der Werke eines Schriftstellers zu sorgen, daß die entweder oberflächliche oder mißwollende Betrachtung auch die Ausgabe von Hegel's sämmtlichen Werken auf den herrschenden litterarischen Fabrikton schieben und das Bedeutungsvolle dieses Unternehmens abläugnen könnte. Wir wollen aber nicht einmal ein Gewicht darauf legen, wie schon äußerlich die große Menge der Subscribenten dafür bürgt, daß hier ein tieferes Bedürfniß zu Grunde liegt und nur aufmerksam machen, wie es doch auffallen muß, daß weder Kant, noch Fichte, noch Schelling bis jetzt, 1832, zu einer solchen Sammlung ihrer Schriften gelangt sind. Schelling begann 1809 eine Sammlung seiner Abhandlungen, die jedoch bei dem ersten Bande stehen blieb. Bei Fichte ist es gar nicht zum Versuch der Sammlung gekommen, obwohl es in Erstaunen setzen kann, daß nicht einmal seine populären, von der innigsten Begeisterung für die Sache durchbrungenen und rednerisch so höchst vollendeten Darstellungen weder zu zweiten Auflagen noch zur Vereinigung in Einer Ausgabe gelangt sind. Von Kant sind die kleinen Schriften in mehrfachen Sammlungen herausgegeben; auch Vorlesungen von ihm, wie über die philosophische Religionslehre, 1817, und über die Metaphysik 1821, sind aus Heften edirt worden, allein seine großen, Epoche machenden Schriften sind immer für sich allein geblieben. Man kann nicht in Abrede sein, daß dies Auseinanderfallen der Werke so hervorragender Männer, wie äußerlich auch der Umstand sei, auf die wahre Auffassung derselben sehr ungünstig eingewirkt hat. Statt den ganzen Reichthum dieser Naturen, die Vielseitigkeit ihrer Erkenntniß, die Gewandtheit ihrer Darstellung sich zur Anschauung zu bringen, verbleiben Viele, ja die Meisten, bei der Lectüre einiger ihrer Schriften, wogegen sie von der Tiefe und

Unerschöpflichkeit dieser genialen Menschen ein ganz anderes Bild empfangen würden, wenn sie auch die ganze Peripherie ihres geistigen Daseins durchmessen wollten. Eine Gesammtausgabe würde dazu gewissermaßen nöthigen, weil sie eine unmittelbare Veranlassung wäre, mit Allem sich zu befreunden, was jene Geister ihrer Betrachtung und Pflege werth gehalten haben. Wer z. B. Kant aus seinen Kritiken auf der Höhe der hartnäckigsten Abstraction kennen gelernt hat, der wird eine ergänzende Gegenseite dazu erhalten, wenn er ihn in seiner Anthropologie und physikalischen Geographie als einen überaus belesenen Gelehrten und als einen feinen Beobachter der Natur und des Menschenlebens trifft. Es scheint aber, als wenn das Publicum, bei aller Achtung und Liebe, die es diesen Philosophen bezeugt hat, doch nicht den Drang gehabt habe, alle Richtungen ihres Geistes sich vereinigt vor Augen zu stellen, weshalb der Einzelne, dem darum zu thun ist, die Unbequemlichkeit tragen muß, sich ihre Schriften von hundert verschiedenen Seiten her zusammenzubringen.

Hegel's Philosophie ist der Schluß des letzten Cyklus der philosophischen Bildung; die ihr vorangegangenen Philosophieen sind in ihr selbst als Momente aufgehoben und nun sehen wir, wie unmittelbar das allgemeine Interesse an seiner Philosophie eine vollständige und wohlgeordnete Sammlung aller seiner Werke begründet. Als Aussicht auf eine solche hatte Hegel selbst noch erlebt, was einem wahren Philosophen während seines Lebens selten widerfährt, daß mehrere Werke von ihm vergriffen wurden und zu neuen Auflagen nöthigten.

Um nun die ganze Angelegenheit vollkommen zu würdigen, muß man die Bedingungen erwägen, unter welchen diese Fortschritte gemacht waren, und des wechselnden Verhältnisses sich erinnern, in welchem Hegel zum Publicum gestanden. Anfangs wurde Hegel als ein Schüler und Mitarbeiter Schelling's angesehen und nicht direct, sondern mehr nebenher als Einer der Vielen aus der neuen Schule beurtheilt. Indessen erwachte hier und dort die Anerkennung der tiefen Energie seines Gedankens und seiner zwar schweren aber machtvollen Sprache, wie der eines philosophischen Aeschylus; selbst von Seiten der Philosophie gegnerisch Gesinnte, wie Jean Paul, gestehen diese Kraft und Neuheit ein. Hierauf folgte eine Zeit, wo die Phänomenologie sich in stillem Gange durch Deutschland verbreitete; die kritischen Blätter übergingen sie mit Schweigen und nur die Heidelberger Jahrbücher begannen einen Auszug zu liefern.

Da erschien die Logik, und obwohl sie von der älteren Schule als unverständlich und träumerisch bei Seite geschoben und ebenfalls ohne Kritik gelassen ward, so wurde doch ein Flüstern des geheimen Erstaunens vernehmbar; trotz des Widerstrebens beugten sich die Geister und fühlten sich wenigstens von der Ahnung ergriffen, wie dies Werk die Wissenschaft umgestalten werde; es war, als wenn ein Magus ihnen einen Spiegel vorhielte, worin sie die ganze Welt anders als bisher erblickten, als wenn sie von nun an nicht mehr mit Worten kramen, sondern in der That den Samen der Welt und alle Kraft des Wirkens anschauen sollten. Unterdessen hatte Hegel wieder eine akademische Stellung erlangt und begann Viele zu fesseln; in dieser Zeit bewegte ihn seine Theilnahme an dem politischen Geschick des Vaterlandes zu jener so freimüthigen und gründlichen, als in der Darstellung musterhaften Kritik von den Verhandlungen der Würtembergischen Landstände, wofür ihm Verkennung, Ungunst, ja selbst Haß zu Theil wurde. Gleichzeitig skizzirte er die erste Ausgabe der Encyklopädie der Philosophie, eine erstaunenswürdige Arbeit, die eine förmlich dictatorische Gewalt zu üben begann. Jetzt erweiterte sich für Hegel der Kreis seines Lehramtes und in dem Augenblick, wo eine auf ihre vererbten Vorrechte stolze Aristokratie und eine schwärmerische Partei, die sich für die Gestaltung ihres Freiheitsgefühles maaßlosen Entwürfen ohne rechte politische Besonnenheit ergab, wo diese mit Argwohn und Erbitterung einander bekämpfen, stellt sich Hegel durch seine Philosophie des Rechtes gegen die extremen Ansichten beider Parteien. Die nothwendige Folge ist, daß beide sich gegen ihn wenden und ihn — oft ohne die geringste Kenntniß weder jener erwähnten Recension noch des Naturrechtes — als einen Feind der Freiheit verdächtigen. Es wird diese Meinung allmälig in einem großen Theil des Publicums zu einer ausgemachten Wahrheit erhoben und Hegel'n durch dies Gerede eine Physiognomie aufgedrückt, als wenn von ihm auch das politische Schicksal Deutschlands unmittelbar abhängig wäre. Je mehr nun die Kenntniß und Anerkenntniß seines Systems sich befestigt und ausbreitet, je mehr ihm auch persönlich Neigung, Liebe und eine hier und da selbst bis zur frazzenhaften Uebertreibung gesteigerten Bewunderung gezollt wird, um so mehr suchen die Stimmführer des Gegensatzes sein System als dialektische Taschenspielerei, als irreligiös, immoralisch, despotisch, scholastisch verknöchernd u. s. f. zu verrufen. Endlich — was noch kein Deutscher Philosoph erlebte — sammelt sich der Spott über die Hegel'sche Schule sogar zur Concentration in einer Komödie und diese muß zum Zeugniß des großen Interesses für die Philosophie nach einem Jahre schon wieder von Neuem aufgelegt werden. Während die kritischen Journale — mit Ausnahme der Halleschen Litteraturzeitung, worin Herbart eine Recension der Encyklopädie versucht — in ihrem Schweigen über Hegel verharren, darin unstreitig statt der beabsichtigten Nichtachtung vielmehr eine nicht eingestandene Ehrerbietung ausdrücken und im Ganzen bei gelegentlichen polemischen Aeußerungen stehen bleiben, zu welchen sie bei der Anzeige von Werken aus der Schule veranlaßt werden, so zeigt sich das Phänomen, daß zahllose besondere Schriften und Schriftchen über Hegel und gegen ihn erscheinen, von denen aber die meisten gleich ephemeren Insecten im Aufflattern schon wieder verschwinden und die, weil sie es größtentheils nicht weiter als bis zu Auszügen aus der Encyklopädie bringen, um welche sie ihre absurden und leichtsinnigen Bemerkungen wie schlechte und undeutliche Randzeichnungen herumlegen, nur zu einer weiteren Verbreitung des Systems beitragen. Indem die Berliner Jahrbücher für den Kampf desselben mit anderen Philosophieen einen umfassenden Schauplatz eröffnen, indem die Wirkungen des Systems in der Bearbeitung positiver Wissenschaften sichtbarer zu werden anfangen, indem Hegel so in dem Moment steht, wo die rühmliche Anerkenntniß seiner Leistungen in stufenweisem Wachsthum bis zu einem lichten Blüthenpunct sich entfaltet, wo die Gesinnung des Publicums im Begriff scheint, immer allgemeiner ohne Scheelsucht und ohne die Widrigkeit kleinlicher Motive den großen Mann als groß gelten zu lassen — stirbt er. Ihm war die Auffindung der glückseligen Inseln der Philosophie (Werke Bd. I. S. 170) gelungen, an deren Küsten man bis dahin nur gescheiterte Schiffe erblickt hatte. Ohne Geräusch, fast unbemerkt, hatte er seine ernste, wohlberechnete Fahrt unternommen. An einem entzückenden Morgen — während die alte Welt von schweren Träumen beängstigt wurde — durchschnitt sein Schiff die Brandung der Ufer. Er eilte, Besitz von dem Lande zu nehmen und bauete, ihn mit Anderen zu theilen, aus ungeheuren Felsen einen riesigen Leuchtthurm. Viele der fern Vorübersegelnden, welche auch die Sehnsucht nach dem schönen Eilande ergriffen hat, halten ihn für einen Verderben spe[i]enden Vulcan; aber Andere folgen dem Zeichen, das sie als ein gastliches erkennen, und gehen mit dem Entdecker ein in die neugewonnene Heimath, ihre Wunder in stiller Trunkenheit zu durchforschen.

Wer könnte nun ohne innigste Wehmuth, von Schmerz und Freude zugleich bestürmt, auf die Ausgabe von Hegel's sämmtlichen Werken blicken! Die Freude muß ergreifen, einen so reichen Schatz der Erkenntniß zum Besitz zu empfangen, eine Philosophie nach allen Richtungen hin ausgearbeitet als ein Ganzes vor uns zu haben; der Schmerz muß uns erfassen, daß dem Urheber dieser großen Schöpfung, deren Bewunderung fortan die Menschheit in alle kommenden Jahrhunderte hin erfüllen wird, nicht selber vergönnt war, allen seinen Gebilden die letzte Vollendung zu geben. Freunde des Verstorbenen haben das schwierige Geschäft über sich genommen, das wissenschaftliche Vermächtniß desselben der Welt zum Eigenthum zu übergeben und mit den schon gedruckten Schriften die noch ungedruckten zu vereinigen. Wenn man bedenkt, wie unerwartet Hegel mitten aus seiner Thätigkeit schied, so wird man sich den Zustand seiner hinterlassenen Arbeiten kaum so vorstellen können, wie etwa das Atelier eines plötzlich sterbenden Malers, wo unter fertigen Gemälden theilweis ausgeführte Bilder und flüchtige Skizzen umherstehen. Denn solche Gestaltungen sind immer deutlicher und durch sich sprechender, als das Räthselhafte wissenschaftlicher Aphorismen, wo wenige Worte dem, der sie schrieb, eine ganze Welt bezeichnen, während sie einem Fremden hieroglyphisch erscheinen. Hegel hat bei der Rastlosigkeit und Allseitigkeit seines Arbeitens viel Material hinterlassen, allein Er nur vermochte sich wohl in diesen zahllosen Notizen, Schematen und oft ganz einsylbigen Andeutungen vollkommen und mit Leichtigkeit zurecht zu finden, wie seine mündlichen Vorlesungen bles zeigten. Wenn nun die Herausgeber aus Hegel's Papieren allein, bei aller Vertrautheit mit seinem System und mit seiner Manier, eine zusammenhängende Composition zu liefern nicht wohl im Stande gewesen wären, sondern vielleicht wie Tieck und Fr. Schlegel mit Novalis Nachlaßenschaft hätten verfahren müssen, so kamen ihnen Hefte zu Hülfe, welche in Hegel's Vorlesungen mit höchster Treue nachgeschrieben waren und welche das, was in den hinterbliebenen Papieren im Durchschnitt vereinzelt und zersplittert, selten mit einiger Ausführlichkeit erschien, in einer bündigen Zusammenfassung organisch darstellten. So hatten sie nun auf der einen Seite Hegel's mündliches Wort in verschiedenen Recensionen, auf der anderen Seite zu dessen Berichtigung und Ergänzung seine Collectaneen und theilweisen Ausführungen. Daß auch so noch das Werk des Zusammenstellens äußerst mühsam und nur durch das hingegebenste Eingehen auf Hegel's ganze Art und Weise möglich war, ist begreiflich. Die Herausgeber haben dies Geschäft nach der vorherrschenden Richtung ihrer Studien unter sich getheilt und sich dabei die Vermeidung jeglicher Willkür zur strengsten Pflicht gemacht, um nicht in ein Zwitterwesen zu verfallen, bei welchem das Publicum fortwährend zu der störenden Reflexion genöthigt gewesen wäre, sich zu fragen, was denn nun eigentlich von Hegel, was aber von Marheineke, Gans, Henning, Hotho oder Michelet herrühre. Bei der Wichtigkeit des Gegenstandes, bei der Ehrfurcht und Liebe zu dem Todten, bei dem Eifer der zusammengetretenen Freunde ließ sich kein anderes als dies streng authentische, objective Verfahren erwarten.

In Hegel's Bildung ist das Eigenthümliche, daß sie nicht, wie die Bildungsgeschichte anderer Individuen, große Einschnitte und mannigfaltige Uebergänge darbietet; er war ein Mann jener Gattung von Menschen, welche Napoleon carrés par la base nannte. Wie Aristophanes erst lange im Stillen sich übte, bevor er öffentlich mit seiner erhabenen Kunst dem Blick der Athenienser sich zeigte, so verbarg Hegel die unreiferen Studien der Jugend. Er gewährte das große Schauspiel jener seltenen litterarischen Selbstbeherrschung, nur das von sich zu laßen und dem Publicum mitzutheilen, was von ihm bis zur freien Selbstständigkeit vollkommen ausgebildet war. Dieser plastische Charakter gab ihm für die

Zeit eine Ruhe und Festigkeit, deren großartige Gediegenheit die leichteren, flüchtig schwärmenden Geister sogleich ohne Weiteres von sich stieß. Der Mensch, der zu dem Bedürfniß der Bildung gekommen ist, hat eine gewisse Scheu, das Vollendete, wenn er sich ihm nahet, anzuerkennen, gerade weil es das ist, was er sucht. Bildung ist ein Erheben von einer Stufe des Erkennens und Handelns zur anderen: dies Fortgehen und das Bewußtsein darüber geben dem Subject, das sich bildet, offenbar einen Genuß seiner selbst. Allein dies Streben, dies Fortdrängen von einer Gestalt des Lebens zur anderen, kann auch zu einem Quell des tiefsten, geistigen Egoismus und zu einer Ursache der Verläugnung des Vollkommenen ausarten. Denn da die Bildung das Vollkommene zu erringen sucht, so würde sie in ihm zu verweilen haben und nicht darüber hinauskönnen, denn über dem wahrhaft Unendlichen liegt nicht noch ein Anderes, das es auch wäre. Unsere Zeit hat aber die Philosophie so aufgefaßt, daß sie zwar für die Erkenntniß der Wahrheit kämpfen, jedoch die Wahrheit erkannt zu haben niemals sich rühmen d. h. im Halb- und Nichtwissen stehen bleiben solle. Die Behauptung der Hegel'schen Philosophie, den Begriff der Wahrheit erfaßt zu haben, muß daher als unleidliche und empörende Anmaaßung auftreten. Aus einer schlechten Behandlung der Geschichte der Philosophie gewohnt, daß jede Philosophie irgend eine neue Einseitigkeit zu vorigen Einseitigkeiten hinzubringe, klagen Manche die Hegel'sche Philosophie an, daß sie gar nichts Neues aufgestellt habe, wie doch Schelling, Fichte, Kant, Leibnitz u. s. f. durch Setzung besonderer Principien die Philosophie bereichert hätten. Könnte aber von der Hegel'schen Philosophie ein solch' neues Princip als der leitende Grundsatz des Ganzen genannt werden, so würde sie damit eben einer Einseitigkeit verfallen und nicht wahrhaft absolut sein. Daß aber die Philosophie in ihrer Geschichte den Punct der absoluten Vollendung erreiche, ist in diesem Gebiet des Geistes eben so nothwendig als in jedem anderen und daß Einer als der Träger des Ganzen erscheine, in welchem sich alle Richtungen zusammenschließen, ist eben so unvermeidlich.

In diese Vollendung glauben wir es setzen zu können, daß die Hegel'sche Philosophie einerseits so viel Widerspruch, andererseits so viel Beifall gefunden hat. Diese Vollendung liegt einmal darin, daß sie den Kreis der Erkenntniß vollständig beschrieben hat; zweitens darin, daß sie für die Entwicklung des Inhaltes die eigene Bewegung desselben als das Princip der Formbestimmtheit, als die Methode erkannt hat; drittens darin, daß ihre Sprache von allen Terminologieen am meisten mit der allgemeinen geschichtlichen Bildung der neueren Philosophie und außerdem am meisten mit dem Geist der Deutschen Sprache selbst in Einheit geblieben ist. — Alle Philosophieen der neuen Welt gaben bis auf die Hegel'sche keine absolute Totalität der Erkenntniß. Großartige Grundrisse wurden zwar entworfen, wie von Scotus Erigena, von Baco und Jacob Böhm, von Spinoza und Leibnitz; allein es waren mehr Andeutungen einer systematischen Organisation, als wirkliche sich in sich und durch sich abschließende Einheiten. Der Idealismus der jüngeren Zeit wollte eine neue Einheit setzen, aber sein Princip, das Bewußtsein, blieb durch die Trennung des Noumenons und Phänomenons in sich ohne Versöhnung mit der Natur wie mit der Geschichte. Schelling erglühete in edlem Zorn über diese Vernachläßigung; mit tiefster Begeisterung sog sein Athem die Schönheit der Natur, die Herrlichkeit der Geschichte in sich; aber einem göttlich trunkenen Seher vergleichbar, sprach er mehr rhapsodische Weissagungen aus, als daß er mit seinem Entzücken die umfassende Besonnenheit gepaart hätte, die äußere Breite seiner Erkenntniß in den einfachen Ring einer systematischen Universalität einzuschließen. Der Ruhm, dies gethan zu haben, gebührt Hegel. — Aehnlich verhält es sich mit der Methode. Während des Mittelalters galt die formelle Logik; ihr folgte die mathematische Demonstrationsweise; dieser die unstäte Reflexion, die auf das Schillern eines geistreichen und beredtsamen Räsonnements hinausging. Der Darstellung der Kantischen und Fichteschen Philosophie lag die Idee der Synthesis als der Einheit von Thesis und Antithesis zu Grunde, woraus in der Schellingschen Schule die Indifferenz des Idealen und Realen zur Ineinsbildung des Absoluten hervorging und damit die Methode als Construction sich gestaltete. Bei Hegel wurde sie Manifestation und konnte dies nur dadurch werden, daß er die formelle Logik über den Haufen warf. Schelling hatte unstreitig dasselbe Bedürfniß. Die ver-

treffliche Abhandlung über Begriff, Urtheil und Schluß in seinem
Bruno und die tiefe Betrachtung über den Sinn der Copula im
Anfang seiner Abhandlung über die Freiheit geben davon ein ge-
nügendes Zeugniß. Allein er kam mit seiner Revision nicht zu
Ende und fand sich deshalb fortwährend durch die alten Formen
gestört. Hegel gab in seiner Logik die durchgeführte Kritik derselben und gebar sie, indem er sie in ihrem abstracten Schematismus
vernichtete, zugleich in höherem Lichte wieder. So wurde denn
von ihm am Schluß der Logik in der Lehre von der absoluten
Idee der Begriff der Methode so einfach und schlagend entwickelt,
daß unwiderleglich eine andere nicht die wahre sein kann. — Die
Sprache Hegel's ist ein oft und gern besprochener Gegenstand, weil
diejenigen, welche von aller Philosophie entfernt zu sein sich wohl
bewußt sind, wenigstens hier einen Punct zu erblicken glauben,
dem ihre Beurtheilung völlig gewachsen sei. Ich mag die Philosophen gar nicht in Schutz nehmen, wenn sie mit Willkür und
leichtfertiger Bequemlichkeit den geläufigsten Worten eine Bedeutung zu ertheilen, welche ganz heterogen von der ist, die sie in
der currenten Sprachweise des Lebens besitzen, oder gar, wenn sie
Worte ausbrüten, die, aus aller geläufigen Anschauung heraus,
immer erst eines Commentars bedürfen und bald, wie „Wesen-
wesenheit" dem Geschmacklosen, bald, wie „Bewissen" dem Lächerlichen anheimfallen. Man kann Hegel keinen dieser Vorwürfe
machen; weder hat er Begriffe, wie Subjectiv, Objectiv, Real
u. s. f. eigensinnig verändert, noch hat er, wie Krause u. A. gro-
teske Wortungeheuer erschaffen. Dagegen hat er den philosophischen Instinct unserer Sprache mit dem tiefsten Gefühl zu benutzen
gewußt. Wer die Geschichte der Deutschen Sprache nur einigermaßen kennt, der wird einräumen, daß vor dem selbstständigen
Hervortreten des Deutschen Philosophirens in der Wolfischen Schule
die höchste speculative Entfaltung der Deutschen Sprache in den
Deutschen Mystikern, Suso, Tauler, Weigel, Böhm u. s. w.
vorhanden ist, weil alle anderen Darstellungen in ihrer Terminologie ein Uebergewicht von Lateinischen und Griechischen Ausdrücken haben.

Hegel, darf man behaupten, hat ganz und gar die schlichte
Einfalt und den glücklichen Sprachsinn unserer alten Mystiker

beseſſen und mit ſicherem Tact die einfachen und unſcheinbaren, aber ſo fruchtreichen und klaren Beſtimmungen, wie Inſichſein, Andersſein, Ineinanderſcheinen und ähnliche Ausdrücke hervorgehoben. — Dieſe Bemerkungen betreffen nur die Beſtandtheile der Hegel'ſchen Sprache, um ſie als der Deutſchen Philoſophie völlig angemeſſen zu rechtfertigen. Aber mit welcher Macht hat nun Hegel dieſe Sprache in ſeinem Syſtem durchgebildet! Schwerlich möchte, mit Ausnahme des Spinoza, ein anderes Syſtem der Neueren dieſe Conſequenz und dieſen Zuſammenhang des Ausdrucks erreichen. Und wie mannigfaltig und vollendet erſcheint Hegel's Sprache nicht in der Darſtellung ſelbſt! Allerdings haftet ihm überall etwas Schweres an, allein dieſe Schwere iſt nie Rohheit, nie Ungeſchicktheit; ſie iſt die Erhabenheit der primitiven Schöpferkraft, die ſich darin wie in der grandioſen Kürze eines Dante zeigt. Man hat dieſe Seite in Hegel's Leiſtungen bisher viel zu oberflächlich betrachtet; wenn aber ſämmtliche Werke vorliegen, ſo wird ſich der künſtleriſche Wechſel, deſſen er fähig war, nach allen Seiten hin vor Augen legen und der ſtyliſtiſche Werth derſelben vollkommen würdigen laſſen; man wird dann einſehen, wie Hegel in jeder ſeiner Schriften einen anderen Ton anſchlägt — die ſanfte Pracht der Phänomenologie, die Choralklänge der Logik, die warme Belebtheit der Rechtsphiloſophie, die ſcharfen Accente der Encyklopädie, die dem Ohr ſich unverlierbar einſchneiden, der milde Fluß der Vorleſungen, die ironiſche Fülle der Kritiken, die prophetiſche Salbung der Vorreden — und wie doch durch alle Ein einziger Grundton mit unergründlich majeſtätiſchem Zauber hindurchwaltet, deſſen höchſte Eigenthümlichkeit wohl darein zu ſetzen wäre, daß Hegel, alle Blümelei verſchmähend, mit welcher ſo mancher Philoſophant den welken, bleichen Leichnam ſeiner Begriffe ekelhaft aufzuputzen ſtrebt, in ſeiner einfachen Rede etwas durchaus Poetiſches hat, das in ſeinen früheren Schriften auch in der Geſtalt kühner und gewaltiger Bilder hervorleuchtet.

Der erſte von Michelet beſorgte Band der ſämmtlichen Werke enthält jene vortrefflichen Abhandlungen, in welchen Hegel mit ſeiner Zeit kämpfte und ſich mit Titanengewalt über ihre zerſplitternde Reflexion in der Erkenntniß und über ihren ſelbſtſüchtigen Eudämonismus im Moraliſchen, Politiſchen und Religiöſen erhob.

Sehr anziehend ist es, in ihnen das Werden der Phänomenologie zu beobachten, die nur in einer Zeit entstehen konnte, wo die Völker Europa's im stürmischen Zerbrechen so vieler morschgewor= denen Formen des Lebens begriffen waren; nur damals konnte auch der Einzelne sich so durchschüttert fühlen, daß er in alle Heimlichkeit der Natur hinabzuspähen und sowohl des Geistes Vergangenheit mit ihren tausendfältigen Gestalten zu durchdringen, als auch sogar noch nicht in den Bereich der Erscheinung einge= tretene Metamorphosen desselben ahnungsreich vorherzubestimmen getrieben ward, um sich Rechenschaft abzulegen, was denn der Geist bis dahin in Wahrheit geworden. Die einzelnen Abhand= lungen sind 1, S. 1—157, Glauben und Wissen oder die Re= flexionsphilosophie der Subjectivität, in der Vollständigkeit ihrer Formen als Kantische, Jacobische und Fichtesche Philosophie vom Jahre 1802; ein Aufsatz, der wegen der tiefen Charakteristik die= ser Philosophieen und wegen ihrer Entwicklung aus dem Princip des Protestantismus, worüber namentlich die allgemeine Einleitung so schön als belehrend sich ausspricht, für die Geschichte dieser Epoche einen bleibenden Werth behauptet. Für die hier gegebene Kritik der Jacobischen Philosophie erlauben wir uns dem Leser zu bemerken, daß Hegel darin vorzugsweise die Schwäche derselben, ihre Verkennung anderer Systeme, ihre eigenliebige Befangenheit und ihre Widersprüche mit sich dargethan hat, daß Hegel selbst aber den positiven Gehalt dieser Philosophie und den großen Werth derselben als Fermentum cognitionis in seiner Anzeige von Jacobi's sämmtlichen Werken, in den Heidelberger Jahrbüchern 1817 so genügend entwickelt hat, daß man dieselbe mit hinzuneh= men muß, um seine vollständige Ansicht Jacobi's zu gewinnen und sich zu überzeugen, wie gerecht er gegen ihn gewesen ist. — 2) Differenz des Fichteschen und Schellingschen Systems der Phi= losophie in Beziehung auf Reinhold's Beiträge zur leichteren Ue= bersicht des Zustandes der Philosophie zu Anfang des neunzehnten Jahrhunderts, 1stes Heft vom Jahre 1801, S. 160—296. Diese Schrift durch einen neuen Abdruck wiederzuempfangen, muß das Publicum sich im höchsten Grade erfreuen. Denn nur zu lange und zu sehr ist sie unbeachtet geblieben; nun aber wird man sich hoffentlich überzeugen, daß weder über Fichte noch über Schel=

ling — so weit sie damals in der Entwicklung ihrer Philosophie gekommen waren — etwas Gründlicheres geschrieben worden; so gedrängt Hegel's Auseinandersetzung oft ist, so lichtvoll erscheint sie doch immer durch ihre Dialektik z. B. in der erstaunenswürdigen Skizze des Systems der Natur nach Schelling's Auffassung S. 266 ff. Ein besonderes Interesse dürften für jeden Philosophirenden die anregenden und einbringlichen Bemerkungen haben, welche Hegel unter der bescheidenen Aufschrift: mancherlei Formen, die bei dem jetzigen Philosophiren vorkommen, als Einleitung gegeben hat und worin er von der geschichtlichen Ansicht philosophischer Systeme, vom Bedürfniß der Philosophie, von der Reflexion als dem Instrument des Philosophirens, von dem Verhältniß der Speculation zum gesunden Menschenverstand, vom Princip einer Philosophie in der Form eines absoluten Grundsatzes, von der transcendentalen Anschauung, von den Postulaten der Vernunft, und vom Verhältniß des Philosophirens zu einem philosophischen System, also von lauter Elementen der Wissenschaft handelt, deren Begriff noch fortwährend den Gegenstand der öffentlichen Untersuchung ausmacht. — 3) Ueber das Verhältniß der Naturphilosophie zur Philosophie überhaupt, 1802, S. 297—319. Dieser Aufsatz kommt in der Darstellung dem Schelling'schen Ton am nächsten, dessen schönste Eigenthümlichkeit unstreitig ein glanzreicher Schimmer des inbrünstigen Eifers für Religion und Kunst und ein gewisses abliges Wesen ist, das seine Absonderung von allem Pöbelhaften und Gemeinen mit imponirendem Nachdruck anzudeuten versteht. Der Inhalt dieser kurzen Abhandlung ist polemisch und sucht mit edlem Zorn die Anschuldigung zu widerlegen, daß Naturphilosophie ordinärer Materialismus sei und sodann, daß sie ihre Bekenner zur Irreligiosität und Immoralität verführe. — 4) Ueber die wissenschaftlichen Behandlungsarten des Naturrechts, seine Stelle in der praktischen Philosophie und sein Verhältniß zu den positiven Rechtswissenschaften vom Jahre 1802 und 1803; S. 323—423. Hegel untersucht darin zuerst die beiden Methoden, die bis dahin in der Bildung des Naturrechtes angewendet waren, die der Empirie, durch welche das Allgemeine immer nur in der beschränkten Form des Besonderen gesetzt wird, und der Abstraction, welche ihre formellen Allgemeinheiten immer nur äußerlich mit dem Besonderen verbindet, so daß es als Subsumtion mehr neben demselben liegen bleibt, beidemal also die lebendige und organische Durchdringung des Besonderen mit dem Allgemeinen, ihre Identität, vermißt wird. Nach solcher Aufzeigung der Einseitigkeit beider Methoden gibt er nicht bloß eine Entwicklung der wahrhaften Methode als der immanenten Einheit des Allgemeinen, Besonderen und Einzelnen; er gibt auch — mit ausführlicher Berücksichtigung des platonischen Systems — eine Auseinandersetzung des wahrhaften Systems der Sittlichkeit, der er als der objectiven Entfaltung eines Volksgeistes die Moralität des Einzelnen und die Legalität bloß äußerlicher Rechtsbeziehungen unterordnet. Wer diese Abhandlung nicht selbst liest und durch öfteres Studium sich aneignet, dem kann durch bloße Beschreibung die unendliche Energie derselben nur angezeigt werden, dies Anschwellen eines wirklich riesenhaften und doch nie die feine Grenzlinie des Maaßes überschreitenden Ausdruckes von einer schlichten Lehrweise zum Pathos der entzückt anschauenden Inspiration. Wie entspinnt sich nach und nach von den einfachen Gegensätzen der Einheit und Vielheit, der Allgemeinheit und Einzelheit, Nothwendigkeit und Freiheit, Objectivität und Subjectivität jene wundervolle Schilderung der tragischen und komischen Seite der Geschichte S. 386—392, die zu dem Tiefsten gehört, was jemals über diesen höchsten Widerspruch des Geistes gedacht und gesagt ist!

Erste Abtheilung.

Erläuterungen zur Logik.

I.

R. v. L. Ueber Sein, Werden und Nichts. 1833.

Der größte Theil der Einwürfe, welche der Hegelschen Philosophie in vorliegender Schrift gemacht werden, beruht darauf, daß die Hegelsche Logik von dem Standpunct der formalen Logik aus bekämpft wird, bei welchem Verhältniß dann freilich nur alle die Mißverständnisse sich erneuen können, welche dem speculativen Denken von dem nur discursiven so oft gemacht sind. Ich kann die Bemerkung nicht zurückhalten, daß gerade in Bezug auf die Begriffe des Seins, Nichtseins, Werdens und Daseins die Griechische Philosophie von den Eleaten ab bereits so erschöpfend gewesen ist, daß, bei historischer Bekanntschaft mit ihr, in neuerer Zeit eine Menge von Bedenklichkeiten und Verwunderungen in Ansehung der „Hegelianik" wohl unterwegs geblieben sein würden. Doch es ist diese Seite des Streites schon so oft Gegenstand der Discussion gewesen, daß man, immer dasselbe wiederholen zu müssen, ermüdet. Ich wende mich daher zu demjenigen, was den eigenthümlichen Kern der Schrift von R. v. L. über Sein, Werden und Nichts, Berlin 1833, ausmacht. Dies ist die Frage nach dem Verhältniß der Mathematik zur speculativen Darstellung. Mit großer Kenntniß der Mathematik sucht der Verfasser darzuthun, daß die Philosophie für ihre Lehre sich wesentlich verbessern würde, wenn sie die Begriffe durch geometrische Figuren veranschaulichte. Diesen Lieblingsgedanken weiß er mit eben so viel Gewandtheit als Beredsamkeit bis auf einen gewissen Grad plausibel zu machen. Wir können uns jedoch von den angeführten Vortheilen der intuitiven Versinnlichung, die man schon so oft versucht hat, nicht überzeugen. Die Speculation ist auf die Reinheit des Gedankens eifersüchtig und bedarf, den Begriff zu begreisen, vor allen Dingen des Begriffs. Der Methode wegen konnte sich die Philosophie an die Mathematik wenden, so lange ihre Disciplinen noch ungetrennt in einander verschlungen waren, wie denn die Pythagoräische Philosophie diesen Standpunct einnahm. Sie hatte noch keine Logik, noch keine Metaphysik. Sie konnte daher an den Unterschieden der Zahl und an den einfachen Raumfiguren den Gedanken entdecken, denn das Logische ist allem Concreten immanent, kann also darin gefunden werden, und die Zahl, die an sich selbst eine Kategorie ist, kann die Kategorieen der Identität, der Differenz und der aufgehobenen Differenz wegen der Bestimmtheit, mit welcher sie den Unterschied der Discretion und Continuität enthält, besonders nahe bringen. Allein der Gedanke an und für sich ist noch nicht gedacht, wenn ich ihn in etwas Anderem, als er selbst ist, betrachte. Um die Identität z. B. als solche zu denken, muß ich nothwendig von allem Identischen d. h. von allem Besonderen, worin die Identität ein Moment ausmacht, abstrahiren, widrigenfalls ich das Logische nicht als Logisches, sondern das Logische, afficirt von anderen Bestimmungen, synthesirt mit ihm fremdem Stoffe, vor mir haben würde. In seinem Staat bestimmt Plato das Studium der Mathematik für die Krieger, weil diese für ihren Beruf zur Auffassung von Terrainverhältnissen u. s. w., einer zwischen dem Sinnlichen und Nichtsinnlichen schwebenden Wissenschaft bedürften, den Philosophen aber ertheilt er das Studium der Dialektik. Aristoteles zeigt an vielen Orten seiner Metaphysik, besonders aber in den letzten Büchern, das Unzureichende der arithmetischen und geometrischen Bestimmungen für den reinen Begriff. Von des Sextus Polemik adversus Mathematicos will ich nicht einmal reden, aber noch bemerken, daß die späteren Pythagoräer, z. B. Hierokles in seiner Auslegung der goldenen Sprüche, indem sie, genährt durch das Studium der Platonischen und Aristotelischen Schriften, die Zahlen und Raumfiguren erklären, sie zu dem machen, was sie von diesem Standpunct aus sind, zu Beispielen des reinen Gedankens. Bei der Wiederherstellung des Studiums der Platonischen Philosophie erneute man auch, wie Zorzi besonders that, die Pythagoräische Ansicht. Durch die Rosenkreuzer und andere auf geheimes Wissen gerichtete Gesellschaften hat sich die dumpfe Ehrfurcht vor der speculativen Bedeutung der Zahl immerfort lebendig erhalten. In Deutschland war es der Hofrath v. Eckartshausen, der 1794 und 1795 eine Zahlenlehre der Natur und Probaseologie versuchte, und Jakob Wagner 1830 in seinem Organon, wo sich die eigene Widerlegung dieses Standpunctes sehr naiv dadurch ausdrückt, daß zu einer Zahl 3, 4, 7 u. s. f. immer hinzugefügt wird: das heißt. R. v. L. hebt die Geometrie hervor. Da, wie wir schon berührten, das Logische als das absolut Einfache jedem concreten Inhalt an sich immanent ist, da die Kategorieen Alles durchbringen, so kann auch das Geometrische sich diesem allgemeinen Gesetz nicht entziehen und die Möglichkeit einer Philosophie der Mathematik beruht hierauf. Denn ist eine Darstellung, welche im Geometrischen, im Punct, in der Linie, im Kreise u. s. f. die logischen Kategorieen nachweist, im Grunde etwas Anderes, als eine Darstellung des Geometrischen in logischer Bestimmtheit? R. v. L. glaubt durch das mathematisch-intuitive Element der Speculation einen Dienst zu leisten; II. S. 191: „Wir werden dadurch in den Stand gesetzt, das Verhalten der verschiedenen Modificationen des Seins unabhängig von irgend welcher Inhaltserfüllung des Seienden (ist aber nicht der Raum, da er der Natur angehört, schon ein besonderer Inhalt, ein concreter Gedanke gegen den Gedanken des Seins an sich, oder, um es so zu nennen, gegen das Sein als logisches?), als ein Abstractes oder abgesondert für sich Gedachtes, auch isolirt (haben die Raumfigurationen unter sich etwa keinen Zusammenhang?) veranschaulichen zu können; eine Aufgabe, welche so häufig vorkommt, aber wegen der Zweideutigkeit und des concreten Wesens aller Wortsprache, die philosophischen Expositionen so schwierig und schwerverständlich macht." Diese Verkennung der Sprache ist bei R. v. L., der sich so viel mit der Mathematik beschäftigt hat, begreiflich, ungerecht bleibt sie immer. Kein Philosoph von Plato an bis auf Hegel und Herbart herunter hat sich genirt, für einfache Begriffsbestimmungen sich geometrischer Beispiele zur Verdeutlichung zu bedienen. Für die tieferen logischen Momente wird aber eine solche Darstellung geradezu unmöglich. Die Zeichnungen werden so complicirt, daß die Exegese viel mehr Schwierigkeit macht, als wenn man bei dem Logischen und Metaphysischen als solchem stehen bliebe. Ja man ist nicht, wie eben Krause's Logik dies zur Genüge bewiesen hat, vor dem Absurden sicher, wenn man Bestimmungen, wie das Wesen, die Substanz und ähnliche, abbilden will. Zwischen der freien Selbstbewegung des Begriffs und der todten Linearität bleibt ein unausfüllbarer Hiatus. Sollen, wie doch in der Logik und Metaphysik gefordert werden muß, die Kategorieen selbst gedacht werden, ist es dann einerlei, ob man sie in der räumlichen Anschauung oder rein für sich ohne dieselbe denkt? Warum will man nicht bei dem alten Platonischen Wege bleiben, den die Geschichte der Philosophie selbst hat durchmachen müssen, die Beschäftigung mit der Mathematik in Bezug auf die Erziehung der subjectiven Intelligenz zur Speculation als eine ersprießliche Vorübung festzuhalten? Müssen die räumlich-intuitiven Figuren nicht durch die Sprache erklärt, muß nicht, für die Speculation, von ihnen zum Begriff selbst übergegangen werden?

Wenn aber der Sprache als dem darstellenden Medium der Philosophie der Vorwurf der Unbestimmtheit und Zweideutigkeit gemacht wird, so fragt sich, ob denn die symbolische Sprache der Geometrie in Bezug auf den Begriff nicht auch daran leidet, ob sie nicht ein noch größerer Umweg ist? Da ihre Figurationen offenbar erst durch das Aussprechen ihrer Bedeutung bestimmten Sinn erhalten, so zeigt sich ja die Sprache als Meisterin der Symbolik, diese selbst aber als abhängig von dem im Sprechen sich offenbarenden Denken, und daher sogar der Willkür seines Bestimmens preisgegeben. K. v. L. sagt z. B. S. 176 der zweiten Abtheilung: „Symbolisch können wir in räumlicher Construction das Nichts darstellen durch den mathematischen Punct, das All durch die Totalität des Raums, das bestimmte Etwas durch die Beschränkung der unendlichen Ausdehnung des Raumes in das der Form und dem Inhalt nach endlich gemachte Räumliche. Den Punct und den Raum können wir hierbei begreifen als die beiden Pole des Unendlichen, als die sich entgegengesetzten Grenzbegriffe des Endlichen, das Endliche selbst als die Indifferenz zwischen beiden u. s. f." Kann diese Symbolik nicht der Kritik unterworfen werden? Wäre z. B. nicht das All selbst als das Nichts zu setzen? Denn der Raum an sich ist ohne Grenze; die Unbestimmtheit ist seine Bestimmtheit. Das All des Seins schlägt daher durch sich selbst unmittelbar in den Nihilismus um. Der Punct aber ist ja schon Bestimmung des Raums. Er ist der aus dem abstracten Sein zum Dasein hervortretende Raum; kann er daher wohl zur Symbolik des Nichts dienen? Ist er nicht vielmehr, da der Punct sogleich in viele Puncte, in die Entgegensetzung gegen sich umschlägt, als Symbol des Etwas zu nehmen, des Daseins, welches sich anderes Dasein gegenübersetzt? Wir wollen diese Kritik nicht weiter verfolgen; es wird aus ihr bereits einleuchten, daß der Gedanke sein eigener Richter ist. Ohne den Gedanken und ohne seine in der Sprache ausgedrückte Darstellung bleiben die Symbole dunkel, ja todt. Wenn R. S. 192 das abstracte Werden als Diremtion des mathematischen Punctes zur mathematischen Linie darstellt, und nun Anfang und Ende, Quantität, Qualität und Grenze an der Linie findet, so muß ich doch darauf zurückkommen, zu fragen, ob ich denn wohl durch die Anschauung der Endpuncte einer Linie a, b schon den Begriff des Anfangs und Endes an sich, durch die Anschauung der qualitativen Bestimmtheit der Linie als der geraden oder krummen schon den Begriff der Qualität an sich u. s. f. erhalte?

R. v. L. ist auch oft ganz nahe an diesem Resultat, da er es an philosophischer Erörterung nicht fehlen läßt. Er hat sich aber einmal in der Ansicht festgesetzt, die Hegelsche Darstellung der Philosophie sei absolut unklar, und gegen das firirte Bild Babylonischer Sprachverwirrung und tollgewordener, widerspruchsvoller Terminologie lächelt ihn nun die weiße Fläche des Papiers und die Reinlichkeit und Abgeschlossenheit der geometrischen Figuren mit besänftigender Verständigkeit, mit erfreulicher Heiterkeit an.

II.
Gruppe's Wendepunct der Philosophie im neunzehnten Jahrhundert. 1834.

1831 gab Gruppe seinen Antäus heraus. Dieser Riese sollte die speculative Philosophie sein. Das Buch glaubt, nach den eigenen Worten des Verfassers, den Gegner allein dann bekämpft, "wenn der Mensch, ein Sohn der Erde, den Boden nicht unter den Füßen verliere, aus dem er mit seinem Wissen und Denken emporgewachsen." Ich nahm an jenem Titel einigen Anstoß. Will man in Mythen sprechen, so schien mir Ikarus das treffendste Bild luftiger Speculation, Antäus der gemeinen Erfahrungswissenschaft, welche so lange gesund und tüchtig ist, als sie durch Berührung mit der Mutter Gäa sich erfrischt und sich nicht zum schwindelnden Flug unverstandener, metaphysischer Faseleien verleiten läßt. Herakles, der Sohn einer reizenden Sterblichen und des wissenden Zeus, kann ein Bild der Speculation werden. Auf der Erde fußend, aber den Blick zum strahlenden Aether gewandt, hält er den Gegner so lange in der Luft, bis er ausathmet. Herakles mußte der Titel des Buchs sein.

In gewandter Sprache regte es tausendfache Dinge an. Geschichte der Philosophie, Naturwissenschaft, Aesthetik, Theologie, Sprachwissenschaft, Philosophie der Geschichte, Pietismus wurden in den Briefen besprochen. Zum erstenmal erfuhr die Welt unwiderleglich, wie dumm doch im Grunde alle von ihr gepriesenen speculativen Philosophen gewesen sind und noch sind, obgleich wir jetzt vergleichende Natur- und Sprachkunde haben. Ob sich die Geschichte der speculativen Philosophie an Gruppe wegen dieses Verraths ihres zartesten Geheimnisses vielleicht einst dadurch rächen wird, daß sie seine gescheuten Entdeckungen, den merkwürdigen Wendepunct, mit Stillschweigen übergeht? Denn die unangenehme Wahrheit ignorirt man gern und Gruppe ist fürchterlich wahr. Mit bewundernswerther Leichtigkeit spricht er das Unerhörteste aus, z. B. daß Plato und Aristoteles keine selbstständige Forscher und ohne klares Bewußtsein über ihre Lehre gewesen wären (S. 206) u. dgl. m. Doch gestehen wir gern, daß uns die offene Dreistigkeit Gruppe's immerhin besser gefällt, als die katzenbuckelhafte Schmiegsamkeit und amphibolische, im Tadel liebkosende, im Lob verwundende Manier einiger unserer Kritiker, die, sobald es zum entscheidenden Kampf kommen soll, immer vorgeben, es sei nicht der Ort, tiefer einzubringen.

Uebrigens war die Briefform nur das Mittel, ganz nach Belieben, ohne innere Consequenz, bald von diesem, bald von jenem schwatzen zu können. Nach seinen dichterischen Leistungen in den Winden und im Alboin trauen wir Gruppe unbedenklich das Talent zu, einen Briefwechsel zu schreiben. Damals konnte oder wollte er sich nicht die Zeit dazu nehmen und gab nur desultorische Abhandlungen mit der Ueberschrift: mein Freund. Die fieberhafte Bewegung, in welche so Viele durch die Mannigfaltigkeit unserer heutigen Interessen versetzt sind, ja die wohl uns Alle jetzt mehr oder weniger ergriffen hat, klopft in jenem Buch mit raschen Pulsschlägen. Gruppe hat so Viel und Vielerlei gelesen, empfunden, gedacht, geschaut und nun bringt bald dies bald jenes an ihn heran, so daß er gar nicht recht zu sich selbst kommt und sich bei dem Versuch, die Erscheinungen zu bewältigen, selbst in sie verliert. Wir führen nur Eines an. Er greift die Hegelsche Philosophie der Geschichte an, weil sie die Freiheit des Geistes zum Princip ihrer Nothwendigkeit macht. Er wirft dagegen die Instanz des Klimatischen ein, was die leibliche und geistige Physiognomie eines Volkes entschieden bestimme. Nun glauben wir nach dem, was Hegel in der Encyklopädie über die Unterschiede der Racen, der Stamm- und Localgeister sagt, daß er gewiß nicht im Entferntesten geleugnet haben wird, wie jeder Volksgeist sich mit einer bestimmten Natur vermählt, so daß die physikalische Beschaffenheit eines Landes in der Bildung des Geistes ein nothwendiges Moment ausmacht und in seiner individuellen Erscheinung sich ausprägt. Karl Ritter's geistreiche Erdkunde kann zur Hegelschen Geschichtsphilosophie sich unmöglich feindselig verhalten. Gruppe, das geographische Moment als Basis der Geschichte firirend, geht aber so weit, daß er alle geschichtliche Formation aus der Gestaltung der Gebirge, Ströme, aus der Eigenheit der Atmosphäre u. s. w. ableitet und in seiner ironisirenden Opposition die Chinesische Unkunst aus dem mißförmigen Habitus der Mongolischen Race, die behaglich breite Betriebsamkeit des Holländers aus seinen Kanalbauten, die schnellkräftige Industrie des Engländers aus seinen großen Steinkohlenlagern u. s. w. deducirt. —

Gruppe's „Wendepunct" trägt nun denselben Inhalt, wie der Antäus, vor, nur ruhiger und geordneter. Nach einem derben Manifest gegen alle Metaphysik und einer Wiederholung seiner Theorie des Denkens in Verhältniß zur Sprache, folgt eine Kritik der bedeutendsten philosophischen Systeme, und auf diese eine Exposition der Methode, durch welche Gruppe die ganze Philosophie umgestalten will. Das kritische Verdienst ist sein größtes; seine Umrisse fremder Philosopheme sind oft treffend, einzelne Bemerkungen neu und glücklich. Was aber den Kern seiner Ansicht betrifft, so wird er sich in seiner Erwartung, die Philosophie einem Wendepunct entgegenzuführen, gänzlich täuschen. Wie in Frankreich die politischen Parteien sich erst gar nicht mit dem Gedanken befreunden können, daß die Revolution keine permanente zu sein vermag, so wiederkäut auch die Deutsche Literatur noch immer den Gedanken, durch eine Revolution der Philosophie endlich das System zu schaffen, von dem man sagen könne: il sera desormais une vérité. Das Hegelsche soll es einmal nicht sein. Dies allein wird für ausgemachte Wahrheit gehalten. Obschon man seine Anhänger, z. B. mich selbst, wüthende Fanatiker nennt, so soll es selbst doch nur ein charakterloses juste milieu für die Preußischen Zustände sein. Eine solche Insinuation ist absolut begreiflich. Der Neoschellingianismus, Stahl, Sengler, Bachmann, Fischer, Weiße, Fichte, Braniß, Gruppe und anonyme Stimmen erheben sich gegen Hegel und verheißen eine andere Aera der Philosophie. Gruppe's Wendepunct würde sie aber, da er gar nichts enthält, was nicht schon dagewesen wäre, nur rückwärts wenden. Er geht nämlich davon aus, daß die Philosophie, verführt durch die Autorität des Aristotelischen Organons, sich in einen Hexenkreis realitätsloser Begriffe eingepfercht habe. Wolle sie nun aus demselben heraus, so vermöge sie das nur durch eine Methode, welche sie die Erscheinungen im Verhältniß ihrer wahrhaften Abhängigkeit von einander begreifen lehrt. Die Erfahrung gibt uns einen mannigfaltigen Stoff, der aber das Erkennen in seiner unmittelbaren Zusammenhanglosigkeit nicht befriedigt. Der Zusammenhang erst macht die Phänomene interessant. Man muß also die Erscheinungen vergleichen, um in ihnen das Gemeinsame aufzufinden. Das Vergleichen ist Urtheilen und, in der Uebertragung der Gleichheit auf das Verschiedene liegt das Wesen des ächten Erkenntnißactes. Die Forschung darf aber das Vergleichen nie abschließen; sie muß ununterbrochen fortschreiten und sich, um zur immer größeren Vereinfachung des Mannigfaltigen zu gelangen, um die allgemeinen Gesetze zu entdecken, die Aussicht in die unendliche Verflechtung der Dinge offen erhalten. Die Sprache ist nur Mittel der Darstellung. Sie hat einen Sinn nur den bestimmten Erscheinungen und Anschauungen gegenüber. Außerdem wird sie flach und zweideutig. Sie sagt in ihrer Relativität nicht mehr, was sie ursprünglich sagt. Die Methode muß daher einerseits die Geschichte der Phänomene controliren, um jede Erscheinung in ihrer Eigenthümlichkeit zu ergreifen, ihre specifische Dignität nicht zu verletzen, die natürliche Abhängigkeit der einen von der anderen nicht durch künstliche Combination zu verwirren. Andererseits muß sie die Geschichte der Sprache controliren, um jedes Wort in seiner wahrhaften und wechselnden Bedeutung zu gebrauchen, die Worte nicht für sich schon als Begriffe gelten zu lassen und den Gedanken in seiner Geburtsfrische, wie er dem denkenden Geist entkeimt, zu erfassen.

Dies ist die Summe der neuen Gruppe'schen Theorie, die uns für den Standpunct der Beobachtung ganz vernünftig erscheint. Wir müssen uns aber höchlich wundern, wenn Gruppe damit etwas Neues gesagt zu haben glaubt. Als die mittelalterliche Scholastik in ihrer logischen Trunkenheit die Vernunft dem Verstandesschluß geopfert hatte, da konnte Baco mit vollem Recht gegen sie auf die Natur, auf das Object, auf die Unterwerfung des Erkennens unter dasselbe hinweisen. Von dem Rechnen mit gehaltlosen Begriffen, vom Spiel mit leblosen Formeln konnte er zur Anschauung des Gegebenen aufrufen und eine Restauration der Wissenschaft proclamiren. Vom düstern Beinhause verknöcherter Abstractionen führte er die Menschheit in den heiteren Garten des ewig blühenden Naturlebens. Aus eigener Wahl, ohne Noth, macht Gruppe seine Stellung zu einer ähnlichen, nur daß er zur Naturempirie noch die vergleichende Sprachanatomie hinzufügt, welche Baco noch nicht kannte und die erst in der jüngeren Zeit durch Grimm, Bopp, v. Humboldt u. A. geschaffen ist. Hat er aber, wie Baco, ein Recht zur Polemik gegen die Speculation? Wir dächten, so wenig, als jetzt die Speculation wegen der Empirie sich beklagen darf. Die Speculation ist seit Baco empirischer, die Empirie seit dem Ende des vorigen Jahrhunderts speculativer geworden. Seit Kant hat die Speculation entschieden ihren Blick nicht mehr träumerisch über die Erde in eine gestaltlose Ideenwelt hinausschweifen lassen. Im Gegentheil hat sie den Trieb empirischer Forschung genährt und nur theils den Crubitäten der ganz gedankenlosen, das Object blödsinnig anstierenden Empirie, theils der schlechten Metaphysik und Logik sich widersetzt, welche die Klarheit der Phänomene durch einen Qualm seichter Hypothesen und unkritisch gebrauchter Kategorieen, wie besonders Atom, Kraft, Ursach, trüben, was Gruppe selbst den Naturforschern zum bittern Vorwurf macht. Wenn Kant erklärte, daß das Ding=an=sich unbegreiflich sei, so mußte sich die Wissenschaft, welche dies Urtheil zu ihrem Vorurtheil, zu ihrer Ueberzeugung machte, desto fester an die einzig zugängliche Welt der Erscheinungen anklammern. Wenn Schelling in Natur und Geschichte das schöpferische Weben des göttlichen Geistes zu ahnen und zu deuten anfing, so mußte das mit Begeisterung für die Kenntniß der Thatsachen erfüllen. Wenn Hegel die Metaphysik und Logik der Philosophie der Natur und des Geistes coordinirte, so mußte der Wahn verschwinden, als wäre die Metaphysik eine vornehmere Richtung der Philosophie, aber, wegen der Immanenz des Logischen im Natürlichen und Geistigen auch der Wahn, als wären die logischen Formen und metaphysischen Kategorieen eine Garderobe fertiger Kleider, in welche die Phänomene der Natur und Geschichte nur eingehüllt würden, um sich in der Gesellschaft der Herrn Philosophen standesmäßig zeigen zu dürfen. Da dem Object der Erfahrungswissenschaften der Begriff an und für sich immanent ist, so können sie gar nicht anders, als auf Momente des Begriffs zu stoßen. Der Begriff ist das gelobte Land, zu welchem ihre Sehnsucht, ihnen oft unbewußt, sie durch die Wüste der einzelnen Wahrnehmungen und Versuche hintreibt. Je mehr sie seiner Gliederung sich nähern, um so lichtvoller und fruchtbarer ist die Erfahrung. Kein Physiker und Historiker, wenn er nicht ganz zum bloßen Instrument und Document geworden, wird sich heut zu Tage mit der rohen Thatsache begnügen. Man will allgemein, auch wo man, aus Furcht vor Leerheit, gegen Einmischung des Philosophirens protestirt, den Verband der Facta. In diesem Trieb liegt es, wenn wir, um ein Lieblingsbeispiel Gruppe's anzuführen, die Physik vom Magnetismus und der Elektricität zum Galvanismus, so zum Elektrochemismus und, seit Faraday's Entdeckung, zum elektro-chemischen Magnetismus fortschreiten sahen. Hierin liegt es, wenn die Weltgeschichte sich uns nicht mehr in todte Massen zerbröckelt, sondern zum Organismus wird, in welchem die Völkerindividualitäten sich als Glieder regen. Hierin liegt es, wenn die Sprachen uns nicht mehr ein Aggregat von Wörtern, einen Wust trockener Regeln und Ausnahmen, sondern ein harmonisches Gebilde der reinsten Vernunftconsequenz darbieten. Hätte Gruppe daher gesagt, der Wendepunct unserer jetzigen Philosophie sei die reale Versöhnung der Empirie und Speculation, so würde er, statt Widerspruch, nur Zustimmung erfahren.

Nous ne voyons, que ce que nous sommes préparés de voir. Diesen Ausspruch Ramonds führt Gruppe beifällig an. Wir wenden ihn auf ihn selbst an. Er hat, wie müssen es ganz dürr heraussagen, das Wesen des Logischen und Metaphysischen total mißverstanden und macht es daher zur Vogelscheuche, auf die er beständig schimpft. Wirklich hat es mit dem Logischen eine ähnliche Bewandniß, wie mit jenen Silenstatuen der Alten, von denen Plato im Symposion spricht, welche, von Außen grämlich und häßlich, inwendig die entzückendsten Götterbilder verbargen. Gruppe sieht in der sichtbaren Welt nicht das unsichtbare Reich der Kategorieen in der Fülle seines unendlichen Reizes. Er erblickt das Logische nur in den concreten Gestalten der Wörter und Phänomene. Um bei dem ganz Vereinzelten stehen zu bleiben, ist er zu gebildet. Er will das Wesen der Erscheinung, obschon er gern, um alle Erinnerung an die ihm verhaßte Ontologie zu entfernen, sich des Ausdrucks: Gesetz, Abhängigkeit der Erscheinungen von einander, Zusammenhang, bedient. Hier muß er jedoch

mit sich in Widerspruch gerathen. Er muß die Kategorieen voraus=
setzen. Das Ding und seine Merkmale, Gattung und Indivi=
duum, Subject und Prädicat, Grund und Existenz, Einheit und
Unterschied u. s. f. treten unaufhörlich, ungesucht, unabweisbar in
seine Darstellung ein. Um seiner Methode nur irgend eine Hand=
habe finden zu können, muß er selbst zum Logischen und Meta=
physischen fortgehen und gewährt dabei das lächerliche Schauspiel,
gegen das Denken durch den Gedanken zu kämpfen, daß alle jene
Kategorieen nur Worte, nichts als Worte wären. Die armen
Worte, die sich gegen den Sprecher nicht vertheidigen können!

Wenn man im Buch die häufigen und derben Ausfälle ge=
gen die größten Philosophen wegen ihrer Verkennung des wahren
Zieles der Philosophie gelesen hat; wenn man voll ist von Be=
gierde, wie denn Gruppe auf einigen Seiten das große Räthsel
lösen und für solche Wohlthat sich den unsterblichen Dank der
so lange im Dunkel tappenden Menschheit verdienen werde; wenn
er endlich mit stolzer Süffisance die Ouvertüre des letzten Capitels
in siegverkündenden Tönen erschmettern läßt und dann nur längst
Bekanntes wieder flüchtig aufwärmt: sich immer, weil ihm das
strenge Denken nicht zusagt, auf die Beispiele wirft, mit ihrem
amüsanten Köder den Leser zu bestechen; in der Controlirung der
Beobachtung weit hinter der Sorgfalt zurückbleibt, welche Baco
im ersten Buch des Organon der Lehre von den Instanzen wid=
met; nur ganz nachläßig einige Winke verstreut und, nachdem
er noch einen Pfeil gegen den Hochmuth und gegenseitigen Neid
der philosophischen Schulen abgedrückt hat, sich Mitarbeiter wünscht,
die große Metamorphose der Wissenschaft nach der neuen Methode
in's Werk zu setzen: so ist man von solch naivem Uebermuth
wirklich so außer Fassung gesetzt, daß man, da Gruppe kein üb=
ler Komödiendichter ist, auf die Vermuthung geräth, sein ganzes
Buch sei nur eine Farce, das neunzehnte Jahrhundert zum Be=
sten zu haben. Sich einzubilden, die Philosophen hätten von den
Griechischen Weisen an bis auf Hegel und Herbart und Cousin
herunter die logischen und metaphysischen Bestimmungen zur Guil=
lotine gemacht, unter welcher sie das vollsaftige Leben der Phä=
nomene sich verbluten ließen, um nachher die entseelten Schatten
mit tyrannischer Willkür hin und her zu zerren; sie hätten, alle

qualitative Eigenheit der Dinge vertilgend, mit unverzeihlicher Kurzsichtigkeit ein nur logisches Kriterium der Wahrheit festgehalten, besonders Aristoteles (Aristoteles, der Schöpfer der Naturgeschichte, dessen Problemata allein schon ein glänzender Beweis seiner feinsinnigen und vielseitigen Beobachtung wären); sie hätten das Verhältniß zwischen Denken und Sprechen mißkannt und vom wahrhaften Erkenntnißact, dem Vergleichen des Gegebenen, nichts gewußt — diese und andere Einbildungen gehören zu den Privatideen Gruppe's, die er nun auch zum Gemeingut zu machen trachtet. — Charakteristisch ist für seine Manier, daß er sich theils ganz im Allgemeinen hält, theils in das ganz Einzelne sich vergräbt, plötzlich einzelne Bücher, wenn es sein kann, weniger gelesene, einzelne Stellen, besonders abgelegenere, originaliter Griechisch, Englisch, Französisch citirt und commentirt. Der Adlerblick jener kategorisch hingestellten allgemeinen Uebersichten, die Erudition dieser Einzelheiten frappiren und nöthigen vor Gruppe's kritischem Scharfsinn und vor seiner, ich möchte sagen, allgegenwärtigen Gelehrsamkeit billigen Respect ein. Allein wir vermissen ein inniges Durchdringen der Gegenstände. Die Besonderung, die Mitte zwischen dem Allgemeinen und Einzelnen, fehlt größtentheils. Daraus mußten eine Menge Einseitigkeiten entstehen, welche der Mangel an überschauender Besonnenheit, ein hastiges Hin- und Herspringen, noch vermehrt. Am reichlichsten hat er seinen Tadel über das Hegel'sche System S. 396 ergossen, in dessen Klängen nach S. 110 „nur Köpfe, welche schon längst an Hohles gewöhnt sind, Tiefe vernehmen können." Es muß doch etwas an der Leerheit der Hegel'schen Schule daran sein, denn Gruppe stimmt in seinem Urtheil mit dem eines Mannes überein, der in der Philosophie Baumeen verblent: Schelling ist ganz der Meinung des Herrn Gruppe.

Gruppe spricht über die H.'sche Philosophie mit selbstgefälliger Sicherheit ab. Ob er sie aber studirt hat? Wir bezweifeln. Wenigstens bleibt uns unerklärlich, weshalb er das, was Hegel z. B. in der Vorrede zur zweiten Ausgabe der Logik von der Sprache sagt, was er in der Phänomenologie vom Standpunct des Wahrnehmens und Beobachtens und in der Logik vom Reflexionsurtheil und Reflexionsschluß entwickelt, mit absolutem Stillschweigen überginge, da an den zuletzt bezeichneten Orten die Methode, welche Gruppe anstrebt, viel schärfer, als er selbst es thut, dargestellt, aber zugleich auch über ihre Befangenheit zum Begriff hinausgeführt ist. Der Begriff ist die untrennbare Einheit sich widersprechender und dadurch gerade zusammenhängender Bestimmungen. Die burschicose Laune Gruppes nennt ihn kurzweg „Unsinn." Und doch hat er den Plato, der sich immer in der Dialektik bewegt, viel gelesen; doch freilich nous ne voyons, que ce que nous sommes préparés de voir. Das Ablehnen des Widerspruchs und eine dünkelhafte Eingenommenheit werden Gruppe noch lange zum Feinde der Speculation machen und ihn, bei allem Reichthum an Talent, womit die Natur ihn ausgestattet hat, bei aller Regsamkeit seines Interesses, unfehlbar zwingen, statt einen Wendepunct der Philosophie herbeizuführen, sich nur auf dem Absatz seiner eigenen, grundlosen Meinungen herumzudrehen.

III.

Braniß' Metaphysik. 1834.

Braniß unterscheidet einen absoluten und relativen Anfang der Philosophie. Unter jenem versteht er die erste geschichtliche Entwicklung der Speculation, unter diesem jede ihr folgende und mithin durch sie schon bedingte. Soll nun die Einleitung in eine Philosophie gemacht werden, so kann dies, wie er meint, durch Kritik eines schon bestehenden Systemes geschehen. Für die Stellung des neu auftretenden Systemes ist diese Ansicht die richtige, sobald seine Kritik gegen das System oder gegen die Systeme sich wendet, welche als das letzte Resultat der geschichtlichen Bildung der Philosophie anzusehen sind. Denn indem eine Philosophie zur wirklichen Existenz gelangt, muß sie in Bezug auf die schon erkannte Wahrheit ihre Einheit mit den früheren Philosophieen, wie in Bezug auf das Neue, was sie enthält, ihren Unterschied von denselben darlegen können; sie wird sich zu rechtfertigen wissen durch Widerlegung des Unwahren in ihnen, jedoch in der Polemik durch Bestätigung des Wahren in ihnen zugleich sie selbst recht=

fertigen, denn ohne das Wahre irgendwie in sich zu enthalten, würden sie nicht Philosophie gewesen sein. Soll nun eine solche Betrachtung gründlich werden, so schickt sie das Nachdenken unfehlbar in die gesammte Geschichte der Philosophie hinüber, weil in dieser allein der befriedigende Aufschluß über den Zusammenhang der Systeme sich ergeben kann, da offenbar ein jedes über sich bis zu dem ersten, dessen die Geschichte sich erinnert, hinausweist. In unserer philosophischen Literatur sind nun das Schellingsche und Hegelsche System unstreitig diejenigen, die in frischer Lebendigkeit existiren. Die Ansätze zu anderen Bildungen, welche unsere Literatur in den Versuchen von Weiße, Fichte u. A. zeigt, haben sich noch zu wenig consolidirt, noch nicht ausführlich und entschieden genug dargestellt, als daß sie schon in diesen Kreis gezogen werden könnten. Für ihre Begründung haben sie aber die Nothwendigkeit erkannt, das Schellingsche und Hegelsche System zu widerlegen, denn das Kantische und im Zusammenhang mit ihm das Fichtesche ist bereits durch Schelling und Hegel widerlegt. In der Philosophie ist dies gewiß ein eben so unbestrittenes Factum, als es ein unbezweifelbares Factum ist, daß noch viele Kantianer existiren. Braniß behauptet nun, welches von den bestehenden Systemen die Kritik ergreife, sei gleichgültig, wenn die Wahl in Bezug auf das neu auftretende System nur zweckmäßig sei; für seinen Zweck sei ihm die Kritik des Kantischen Systems am angemessensten erschienen. In so löblicher Weise diese nun auch von ihm gegeben wird, so ist sie doch müßige Wiederholung dessen, was Schelling im Niethammersch=Fichteschen Journal (zusammengedruckt in den philosophischen Schriften) bereits am Ende des vorigen Jahrhunderts geleistet hat. Braniß darf daher von seiner Kritik gar keinen Erfolg hoffen; hätte er dagegen eine Kritik der oben genannten Systeme unternommen, die sich ihm aus der Zeit mit Nothwendigkeit aufdrängten, so würde er das dermalige Interesse des philosophischen Publicums getroffen haben. Daß er jene Kritik willkürlich zum Ausgangspunct gemacht, äußert sich besonders auch darin, daß er im Verlauf der eigentlichen Deduction hauptsächlich gegen Bestimmungen der Hegelschen Logik gerichtet ist; er scheint also selbst das Bedürfniß einer solchen Verknüpfung gehabt zu haben und somit sich selbst zu widerlegen.

Auch geht er zu einer Darstellung des durch den Kriticismus veranlaßten höheren Selbstbewußtseins fort d. h. er stellt das Erkennen dar, wie es den Gegensatz des Sub- und Objectiven auf dem Gebiet der sinnlichen, verständigen und vernünftigen Wirklichkeit überwindet. Im Einzelnen kommen darin recht gute, scharfsinnige Andeutungen vor, z. B. über das Gedächtniß; im Ganzen ruft uns die Entwicklung die Weise der Fichteschen Wissenschaftslehre und des Schellingschen Systems des transcendentalen Idealismus zurück. Wenn nun die Speculation seit jener ewig denkwürdigen Zeit der Gährung die Momente, die in den genannten Werken durcheinander geschlungen sind, gesondert hat, ohne doch die innere Einheit zu verlieren, so müssen wir es unbedingt für einen Rückschritt erklären, wenn der bestimmte Unterschied des Phänomenologischen und Psychologischen wieder vernichtet wird. Braniß hat in seiner Darstellung die Form der Hegelschen Phänomenologie nachgeahmt: das Bewußtsein macht die Erfahrung seines Wesens; Schritt vor Schritt erweitert sich ihm die Aussicht, bis es auf dem Gipfel des unbedingten Wissens und Handelns anlangt. Aber zugleich sind die psychologischen Bestimmungen in diesen Stufengang verflochten. Hier die Uebersicht dieser Vermischung: I. Sinnliche Wirklichkeit: a) Empfinden, b) Wahrnehmen, c) Begehren. II. Verständige Wirklichkeit: a) Vorstellen, b) sub- und objectives Vorstellen (Gedächtniß, Einbildung, Sprache, Denken, Glückseligkeit, Wollen), c) Erkennen und Handeln (Eigenthum, Arbeit u. s. f.). III. Vernünftige Wirklichkeit: a) das absolut Wahre als absoluter Zweck, b) das absolute Wissen, c) das absolute Handeln.

Wir hätten nun schon zwei Einleitungen: die Kritik des Kriticismus und die Entfaltung des sich und die Welt erkennenden Bewußtseins. Allein ohne weiter daran anzuknüpfen, folgt erst S. 127 der wirkliche Eingang in die Philosophie „als wissenschaftliche Darstellung des vernünftigen Denkens." „Das Denken tritt hier unmittelbar als freies, seine Bestimmungen aus sich setzendes Denken auf. — Die freie Position der Idee ist Anfang der Philosophie." Dies Setzen ist eine Forderung und „die Philosophie setzt die Vollziehung dieser Forderung behufs ihrer Möglichkeit voraus." Dieser Begriff des Denkens hat denn doch wohl durch die frühere Darstellung vermittelt werden sollen; da er aber nicht als das bestimmte Resultat eines phänomenologischen Fortganges gefaßt wird, so nimmt er den Charakter des Postulates an. Hier scheint uns die Hegelsche Phänomenologie in ihrem Verhältniß zur Metaphysik durchaus im Vortheil zu sein, weil sie mit der Gleichheit des Seins und Denkens endigt und in dieser Identität alle Voraussetzung aufhebt; der Gegensatz ist verschwunden und das Bewußtsein bewegt sich in ungetrübter Einheit mit der Wahrheit. Weil man diesen Anfang, auf den Hegel im Beginn der Logik ausdrücklich zurückweist, entweder vergißt oder ignorirt, so kann man ungeschickt und unwahr genug in dem reinen Sein ein reales Sein finden wollen, dem das Denken jenseitig bleibt; mit welcher Procedur man das Denken wieder zum Bewußtsein gemacht und die ganze Arbeit der Phänomenologie beseitigt hat.

Braniß muß daher auch hier wieder einen doppelten Anfang machen. Da er den Hegelschen Anfang der Philosophie verwirft, der zugleich eine Analyse vom Begriff des Anfangs als solchen ist, so ist ihm nichts übrig, als unter diesem Standpunct zu bleiben. Es sind dies die beiden Sätze: 1) das Denken constituirt sich zum freien Denken; 2) das freien Denken als das unmittelbar vernünftige ist absolutes Thun. Betrachten wir diesen Anfang näher, so haben wir, nur mit anderem Ausdruck, im ersten Satz die Fichtesche Thesis: Ich ist Ich; als sich selbst setzendes ist Ich absolutes Subject.

Da Braniß nun aber die Entzweiung des Ich mit dem Nichtich vermeiden will, so gibt er dem Denken im zweiten Satz auch absoluten Inhalt; d. h. er stellt sich darin auf den Standpunct der Schellingschen Philosophie, welche den Gegensatz des Sub- und Objectiven durch die intellectuelle Anschauung der absoluten Identität aufhebt. Indem das Denken als freies im Setzen seiner selbst absolute Handlung ist, so resultirt aus dem Begriff des Denkens selbst zunächst der des absoluten Thuns. Die Idee ist nach Braniß die Entwicklung dieses reinen, vernünftigen, sich in sich bewegenden Denkens.

Nun könnte man glauben, den Anfang der Philosophie erreicht zu haben, denn die Vernunft selbst ist erreicht. Allein es

3 *

zeigt sich, da dem Denken auch ein Inhalt von Außen gegeben werden kann, worin es sich unfrei verhält, daß die Philosophie in sich selbst auseinanderfällt, in eine absolute und in eine relative. Die eine enthält den Begriff der Idee als Idealphilosophie oder Metaphysik; die andere den der Erscheinung der Idee als Realphilosophie. Allerdings haben beide wesentlich denselben Inhalt; indessen ist die eine nur von dem Denken der Idee, die andere aber auch von der Empirie der gegebenen Thatsachen der Erscheinung abhängig. Diese Trennung ist in der Bildung der Philosophie schon so oft dagewesen, daß es uns nicht wundert, sie jetzt einmal wieder erneuet zu sehen. Wäre sie auch nur so philosophisch, als sie leicht und populär ist! Braniß unterscheidet die Logik von der Metaphysik. Diese ist ihm die ganze Philosophie, insofern die Idee absolut in sich selbst als das Wesen der realen Welt erfaßt wird; die Logik (von der er 1830 eine besondere Darstellung gab) ist ihm zunächst die Beschreibung des Denkens als der Form, unter welcher das Sein gewußt wird. Das Sein ist nach ihm ursprünglich von dem Denken, das Denken vom Sein unabhängig; die höchste Stufe der Logik, die des Vernunftbegriffs, gelangt nur zur gegenseitigen Bestimmung, nicht zur Identität des Seins und Denkens, wogegen nämlich in der sinnlichen Logik das Denken vom Sein, in der Verstandeslogik das Sein vom Denken einseitig bestimmt wird. Die Vernunftlogik enthält daher auch den Begriff der Construction als der Methode für die Darstellung der Idee, worin Sein und Denken sich wechselseitig durchbringen. Die Logik fällt offenbar in die Realphilosophie und auch die Metaphysik bestimmt das Denken S. 362 ausdrücklich als eine formale Thätigkeit des denkenden Subjectes, welche das Sein und Denken aufeinander bezieht. Daß Braniß bei einem solchen Begriff vom Denken zu einer Metaphysik, worin doch das Wesen der Dinge gedacht, somit der Gedanke als das Wesen erkannt werden muß, den Muth hat haben können, ist zu bewundern. Wenn diese nun als Wissenschaft des Unbedingten den Begriff Gottes, den der Schöpfung, der Materie, des organischen Lebens und des Geistes entwickelt, so sehen wir nicht wohl ein, wie außer ihr noch eine wirklich philosophische Wissenschaft möglich sein soll, da ja eine jede andere Wissenschaft Wissenschaft des Bedingten sein muß, Speculation aber nur Wissen des Unbedingten sein soll. Die Realphilosophie soll doch den philosophischen Charakter nicht ganz einbüßen und trockene Empirie werden? Es soll ja in ihr die Verwirklichung der Idee erkannt werden. Würden die Bestimmungen von Gott, vom Schaffen, von der Materie u. s. f., welche die Metaphysik im Allgemeinen andeutet, wohl andere sein können, als sie sind, wenn sie mehr in das Besondere hinein entwickelt, wenn sie schärfer bestimmt worden wären? Doch wohl nicht. Ist daher der Unterschied zwischen der Ideal- und Realphilosophie nicht leer? Muß nicht die Realphilosophie, um das Wesen ihrer mannichfaltigen Erscheinungen offenbar werden zu lassen, ganz in die Idealphilosophie hineinschwinden? Im Hegelschen System ist das Logische, Natürliche und Geistige qualitativ von einander geschieden und doch durch Gott, als den absoluten Geist, aus der qualitativen Differenz zur lebendigen Einheit zurückgenommen, denn er ist der Heilige, der in der Geschichte des menschlichen Geistes sich manifestirt, der Schöpfer, der die Natur hervorbringt, der Legos, der in dem stillen Abgrund seiner Tiefe die ewigen Gesetze denkt, welche das Leben der Natur, wie des Geistes widerstandslos durchdringen; aus seiner unendlichen Freiheit quillt Alles empor. Wird aber jener Unterschied gemacht, so tritt nur eine quantitative Differenz auf; man kann gar nicht sagen, wo die Realphilosophie ihren Anfang nehmen soll und es steht zu fürchten, daß sie die traurige Rolle zu spielen bekommt, nur zu Exemplificationen für die Metaphysik verbraucht zu werden.

Der Gegensatz der Idealität und Realität muß sich allerdings innerhalb der Philosophie ergeben, wie auch innerhalb derselben seine Auflösung empfangen; Braniß hält aber an dem Gegensatz so fest, daß er auch innerhalb der Metaphysik das Moment der Idealität in die Theologie, das der Realität in die Kosmologie verlegt. Jene enthält den Begriff des absoluten Geistes, diese den des Grundes und des Zwecks der Welt. Nur im zweiten Theil der Kosmologie wird er inconsequent und setzt drei Gestalten, Materie, Leben und Seele, wo er im Einklang mit dem System, dem er am meisten folgt, ganz wohl die Natur und Geschichte als das reale und ideale Moment setzen konnte.

Wir verkennen das Bestreben von Braniß gewiß nicht, wenn er den Anfang wie das Ende der Philosophie in Gott setzt; er beweist darin einen ächt speculativen Tact. Aber wie nun der Anfang gemacht werde, ist die weitere Frage. Die Definition, welche er von Gott gibt, ist die des absoluten Geistes. Wir stimmen ihm darin bei. Dieser Begriff ist der höchste, denn er ist der, über welchen nicht hinausgegangen werden kann. Alle Bestimmungen, welche die Philosophie entwickelt, sind in ihm versammelt. Braniß beschreibt in seiner Logik §. 546 und 47 die constructive Methode als die dialektische; sie setzt den einfachsten Brgriff, zeigt den Widerspruch in ihm, löst ihn auf, findet einen neuen Widerspruch, löst ihn abermals auf und so fort, bis sie den Begriff erreicht, der, als widerspruchlos, sich nicht wieder zu einem anderen Begriff aufheben kann. Das ist aber nur der Begriff des absoluten Geistes. Wir geben die Richtigkeit jenes Verfahrens gern zu, können uns aber nicht überzeugen, daß Braniß demselben gemäß gehandelt habe, denn in diesem Fall konnte er nicht mit dem Begriff beginnen, der alle Widersprüche als Momente aufgelöst in sich enthält, vielmehr mußte er mit demjenigen anfangen, der ein Minimum von Bestimmung enthält und dessen Widerspruch in sich beswegen der einfachste ist: dieser Begriff ist aber kein anderer, als der des Seins als solchen. Sein ist das allgemeinste Prädicat; Gott, Natur, der Mensch, das Denken, Handeln, genug Alles ist; dies ist die abstracteste Identität. Das Sein in dieser schrankenlosen Allgemeinheit, wie die Eleaten es dachten, ist daher Nichts. Denn das Bestimmunglose ist das Nichts. Die Bestimmunglosigkeit ist die Bestimmtheit des reinen Seins. Die Negation eines positiven d. i. bestimmten Seins, eines Daseins, ist nicht dies reine Nichts, welches mit dem reinen Sein zusammenfällt, sondern wieder ein positives Dasein. Ein noch einfacherer Begriff, ein noch einfacherer Widerspruch ist nicht denkbar und der Begriff des Seins als solchen nothwendig der absolute Anfang der Philosophie.

Das Hinderniß, diesen Anfang als den allein möglichen und wahren anzuerkennen, liegt hauptsächlich darin, daß man von der Entgegensetzung des Seins und Denkens nicht ablassen will. Wenn aber das Sein an sich gedacht wird, so ist es eben so sehr reiner

Gedanke, nichts Anderes. Jede logische Bestimmung ist unmittelbar auch eine ontologische oder metaphysische und jeder Versuch, die Logik von der Metaphysik zu trennen, ist unfehlbar ein Rückschritt in den Standpunct der Kantischen Philosophie, wo dem Bewußtsein als dem Inneren das Sein als Gegenstand draußen ist. Als ob aber dem Sein an sich das Denken und dem Denken an sich das Sein außerhalb sein könnte! Das wäre offenbarer Dualismus des Seins und Denkens. Nun ist freilich der Spott wohlfeil, zu sagen, welch' eine jämmerliche Philosophie, die mit einem Sein anfängt, welches, ihrem eigenen Geständniß zufolge, nicht einmal Etwas, sondern Nichts, schlechthin Nichts ist; das ist eine diabolische Speculation, denn der Teufel ist der Vater des Nichts. Allein man bedenkt nicht, daß gar nicht von einem Sein und eben so wenig von dem Nichtsein eines Etwassein — wie das Böse die Negation des Guten ist — sondern vom Sein und Nichts als solchen die Rede ist. Die eigene Ungefälligkeit, in den fremden Gedanken einzugehen, bringt in Harnisch gegen einen selbstgemachten Gedanken. Die logisch-metaphysischen Bestimmungen sind auch Bestimmungen Gottes: Gott ist das Sein und Maaß, das Wesen und die Wirklichkeit, der Begriff und die Idee. Allein ist er denn bloß dies? Erschöpft das Logische den Begriff Gottes? Nimmermehr; er ist unendlich reicher. Welche Herrlichkeit entfaltet er in der Natur, welchen Tempel erbauet er sich in dem menschlichen Geschlecht, oder, wenn dieser Ausdruck eine Beschränkung scheinen könnte, in der Welt der Geister, die alle zu ihm, ihrem Meister, emporstreben! Das Logische ist daher eine speculative Theologie — aber Gottes „wie er in seinem ewigen Wesen vor der Erschaffung der Natur und eines endlichen Geistes ist." (Hegels Logik I, XII). Die speculative Religionswissenschaft, sei sie nun Philosophie der Religion oder wissenschaftliche Dogmatik, muß daher auf die Logik zurückgehn, faßt aber deren Bestimmungen unter dem höheren Standpunct auf, von dem sie ausgeht. Braniß läßt das Metaphysische und Logische dem Begriff Gottes folgen. Für eine populäre Darstellung der Philosophie würde es zweckmäßig sein, vorerst an die Vorstellung von Gott zu erinnern, weil eine solche Mahnung das Bewußtsein dem Gemeinen, dem Selbstischen zu entheben die Macht hat. Aber die Philosophie muß sich hüten, mit so überschwänglicher Fülle den Anfang machen zu wollen, so anlockend und natürlich es scheint, hieraus dann alles Andere abzuleiten. Der vollständige oder, was dasselbe ist, wahrhafte Begriff Gottes ist nur als Resultat der gesammten Philosophie, als concrete Totalität aller besonderen, durch ihre Beschränktheit sich aufhebenden Momente, nicht aber als anfängliche Thesis möglich. Braniß steht hier wieder auf dem Standpunct der Schellingschen Philosophie; die intellectuelle Anschauung, welche den Gegensatz der erscheinenden Welt, das Ideale und Reale, zur Identität indifferenzirt, setzt damit zugleich den Begriff des Absoluten, aus welchem sich dann die doppelte Potenzenreihe der Natur und Geschichte entfaltet.

Die Theologie enthält nach Braniß 1) den Begriff des absoluten Thuns, 2) des absoluten Seins, 3) des absoluten Bewußtseins. Das Thun ist das Erzeugende, die Macht; das Sein ist das Erzeugte; das Bewußtsein ist das Ergreifen und Besitzen des Seins, so daß das Thun in seinem Sein nur sich selbst bezweckt. Die Identität des absoluten Thuns, Seins und Bewußtseins (conceptus) soll der Begriff des absoluten Geistes sein. Braniß hat sich in einem eigenen Excurs gegen den kritischen Leser viel Mühe gegeben, zu beweisen, daß aus dem freien, vernünftigen Denken der Begriff des reinen Thuns als Anfang des Systems folgen müsse. Ich muß bekennen, daß ich, ganz abgesehen davon, daß in Wahrheit nicht das Thun, sondern das Denken den Reigen anhebt, durch diese Auseinandersetzung nicht habe überzeugt werden können, daß nicht vor dem Begriff des absoluten Thuns der Begriff des Seins hätte abgehandelt werden müssen, denn das Thun ist; ferner der Begriff des Wesens, denn das Thun ist in seinem Sein unendliche Beziehung auf sich; ferner der Begriff der Substanz, denn das absolute Thun ist sein eigenes Substrat (S. 180); ferner der Begriff des Begriffs und des Zweckes, denn das absolute Thun ist sein eigenes Ziel; endlich der Begriff der Idee, denn es ist die Verwirklichung seiner selbst, die, als von ihm, von nichts Anderem ausgehend, ihm abäquat sein muß. S. 181 heißt es: „Ein Thun, welches selbst seine Voraussetzung, selbst sein Ziel hat, hat kein Substrat und Ziel außer sich; für dasselbe sind keine einschließenden x mehr denkbar, es ist daher schlechthin voraussetzungs- und zielloses, also reines, absolutes Thun." Uns scheint daher der Anfang ganz ungerechtfertigt; Braniß hat ohne Voraussetzung mit einer recht inhaltsvollen Kategorie anfangen wollen und ist darüber in den Fehler verfallen, nichts weniger als die ganze Metaphysik oder Ontologie vorauszusetzen. Als wenn das Logische ein todtes Sein wäre, ohne Bewegung in sich, ohne Thätigkeit! Auch Braniß findet ja im vernünftigen Denken das absolute Thun. Wenn aus dem Thun das Sein erst abgeleitet wird, so erhält es wieder die Stellung, zur Idealität des schöpferischen Thuns die reale Gegenseite auszumachen; es wird zum Dasein. Daß Braniß bei seinem Streben, der Philosophie in der göttlichen Macht eine recht solide Basis zu schaffen, gerade hier gegen Hegels Logik mit tapferem Muth zu Felde zieht, kann nicht auffallen, da er das Sein immer als objectives Dasein faßt, nicht das logische Sein, diese Neutralisation des idealen und realen, des specifischen sub- und objectiven Seins. So muß er denn auch dem Sein das Nichtsein so entgegensetzen, wie das Etwas dem Etwas entgegensteht; dann ist aber das eine Etwas das Andere des anderen; denn jedes Dasein ist ein Etwas und negirt das andere Etwas durch seine Position. Aber der Gegensatz des abstracten Nichts ist gleichfalls nur das abstracte Sein. Braniß meint, das Nichts wäre bei Hegel der eigentliche Anfang, weil es schon von vorn herein als die bewegende Macht über dem Sein stünde; dieser Vorwurf ist ganz leer, denn abgesehen davon, daß dem Gedanken des Nichts der des Seins nothwendig vorangehen muß, so fällt das Denken, welches von jeder Bestimmung abstrahirt, jede besondere Objectivität des Bewußtseins in sich aufgehoben hat, mit dem Gedanken des reinen Seins zusammen. Der Anfang der Philosophie, der jede besondere Voraussetzung negirt, ist also positiv.

Braniß macht überhaupt der Hegelschen Philosophie Vorwürfe, die freilich überall aus dem Geschrei des philosophirenden und nicht philosophirenden Pöbels hervorschallen, die aber bei ihm uns deswegen schmerzen, weil er doch mit ernsthafter Anstrengung an das Geschäft der Speculation herangeht. So behauptet er S. 168, bei Hegel komme die Idee gar nicht zu sich selbst. Man kann nichts Unwahreres sagen. Von Braniß Systeme selbst wäre die Behauptung richtig, denn nach S. 317 „ist das absolute Thun der in der successiven Geschöpfreihe sich immer adäquater manifestirende Inhalt der Welt." Dies ist wiederum Schellingisch; im Schellingschen System findet ein Comparativ statt, indem das Absolute, in der Sehnsucht, sich auszugebären, in endloser Progression sich zu erreichen sucht. Im Superlativ des Hegelschen Systems herrscht göttliche Ruhe. Mit jener Beschuldigung hängt dann S. 169 die andere zusammen, daß Hegel sich von dem Satz Spinoza's: nur das Nothwendige ist frei, keineswegs loszumachen gewußt habe. Diese Verketzerung eines Systems ist die wirksamste; nichts insinuirt sich so leicht, nichts haftet so sehr, als der Makel, die Freiheit verkannt zu haben; was ist dann nicht für Staat und Kirche zu fürchten! Gerade jedoch bei Hegel und, es ist nicht zu viel gesagt, einzig bis jetzt bei ihm, resultirt das Nothwendige nur aus dem Freien, durch alle Momente des Systems; aber weil es in diesem zu Grunde geht, so geht in der Darstellung der Begriff des Nothwendigen dem des Freien voran, welches sein Grund ist. Braniß hat nicht bloß mit dem Sein, einer Bestimmung Gottes und zwar der oberflächlichsten, vielmehr in der Kategorie des reinen Thuns gern mit der Freiheit selbst anfangen wollen und daraus ist denn die Folge gewesen, daß es in seiner Ontologie so wenig zu dem bestimmten Begriff der Nothwendigkeit als der Freiheit kommt.

Wenn die S. 195 aufgestellte Triplicität von Kategorieen im Begriff Gottes, den Momenten der christlichen Trinitätslehre analog sein sollen, wie es den Anschein hat, so würde noch Manches zu besprechen sein, was wir der Kürze wegen übergehen wollen. Gott setzt nun frei aus sich ein Anderes, als er selbst ist; dies Andere ist die Welt; so kommt es aus der Theologie zur Kosmologie, worin 1) die Form und 2) der Zweck oder Inhalt des Seins unterschieden wird. Das Erstere gibt die Ontologie, das Zweite die Ethikologie. Der letztere Name scheint uns unpassend; der Weltzweck ruft in uns sogleich den Gedanken der Freiheit, insbesondere der religiösen hervor; und wenn nun auch für diese, als den Schluß des Ganzen, die Natur zum Mittel wird, so wird doch Niemand unter dem Titel der Ethikologie eine

Lehre von der Materie und vom Leben erwarten. Braniß ist hier wieder durch seinen Dualismus bestimmt, die Ontologie als den formalen oder idealen, die Ethikologie als den realen Theil zu setzen. Diese Eintheilung halten wir für einen Rückschritt, selbst gegen die alte Metaphysik. Braniß macht ihr den Vorwurf, das Sittliche unberücksichtigt gelassen zu haben; allein er selbst gibt ja auch die besondere Entwicklung desselben nicht in der Metaphysik; der Begriff der Freiheit aber, als des Princips der Sittlichkeit, kam in der alten Metaphysik zweimal vor, in der Psychologie, wo die Seelen von den Geistern, die allein Verstand und Willen haben, unterschieden werden, und in der Theologie, in der Lehre von der Freiheit Gottes.

Streng genommen ist die Ontologie bei Braniß nichts weiter, als der Begriff der Creatur, denn der Begriff des Schaffens fällt seinem Ursprung nach noch in die Theologie. Der Grundgedanke der ganzen Ontologie ist daher folgender: das Schaffen ist ein Uebergehen aus dem Nichtsein zum Sein; das Sein als gesetztes ist also ein seiendes Nichtsein; es entsteht und vergeht. Im Entstehen und Vergehen, die im Geschöpf Momente sind, ist es da.

Sein, Werden und Dasein wären demnach die anfänglichen Kategorieen; mit einem Mal springt Braniß jedoch in die Zeit hinüber, indem er die Dauer des Geschöpfs als die Succession der schöpferischen es erhaltenden Momente auffaßt und in dem Ineinandersein von erhaltendem Entstehen und vernichtendem Vergehen den Begriff der Einheit und Vielheit findet. Aus der Vielheit geht er zur Getrenntheit über, aus deren Aufhebung er die Simultaneität, das Nebeneinandersein folgert d. h. in den Raum sich einläßt. In der Begrenzung und dem Außereinander wird der Unterschied der Reihen der Geschöpfe näher bestimmt: die Grenze soll der äußere, die Schranke der innere Gegensatz des Geschöpfes sein. Nun sollte man erwarten, daß aus der Innerlichkeit zur Aeußerung derselben fortgegangen werde; es folgt aber, da der Begriff der Kraft für die Construction der Materie aufgespart wird, um die Duplicität der Repulsiv- und Attractivkraft zu deduciren, die Beschränktheit des Geschöpfs, in welcher die Quantität gefunden wird. Die quantitative Verschiedenheit ist das

Verhältniß des Theils zum Ganzen und nun erst folgt die Besonderheit, als der innere, reale Unterschied der Qualität, durch welche die Geschöpfe eben so miteinander zusammenhängen, als sie durch die Quantität auseinandergehalten werden. Die qualitative Bestimmtheit trennt wohl ein Geschöpf von allen anderen, gibt ihm nach dieser Metaphysik seine eigenthümliche Form; indem aber jede Qualität über alle ihr vorangehenden Qualitäten übergreift und auf alle ihr nachfolgenden hindeutet, deren Existenz durch sich vermittelt, so ist es doch die qualitative Verschiedenheit, welche den wesentlichen Zusammenhang der Geschöpfe begründet. Wenn man eine Reihe von Schöpfungsmomenten annimmt, so kann man wohl von dem Aeußeren zum Inneren übergehen und so die Quantität vor der Qualität entwickeln; da jedes Moment als ein Eins gesetzt werden kann, so entsteht der Begriff der Continuität und Discretion und daraus begreift sich der Irrthum, der Quantität die Priorität vor der Qualität zu vindiciren. Und doch ist auch in diesem Gange das Qualitative das Nächste, denn es fragt sich, was geschaffen wird. Die Qualität ist mit dem unmittelbaren Dasein identisch; die Quantität dagegen ist das äußerliche Verhältniß des qualitativ bestimmten Daseins zu sich selbst und zu anderem Dasein. Wie Braniß die Innerlichkeit zu einem Moment der Quantität machen kann, ist uns räthselhaft; auch die Beschränktheit scheint uns nichts Anderes zu sein, als was nachher, nur mit geringer Modification, Besonderheit genannt wird. Alle quantitativen Unterschiede setzen sich ein qualitativ bestimmtes Dasein voraus; umgekehrt aber ist das qualitativ bestimmte Dasein gegen seine quantitative Begrenzung so lange gleichgültig, als nicht durch sie sein ursprüngliches Naturmaaß d. i. das Verhältniß seiner Qualität zu den anderen Qualitäten, negirt wird. Braniß spricht nur von einem Zusammenhang der Qualitäten und überspringt die Kategorie des Maaßes, oder vielmehr verbirgt sie in jenem vagen Ausdruck. Sieht man genau zu, so dünkt uns, hat er in der Quantität die ideale, formale, in der Qualität die reale Seite der Creatur darstellen wollen. Er hat es verschmäht, die einzelnen Hauptmomente durch summirende Ueberschriften anzugeben, weil ja doch Alles auf die genetische Rechtfertigung durch den Begriff ankomme. Dieser Gedanke ist, seit Hegel ihn ausgesprochen hat, in neuerer Zeit bis zum Ekel oft wiederholt; wenn denn aber Braniß für die Orientirung des Lesers durch solche Titularanticipationen nichts thun wollte, so konnten füglich auch alle die kleinen Ueberschriften wegbleiben, welche Paragraph vor Paragraph den Inhalt verkündigen und es konnte ohne alles einleitende Ceremoniel, wie in der Aristotelischen Metaphysik, hergehen. Die dritte Kategorie, welche Braniß als Identität der Quantität und Qualität setzt, ist die Beziehung, wie uns dünkt, eine sehr weitschichtige Benennung, für welche wohl schon die Kategorie des Verhältnisses bestimmter gewesen wäre. Da das Logische von dem Metaphysischen ausgeschlossen und in diesem auf die Quantität ein so großer Nachdruck gelegt wird, so fallen in dieser Abtheilung, weil der Unterschied des Wesens vom Sein nicht klar hervortritt, die Momente ordnungslos durcheinander. Aus der Tendenz eines jeden Geschöpfs über sich hinaus wird der Begriff des Zweckes gefolgert; jedes Geschöpf ist aber auch in sich, es ist Substanz, die als Ursache thätig ist. Nun wird die Möglichkeit, Wirkung, Wirklichkeit und Veränderlichkeit behandelt und in dieser vom Accidens zum Attribut, vom Attribut zur Modification übergegangen. Indem das Geschöpf alle Thätigkeit in sich zurücknimmt, so soll die Reflexivität die Beziehungslosigkeit sein. Der Beschreibung nach finden wir die Subjectivität in diesen Namen verkleidet. Allein diese verwandelt sich in das Gegentheil dadurch, daß die innere Unendlichkeit des Geschöpfs über sich in das Sein hinaus strebt; es soll etwas sein! Dieser Imperativ der Idealität, wie Braniß die negative Einheit aller bisherigen Momente nennt, eröffnet den Eingang zur Zwecklehre der Ethikologie.

Die dritte Kategorie der Relation ist nur ein dürftiger Indifferenzpunct der Quantität und Qualität. Da nämlich Braniß nicht zum Begriff des Begriffs kommt, so gelangt er auch nicht zur freien Form der Substantialität, zur Subjectivität. Zwar an der Spitze der Entwicklung, in der Theologie, setzt er den Begriff der absoluten Persönlichkeit und so kommt er auch in der Ethikologie zum Begriff der organischen und seelischen Subjectivität; allein der reine d. i. weder natürlich, noch geistig bestimmte, der allgemeine Begriff der Subjectivität fehlt und schlummert gleichsam in dem, was er am Schluß der abgehandelten Relation die

Idealität nennt. Hier zeigt sich nun durch das Fehlen eines immanenten Ueberganges von der Substantialität zur Subjectivität recht entschieden das Mangelhafte der Trennung der Logik von der Metaphysik, denn in der Logik ist natürlich auch von Braniß der Begriff des Subjects entwickelt. Nur aus der beschränkten Fassung des Begriffs ist uns auch der sonderbare Einwurf S. 261 erklärbar, daß Hegel in der Lehre vom Begriff nicht die Qualität, sondern zuerst das quantitative Wesen desselben setze und daraus erst die Nothwendigkeit des Urtheils, namentlich des qualitativen, ableite. Daß das Urtheil sich den Begriff voraussetzt, versteht sich von selbst und daß unter den Formen des Urtheils die einfachste, welche positiv oder negativ das Dasein bestimmt, die erste sein müsse, läßt sich auch unschwer einsehen; was aber Braniß mit dem quantitativen Wesen des Begriffs sagen wolle, ist uns unklar. Der Begriff schließt das Einzelne mit dem Allgemeinen zusammen; die Allgemeinheit enthält die Allheit, die abstracte Identität und die Einzelheit, das Eins, das concrete, in sich reflectirte Fürsichsein, als Moment in sich; ist das aber ein quantitatives Verhalten?

In der Ethikologie werden drei Gestalten unterschieden, Materie, Leben und Seele. Genau genommen würde die Theilung folgende sein: I. die Natur; a) die unorganische (reale), b) die organische (ideale): α) die vegetative (reale), β) die animalische (ideale). Die unorganische gelangt bis zum qualitativen Proceß des realen Moments, des Atoms, und des idealen, des Stoffes; die organische bis zur Reflexion in sich, bis zum Mikrokosmus der menschlichen Gestalt. II. Der Geist; a) als durch die Natur bestimmt ist er Seele, b) als sich selbst bestimmend ist er freier Geist α) im Erkennen, β) im Handeln. Wir haben hier nicht viel einzuwenden, insofern von dem Inhalt im Allgemeinen die Rede ist, da er, nur in etwas strengerer Fassung, ganz auf bekannte Bestimmungen des Schellingschen Systems, in dem Begriff der Masse, wenn wir nicht irren, auch auf Steffens zurückgeht. In der Deduction selbst wäre aber Manches zu tadeln, vor allen der Eingang, der uns sehr verworren scheint. Das absolute Thun soll sich als weltschaffend selbst negiren; die Negation soll der gesetzte Weltinhalt sein; zunächst aber soll die Selbstnegation als in sich zurückgedrängte Tendenz, als Kraft sich dar=

stellen; erst durch Indifferenzirung der doppelten Richtung der Kraft nach Außen und Innen, soll es zur Materie kommen, in welcher Affirmation die Selbstnegation sich unmittelbar vollbringt. Vergleichen wir diesen Gang mit dem, welcher aus der speculativen Theologie den Uebergang zur Kosmologie macht, so können wir in der That keinen wesentlichen Unterschied, nur subtile, künstliche Modificationen entdecken. Hier zeigt sich, daß die ganze Ontologie eigentlich eine Untreue gegen die Systematik des Schellingschen Systems ist, welches die ganze Entwicklung durchbringt, obschon Braniß seiner niemals erwähnt und doch, schon durch die Negation des Kriticismus, zunächst zur Annahme seines Standpunctes getrieben ward. Unter Voraussetzung der Logik reichte der Begriff des Schaffens, der hier einen neuen Anfang macht, vollkommen aus und wurden die ontologischen Kategorieen überflüssig. Da Braniß in diesem schon das Nacheinander der Zeit und das Nebeneinander des Raums entwickelt hat, so wird die Construction der Materie ohne Raum und Zeit aus der Kraft, diesem so unbestimmten Reflexionsbegriff, der für das Geistige eben so viel Geltung hat, als für das Natürliche, abgeleitet. So nur wird auch verständlich, wie Braniß S. 261 gegen Hegel einwenden kann, er widerlege seine Logik selbst, indem er in der Naturphilosophie mit der Bestimmung der Quantität anfange. Dafür aber ist nicht bloß der von Hegel angeführte Grund, daß der Begriff der Natur ein durch die logische Idee vermittelter sei, sondern hauptsächlich der anzuführen, daß Raum und Zeit die allgemeine Qualität alles Natürlichen ausmachen. Alles, was räumlich und darum auch zeitlich, Alles, was zeitlich und darum auch räumlich existirt, ist natürlich. Der Geist ist frei von der Bedingtheit durch Raum und Zeit; in der Natur dagegen ist die Quantität nothwendig die erste, für sie qualitative Bestimmung, denn sie ist die Idee in der Form der Aeußerlichkeit. Die physikalische Qualificirung der Materie ist in ihr das zweite Stadium der Besonderung, der specifischen Individualisirung.

Die Metaphysik schließt mit der Gewißheit, daß die Welt durch Gott werde erlöst werden. Wie wurden wir überrascht, als wir gleich darauf lesen mußten, in der Wirklichkeit sei eine Alternative möglich; es könne die Welt vielleicht auch sich selbst befreien.

Welcher Fall nun der factisch eintretende sein werde, das sei nur durch die Realphilosophie auszumachen. Soll das etwa heißen, nur die Autorität des Glaubens könne darüber entscheiden? Gerade in diesem Gebiet vermag die Empirie gar nichts zu entscheiden, auch nicht die der Frömmigkeit; der fromme Glaube kann den Zweifel unterdrücken, kann ihn einschläfern, aber nicht vernichten. Das vermag nur der Gedanke. Wenn die Idealphilosophie zu dem Resultat kommt, Gott erlöst die Welt, so ist dieser Fall auch der factisch eintretende. Selbst wenn die Empirie nur entgegengesetzte Thatsachen herbeizubringen im Stande wäre, so dürfte und könnte eine so traurige Erfahrung an der Gewißheit jener beseligenden Wahrheit nicht irre machen — oder wehe der Speculation, welche dadurch irre gemacht wird! — Kann es nun wohl für die oben gerügte Trennung der Ideal- und Realphilosophie eine treffendere Widerlegung geben, als jene Alternative, mit welcher die Metaphysik glaubt schließen und den Leser zur Beruhigung über die höchste aller Fragen in die Realphilosophie hinüberschicken zu müssen? — Hier steht Schellings Philosophie, der Braniß sich so vielfach anschließt, durch ihre Construction des Christenthums hoch über der seinigen.

Am Schluß wünscht er durch Anerkennung seines Strebens Freudigkeit zur Ausarbeitung seiner Realphilosophie zu gewinnen. Wir möchten nicht zu denen gehören, die ihm solche Freudigkeit verkümmerten. Wir können von ihm mit der aufrichtigen Anerkennung scheiden, in seinem Buch doch einem factischen Philosophiren begegnet zu sein, während die meisten Producte unserer philosophischen Tagesliteratur vor Erhitzung parteiischer Zerrissenheit unter großem Schein und Wortpomp nur bis zu einem öden Raisonniren über das Philosophiren und zum Besprechen der Persönlichkeiten, mit Einem Wort, zur Klatscherei gelangen. Diese ernste und gediegene Bemühung um die Sache hat uns den Mann, trotz der Irrthümer und Mängel, die wir rügen zu müssen glaubten, sehr werth gemacht.

IV.
Weiße's Metaphysik. 1835.

Weiße trat, wenn ich nicht irre, zuerst 1826 mit einer Schrift über das Studium des Homer und seine Bedeutung für unser Zeitalter auf. Die philologische Seite derselben überlasse ich dem Urtheil der Sachkundigen, von der philosophischen bemerke ich aber, daß Weiße sich damals mit der Hegelschen Phänomenologie und Logik sehr einverstanden zeigte. Zwei Jahre später gab er eine kleine Lateinische Schrift über den Unterschied des Begriffs der Idee bei Plato und Aristoteles heraus. Von letzterem übersetzte er auch, was sehr dankenswerth, die Bücher über die Physik und die Seele mit Commentaren ins Deutsche. In derselben Zeit erschien auch seine Einleitung in die Darstellung der Griechischen Mythologie, worin er bereits mancherlei Einwendungen gegen Hegel machte und namentlich über den Begriff der Zahl ganz eigene Gedanken äußerte, die ich anderwärts beleuchtet habe. 1829 aber sagte er sich in einer eigenen Brochüre über den gegenwärtigen Standpunct der Philosophie mit besonderer Beziehung auf das Hegelsche System relativ von demselben los. Er erklärte die Methode desselben für wahr, gab einen beifälligen Auszug aus Hegels Logik, verwarf jedoch den Uebergang aus der logischen Idee in die Natur, indem er den Begriff von Raum und Zeit aus der Naturphilosophie in die Metaphysik verwies; behauptete, daß die Philosophie des Geistes bei Hegel die Freiheit ertödte, weil sie den logischen Begriff und seine Nothwendigkeit zum Alleinherrscher auf den Thron der Absolutheit erhebe und verzeichnete schließlich mit einigen Zügen sein System, welches eine ganz andere Befriedigung darbieten werde. 1830 erschien als ein Moment desselben seine Aesthetik, wie ich glaube, Weiße's bestes Buch. In der Vorrede suchte er sich dagegen zu schützen, ihn als zur Secte Hegels gehörig zu betrachten; zur Schule der neueren Philosophie im edleren Sinne bekenne er sich zwar, allein eine solche sei bisher aus derselben nicht hervorgegangen. Bis auf diesen Punct blieb Weiße's Polemik eine gemäßigte und versteckte wenigstens den Grimm ihrer Opposition in künstlich höflichen Wendungen; der Tadel wurde immer mit einer contrebalancirenden Dosis von Anerkennung versetzt. Als die Julirevolution ausbrach, gab Weiße auch sein Votum darüber ab, das jedoch, wie es scheint, in den Lüften verhallte. Als aber Hegel 1831 starb, gab er sogleich in einer neuen Brochüre dem Publicum Auskunft über den Stand der Dinge in der Philosophie; er spürte recht seine Kraft und habe das Publicum nur Augen, so werde es schon in Weiße den Mann sehen, ihm vom Alpdruck des Hegelschen Systems zu helfen. Auch wurde der Schematismus des neuen Systems von Neuem mitgetheilt, um aufmerksam zu machen, um die Erwartung zu spannen und gegen Andere, die vielleicht ähnliche Gedanken haben könnten, durch Prävention die Priorität ihres Besitzes zu sichern. Wie es auch komme, Weiße hat eigentlich Alles schon gewußt, vorausgesehen, angedeutet; es gibt für ihn nichts Ueberraschendes mehr; er ist der ὁ πανυ. In der Leipziger Literaturzeitung, in den Brockhausischen Blättern, in Senglers Zeitschrift, in Tholucks Anzeiger und wo sonst noch streute er in außerordentlicher Thätigkeit den Saamen seiner Lehre aus. Ja, er schrieb für die Berliner Jahrbücher. Da er hier unverkennbar im Dunkeln ließ, ob die neuere Philosophie, von der er immer sprach, die Hegelsche oder die seinige sei, so konnte ihn, wozu bei dem großen Haufen die Theilnahme an sich schon hinreichte, diese Miene des Einverständnisses mit der Hegelschen Schule um den Ruhm der Selbstständigkeit bringen, weshalb er angemessen fand, anderwärts desto heftiger gegen sie loszuziehen. Die Vorrede zu seiner Idee der Gottheit 1833 sollte fulminant sein und ein für Weiße's Glanz so unglückliches Mißverständniß auf immer unmöglich machen. Die Hegelianer sollten empfinden, daß sie, wie er sich ausdrückte, in Verhältniß zu ihm dem Tarquinius glichen, welcher, nachdem er die Bücher der Sibylle zweimal verworfen, die vom Brande noch übrigen endlich um denselben Preis kaufte, für den er alle hätte haben können. Doch ging diese Schrift, worin besonders die Beweise für das Dasein Gottes durchgenommen wurden, ohne weitere Einwirkung auf die Wissenschaft vorüber.

Desto mehr kam Weiße durch sein Verhältniß zu Göschel und dem jüngeren Fichte in ein Renommée. Die Sorge um die Unsterblichkeit, die Richter erweckt hatte, gab willkommenste Veranlassung, theils die unerquickliche Gemüthlosigkeit des Hegel'schen Systems sonnenklar aufzuzeigen, theils den sinnreichen Göschel respectvoll zu belehren, wo eigentlich das System der Systeme zu finden sei, theils endlich mit Fichte zu kokettiren, weil dieser demselben Ziele zustrebte und er auf ihn als eine Thatsache des ähnlichen Widerspruchs verweisen konnte. Höchst komisch war es aber, wie beide, indem sie sich und ihre Schriften gegenseitig priesen, doch immer damit endigten, im Grunde ganz anderer Meinung zu sein. D. h. ihre Einheit war und ist eine bloß äußerliche, so lang es die Bekämpfung und den Sturz des Hegel'schen Systems gilt. An sich sind sie selbst Widersacher, die nur einstweilen sich freundschaftlich behandeln und sich durch einander emporbringen.

Da nun trotz alles Geschreis die Hegel'sche Philosophie doch nicht unter- und das Gestirn der Weiße'schen trotz aller Proclamationen nicht recht aufging, so entstand ein Moment fataler Verlegenheit. Da schrieb Schelling seine bekannte Vorrede und nun war geholfen. Neben Hegel war in der Meinung der Welt Schelling allein von gleichem Gewicht. Konnte man also nachweisen, daß man ganz mit ihm übereinstimme, so hatte man seine niederschmetternde Auctorität für sich und der Hegel'sche Pöbel mußte sich vor seinen Keulenschlägen verkriechen. Das Publicum erfuhr nun, daß Weiße doch nicht so Unrecht gehabt hatte, gegen Hegel aufzutreten. Das lösende Wort war gefunden, das „absolute Prius der Gottheit" war ausgekundschaftet. S. 11 der Metaphysik flötet Weiße's schmeichelnde Rede: „Mit einer Klarheit und einer schlagenden Kraft, die vollkommen des Genius seiner früheren Schöpfungen würdig ist, hat Schelling das System Hegel's in seinem eigentlichen Princip, in seinem wahrhaften Mittelpunct erfaßt, und über die Tendenz und den Charakter desselben ein Bewußtsein eröffnet, welches man aus dem System selbst noch nicht zu schöpfen vermocht hatte (weiß Weiße auch, welche Ironie auf ihn und Schellings Auffassung in diesen Worten liegt?), ja, welches dasselbe von sich selbst zu fassen unvermögend war."

Freilich verrieth Schelling noch nichts Näheres, aber um so leichteres Spiel hatte Weiße, seine Offenbarungen zu anticipiren und, bei aller Submission gegen den großen Mann, mit Winken bemerklich zu machen, daß die Methode jetzt eine Forderung der Wissenschaft sei, die, bei aller sonstigen Tiefsinnigkeit, wohl nicht von ihm erfüllt werden dürfte. Er aber, nach S. 12 der Metaphysik, „der Einzige, der das Bewußtsein über die Befangenheit des Hegelschen Systems in dem Gegensatz von Freiheit und Nothwendigkeit unabhängig von Schelling hatte", werde, wie Schelling durch den Inhalt und wie Hegel durch die Form, allen Anforderungen der Zeit genügen. So versteht er auf dem Markt der Speculation seine Waare mit mercantilischer Industrie in Cours zu setzen.

Das Resultat dieser jüngsten Katastrophe der öffentlichen Schicksale der Philosophie und des Bestrebens Weiße's, an das Ruder zu kommen, ist seine Metaphysik. Die Rolle, die er hier zu spielen hatte, war sehr schwierig. Von Hegel hatte er so viel entlehnt, daß er ohne eine gewisse, selbst den Ton der Wärme annehmende Anerkennung seiner Verdienste nicht abkommen konnte. Schelling aber sollte aus obgenannten Gründen als Ueberwinder desselben apotheosirt werden und doch gehört ihm noch nicht das Factum des Siegs, nur das Versprechen. Concurrenzen, wie die von Braniß und Fischer, sollten geschont, selbst geehrt werden, die Leute freundlich zu machen und zur Hingabe unter das sanfte Joch der Weiße'schen Vernunft zu bewegen. Endlich aber sollte zum Staunen aller Welt die tiefsinnigste unerhörteste Metaphysik in der strengsten dialektischen Methode sich entfalten.

Früherhin konnte man Weiße achten, denn er war redlich. Später konnte man sich über ihn ärgern, denn er wurde hochfahrend. Ueber die Manöver seines literarischen Egoismus konnte man lachen. Die jetzige Vermischung von Schmeichelei und Selbstgefälligkeit erregt Widerwillen. Wäre er kühn, trotzig, durchgreifend, so würde er dadurch mit seinen Verirrungen wieder versöhnen. Durch die geschniegelte Zahmheit, mit welcher seine ungeheuren Prätensionen auftreten, stößt er ab. Man empfindet immer, daß er nicht kann, was er will. Daher ist er eine wahre Musterkarte von feinen, ausweichenden Redensarten: es ist erlaubt, es sei vergönnt, es sei gestattet, es dürfte sich ergeben, es könnte wohl sein und wie die precären Ausdrücke weiter lauten. Cicero's Esse videtur ist hier zur Deutschen Carricatur geworden.

Weiße ist keiner jener Philosophen, die, wie Plato und Schelling, Aristoteles und Kant, eine neue Welt zu gebären haben. Allein er piquirt sich darauf, es zu sein. Er lebt nur von den Almosen jener Fürsten des Gedankens. Sein Bettelstolz treibt ihn aber, sich ihnen durchaus coordiniren zu wollen. Dankt er ihnen, so geschieht es trotz der schönen Phrasen mit der verhaltenen Empörung, mit welcher der Client seinem Patron dankt. Die Abhängigkeit wird gefühlt und in der Anerkennung negirt. Was nicht ist, kann auch nicht werden. Weiße mag sich anstrengen, wie er will; er wird niemals einen positiven Fortschritt der Philosophie bewirken, wenn er sich nicht von der Sucht, originell zu sein, losmacht, wenn er sich nicht von sich selbst emancipirt. Er kann schon kaum noch eine historische Bemerkung machen, ohne hinzuzufügen, daß man die Sache noch nicht so, wie Er, zwar beinahe schon, allein doch noch nicht ganz so, nicht so scharf, so tief, in solchem Zusammenhang gesehen habe. Immer ist man zwar schon auf dem Wege gewesen, aber immer noch nicht so weit gegangen, als Er, durch welchen Alles in anderem Lichte erscheint. Ich bedaure es aufrichtig, daß ein Mann von so viel Kenntnissen, von so großem Fleiß und solcher Gewandtheit — Eigenschaften, welche nur der Neid oder der bornirteste Haß an Weiße zu verkennen vermöchte — der Wissenschaft durch die leidenschaftliche Eitelkeit, die ihn gefangen hält, fast verloren geht, ja, daß er durch die verzweifelte Anstrengung, eigenthümlich zu erscheinen, oft bis zur Absurdität getrieben wird. Namentlich vor Hegel sich zu retten, überbietet er sich in lächerlichen Wendungen und seine Metaphysik ist die vollendetste Selbstqual des intellectuellen Egoismus, originell sein zu wollen. Indem ich dies niederschreibe, weiß ich, wie tief es einen so ehrgeizigen Mann als Weiße verletzen muß. Aber ich kenne meine Pflicht gegen die Wissenschaft, wahr, und gegen ihn als Menschen, aufrichtig und, so viel ich vermag, hülfreich zu sein. Noch ist seine Krankheit vielleicht nicht unheilbar und die Besinnung über seine künstliche Stellung noch möglich. Jetzt gleicht er einem Falschmünzer, der seine Münze endlich selbst für ächt hält und durch den Verdacht dagegen sich moralisch gekränkt fühlt.

Man braucht nur die Technik Weiße's zu beobachten, um sich zu überzeugen, wie sehr es ihm an ursprünglicher Schöpferkraft fehlt. Immer bedarf er eines fremdher gegebenen Stoffes, über den er philosophirt, den er analysirt. Bald ist es ein Philosophem von Plato, Aristoteles u. s. w., woran er seine Betrachtungen knüpft. Bald nimmt er Bestimmungen des natürlichen Bewußtseins zu Hülfe, die er erläutert. Bald sucht er aus der Sprache sich eine Unterstützung zu schaffen. Diese Wendungen kommen bei allen Philosophen vor, allein Weiße greift nach ihnen, um der sachlichen Speculation zu entschlüpfen. In jenen Betrachtungen ist er zu Hause, hier macht er nur eine Visite, weil die philosophische Etiquette sie fordert. — Wo er nun augenscheinlich von Schelling, Hegel oder Andern entlehnt, weiß er seine Autorität dadurch zu erhalten, daß er versichert, auch sie sähen die Sache so an. Die Besorgniß oder in Wahrheit das böse Gewissen, in seiner Eigenthümlichkeit paradox zu erscheinen, bringt ihn selbst dazu, daß er alle Eigenheit seiner Forschung wieder aufhebt und in der Geschichte nach Analogieen für sein Verfahren sucht. Selbst mit Herbart will er übereinstimmen. Freilich wird das nur in einer Note gesagt und wahrscheinlich, um Herbart zu schmeicheln, denn es hat vielleicht noch nie einen Schriftsteller gegeben, der bei seinen kritischen Aeußerungen über Lebende oder über Verstorbene, wenn sie unter den Zeitgenossen noch unmittelbare Anhänger haben, rücksichtsvoller sich benähme als Weiße. Es ist das bei ihm nicht sowohl urbaner Tact, als diplomatische Berechnung, um die Gegner durch den Tadel nicht noch gegnerischer zu machen. Wo er mit vielen Andern zu sympathisiren sich bewußt ist, da genirt er sich weniger und erdreistet sich zu kecken Reden. Dies unmännliche Betragen, dies Hofiren bei den Mächtigern, wie bei Schelling, dieser schulmeisterliche Hochmuth gegen Geringere, ist um so anstößiger, je größer die Arroganz seiner Bescheidenheit ist. Weiße ist nie aufrichtig bescheiden. Seine demüthigen Phrasen haben immer die arriere pensée des Hochmuths. Er weiß nur, daß die Welt an Philosophen die Bescheidenheit liebt und lobt, weil dieselben gewöhnlich barſch gegen den Pöbel ſind. Daher tritt er immer ſo leiſe auf, daher macht er immer Verbeugungen gegen alle einmal anerkannte Heroen, während er den Schalk im Nacken hat. Wenn nun dies ſtete Hinüberſchielen nach Andern und das ceremonieuſe Becomplimentiren derſelben die Meinung von ſeiner Selbſtſtändigkeit in Gefahr bringen könnte, ſo verſteht er ſich auf pomphafte Ankündigungen und Euripideiſch beredte Epiloge der großen von ihm vollbrachten Thaten, welche den Leſer in die angenehme Illuſion werfen, es doch mit dem größten Philoſophen der Zeit zu thun zu haben. Zwar hat man gegen die glänzenden Verſprechungen alte, längſt bekannte Sachen zu leſen bekommen, aber der Nachruf, wie hier zum erſtenmal den Anſprüchen der Philoſophie wirklich entſprochen ſei, macht wieder bedenklich, ob man ſich nicht irre und ob doch nicht in Weiße's Worten etwas ganz Unglaubliches, Unentdecktes ſtecke, das man nur noch nicht recht verſtehe. Ein Mann, der mit ſolcher Ueberzeugung ſpricht, kann kein Charlatan oder in's Flache Verirrter ſein; er muß einen tieferen Hintergrund haben; die Tiefe iſt Urſach ſeiner genialen Dunkelheit. Man wagt alſo nicht zu urtheilen und fängt das beſchwerliche, öde Studium von vorn an, um auf denſelben Fleck anzulangen.

Weiße will, wie er S. 68 „kein Hehl hat", in ſeiner Darſtellung die ſtrengſte Methode der Speculation, die Hegel'ſche befolgen. Iſt dieſe Methode ſo ſtreng und iſt ſie, wie er geſteht, von Hegel meiſterhaft behandelt, ſo muß, da nach eben dieſer Methode die Form nur mit dem Inhalt ſich hervorbringt, zunächſt auffallen, daß er von demſelben Anfange aus mit derſelben Methode zu ganz anderen Entwicklungen kommen konnte. Es iſt viel von ihr die Rede. Sie iſt nach ihm die „Denknothwendigkeit", welche die Forderung eines Poſitiven herbeiführt. S. 86: „Auf die Erkenntniß des Poſitiven ſelbſt angewandt, hat die dialektiſche Methode die Bedeutung, jedes Ding ſo erkennen zu lehren, wie es frei ſich ſelbſt bejaht, wie es aus dem Nichts heraus, welches der dunkle Urgrund (?) ſeines Daſeins iſt, ſich durch Verneinung dieſer Verneinung zum Daſein, zur Wirklichkeit erhebt." Unaufhörlich verſichert er, es ſei die und die Forderung entſtanden, es ergebe ſich ein Reſultat, es erzeuge ſich ein Gegenſatz, es gehe eine dialektiſche Durchdringung von Extremen vor sich, es erhebe sich eine Steigerung u. s. f. Aber er handelt darin, wie Eulenspiegel, der sich bei einem Herzog als Maler verdingte, die aufgespannte Leinwand leer ließ und doch die schönsten Gemälde darauf allen denen zeigte, die von ehrlicher Geburt wären und die nun auch Alles zu sehn versicherten, was der Schelm, den demonstrirenden Stecken in der Hand, ihnen vorschwatzte. An sich ist von jenen fortbewegenden Nothwendigkeiten wenig oder nichts vorhanden. Sie existiren nur in der Meinung Weiße's. — Er holt sich die Begriffe von Anderen, insbesondere von Hegel und stellt sie sich dann zusammen, wie sie zu dem beabsichtigten Resultat am besten passen. Er ordnet das Auftreten der Kategorieen, wie ein Theaterregisseur andere Coulissen commandirt. Diese Aeußerlichkeit des Denkens verräth sich in der Darstellung auf belustigende Weise dadurch, daß er selten den inneren Zusammenhang der Sache mit sich, sondern größtentheils die von ihm gemachte Eintheilung, die Abschnitte seines Buches, dessen verschiedene Capitel in ihrem Verhältniß betrachtet. Es ist ein künstlicher Schematismus, worin nichts frisch gewachsen, Alles äußerlich zusammengesetzt ist. Wie er sich dabei gegen Hegel benimmt, davon ohne Erläuterung nur einige Worte. S. 96: „Nicht mit Stillschweigen übergehen dürfen wir endlich die Analogie, welche zwischen der hier angegebenen Gliederung des Systems der Metaphysik und der Gliederung obwaltet, welche Hegel seiner Logik gegeben hat. Wir dürfen dies um so weniger, als wir frei zu bekennen uns nicht scheuen, welches läugnen zu wollen ohnehin vergeblich wäre, da es laut genug die Sache selbst verkündigen wird, daß Hegel's Logik uns bei dieser gesammten Bearbeitung der Metaphysik als nächstes Vorbild vor Augen liegt und daß, so sehr wir auch — von ihr abweichen, wir doch in vielem Einzelnen unmittelbar mit ihr zusammentreffen werden." S. 97: „Die Verwandtschaft des Hegel'schen Ideenganges mit dem, welchen wir für den wahrhaften unserer Wissenschaft erkennen, ist so groß, daß wir für die beiden ersten Haupttheile derselben auch die Namenbezeichnung von der Hegel'schen Logik zu entlehnen kein Bedenken tragen, und also auch unserseits den ersten die Lehre vom Sein, den zweiten die Lehre vom Wesen nennen. Aber beim dritten Theil wird die Abweichung zu auffallend u. s. w."

Was Weiße will, ist bekannt. Das Logische soll wiederum ein nur Subjectives, eine Function des erkennenden Bewußtseins sein. Das Metaphysische als Inbegriff der Kategorieen soll zwischen der Logik und der Realphilosophie in der Mitte stehen. Den Schluß des Ganzen macht die speculative Theologie; denn der Begriff Gottes, des „Urwesens", wie er ihn gern nennt, „der allgemeine und universelle Erfahrungsgegenstand", soll vor jedem pantheistischen Stäubchen bewahrt werden und wird daher in einer besonderen Absperrung untergebracht. In der Theologie schließt er dann mit einer „religiösen Ethik." So ist nun die harmonische Gliederung, welche die Philosophie als System bereits erreicht hatte, glücklich wieder zerrissen. Das Unbestimmte, Unabgeschlossene, Halbe und Verworrene des früheren anarchischen Zustandes der Eintheilungen der Philosophie ist zurückgebracht. Daß der Geist, das sich selbst als Sein zum Inhalt habende Denken, die Natur das vom Geist nur als Sein gesetzte Denken, das Logische das im Geist nur als Denken gesetzte Sein ist, diese organische Triplicität ist verworfen und ein neues Gebäude von fünf Stockwerken errichtet, wobei noch die Bequemlichkeit, daß das, welches den Eingang in sich faßt, wie auch Schelling meint, mit einem anderen, der Geschichte der Philosophie, vertauscht werden kann. Es soll ja nur propädeutisch wirken.

Aber in Weiße's Metaphysik erfährt man auch, daß die speculative Philosophie gar nicht die Darstellung des absoluten, sich frei in sich bestimmenden Denkens ist. Vielmehr hat die Metaphysik unter den gegebenen Wissenschaften eine eben solche Voraussetzung, als die Naturphilosophie an den empirischen Naturwissenschaften u. s. f. Diese Voraussetzung soll die Mathematik sein! Wo diese nun eigentlich hingehört und ob sie nicht, bei so bewandten Umständen, ganz eben so in die Metaphysik aufgehen müsse, wie die empirische Naturwissenschaft in die Philosophie der Natur, wird nicht klar. Auch sieht man nicht ab, wie die Mathematik, das glänzendste Product des consequentesten abstracten Denkens, auf Einmal dazu kommt, mit den sogenannten Erfahrungswissenschaften auf Eine Linie gestellt zu werden. Indessen gilt sie doch für eine nicht philosophische Wissenschaft. Das genügt. Das ohnmächtige Denken will ja nur einen Anhalt außer sich, damit es seine Aufgabe sich nehmen kann und nicht Inhalt und Form aus sich zu erzeugen braucht. S. 24: „Das Geschäft der Metaphysik ist dieses, die Grundbegriffe der Mathematik der unmittelbaren, rohen (?) Gestalt, die sie für das vorstellende und reflectirende Bewußtsein haben, zu entkleiden, und sie zu Begriffen im philosophischen Sinne des Worts, zur Idee zu erheben. Die Metaphysik ist nicht dazu verurtheilt, wie es sich die unkundige Menge vorstellt, ihre Gegenstände sich selbst zu erfinnen, nur aus ihrem Innern heraus ein zwar kunstreiches, aber luftiges und leicht zerstörbares Gewebe zu spinnen." So sehr die Mathematiker von der Verwandtschaft mit der Metaphysik frappirt sein dürften, so gehört doch dies Paradoxon nicht einmal Weiße, denn in Schelling's Vorlesungen über die Methode, 3te Aufl. S. 95 lesen wir: „Die Formen der Mathematik, wie sie jetzt verstanden werden, sind Symbole, für welche denen, die sie besitzen, der Schlüssel verloren gegangen ist, den, nach sichern Spuren und Nachrichten der Alten, noch Euklides besaß. Der Weg zur Wiederfindung kann nur der sein, sie durchaus als Formen reiner Vernunft und Ausdrücke von Ideen zu begreifen, die sich in der objectiven Gestalt in ein Anderes verwandelt zeigen." Diese Wiederfindung führt Weiße aus: Zahl, Raum und Zeit sollen die mathematischen Grundbegriffe der Metaphysik sein! Der Zahl soll die Arithmetik, dem Raum die Geometrie, der Zeit die reine Mechanik gewidmet sein, welche letztere der sogenannten angewandten Mathematik mit Unrecht beigezählt werde. Daß diese Behauptung nur dem einmal erwählten Schematismus zu Liebe gemacht ist, liegt am Tage.

Obschon nun die Mathematik das hülfreiche Substrat der Metaphysik ist, so soll diese doch nur der negative Begriff des Absoluten sein d. h. die Kategorieen sind als solche ohne alle empirische Aeußerlichkeit, sie sind nur als Gedanken des Geistes. Darum spricht Weiße ihnen den Werth eines Positiven ab. S. 19: „Die Metaphysik ist die Wissenschaft, welche von dem Höchsten (?) und Allgemeinsten auf eine Weise handelt, die nicht die eigentliche (?) positive Natur dieses Höchsten, sondern das, was jenseits dieser Natur liegt, die negative Basis und das ewige Gesetz der Nothwendigkeit, ohne welche das Höchste weder das Höchste wäre, noch überhaupt wäre, erkennen lehrt."

Ihr Gegenstand soll ein „zwar schlechthin Nothwendiges, aber in seinem unbedingten Sein dennoch Nichtseiendes, μὴ ὄν, ein zwar Seiendes, aber Wesenloses und Unwirkliches sein." Diese Definition ist nur eine Uebersetzung des berühmten Passus der Schelling'schen bekannten Vorrede, S. XVI: „Wie alle jene Formen, die man als apriorische bezeichnet, eigentlich nur das Negative in aller Erkenntniß (das, ohne welches keine möglich ist), nicht aber das Positive (das, durch welches sie entsteht) in sich schließen, und wie dadurch der Charakter der Allgemeinheit und Nothwendigkeit, den sie an sich tragen, nur als ein negativer sich darstellt: so kann man in jenem absoluten Prius, welches, als das schlechthin Allgemeine und Nothwendige (als das überall nicht und in nichts nicht zu Denkende), nur das Seiende selbst (αὐτὸ τὸ ῎ON) sein kann, ebenfalls nur das negativ Allgemeine erkennen, das, ohne welches nichts ist, aber nicht das, wodurch irgend Etwas ist." Die Haupttendenz dieser Fassung der Metaphysik, des rein Rationalen, ist unstreitig gegen die Hegel'sche Philosophie gerichtet, insofern sie das System der reinen Vernunft der Natur und dem Geist coordinirt, nur daß die Opposition zu vergessen pflegt, daß Hegel recht gut weiß, wie die Kategorieen als solche nur „im abstracten Element des Denkens" Existenz haben und wie das Logische im Geist sich aufhebt, der, wie der Grund der Natur, die sich ebenfalls in ihm aufhebt, so auch das Princip des Denkens ist.

Die Metaphysik selbst soll nun den Begriff des Seins, des Wesens und der Wirklichkeit entwickeln. In jenem soll die Zahl, im Wesen der Raum, in der Wirklichkeit die Zeit den Mittelpunct ausmachen. Es kann dies unglaublich klingen, denn wem fällt wohl bei dem abstracten Begriff des Wesens der des Raums, oder, bei dem des Raums, wie es doch nach jener Definition der Fall sein müßte, der des Wesens ein? Aber gerade hierin besteht das Eigenthümliche, nie zuvor Gedachte Weiße'scher Metaphysik. Der nähere Inhalt ergibt jedoch, daß er im Grunde die alte Eintheilung der Metaphysik in Ontologie, Kosmologie und Psychologie vor Augen gehabt und darnach seine altneue zurecht gemacht hat. Diese Wendung, wie auch die Versuche Anderer zeigen, muß mit Nothwendigkeit da eintreten, wo die Identität des Logischen und Metaphysischen wieder aufgegeben wird, denn nun fehlt es an einer qualitativen Unterscheidung des Metaphysischen von dem Concreten, dem Realen, wie man es zu nennen pflegt. Da der Begriff in die Logik als in die Lehre von der subjectiven Erkenntnißthätigkeit des Geistes (S. 43) verwiesen wird, die Kategorieen hingegen nach S. 35 nicht bloß metaphorisch, sondern „auch für die Gottheit, Schatten" sind, so kann über den Begriff des Wirklichkeit nicht zum Begriff des Begriffs selbst fortgegangen, das eigene sich Aufheben der Substanz zur Subjectivität, nicht erkannt werden. Zum Theil mag an dem Uebersehen dieses Zusammenhanges auch die Flüchtigkeit Schuld sein, die es verschmähet, Schritt vor Schritt das Terrain zu erobern und gern in großen Dimensionen sich bewegt. Nach S. 105 erscheinen die Veränderungen, die er an der Hegel'schen Logik nöthig findet, oft nur als eine Vereinfachung und Abkürzung des unnöthigerweise verwickelten und mit unnützen und ungehörigen Nebenbegriffen überladenen Gedankengangs jener Logik. Da Weiße nicht sowohl einer objectiven Fortgestaltung der Sache mächtig, als von einem subjectiven Construiren abhängig ist, so hat auf jenen Schluß der Metaphysik auch wohl die Reflexion eingewirkt, daß, wenn einmal von ihm zu den realen Wissenschaften übergegangen werden soll, doch auch der Begriff der Wirklichkeit am angemessensten die Wissenschaft des Idealen schließe.

Das erste Buch handelt also vom Sein als Qualität, Quantität und Maaß. Im Einzelnen folgt er getreulich der Hegelschen Vorarbeit, nur daß er durch Voranstellen des Besondern vor das Allgemeine, z. B. des Begriffs der Zahl vor den der Größe, durch Anbringen kleiner Modificationen, auch durch die Manier seines Beistimmens, ein Anders- und Besserwissen zu erkünsteln sucht. Ein sonderbarer Gedanke von ihm, der ein rechtes Verkennen der betreffenden Kategorieen selbst beweist, ist, daß Hegel den Hauptunterschied der Qualität und Quantität ganz übersehe, nämlich, daß diese durch die Zahl eine Bestimmtheit auch des Besonderen habe, welche bei dem Begriff der Qualität unmöglich sei. Aber die Kategorie der Zahl ist an sich so allgemein als die des Etwas, denn so wenig die Metaphysik alle Qualitäten durchgehen kann, was ja eben das Geschäft besonderer Wissenschaften, so wenig kann sie auch alle Zahlen nennen; sie hat es nur mit dem Begriff der Zahl, nicht mit Zahlen zu thun. Die Kategorie des Maaßes wird jedoch ein Gebiet maaßloser Irrthümer des Verfassers, denn er handelt darin von Individuum, Art und Gattung, macht dann einen Uebergang zum Begriff der specifischen Größe und schließt mit dem Reflexionsverhältniß von Inhalt und Form. Sei es Oberflächlichkeit, sei es schlechte Originalitätssucht oder, wie wir am liebsten glauben möchten, abstruser Tiefsinn, hier ist ein solch' wüstes Durcheinander von Wahrem und Falschem, ein so willkürliches Gemisch fremdartiger Kategorieen, daß man mit Mühe in diesen Traumgestalten sich eine wache Besonnenheit erhält. Man kann sich unstreitig so ausdrücken, daß die Art das Maaß des Individuums, die Gattung das Maaß der Art sei, allein dann muß man das Bewußtsein darüber haben, daß man aus einer höheren Kategorie in eine niedrigere zurückgeht. Man kann sich den ungeheuren Mißgriff Weiße's höchstens dadurch erklären, daß er den Begriff des Quantums festhalten und ihn doch nicht sogleich als specifisches Quantum setzen wollte; daher machte er ihn zum Individuum. Wie der Lateinische Name besagt, ist dies ein untheilbares Ding; das Theilen gehört in das Bereich des Quantitativen, also ist die dialektische Fortbestimmung vom Quantum die zum Individuum. Ist aber erst einmal von diesem die Rede, so muß man auch von der Vielheit der Arten u. s. f. sprechen. Da nun Weiße den Gattungsbegriff in der specifischen Größe „die Qualität erst realisiren" läßt, so kann es kaum auffallen, wenn er den Begriff der Regel in der formellen Gleichheit der Maaßbestimmungen bereits mit dem Begriff des Gesetzes identificirt und aus der Qualität den Inhalt, aus der Quantität die Form hervorgehen läßt, denn „Farbe, Härte, Schwere, Klang pflege man nicht leicht Form zu nennen, wohl aber die Raumgrenze." Auf so grobe Weise wird also der abstracteste Reflexionsbegriff, der von Inhalt und Form, seiner ätherischen Arielschwingen beraubt und zu einem philosophischen Kaliban von Qualität und Quantität verkrüppelt!

Allein Weiße konnte nicht anders. Blickt man vorwärts nach dem, was er vorbereiten wollte, so war eine solide Grundlage nothwendig. Zwar nennt er die Metaphysik die Wissenschaft des negativ Absoluten, allein in der That, er ist freigebiger, humaner, compacter, als man darnach erwarten sollte. Nur einem Hegel konnte es belieben, den Begriff des Wesens zur Bewegung von Nichts durch Nichts zu Nichts zu machen und darin eine Reflexion immer die andere zerstören zu lassen. Weiße „steigert" das Sein zu einer „Urform", der es an „Körperlichkeit" nicht gebricht, denn eben diese ist, wie im zweiten Buch offenbar wird, das Centrum des Wesens. Man wird sich also nicht wundern, wenn er S. 268 Hegel's Exposition des Wesens schlechter und nicht so objectiv d. h. nicht so körperhaft, findet, als die des Seins und wenn er da, wo sein Irrthum beginnt, versichert, sie nehme eine durchaus irrige Wendung. Zwar will er sich, d. h. kann er sich, auch hier so wenig als möglich von Hegel entfernen, aber a. a. O. sagt er schon: „die Lehre vom Wesen ist für uns in der Metaphysik das, was im Ganzen der Philosophie die speculative Naturwissenschaft." Er handelt daher von den specifischen Grundzahlen der Wesenheit, vom Raumbegriff und der Körperlichkeit. Den Begriff der Kategorieen im Sinne der philosophia prima als schlechthin allgemeiner Bestimmungen des Seins und Denkens gesteht er zu; S. besonders S. 87. Nun sollen jedoch nach ihm Raum und Zeit solche absolute Kategorieen sein und er macht eben darüber der bisherigen Speculation die größten Vorwürfe, dies nicht eingesehen zu haben, eine Polemik, worin Fichte ihn bekanntlich secundirt. Könnte er nun beweisen, daß der Begriff der Vernunft an und für sich vom Begriff des Raums und der Zeit irgendwie afficirt wird, oder gäbe er von Raum und Zeit wirklich neue Bestimmungen, die eine bis dahin unbekannte Auffassung dieser Begriffe motivirten, so wäre dies die unumstößliche Berechtigung seiner Klage. Darnach aber sieht man sich vergebens um. Nichtsdestoweniger dürfte gerade hier der tiefste Punct in Weiße's Speculation enthalten sein, wodurch er ein wahrhaft philosophisches Bewußtsein verräth und sich noch am ehesten als ein speculativer Kopf legitimiren kann. Es ist die Frage nach dem Verhältniß des abstracten Denkens, des logischen und des productiven Denkens, des absolut geistigen, zur Natur. Weiße kann so raisonniren: „Ihr sagt, die Vernunft müsse im System ihrer Bestimmungen auch den Begriff der Wirklichkeit entwickeln. Ich gebe Euch das zu, denn ich mache mit diesem Begriff den Uebergang aus der Metaphysik zur Realphilosophie. Nun beweist mir einmal, daß etwas Wirkliches nicht im Raum und nicht in der Zeit ist. Könnt Ihr das nicht, wie ich denn hoffe, daß Ihr es nicht könnt, so gebt mir auch zu, daß Raum und Zeit Momente des Begriffs der Wirklichkeit überhaupt sind, daß sie also nicht, wie Ihr thut, erst in der Naturphilosophie, sondern schon in der Metaphysik abgehandelt werden müssen." Hierauf wäre in der Kürze zu antworten: "Du hast ganz Recht, Philosoph, daß etwas Wirkliches nur im Raum und in der Zeit ist, denn es fällt in die Sphäre der Erscheinung. Raum und Zeit sind selbst schon Wirklichkeiten, wenn Du diesen Plural erlauben willst. Aber der Begriff der Wirklichkeit an sich ist weder durch den des Raumes noch durch den der Zeit bedingt. Nur die Natur ist in allen Momenten ihres Daseins, der Geist bloß, insofern er sich als Erscheinung äußert, räumlich — zeitlich. Schon Kant machte ja Raum und Zeit zwar zu Bedingungen des Anschauens, zu reinen Formen der Sinnlichkeit, aber dem Aristoteles wirft er es vor, sie den Kategorieen zugezählt zu haben. Wie nun der Geist das absolut Negative von Raum und Zeit sei, also auch die Wirklichkeit seines Denkens vom Raum und von der Zeit frei sei, das gestehst Du selbst indirect ein, denn von Gott versicherst Du, daß Räumlichkeit und Zeitlichkeit von ihm nicht als Attribute prädicirt werden können, woraus Du also, wenn Dir, wie doch von einem Philosophen nicht anders zu erwarten steht, die Consequenz etwas werth ist, schließen mußt, Gott habe keine Wirklichkeit."

Die reinen Reflexionsbestimmungen von Identität, Unterschied und Grund macht er zu Zahlen, zur Einheit, Zweiheit und specifischen Dreiheit. Die Einheit ist natürlich die Urzahl, die specifische Dreiheit aber soll das Einzelne sein, als in welchem die Einheit des Wesens existire und welches doch durch seine qualitative Individualität von allem Anderen sich abscheide, also das Monadische und Dualistische in sich einschließe. Da der Begriff des Individuums dem der Einzelheit schon anticipirt und die Einzelheit selbst, weil der Begriff des Begriffs aus der Metaphysik verbannt worden, nicht als die negative Einheit des Allgemeinen und Besonderen gefaßt wird, so mußte es wohl zu einer solchen Schiefheit kommen. Confundirt man einmal die Reflexionsbestimmungen und die Momente des subjectiven Begriffs mit den Zahlbestimmungen, so müssen solche abstruse Dinge sich ergeben, wie die Geschichte der Philosophie an so vielen Beispielen zeigt. Wo die Pythagorik den Uebergang zum reinen Denken, die Erhebung des philosophirenden Geistes zur Reinheit der Kategorieen bezeichnet, da ist sie gesund und kaum zu umgehen; wo aber die Systematik der abstracten Kategorieen bereits erreicht ist, kann sie nicht mehr als Durchgangspunct der progressiven Entwicklung gelten. Sie verkündet die Ermattung und Erkrankung der Speculation, die in eine Kindheitsepoche zurückfällt. Wir wollen jedoch den modernen Aufputz alter Gedanken hier nicht weiter verfolgen. — Die „Urqualität", des Seienden, durch deren Gesetztsein es zu „Wesen oder Dingen" wird, ist, nach Weiße's Versicherung, der Raum als Ausdehnung, Ort und eigentlicher Raum. Unter Ausdehnung versteht er die drei Dimensionen. Für den Ort fordert er „eine der Unendlichkeit der Raumpuncte gleiche, unendliche Vielheit einfacher Wesenheiten, durch deren äußerliches Beisammensein im Raum die Qualitäten der Erscheinungswelt, die besonderen so qualitativen als quantitativen Bestimmtheiten der natürlichen Dinge, entstehen." Diese sonderbarste aller Atomistiken kann bei Weiße, der so reich an Außerordentlichkeiten aller Art ist, nicht überraschen. Um so gespannter waren wir aber, was denn der eigentliche Raum sein würde und erfuhren nun S. 354: „Raum ist das Dasein der reinen metaphysischen Kategorie des durch die Dreiheit seiner Momente sich selber setzenden Wesens. Als solches Dasein ist er freilich die Negativität gegen das Wesen als solches, also selbst wesenlos und unwirklich, aber alle und jede Verwirklichung kann nur innerhalb dieses zwar wesenlosen aber daseienden Begriffs von Wesen erfolgen. — Der Raum ist der in die Negativität des bloßen Daseins, — wie man es gemeiniglich, aber mißverständlich ausdrückt, der Aeußerlichkeit, — umgeschlagene Begriff des Wesens." — Wie sehr diese Metaphysik des Wesens des Raums, der Aeußerlichkeit bedürfe, erhellt erst recht in den Grundbestimmungen der Körperlichkeit, die ihren Schluß ausmachen. Hier ist von Schwere, von

Polarität und Cohäsion, von Magnetismus und Elektricität, vom chemischen Proceß die Rede. Dies Alles sind also nicht Momente des Naturlebens, sondern an und für sich allgemeine Bestimmungen, Momente des negativ Absoluten. Hegel hat die Momente der Objectivität des Begriffs mit den Ausdrücken des Mechanischen, Chemischen und Teleologischen bezeichnet, aber er hat diese allgemeinen Begriffe, die sich im Geistigen eben so sehr als im Natürlichen aufheben, ganz bestimmt innerhalb ihrer logischen Geltung gehalten, was auch Weiße ihm zugesteht. Bei ihm handelt es sich nicht um die Objectivität des Begriffs, denn der Begriff überhaupt fehlt seinem Absoluten. Da er nun die Naturphilosophie als die eine Seite der Realphilosophie bestimmt, so ist unerklärlich, wie er hier, wo nur, nach seinen eigenen Definitionen, vom „Unwirklichen und Wesenlosen" gesprochen werden soll, den Magnetismus, die Elektricität u. s. f. zum Gegenstand machen kann, ohne in der Bestimmung dieser Begriffe selbst das geringste Eigene und Neue zu zeigen. Hier erscheinen die Folgen der Trennung des Logischen vom Metaphysischen und des dadurch erzeugten Mangels an Selbstbegrenzung der Wissenschaft auf das Deutlichste. Die Haltung wird eine rein subjective; die immanente Nothwendigkeit hört auf; die Gebiete verlaufen sich mit unsichern Conturen in einander. Braniß und Fischer haben in dieser Beziehung denselben Mangel mit Weiße gemein. Sie strotzen schon in der Metaphysik von Realität und werden verlegen sein, wenn sie an diese selbst herangehen. Soll denn die Philosophie der Natur und des Geistes nicht speculativ, nicht metaphysisch, nicht dialektisch sein? Kann man denn die Metaphysik derselben gleichsam vorher abmachen? Ist sie nicht die allgegenwärtige Seele aller Speculation? Hegel hat vor allen diesen Gegnern voraus, daß er es neben der Entwicklung der logischen Idee wirklich zu einer Naturphilosophie gebracht hat, der es freilich zu gehen scheint, wie der alten Göttin zu Sais. Man zupft an dem Schleier, der sie deckt, und erfindet tausend Mährchen über sie, aber der königliche Gliederbau der holden Gestalt und der schwellende Reiz ihres göttergleichen Lebens sind der Welt bisher so gut wie verborgen geblieben.

Das letzte Buch der Metaphysik handelt von der Wirklichkeit. Zuerst treten hier, nachdem also schon vom chemischen Proceß, von der Elektricität u. s. f. die Rede gewesen, zur größten Ueberraschung die Reflexionsbestimmungen, wie Weiße sie nennt, der Substantialität, Causalität und Wechselwirkung auf, ohne deren Begriff ein Begriff der unorganischen Natur gar nicht denkbar scheint. Die Anfangsworte lösen uns das seltsame Räthsel: „Die metaphysische Ansicht des körperlichen Daseins, welche sich aus der Darstellung unseres zweiten Buchs ergab, ist mehrfach als die dynamische bezeichnet worden." Dies Wort bringt natürlich auf Einmal Alles in Gang. Die Dynamis führt zum Gedanken der Substanz, der Möglichkeit, Wirksamkeit u. s. w. Die unmittelbar daseiende, objective Verneinung der Wirklichkeit soll die Zeit sein, als mit dem „Umsetzen der Möglichkeit durch Wirklichkeit in Nothwendigkeit unmittelbar identisch." Endlich wird im Begriff der Lebendigkeit der Organismus, das Leben und die Freiheit als Gestaltung des Zweckbegriffs auseinandergesetzt. Die Hauptquälerei dieser Sphäre besteht darin, daß in den dunkelsten und pomphaftesten Phrasen daran herumgenergelt wird, den Begriff des Organischen u. s. f. recht tief in die Zeit hineinzustoßen, damit man Leben und Freiheit ja nicht als außerzeitlich denke und doch auch wieder die Zeit aufzuheben und ein nicht bloß zeitliches, sondern überzeitliches Dasein der Vorstellung und Empfindung herauszuklauben. Wie ungeschickt es sei, den Begriff der Freiheit unter den der Lebendigkeit zu subsumiren, braucht wohl kaum erinnert zu werden.

Würde man in dieser verworrenen Biologie und Psychologie wenigstens durch den Fund einzelner Perlen belohnt! Es hat allerdings immer den Anschein, als würden ganz neue Aufschlüsse gegeben; besieht man aber die Sache bei Licht, so könnte man sich fast über die jedesmalige Täuschung ärgern, wäre nicht bekanntermaaßen nach Kant die Auflösung einer gespannten Erwartung in Nichts lächerlich. Auf die Entwicklung des Begriffs der Wirklichkeit den der Zeit folgen zu lassen, gehört wieder zu den grandiosen Unfaßlichkeiten Weiße's. Eben so der Zusammenhang zwischen dem Zeit- und Zweckbegriff, so viel Worte auch darüber verloren werden. Der eitle Eigensinn preist seine verstandlose Anordnung quand même als ein Werk der vollkommensten Dialektik, der strengsten Methode.

Man könnte hoffen, endlich in der Auseinandersetzung des Freiheitsbegriffs als des Schlusses des Ganzen die so erwünschte Aufklärung zu erhalten. Aber vergeblich. Um so mehr ist jene Erwartung berechtigt, als Weiße sehr groß damit thut, daß er, wie Schelling, ein System der Freiheit, nicht, wie Hegel, der Nothwendigkeit lehre. S. 13: „Buchstäblich verstanden, halten wir uns überzeugt, daß das erstgenannte System durchaus im Rechte, das letztgenannte durchaus im Unrechte ist, wenn jenes behauptet, daß das wahrhaft Seiende allein das Auchnichtseinkönnende, dieses, daß es allein das Nichtnichtseinkönnende ist." Auch werde kein Anhänger Hegel's in Abrede stellen, daß ihm die Wahrheit mit der Nothwendigkeit identisch sei. Sollte damit gesagt sein, daß das Hegel'sche System nur solche Bestimmungen anerkennt, die sich selbst als absolut nothwendige beweisen, so muß dies bejahet werden. Soll aber gesagt sein, daß der Begriff der Freiheit dem Hegel'schen System fremd sei — und darauf ist es wirklich abgesehen, — so muß protestirt werden, denn Hegel hat vielmehr durch alle Momente seines Systems, wie nie vor ihm ein Anderer, gezeigt, daß die Wahrheit der Nothwendigkeit die Freiheit ist. Die Freiheit selbst hat die Nothwendigkeit nicht außer sich, dann wäre sie nicht frei. Sie kann also nicht anders sein, als sie ist, aber sie setzt die Nothwendigkeit als ein Moment ihrer selbst. Sie wird nicht mit ihr versöhnt, sie ist selbst diese Versöhnung. Abstrahirte sie von der Nothwendigkeit, könnte sie anders sein, als sie ist, so wäre sie nur Willkür und hätte nicht sich selbst als absolutes Princip. Hegel hat von sich das Bewußtsein ausgesprochen, daß er den Spinozismus, die Härte der abstracten Nothwendigkeit, durch die Genesis, die er vom Begriff als dem Freien gab, überwunden habe; ohne die Bestimmung des Begriffs wird Freiheit wieder ein leeres Wort, wie bei denen, welche jetzt die Philosophie mit dem Willen Gottes anfangen, und statt, wie sie meinen, dadurch über das Hegel'sche System zu einer höheren Stufe hinauszugehen, sich in ihrem Selbstbetrug nur einem Fatalismus in die Arme werfen. Ich will sogar den Fall setzen, Hegel hätte sein System nicht durchgeführt, hätte keine Psychologie, Rechtsphilosophie, Religionsphilosophie hinterlassen, wo man doch in concreto sehen kann, wie er von der Freiheit denkt, so dürfte man ihm doch, wie jetzt so oft geschieht, niemals einen bewußten Fatalismus unterlegen, denn überall spricht er die Freiheit als das Höchste, als das Wesen des Geistes aus; daß er aber die Freiheit nicht ohne die Nothwendigkeit will, daß sie sich als die Manifestation derselben entfalten soll, ist eben der Beweis seiner speculativen Tiefe.

Wir ermüden wirklich, diesen Mann, dessen Denken so klar und scharf, als sein Gemüth ächt sittlich und religiös war, gegen die Beschuldigungen zu vertheidigen, die Weiße gegen das Ende hin noch auf ihn häuft, als hätte er den Begriff der Vernunft mit dem des Geistes verwechselt und einen bewußt- und willenlosen Gott gelehrt, denn es ist von allem dem das gerade Gegentheil wahr. Was Weiße als seine Einsicht behauptet, ist Hegel's Ansicht, die er aufs Aergste mißversteht. Man kann die Sache kurz so fassen. Hegel sagt nicht: Gott ist die absolute Idee, oder das Absolute, das System der reinen Vernunft; sondern er sagt: Gott ist der absolute Geist. Die Vernunft hat gar keine Existenz an sich; sie existirt als Begriff nur im Geist und als Geist, aber sie ist nicht der Geist. Schon die Natur ist die Wahrheit der Idee. Der Geist aber ist die Wahrheit der Natur und der Vernunft, ihr schöpferisches Prius, ihr ewiges Werde. Das Denken in seiner unvermischten, stofflosen Selbstgestaltung, in seiner unmittelbaren Identität mit dem von ihm noch nicht concret unterschiedenen Sein ist nur der Anfang der Philosophie, der sich im Resultat, in der Totalität, welche der absolute Geist ist, zum Moment herabsetzt. So ist das System das sich in sich selbst anfangende und abschließende, wogegen das Weiße'sche ein bloß zusammengesetztes Aggregat ist, dem der Lebenshauch des göttlichen Odems fehlt. Ohne die Vernunft wäre Gott nicht Gott, aber ohne Gott hätte die Vernunft gar keine Existenz und es ist eine schlechthin unwahre Behauptung S. 463: „Hegel sei freilich kein Atheist, aber ein Nihilist, weil er das concrete Dasein Gottes als Person, außer im Menschen leugne." Wer sich an Weiße'schen Tiefsinnigkeiten, an seiner Lehre von den Specificationen Gottes erbauen will, dem empfehlen wir besonders S. 561. Weiße will nicht so unbescheiden sein, wie Hegel, und apriorisch über Gott etwas Bestimmtes sagen. S. 562: „Der Gottesbegriff, welcher aus dieser Wissenschaft resultirt, ist noch ein leerer und abstracter; er schließt die Möglichkeit von Eigenschaften nicht aus, die mit den Eigenschaften des wahren Gottes, jenes Gottes, der nur durch Erfahrung, durch die Glaubenserfahrung des Christenthums erkannt zu werden vermag, unverträglich, ja direct ihnen entgegengesetzt sind." Da nun jetzt das Glauben wieder in viel höherem Preise steht als das Wissen, da der Muth der Speculation, ohne ängstliche Hinsicht auf das positive Dogma es abzuwarten, was das Denken über Gott und Welt herausbringen werde, immer mehr verschwindet, so muß ja wohl ein so liebenswürdiges Bekenntniß des Philosophen, der vor der Glaubenserfahrung alle Segel streicht und eine pietistische Schattirung blicken läßt, ihm die Zuneigung aller Frommen und Begriffsscheuen erwerben. Habeat sibi!

Mit solcher Mattigkeit eines ganz unbestimmten negativen Begriffs Gottes und einer positiven Erkenntniß desselben nur durch subjective Erfahrung endigt also diese stolze Metaphysik. Es war unmöglich, dem Verfasser, bei aller Achtung vor seinem Fleiß und aller Anerkennung seines Strebens, dessen Eitelkeit und Selbsttäuschung wir schon oben beklagt haben, in die specielleren Bestimmungen zu folgen. Dazu bedürfte es eines Buchs. Nur eine kritische Uebersicht seiner literarischen Bildung, seines Verfahrens und seines Schematismus konnte entworfen werden. Wir möchten von Weiße in Verhältniß zu Hegel auch sagen „celui-ci met tout en montagnes, comme l'autre met tout en plaines", was Diderot vom Verhältniß zwischen Thomas und La Harpe sagt und zugleich, was er von Thomas weiter äußert, auf diese Metaphysik anwenden, nämlich: „qui, en écrivant sur les femmes, a trouvé moyen, de composer un si bon, un si estimable livre, mais un livre, qui n'a pas de sexe."

Zur Steuer der Gerechtigkeit, denn ich weiß mich frei von aller persönlichen Antipathie, folge eine Betrachtung Weiße's als ästhetischen Kritikers. Wie die Faustischen Dichtungen noch immerfort die Tiefe der Sage nicht zu erschöpfen vermögen, so ringt auch die Auslegung unaufhörlich, die Tiefen der Dichtung, insbesondere der Göthe'schen, zu erschließen. Die Commentare von Enk, Lehrs (über die Helena), Deyks, Dünzer, Carus, Weber, haben jeder auf eigenthümliche Weise den Räthseln des zweiten Theils und seinem Zusammenhange mit dem ersten neue Seiten abzugewinnen gewußt. Bei der vielfachen Besprechung des Thema's konnte man sich zuletzt, auch bei redlichem Willen, einer gewissen Uebersättigung sowohl an Faustischen Productionen als an kritischen Betrachtungen über dieselben kaum entschlagen. Ja, es wurden Stimmen laut, welche die Meinung aussprachen, daß das ewige Zurückkommen auf Göthe und dessen Faust, statt bildend, nur hemmend wirken könne, indem dadurch die Eigenheit der Anschauung bei den jüngeren strebenden Schriftstellern nothwendig erdrückt werde, weil man endlich gar keinen andern poetischen Maaßstab habe, als immer nur Göthe und über den Problemen, welche die Faustdichtung concentrirt, keine höheren kenne.

Es gehörte die orthodoxe Liebe, die sich doch von Befangenheit frei zu halten sucht, das ausgebreitete Studium des Dichters und die umfassende Bildung, welche Weiße besitzt, dazu, um schon jetzt wieder für diese Angelegenheit neue Gesichtspuncte auffinden zu können. Hier kommt ihm aber sogleich das Verhältniß zu Gute, in welches er sich zu Göthe gesetzt hat. Er ordnet sich dem großen Dichter unter. Er schaut zu ihm hinauf. Er erbaut sich an seinen Dichtungen, er stählt sich durch die Betrachtung seines arbeitvollen, in so schönem Maaß durchgeführten Lebens. Und indem er in diesem Cultus eben so viel Gemüth als Verstand zeigt, indem seine Verehrung nichts weniger als jenes Extrem einer Alles beschönigenden Schmeichelei ist, so muß er jeden Leser für sich gewinnen. Er hat mich dadurch mit sich versöhnt, auch eine Metaphysik geschrieben zu haben.

Was zunächst als ein tiefer Gedanke Weiße's anerkannt werden muß, das ist die Nachweisung von dem Verhältniß des ersten und zweiten Theils des Faust zu der eigenen Entwickelung des Dichters. Weiße unterscheidet darin erstens eine Periode des unmittelbaren, schöpferischen Dranges, in welcher der Dichter der Natur, heimathlichen Zuständen und dem Mittelalter sich hingab. Die tiefste Schöpfung dieser Zeit ist das Fragment des Faust. Alles, was in der Brust des jungen Titanen wühlte, alle Prometheische Kühnheit, die in ihm sich bäumte, alle Skepsis, die in ihm nagte, alle Liebe, an der er blutete, alles Elend, das er geschmeckt, alle Weltverachtung, in die er sich gerettet, alle jene erhabenen Schauer der Natur, an denen er sich, wenn Wissenschaft und Menschenleben ihm zum Ekel geworden waren, in Waldesnacht, auf Bergeshöhen, wenn unter ihm die Ströme rauschten und die Thurmspitzen der Städte geisterhaft am fernen Horizont standen, so innig erfrischt hatte — das Alles sammelte er in diesem lyrischen Drama. Seine Sehnsucht fand endlich in der zweiten Periode Befriedigung. In Rom war es, von wo aus er jenes Fragment zum Druck beförderte. An die Stelle der Natur trat der Mensch als das höchste Studium; an die der Deutschheit Italien (oder überhaupt die Welt, denn Italien war nur das Land, worin er sich auch praktisch von der Gewohnheit eines herkömmlichen Daseins entäußerte); an die des Mittelalters die Antike. Göthe erreichte das Ideal. In der dritten und letzten Periode seines Lebens war es die Reflexion auf seine Poesie, auf den Gang, den seine Bildung genommen, welche ihn vornämlich beschäftigte. Weiße datirt diese Periode von da an, wo Göthe „Wahrheit und Dichtung" zu schreiben begann. Dieser Zeit gehört nun der zweite Theil des Faust im Allgemeinen an, wenn auch Veränderungen des ersten, Entwürfe für den zweiten und theilweise Ausführung derselben, wie insbesondere der Helena, noch in die mittlere Periode fallen. Mit feinem Spürsinn hat Weiße die verschiedenen Näthe auszufühlen versucht, wo die ursprüngliche Anlage abbricht, wo sie in eine andere Richtung hineingezogen worden, wo ein Einschlebsel gemacht ist, kurz, wo die verschiedenen Perioden sich materiell und formell kreuzen.

Er zeigt, daß die classisch-romantische Phantasmagorie den eigentlichen Mittelpunct des zweiten Theils ausmache, d. h. eben das Streben des Dichters, die milde Klarheit, die anmuthige Begrenztheit des antiken Ideals mit der Leidenschaft, mit dem Spröden der modernen Ueberschwänglichkeit zu vereinigen. Nur dichtend konnte der Dichter von seiner poetischen Bildung sich völlige Rechenschaft geben. Der zweite Theil des Faust verknüpft die Gegensätze der ersten und zweiten Periode. Was Göthe in der Iphigenia, im Tasso, im Meister, in der natürlichen Tochter, in den Wahlverwandtschaften und den Wanderjahren factisch gethan hatte, das läßt er hier in allegorischen Figuren und Handlungen als den Reflex seines ausdrücklichen Bewußtseins erscheinen. Einem großen Theil unserer heutigen Poeten ist mit Recht vorgeworfen worden, daß sie über dem Besingen ihres Talentes nicht zu seiner Aeußerung, über dem Dichten von dem Dichten nicht zum Dichten selbst kommen.

Göschel hat in seiner Schrift über Hegel und Göthe die Auflösung der Ironie in eine solche leere Poesie der Poesie ausführlicher entwickelt. Soll man nun Göthe wegen des zweiten Theils des Faust nicht denselben Vorwurf machen? Eine größere Ungerechtigkeit könnte man wohl nicht begehen, denn darin gerade zeigt sich das Urschöpferische des Genie's, daß es zur wirklichen Entäußerung, zur Objectivität gelangt, während die Mattigkeit an der velleitas kleben bleibt. Sie sagt nur, daß sie aus sich heraus möchte. Sie girrt nach Emancipation von der Subjectivität, wie junge Vögel, die noch nicht flügge sind und doch schon den Kopf zum Nest heraus strecken. Alles, was Göthe in seinem Innersten durchgemacht hat, alle Tendenzen, denen seine Poesie huldigte, hat er hier zu Incarnationen sich verdichten lassen, welche in ihrer Gediegenheit nicht blos ihn und seine Geschichte, sondern eben so sehr die Kunst und deren Geschichte überhaupt illustriren.

Ferner zeigt Weiße sehr gut, daß in der Darstellung des ersten und zweiten Theils des Faust der Unterschied obwalte, daß in dem ersteren es der Innerlichkeit darum zu thun ist, zu Worte zu kommen; sie bricht oft in Naturlauten hervor; das Chaos will sich gestalten; der Strom des zerrissenen Gemüths will sich ein Bette graben. Im zweiten Theil dagegen stürmt kein solcher Drang. Die Sprache erscheint in der glänzendsten Meisterschaft. Die Gestaltung ist intensiv schwächer, aber der Ausdruck um so malerischer. Dort wird er vom Pathos beherrscht; hier ist im Symbolischen und Allegorischen gar kein eigentliches Pathos da; die Breite der Schilderung wird also mit Nothwendigkeit hervorgelockt und mit ihr die Neigung, recht farbensatt zu malen. Für die Malerei enthält der zweite Theil unstreitig viel mehr Motive, als der erste, und ich wundere mich, außer den Blättern von Retzsch noch keine weiteren Versuche gesehen zu haben. Nach einer Andeutung in Eckermanns Gesprächen, auf welche Weiße nicht reflectirt, hat Göthe sogar an eine theatralische Darstellung des zweiten Theils gedacht. Dem ersten war sie so lange als unmöglich abgesprochen, bis die erfreulichste Verwirklichung alle Welt überraschte. Warum sollte der zweite nicht auch solche Erfolge haben können? Göthe erinnert bei dieser Gelegenheit an die Oper und dies ist gewiß der am meisten befriedigende Standpunct, den man für die Betrachtung der dramatischen Oekonomie des zweiten Theils nehmen kann. Weil die Oper nur einfache Charaktere und eine einfache Handlung gestatten darf, um der Entfaltung der Melodie Raum zu geben, so neigt sie sich im Aeußerlichen zum Imposanten, zum Phantastischen. So ist auch im zweiten Theil des Faust das Drastische unbedeutend; die Charaktere an sich sind so leicht verständlich, wie ihre Situationen; aber um so elastischer wiegt sich die Sprache in den mannigfachsten Rhythmen und Metren; um so reizender gestaltet sich das Local; um so schöner schlingen sich die Gruppirungen. Eine Aufführung der Mummenschanz oder der Helena müßte von unbeschreiblichem Effect sein und Vieles, was dem Leser Schwierigkeit macht, würde sich durch das theatralische Ensemble und seine Anschaulichkeit von selbst erklären. Weiße kann sich für diese eigenthümliche Verschmelzung der Poesie mit dem Pittoresken und Musikalischen nicht anders helfen, als daß er sie wunderbar nennt und als psychologischen Schlüssel für dies Transparente die herrliche Stelle aus Göthe's Werken Bd. 49, S. 87 anführt: „Am Ende des Lebens gehen dem gefaßten Geiste Gedanken auf, bisher undenkbare; sie sind wie selige Dämonen, die sich auf den Gipfeln der Vergangenheit glänzend niederlassen."

Daß der zweite Theil als ein ganz selbstständiges Werk unabhängig von dem ersten betrachtet werden könne, wollen wir in Betreff der Handlung und des Tones zugeben; in Betreff der Tendenz können wir es nicht und sperren uns deshalb auch dagegen, das lockere Verhältniß beider Theile so weit, als Weiße, bis zum Indifferentismus zu treiben. Er will nicht, daß beide Theile zusammen eine Weltdichtung in dem Sinne sein sollen, daß alle menschliche und göttliche Wahrheit sich darin concentrirt findet. Er nennt die Dichtung späterhin selbst eine „weltumfassende." Indessen könnte ihm dieser Ausdruck so nebenher entschlüpft sein und wir wollen kein Gewicht weiter darauf legen. Auch würde dem Dichter in der That ein schlechter Dienst erwiesen, wenn die Dichtung alle Elemente des Universums mit einer encyklopädischen Abgeschlossenheit wie eine Art Encheiridion enthalten sollte. Allein das soll damit gesagt sein, daß in ihr nicht blos Eine Seite des Weltganzen, das Universum nur in Einer seiner Individualisirungen, sondern in der That die Welt in der Fülle ihres unendlichen Inhaltes, in dem Gewimmel ihrer zahllosen Gestalten erscheint. Um eine Abmarkung, um eine ängstliche Berechnung konnte es dabei nicht zu thun sein. Dergleichen wäre gänzlich prosaisch gewesen. Allein so wie Harolds Pilgerfahrt, die divina Commedia, des Aristophanes Vögel, die Totalität als Totalität, die Totalität nicht blos in der Concentration Eines Momentes darstellen, was ja alle wahre Kunst thut, so ist dies auch mit dem Göthe'schen Faust der Fall und das Staunenswerthe liegt eben auch darin, daß eine so ungeheure Mannigfaltigkeit doch in einen Rahmen hat eingespannt werden können und nicht eine gänzliche Verflüchtigung zur Folge gehabt hat.

Man kann folgende Antithese aufstellen. Der erste Theil des Faust bewegt sich vom Himmel durch die Welt zur Hölle. Religiös und metaphysisch beginnt er; ethisch endigt er. Vom Hymnus geht er zum Dithyrambus, zur Idylle, zum wirklichen Dialog über. Gretchens Geschichte ist das eigentlich drastische Element desselben. — Der zweite Theil bewegt sich von der Hölle durch die Welt als Unter- und Oberwelt zum Himmel. Ethisch beginnt er, religiös endigt er. Zwischen das Ethische und Religiöse tritt hier das Aesthetische ein, welches hier die nämliche Rolle spielt, wie das Metaphysische im ersten Theil. Der zweite Theil beginnt mit der negativen Versöhnung, von dem Schuldbewußtsein entsühnt zu werden. Das himmlische Mitleid der Geister splitterrichtet nicht.

„Ob er heilig, ob er böse?
Jammert sie der Unglücksmann."

Er endigt mit der positiven Versöhnung, sich selbstbewußt in steter Läuterung mit dem Göttlichen zu vereinigen. Mit einem Monolog hebt er an; zu einer descriptiven Plastik schreitet er fort; mit dem Feierklange des Hymnus schließt er. Wie nun in der Entwicklung des ersten Theils Faust's Verhältniß zu Gretchen die eigentliche Katastrophe bildet, so hier sein Verhältniß zur Helena. Sie ist der einzige, schwache dramatische Hebel.

Faßt man so beide Theile in ihrer inneren Gegenseitigkeit, so bleibt ihre unendliche Verschiedenheit unangefochten. Es springt aber auch mit dem Parallelismus die Einheit hervor. Weiße erinnert ja selbst oft genug daran, daß Göthe schon in früher Zeit den Plan zu dem zweiten Theil gefaßt habe. Schon dieser Umstand hätte ihn bedenklicher machen müssen, die Unabhängigkeit desselben vom ersten so schroff auf die Spitze zu stellen. In der wirklichen Betrachtung des zweiten Theils verschwindet auch bei ihm diese Ansicht, denn er muß oft genug auf den ersten sich zurückbeziehn. Weiße hat sich in seiner Erklärung, wie schon bemerkt worden, immer an das Leben des Dichters gehalten und allerdings überraschende Beleuchtungen dadurch gewonnen. Allein wird denn dadurch eine Tendenz der Richtung, ein durch alle ihre Glieder lebendig pulsirendes Blut unmöglich gemacht? Glaubt Weiße, daß ohne eine solche Idee die lyrische Kraft des ersten, die symbolische und allegorische Mannigfaltigkeit des zweiten Theils, der Nation, der Welt ein so großes Interesse hätte abnöthigen können? Diese Idee des Faust ist die Freiheit. Schon in der Sage ist sie es. Weiße hat ganz Recht, wenn er meint, daß die Sage Göthe nur im Allgemeinen die Elemente zu seinem Werk gegeben habe. Allein so gering, als er es thut, ist dieselbe deßhalb doch nicht anzuschlagen. Insbesondere ist das metaphysisch=theologische Element darin eben so groß, als das frivol lebenslustige und mysteriös magische. In meiner Geschichte der Deutschen Poesie im Mittelalter habe ich zu zeigen versucht, wie die Deutsche Sage mit Faust aus der Auctorität aller menschlichen und göttlichen Gesetze herausgeht. Diese Losgebundenheit von allem Objectiven macht ihn aber positiv dem Teuflischen verfallen. In der Sage ist nun freilich der vertrauliche, treuherzige Ton, mit welchem Faust und Mephistopheles sich über das Paradies, die Hölle, den Fall der Geister, die Vorherbestimmung der Einzelnen zur Seligkeit und Unseligkeit unterhalten, vorherrschend; aber doch fehlt es nicht an dem Bemühen, die Ironie des Satanischen auszudrücken. Wenn Faust „der elende Mensch", wie „ein wilder Stier" in seiner Stube sitzt und sich in Sorge um seine Ewigkeit verzehrt, so kommt der Teufel mit Gelächter und spottet seiner Frömmigkeit, räth ihm, darauf zu beharren und zuzuschauen, was sie ihm helfen werde; er solle nur eine Mönchskappe anziehn und stets Buße thun; es sei ihm wohl Noth, denn er habe es gar zu grob gemacht u. s. w. In Widmanns Bearbeitung der Sage wird ausdrücklich zwischen Lucifer und Mephistopheles als zwischen dem Höllenfürsten und seinem Diener unterschieden, worin Weiße für seine Hypothese, daß in dem Fragment der Erdgeist ursprünglich die diabolische Rolle habe übernehmen sollen, hätte Aufschluß finden können. Weiße meint auch, daß für Gretchens Geschichte sich in der Sage „durchaus kein Motiv" dargeboten habe. Dem ist jedoch nicht so, denn, bevor Mephistopheles Faust's Begierden durch das Phantom Helena sättigt, hat er mit ihm einen schweren Kampf zu bestehen, weil der Doctor sich in die Magd eines Krämers aus seiner Nachbarschaft verliebt hatte. Sie wollte aber nicht seine Beischläferin werden, sondern verlangte die Ehe. Schon war Faust dazu entschlossen, als Lucifer selbst ihn durch Qualen, Drohungen, Versprechungen wieder von diesem Vorhaben abzog, denn nicht in den „von Gott verordneten Ehestand" zu treten, war ein Punct des Vertrages. Mit der Helena zeugte Faust nach der Sage einen Sohn, den Justus Faustus. Beide verschwinden mit Faust's Tode. Also auch hier hat Göthe in dem Euphorion sich nicht so weit von der Sage entfernt, als Mancher glauben möchte, wiewohl er dem Inhalt nach eine ganz neue Welt aus diesem Motiv geschaffen hat. Selbst das Heraufbeschwören der Helena aus der Unterwelt hat seine Analogie in dem Volksbuch und dem Puppenspiel, worin Faust vor dem Römischen Kaiser den König Salomo und Alexander und zuweilen noch andere Figuren citirt. Doch genug dieser Andeutungen. Sie sollten nur die befruchtende Energie der alten Sage in Schutz nehmen, welche, bei aller Originalität, die Göthe in ihrer Gestaltung bewiesen, nicht so über die Achsel angesehen zu werden verdient, als Weiße es zuweilen thut. Hätten sich andere Faustdichter mehr darum bekümmert, so würden sie vor manchem Mißgriff behütet worden sein. Der Briefwechsel Göthe's mit Zelter zeigt uns auch, wie sorgsam der Dichter mit der Tradition der Sage sich beschäftigte.

Ohne die Freiheit als das Princip der Faustdichtung zu begreifen, muß man Vieles in ihr als willkürlich ansehen, wie dies Weiße auch thut. Ich will zugeben, daß Göthe nicht ein so klares Selbstbewußtsein darüber gehabt haben mag, als dies für uns möglich ist. Das hindert nicht, daß nicht die Idee beständig in ihm gearbeitet habe, so daß bei dieser perennirenden Bewegtheit seiner Seele das frühere oder spätere Ausarbeiten der einzelnen Scenen in der That gleichgültiger ist, als dasselbe nach Weiße erscheint. Zur Zeit der Reformation war der Untergang Fausts ganz consequent; in der neueren Zeit konnte eine andere Wendung eintreten, entweder die Göthe'sche der Wiederversöhnung, oder die Byron'sche, dessen Manfred, mit dem Tode ringend, gegen den Abt ausspricht, daß sein Geist und dessen Schicksal eben er selbst, sein Bewußtsein, sei, daß Himmel und Hölle seine eigene Thaten wären. Eine Entsühnung als kirchliche Absolution ist dem Charakter des Faust so unangemessen, als ein Tod durch Selbstmord, wie ihn der Lenau'sche Faust stirbt. Bei Göthe beginnt Faust damit, daß er von der Leerheit seiner Subjectivität loszukommen sucht. Er fühlt den Widerspruch des Begriffs, den er von sich als einem göttergleichen Wesen hat, und der Realität, welche ihn, dem Erdgeist gegenüber, in seiner Endlichkeit zusammenbeben läßt. Zur rechten Zeit stört ihn der trockne Schleicher Wagner. Kaum hat sich dieser jedoch entfernt, als der himmelstürmende Drang sich wieder regt. Die Giftphiole fällt dem nach einer Umarmung mit dem Universum Lechzenden in die Augen. Zu neuen Ufern lockt ein neuer Tag! — Weiße findet es nun psychologisch schlechthin unwahr, daß man vor dem Selbstmorde sich in einer solchen Ekstase befinden könne. In dem Volksbuche greift Faust allerdings immer in der „Schwermuth" zum Messer und der Teufel kommt dann und lähmt ihm die Hand. Nach der Prometheischen Anlage des Göthe'schen Faust hingegen ist es nichts weniger als unnatürlich, wenn der Verzweifelnde, der doch sich „mehr als Cherub" fühlt, der „schon abgethan das Erdenkleid" von der Lockung „auf neuer Bahn den Aether zu durchdringen" unwiderstehlich angezogen wird. Ist auch der Selbstmord ein abnormes Thun, so ist doch der Mord eine That, ein Act der formellen Freiheit, von welchem die Sophistik der Leidenschaft wohl lügen kann „daß Manneswürde nicht der Götterhöhe weicht." So kann Fauſt das Gift mit Entzücken in die Hand nehmen. Tauſend Wunder ſtehen ſchon an der Schwelle, ihm eine neue Welt zu offenbaren, als plötzlich ſein pantheiſtiſcher Enthuſiasmus von dem vergeſſenen Chriſtenthum, deſſen Oſterglocken ſchallen, contraſtirt und paralyſirt wird. Wollte ich in die Thatſachen der empiriſchen Pſychologie greifen, ſo ſollte es nicht an Beiſpielen fehlen, daß die ernſteſten, gehaltvollſten, ja religiöſeſten Momente, denen allerdings ihre Doſis Wahn nicht mangelte, dem Selbſtmord unmittelbar vorangehn können.

Weiße will den leiblichen Selbſtmord nur als Symbol der geiſtigen Selbſtvernichtung darſtellen. Allein dieſem Vorſchlag kann ich noch weniger beitreten, als jenem Tadel der Unnatürlichkeit. Weiße iſt überhaupt in eine Sucht verfallen, einzelne Momente in einen Spiritualismus hinaufzuſchrauben, welche dies nicht blos nicht nothwendig machen, ſondern bei welchen auch die wahrhafte poetiſche Kraft dadurch zerſtört werden würde. Der Gedanke des Selbſtmordes und die Rüſtigkeit zu ſeiner Ausführung können nur als wirkliche That Effect machen. Wir ſehen darin den Umſprung Fauſt's von dem abſtracten Studiren, dem Brüten über der Magie u. ſ. w. zur That. Und wie er's in der Wiſſenſchaft weit gebracht hat, „ſintemal Gott ihn mit einem herrlichen ingenio begabte", ſo offenbart uns dieſe Entſchloſſenheit auch eine große praktiſche Energie. Weiße iſt, wie geſagt, mehrmals in eine ſolche Uebertreibung des Deutens verfallen, die übrigens bei dem Fauſt mehr als irgendwo zu entſchuldigen iſt. So will er z. B. Gretchens Fall als ein Symbol für des Dichters Naturzuſtand und deſſen Untergang deuten; er will die Schätze, von denen Mephiſtopheles dem Kaiſer ſpricht, gar nicht als Gold und Silber genommen wiſſen, für welches ſpäter das Papiergeld vicariren muß, ſondern es ſollen dies „Schätze des Geiſtes ſein, den Genius, den Gehalt der Wiſſenſchaft und Kunſt, der Religion und alles intenſiveren Geiſtesdaſeins für das Staatsleben zu gewinnen, um dieſes dadurch zu erfriſchen und zu erneuen." So ſollen in dem Feſte des Nereus die Tiefen des „geiſtigen Weltmeers" dargeſtellt ſein. Die Gaukeleien, mit welchen Fauſt dem Kaiſer in der Schlacht beiſteht, ſollen auch „die Art und Weiſe bezeichnen, wie Ideen und geistige Kräfte sich in den Köpfen und Sinnen der Masse in leere Zerrbilder und Trugbilder verkehren, aber auch so noch, in dieser Entfremdung ihrer selbst, das eigentlich Wirkende und Mächtige, das in allen Kämpfen der Weltgeschichte Entscheidende sind."

So wenig diese hypersthenische Auslegung mich anspricht, so wenig kann ich mich darin finden, daß der Niedergang Faust's zu den Müttern als solcher einen ethischen Act, eine Wiedergeburt durch das Schöne, „eine Reinigung des Gemüths durch die Geister der Poesie" ausdrücken soll. Ich habe mich über diese geheimnißvollen Wesen dahin erklärt, daß ich die Idee darunter verstünde, wie sie in der einsamsten Selbstbesinnung des Geistes, im lauteren Denken sich als die einfache Seele alles Geschaffenen, als die stille Urkraft aller Production offenbart. Ausdrücklich sagt Faust, daß er vor der Unvernunft oft genug in Einsamkeit „in Wildniß" gewichen sei. Und doch sendet ihn Mephistopheles in eine ganz andere Einsamkeit; nicht der Ocean, nicht der Himmel sei so öde:

„Nichts wirst du sehn in ewig leerer Ferne,
Den Schritt nicht hören, den du thust,
Nichts Festes finden, wo du ruhst."

Von den Müttern namentlich heißt es:

„Die einen sitzen, andre stehn und gehn,
Wie's eben kommt. Gestaltung, Umgestaltung,
Des ewigen Sinnes ewige Unterhaltung.
Umschwebt von Bildern aller Creatur;
Sie seh'n dich nicht, denn Schemen sehn sie nur."
„Was einmal war, in allem Glanz und Schein,
Es regt sich dort; denn es will ewig sein.
Und ihr vertheilt es, allgewaltige Mächte,
Zum Zelt des Tages, zum Gewölb der Nächte u. s. w."

Ich sagte, daß ich Idee hier ganz in dem Platonischen Sinne nähme als das unerschaffen-schöpferische Urbild der Wirklichkeit, denn Faust muß ja in die Schattenwelt, d. h. in das Innere des Geistes hinabbringen, um das Bild der Helena zu reproduciren; die geschichtliche Tradition kann nicht zu dieser Production verhelfen; Chiron weist nur hin zum Tempel der Manto, wo wir den Faust nicht hinbegleiten; vates und poeta ist ja bei den Alten identisch. Da aber der Inhalt der Phantasmagorie ein ewiger, ein absoluter, nämlich das Schöne ist, so erhält das geistig Geborene für Faust die Geltung der realsten Gegenwart. Wie dem Pygmalion der Stein zu zartem Leben erwarmte, so verkörpert sich ihm sein Ideal. An logische Kategorieen im gewöhnlichen Sinn habe ich so wenig gedacht, als daran, dem Faust ein speculatives Studium zuzumuthen. Lieber hätte ich in dem glühenden Dreifuß, bei welchem Faust sich im tiefsten Grund befinden soll, eine Satire auf die Hegel'sche Triplicität des Begriffs gesehen, als solche Prosagedanken zu äußern. Wenn Weiße statt der Idee das Ideal setzt, so ist das kein großer Unterschied, obwohl der Begriff des Ideals eine zu große Bestimmtheit und nicht die Weite des Begriffs der Idee hat. Bei den Müttern kommt es zunächst auf das Schöpferische, nicht auf die Schönheit der Erscheinung an. Auch ist Weiße mit mir darin einig, daß er die Uebergabe des Schlüssels durch Mephistopheles durch die Negation erklärt, denn, wie das Absolute durch Negation zur Endlichkeit sich entäußere, so könne man auch nur auf demselben negativen Wege zu ihm zurück. Von einer ethischen Bedeutung dieses Actes sehe ich gar nichts, kann auch in Göthe's Briefen aus Italien nichts entschiedener darauf Hinweisendes finden, am wenigsten aus ihnen und aus der Iphigenia mir das Schaudern Faust's bei Anhörung des Namens der Mütter begreiflich machen. Weiße muß auch zuletzt das Bekenntniß ablegen: „daß diese Erfindung nicht mit dem Gewicht und Nachdruck, mit dem tiefen sittlichen Ernst, den ihr Inhalt eigentlich zu fordern schien, ausgeführt ist." Dieser Tadel trifft nach meiner Meinung Göthe'n gar nicht, weil er das nicht bezweckte, was Weiße ihm als Plan unterschiebt.

Die Kürze, deren sich Weiße beflissen hat, vornämlich bei dem schon so oft und ausführlich besprochenen ersten Theil, kann man nur loben. Im zweiten Theil ist am Gelungensten Alles, was sich auf die mythologischen Elemente der Dichtung bezieht. Tüchtige Gelehrsamkeit und ein feiner, geistreicher Blick haben sich hier zu vielen glücklichen Aufschlüssen vereinigt, welche im Einzelnen bemerklich zu machen zu weitläusig sein würde. Ueber der Enträthselung des Besonderen und über dem steten Hinblick auf Göthe's Leben dürfte jedoch die Steigerung bis zu dem den Faust tödtenden Moment des Entzückens nicht gehörig beachtet sein. Wenn Faust im ersten Theil nach einander in der Magie, in dem Strudel der Welt, in der Liebe, in dem Wahnsinn der Hölle umsonst eine dauernde Befriedigung suchte, so sehen wir ihn im zweiten Theil von dem Gewirr der Gesellschaft, von der Kunst, von dem militärischen und politischen Treiben zu einer mercantilischen und industriellen Thätigkeit, zum Ackerbau auf einem selbsterzeugten Boden, der nicht als ein Geschenk der Natur vorgefunden worden, übergehen. Wie kurz der Dichtergreis auch die ganze Scenenfolge des letzten Actes gehalten habe, so möchten wir doch in ihr die erhabenste Anlage besitzen, der eine weitere Ausführung vielleicht sogar Schaden gethan hätte, denn der Contrast des werkthätigen Producirens, das selbst durch Blindheit sich nicht stören läßt, zu einem contemplativen, mystischen Seelenschwunge würde dann nicht so mächtig haben wirken können. Wir rechnen es Göthe hoch an, daß er, wie auch die auf Nordamerika deutenden Wanderjahre bekunden, trotz so mancher in seiner Stellung unausbleiblichen Antipathieen, dennoch den Sinn für die Richtung des Zeitalters auf Asociation und auf eine nationalökonomische Grundlage (nicht, als wenn Wohlhabenheit der Grund des Staatenwohles wäre, wie unsere Ultrabenthamisten predigen) der Gesellschaft sich frei gehalten hat. Wir möchten um Nichts die Worte des sterbenden Faust missen, denen Weiße ganz stumm vorübergeht:

„Ja! diesem Sinne bin ich ganz ergeben,
Das ist der Weisheit letzter Schluß:
Nur der verdient sich Freiheit wie das Leben,
Der täglich sie erobern muß.
Und so verbringt, umrungen von Gefahr,
Hier Kindheit, Mann und Greis sein tüchtig Jahr.
Solch' ein Gewimmel möcht' ich sehn,
Auf freiem Grund mit freiem Volk zu stehn.
Zum Augenblicke dürft' ich sagen:
Verweile doch, du bist so schön!"

Das Meer duldet keine Stagnation; seine Wogen bedrohen jeden Augenblick den kaum gewonnenen Besitz und doch lockt es zugleich in die Weite, zum Kampf mit seinen mitleidlosen Wellen. Darum siedelt sich der strebende Faust am Seegestade an. Die Kunst und ihre Werke, Herrschermacht und Würden, Gesundheit endlich und Jugend können dem Menschen entrissen werden: die

Freiheit, welche sich in einem Volke als dessen Gemeindrang befestigt „der die Lücke zu verschließen eilt", bringt sich selbst unaufhörlich hervor und ist das Einzige, worauf wir nach allen Bestrebungen im Diesseits wieder hinauskommen, denn die höheren Forderungen des Geistes, die allerdings mit solcher Thätigkeit, solchem Ringen aufs Engste zusammenhängen, fordern auch eine Lösung, welche nicht der Geist eines Volkes, nur der göttliche Geist selbst geben kann. Faust stirbt nur, um im Jenseits noch tieferen Metamorphosen entgegenzugehen, zu welchen das Selbstthun des Menschen nicht hinreicht, die vielmehr den Synergismus Gottes, seine Gnade, nothwendig machen. Aber Faust stirbt auch nur, nachdem er sich in dem Gedanken einer allgemeinen, einer objectiven Freiheit, wirklich von seiner Subjectivität losgemacht hat: nun erst thut sich ihm der Himmel auf.

Hierauf, so wie überhaupt auf den zweiten Theil des Faust, paßt ganz die schöne Charakteristik der Büste Göthe's von Rauch, welche ich so eben in Hegel's Aesthetik, herausgegeben von Hotho, Bd. II, S. 76 treffe und die hierherzusetzen ich nicht unterlassen kann: „diese hohe Stirn, diese gewaltige, herrschende Nase, das freie Auge, das runde Kinn, die gesprächigen, vielgebildeten Lippen, die geistreiche Stellung des Kopfs, auf die Seite und etwas in die Höhe den Blick gewendet; und zugleich die ganze Fülle der sinnenden, freundlichen Menschlichkeit, dabei diese ausgearbeiteten Muskeln der Stirn, der Mienen, der Empfindungen, Leidenschaften, und in aller Lebendigkeit die Ruhe, Stille, Hoheit im Alter; und nun daneben das Welke der Lippen, die in den zahnlosen Mund zurückfallen, das Schlaffe des Halses, der Wangen, wodurch der Thurm der Nase noch größer, die Mauer der Stirn noch höher heraustritt. — Die Gewalt dieser festen Gestalt, die vornämlich auf das Unwandelbare reducirt ist, erscheint in ihrer losen hängenden Umgebung, wie der erhabene Kopf und die Gestalt der Orientalen in ihrem weiten Turban, schlotterndem Oberkleid und schleppenden Pantoffeln; es ist der feste, gewaltige, zeitlose Geist, der, in der Maske der umherhängenden Sterblichkeit, diese Hülle herabfallen zu lassen im Begriff steht und sie nur noch lose um sich frei herumschlendern läßt."

Kleinere Ausstellungen unterdrückend, möchte ich von dieser köstlichen Zeichnung sogleich zu einigen Reflexionen über „die sittliche Beurtheilung Göthe's" (wohl etwas mangelhaft gesagt für die Beurtheilung von Göthe's Sittlichkeit) übergehen. Allein zuvor muß ich noch Weiße's Urtheil über Byron modificiren. Der Glanz seiner Poesie wird zwar im Allgemeinen anerkannt, aber dann wird das alte Lied von seiner sittlichen Unlauterkeit gesungen und ihr Schmuz auf seine Dichtungen hinübergefärbt. Es wird Göthe'n der Vorwurf gemacht, daß er Byron zu unvollständig aufgefaßt habe und damit in letzter Instanz gemeint, daß Göthe denselben als Menschen und Dichter überschätzt habe. Das kann man nicht zugeben. Der Dichter Göthe hat hier einen richtigeren Blick gehabt, als der Philosoph Weiße. Es ist wahrlich nicht blos die Dedication des Sardanapal, nicht blos die Englische Sprachcolonie in Weimar gewesen, nicht blos das Faustische Ingredienz in Byrons Poesieen, welche Göthe's Vorliebe für den kühnen und doch auch wieder so Rousseauisch zarten Briten bestimmten. Nicht umsonst belehren uns die von Eckermann herausgegebenen Gespräche, zum Theil auch der Briefwechsel mit Zelter, wie Göthe in seinen letzten Lebensjahren sich an der Anschauung Napoleons und Byrons immer von Neuem erquickte und in ihnen ein Studium vom Dämonischen machte. Alle anderen Interessen gehen ihm vorüber, aber Napoleon und Byron halten aus und werden immer wieder zu frischen Lebensquellen. Zunächst sollen Byron seines moralischen Defects halber alle seine weiblichen Gestalten mehr oder minder mißlungen sein; seine Darstellung der Männer dagegen wird groß und gewaltig befunden; bei Göthe sollen dagegen die Frauencharaktere den Triumph seiner Poesie ausmachen. Von diesem letzteren Urtheil will ich wegsehen. Was aber das erstere anbetrifft, so denke ich, stimmen die Kritiker mehr in dem Lobe der Byron'schen Frauen, als seiner Männer überein. Weiße zeige doch, was ihn in Hedchen, in Josephine, in Ahollibamah, in Adah, in Gulnare, in Myrrha u. s. w. so sehr verletzt? Kann er so vieler Unschuld, Liebe, Treue, Freiheitssinn widerstehen? Kann er nicht finden, daß gerade in diesen ätherischen Gestalten, in diesen engelgleichen und doch nicht Klopstockisch abstracten Wesen sich des Dichters bestes Theil, seine Anbetung der Schönheit und Liebe, am reinsten verklärt hat? Hat Haidee's Paradiesesliebllichkeit und anmuthsvoller Kindersinn ihm nie Thränen des Entzückens entlockt? Es ist wahr, solche Frauen voll Gluth und doch voll Hingebung, voll Schönheit und doch voll Leidenschaft, sind uns Männern die reizendsten. Wir wünschen Alle, so geliebt zu sein, wie Byron's düstere Helden es werden. Allein kann dieser Umstand die Wahrheit solcher Charaktere beeinträchtigen? Sollte man nicht gerade dem Dichter in Erfassung der weiblichen Natur Wahrheit zutrauen, der sie in den mannigfachsten Schattirungen beobachten konnte, der sich nie sultanhaft gegen sie betrug, der nie von untergeordneten Persönlichkeiten angezogen ward, der der Geliebte einer Karolina Lamb, der Gemahl einer Milbank, der Freund einer Guiccioli und Blessington war? Daß ein Dichter von Byrons Umfang der Phantasie und Lebenserfahrung im Don Juan auch eine Julie und Kaiserin Katharina und einen spukenden Mönch zeichnete, der sich zuletzt als eine Lady mit üppiger Brust und derben Waden enthüllt, soll das ein Vorwurf sein? Wahrlich, das wäre eine Kritik, wie sie des ersten Londoner Blaustrumpfs würdig wäre. Oder will man gar Byrons Dandyleben, will man seine Venetianischen Bacchanalien seiner Phantasie imputiren? Wäre das nicht eine abscheuliche Insinuation? — Doch genug hierüber. Weiße geht noch weiter. Er sagt: „Gleich Faust ist Byron ein contemplativer Geist, nicht ein nach außen handelnder; darum kein Bösewicht, kein Verbrecher im gemeinen Wortsinne. Aber eben dies ist die Bedeutung der Sage, die sich an ihm so furchtbar bewährt findet, daß es auch eine Sünde des Gedankens, eine Verworfenheit des weltdurchbringenden Schauens und Dichtens gibt; daß auch die mächtigste Intensität des Talents, die reichsten Gaben des Genius nicht vor der Hölle schützen, die ihren Sitz in den Tiefen des Geistes hat." Gegen die allgemeine Wahrheit dieser Sätze habe ich nichts. Noch weniger werde ich in Abrede stellen, daß Byron die tiefsten Tiefen der Hölle auf's Genaueste gekannt und ihre Qual mehr als leicht sonst Jemand gefühlt habe, denn auch dazu gehört Tiefe. Aber wenn Weiße mit solchen Phrasen etwas über Byron gesagt zu haben meint, so schießt er dem Ziele weit vorbei; dann ist er nur ein Widerhall des Geredes der Lakisten gegen die scool of satan und darüber ist ihm nur die Note zu empfehlen, welche Byron gegen Southeys Verläfterungen den beiden Foscaris hinzufügte. Eins der geistvollsten Capitel in Weiße's Aesthetik ist bekanntlich die Entwicklung des Begriffs der Häßlichkeit, welchen dem System des Schönen als organisches Moment einbleibt zu haben ihm die Ehre gebührt. Aber die Ausführung dieses Begriffs ist noch äußerst mangelhaft und schon damals brach Weiße über die Byronsche Poesie als einer Poesie der Häßlichkeit den Stab und zog höchst einseitig die Häßlichkeit ganz in die Sphäre des Diabolischen herunter. Ich denke aber, zwischen einem Dichter, der so viel ächte Metaphysik und Theologie, so viel Productivität und Empfindung besitzt, als Byron, und zwischen solchen Poeten, die sich des Teufels und der Wollust nur wie Spanischer Fliegen bedienen, die welke Haut des Publicums brandig zu ziehen, ist ein absoluter Unterschied. Göthe'n und tausend Andere hat Byron nicht blos unterhalten, sondern wahrhaft erbauet. — Endlich tadelt Weiße Göthe'n darüber, daß er in Byrons Nachbild, dem Euphorion, etwas der Dichtung ganz Frembartiges eingebrängt habe, da man in Byron „jede Spur einer Einwirkung des antiken, hellenischen Kunstideales vergebens sucht." Wie kann man doch so engherzig sein! Also das Hellenische Kunstideal sucht Weiße bei Byron? So versteht er jene Meteorepisode? Nein, daran dachte Göthe gewiß nicht, Byron um sein Griechisch und um seine Lecture zu examiniren, Byron, der da lebte und dichtete, wo Homer und Aeschylus lebten und dichteten, der da kämpfte, wo die Hellenen kämpften. Muß man denn eben nachahmen, wenn es sich manifestiren soll, daß ein gewaltiger Geist eine Wirkung auf uns gehabt hat? Göthe wollte zeigen, daß ein Byron'sches Leben, ein Erstürmen der Freiheit, scheitern muß. Das Antike in Byron war seine Freiheitsliebe, welche in dem Kampfe des Griechenvolkes ihren objectiven Anhalt fand. Der Englische Aristokrat zog das Schwert für ein frembes Volk, dessen Genius, wie er in der Enge der Thermopylen die Fittige zum unsterblichen Flug erhob, sich ihm innigst vermählt hatte. Im Gegensatz zu solch tumultuarischem Beginnen sehen wir ja eben im fünften Act Faust's allerdings strenge, herrscherische, selbst zur Unbill fortgerissene, aber großartig ruhige Thätigkeit ein Terrain, ein Volk und Freiheit produciren. Jedoch ich will einmal von dieser Beziehung auf Byrons Geschichte abstrahiren, welche so unverkennbar in jener Einflechtung liegt, so würde unter Byrons Werken jener Gesang des Childe Harold, der Hellas Natur, Kunst und Geschichte feiert, so wie das herr-

liche Drama Sardanapal, der Charakter der Jonierin Myrrha,
vollkommen hinreichen, eine Verschmelzung des Antiken und Romantischen im Byron-Euphorion zu rechtfertigen.—. Weiße würde
nicht zu solchen beschränkten Auffassungen gekommen sein, wenn
er sich Byrons Leistungen in ihrer Totalität vergegenwärtigt hätte,
ein Fehler, in welchen unsere Deutsche Kritik so oft verfällt, dann
nicht eins in's andere rechnen kann und zuletzt mit pädagogisch
trüben Reflexionen über das Verführerische und Verderbliche der
Byron'schen Poesie endigt, wie man sie dem Vater eines Karl von
Hohenhausen in seinem EntschuldigungsEifer zu Gute halten mag.

Wie einen trefflichen Anwald Göthe's versteht doch Weiße
gegen die Anklagen zu machen, welche der Prof. O. L. B. Wolff
in dem Büchlein über Göthe und Gervinus in seiner Darstellung
des Göthe'schen Briefwechsels erhoben haben? Bei Byron fiel
ihm das nicht ein und deshalb haben wir uns seiner angenommen.
Bei Göthe streift seine Vertheidigung mitunter sogar an sophistische Beschönigung. Hier lesen wir: „daß die Kunst, eine rechte
Ehe zu führen, für den genialen Menschen eine schwerere ist, als
für den gemeinen, und eine ausdrückliche Richtung des Genius
auf diese Kunst, die wie alles besondere Kunsttalent, angeboren
sein will, voraussetzt. Wir preisen den Genius glücklich, der ausdrücklich dieses sittliche Talent, diese hohe und nicht genug zu
schätzende Tugend als eine göttliche Gabe besitzt, ohne denjenigen
gehässig zu tadeln, der, wie wir von Göthe ohne Umschweife eingestehen, ihrer entbehrt."

Gegen den Vorwurf der Beschönigung verwahrt sich Weiße
ausdrücklich dadurch, daß man Göthe nur dann wirkliche Unsittlichkeit vorwerfen könne, wenn man ihm theils Treulosigkeit, theils
Frechheit gegen das weibliche Geschlecht nachzuweisen im Stande
sei. Wir sind weit davon entfernt, der Vertheidigung Weiße's
entgegentreten zu wollen, aber die Art und Weise derselben können
wir nicht billigen. Die sittliche Freiheit muß frei bleiben von
jeder Einmischung des Aesthetischen. Ich weiß nicht, was Weiße
zu so paradoxen und trüben Theorieen von der Liebe bestimmt,
womit er sein System der Aesthetik schließt und wie sie hier wieder
durchblicken; aber so viel weiß ich, daß weder die Kunst noch die
Moralität einen sonderlichen Gewinn von dieser seltsamen Platonik
haben. Daß genialen Menschen die Führung der Ehe oft schwer

wird, ist nur eben so wahr, als daß es ordinairen Geistern gerade eben so ergeht. Die Erfahrung gibt also jenem nichts voraus und was man bei jenen durch geistige Ueberfülle entschuldigt, durch Versuchungen der Phantasie, durch leichtere Gereiztheit des zarteren Gemüths, das entschuldigt man bei diesen durch ein Uebermaaß physischer Kraft, durch die ansteckende Gewalt des Beispiels, durch die Rohheit des Sinnes. Die Ehe ist ein göttliches Institut, zu dessen Realisation es nur der Liebe, ihres heiligen, unerschöpflichen, alle Widerwärtigkeit des gewöhnlichen Daseins, alle momentane Spannung überwindenden Waltens bedarf. Eine Kunst zu lieben gibt es allerdings. Aber die Liebe selbst lehrt sie. Ein besonderes Talent für die Ehe zu fordern, würde ganz auf die Schlegel'sche Lucinde hinauskommen, welche Weiße mit einem Hegel's Bitterkeit dagegen noch überbietendem Ausdruck ein Hurenparadies nennt. Der Wille muß gebildet werden, seine Egoität zu opfern. Solche Entäußerung liegt an sich schon in der Empfindung der Liebe. Aber die Ehe ist erst die concrete Bewährung solcher Gesinnung, welche in der Treue die sich aufthuenden Widersprüche besiegt und in der Dauer der Ehe ihre Lehr- und Meisterjahre hat. Göthe selbst in seiner Philosophie der Ehe, um es so zu nennen, hat niemals einer so gefährlichen Theorie gehuldigt, hinter welcher jeder verstimmte, verdrießliche Gatte, dem sein Verhältniß momentan unbequem, ja wohl gar widrig ist, sich mit dem Freibrief davon lossagen könnte: er sehe ein, daß es ihm an Talent zu dieser Kunst fehle. Vielmehr liegt ja der Hauptaccent der Wahlverwandtschaften darauf, allen solchen Meinungen dadurch die Zuflucht abzuschneiden, daß die Geschichte mit der erschütterndsten Anatomie aufdeckt, wie nicht die wahrhafte Liebe den Bund der Gatten geschlossen, nur eine wohlmeinende Jugendneigung, welche gegen spätere Collisionen nicht aushält, aber doch die Ehe nicht aufgeben darf.

Es wäre zu wünschen gewesen, daß Weiße den verschiedenen besonderen Aufsätzen für Göthe's ethische Würdigung eine ähnliche Einleitung vorangesetzt hätte, wie den Betrachtungen über Faust. Wenn wir zuvor die Gegensätze, um die es sich hier immer handelt, der Mensch in seiner Beschränktheit, wie die Verhältnisse ihn bedingen, und der Dichter in seiner Idealität, wie er auf dem Feuerwagen der Phantasie dem Empyräum des ewigen Seins zuschwebt, in ihrer Wechselwirkung bei Göthe kennen gelernt hätten, so würden wir Müllers Begeisterung, des Jenensers boshafte Anekdoten, Göthe's Tagebuchregistratur seines Daseins, Gervinus durch Göthe's Hofleben abgekältete Bewunderung, Bettinen's Liebe und Zorn noch besser verstanden haben. Worüber wir uns aber noch mehr wunderten, war, daß Weiße, da er so vieler Anderer Erwähnung thut, nicht die auch in stylistischer Hinsicht ausgezeichnete Schrift Gutzkows: über Göthe im Wendepuncte zweier Jahrhunderte; Berlin 1836; mit in den Kreis seiner Kritik aufgenommen hat. Doch dieser Vernachläßigung, eine solche Schrift nicht zur Sprache gebracht zu haben, könnte ich auch mich selbst anklagen und will deshalb wenigstens aus ihr mit der Stelle schließen, in welcher Gutzkow die Entstehung des Faust schildert und so zum Ausgang dieser Betrachtungen zurückkehren. Gutzkow zeigt den Einfluß der Häuslichkeit auf Göthe's Poesie; „sie ist der Leib, aus welchem die höhere Psyche der Göthe'schen Lebensanschauung emporsteigt. Es ist ein Winken nach einem fernen Heimathlande, ein süßes Locken aus den Grotten der Natur und dem Empyreum des Geistes, es ist der rauschend vorüberklingende Moment, als die Götter über die Geburt eines Genies zu Rathe gingen. Und der Auserwählteste der Sterblichen schwebt dem geheimnißvollen Winken nach, mit den rauschend entfalteten Schwingen der Poesie, die Pforten des Himmels öffnen sich und werfen die glänzenden Lichtströme der Sonne in ein Auge, das nicht erblindet, da es Verwandtes sieht. Jetzt ist Göthe der freie Göttersohn des Himmels und schreitet stolz und keck durch eine Welt, die ihm Spielzeug ist. Titanenideen ergreifen sein Hirn, während er durch die Wälder und Berge streift, die Sprache wirft den Reim von sich, seine Einfälle sind erhaben, wahnsinnig, humoristisch, bis sich an dem Versuch, einen Prometheus zu dichten, endlich die wogende und schäumende Welle bricht und in dem Moment, wo der fiebernde Trotz des Genius Krankheit wird, die rothwangige, besonnene und vom Vater geerbte Gesundheit der transcendentalen Krisis zu Hülfe kommt; dann genas er allmählig in eine Mäßigung, innerlich gesund, doch noch im Auge die Spur des Unheimlichen tragend, bis er zuletzt mit frischgesammelter und die Erinnerung des ganzen Himmels in sich tragender Kraft den Faust schuf."

Zweite Abtheilung.

Erläuterungen zur Philosophie der Natur.

I.
Hegel's Eintheilung der Naturwissenschaften.
1837.

Die Naturwissenschaften gedeihen in unserer Zeit mit so kräftigem Triebe, daß sie das Bewußtsein, welches sie zum Gegenstand der Erkenntniß macht, in eine unabsehbare Ferne zu verlocken scheinen, wo nicht sowohl eine Befriedigung gegeben, als nur das bemüthigende Gefühl erzeugt wird, einem so ungeheuren Stoff, auch bei dem regsten Interesse und dem größten Fleiß, wenig gewachsen zu sein. Beobachtung folgt auf Beobachtung, Entdeckung auf Entdeckung, Hypothese auf Hypothese. Indem aber die Wissenschaft durch diese gesteigerte Thätigkeit einer endlosen Zersplitterung preisgegeben zu sein scheint, macht sich in ihr von selbst das Bedürfniß fühlbar, über der Mannigfaltigkeit des Einzelnen doch nicht die Einheit der Totalität zu verlieren. Es fehlt jetzt so wenig an Systemen als ehemals, und sogar äußerlich bricht jene Nothwendigkeit, eine Uebersicht des Ganzen zu erhalten, sich Bahn; die Naturforscher feiern in Deutschland gleichsam olympische Spiele ihrer Wissenschaft, in jenen großartigen, bald hier bald dort gehaltenen Versammlungen, wo alle Gebiete der Naturkunde repräsentirt werden und die verschiedensten Richtungen in die Möglichkeit versetzt sind, durch mündliches Besprechen sich auf eine Weise leicht und schnell zu verständigen und anzufeuern, wie wir noch nirgend anders ein Beispiel gesehen haben. Jene Nothwendigkeit, in der empirischen Fülle die Einheit zu bewahren, ist die philosophische Seite der Naturwissenschaften. Nichts dürfte jedoch gegenwärtig von diesen selbst im Allgemeinen mit mehr Geringschätzung angesehen werden, als eben die Philosophie, insofern sie Anspruch darauf macht, in die Erkenntniß der Natur wirklich einzugreifen zu wollen, und ihre Ideen nicht von vorn herein für bloße Ideen, wie man sich auszudrücken pflegt, für Einfälle ohne alle Realität zu halten. Es ist nicht zu leugnen, daß die Philosophie selbst durch gar manche monströse Ausartungen, durch Mangel an Kenntniß, durch übereilte apriorische Constructionen, durch Anmaßung und wodurch sonst noch Veranlassung zu einer solchen Meinung gegeben hat. Die empirische Naturwissenschaft handelt also nicht grundlos in ihrer Verachtung der Philosophie. Allein es ist ein Irrthum, wenn man sie glaubt entbehren zu können, und die tiefer gebildeten Naturforscher haben mit Recht Abneigung gegen schlechte Philosophie, gegen leichtfertige Systemmacherei, nicht aber gegen Philosophie überhaupt gezeigt. Wenn unsere Tage uns wirklich das Schauspiel einer völlig selbstständigen, von aller Philosophie, so zu sagen, emancipirten naturwissenschaftlichen Empirie darzubieten scheinen, so darf nicht vergessen werden, wie viel Philosophisches in die Empirie selbst übergegangen, in ihr heimisch geworden ist; die Empirie ist jetzt philosophischer, als sie vielleicht selbst weiß oder gestehen möchte.

Wie nun aber auch Einzelne das Verhältniß der Philosophie zur Empirie ansehen, ob sie eine immer größere Trennung wünschen oder eine endliche Versöhnung hoffen mögen: darüber findet kein Streit statt, daß in der Empirie sowohl als in der Speculation logisch verfahren werden müsse. Dies Band aller Wissenschaften, der κοινὸς λόγος, ist unzerreißbar. Das Logische erscheint aber von besonderer Bedeutung in den Eintheilungen, deren die Empirie ebenfalls nicht entbehren kann. Wie nun ein Stoff am richtigsten eingetheilt werden könne, darüber gibt die gewöhnliche Logik eine Menge von Regeln, welche jedoch von dem Mangel nicht frei sind, das Erkennen in der Geschiedenheit von seinem Gegenstande zu behandeln. Allein die Eintheilung hängt nicht von uns, den Erkennenden, sondern von dem Object der Erkenntniß selbst ab. Die wahrhafte Eintheilung ist nicht die, welche wir nach besonderen Eintheilungsgründen machen, sondern die, welche der Gegenstand an sich selbst hat. So lange diese Congruenz nicht erreicht ist, thun wir ihm mit unserem Denken Gewalt an. Die Eintheilung aber ist am Ende nichts Anderes als der Begriff der Sache, denn sie stellt uns dar, wie das Allgemeine sich selbst in das Besondere und Einzelne unterscheidet. Diese Einheit des Allgemeinen, Besondern und Einzelnen ist der Begriff. In der Bildung der Urtheile wird der Unterschied dieser Bestimmungen gesetzt, in der Bildung der Schlüsse wird derselbe in die Einheit zurückgeführt.

Der Gang der Erkenntniß in ihrer geschichtlichen Entwickelung ist nun allerdings, daß zunächst das Besondere ergriffen und zur Grundlage einer Eintheilung gemacht wird. Man sucht, wie die gewöhnliche Logik sich ausdrückt, die hervorstechendsten, wesentlichen Merkmale, die Hauptkennzeichen auf und subsumirt darunter das Einzelne. Allein bei dieser Ausführung ergiebt sich als gewöhnliches Resultat die relative Widerlegung der beim Eintheilen gemachten Voraussetzung, daß das Merkmal, von dem man ausging, das wesentliche, das charakteristische sei, wie bei den Säugethieren z. B. erst die Haut, dann die Hufe und Klauen, dann die Zähne u. s. f. solche Merkmale sein sollten. Es finden sich Instanzen, welche, bei aller sonstigen Aehnlichkeit, die Subsumtion verweigern. Man sieht wohl, daß die bisherige Eintheilung zu eng ist; als die am meisten durchgeführte und bis auf einen gewissen Grad bewährte will man sie aber nicht sogleich aufgeben, woran man auch ganz Recht thut, und hilft sich nun eine Zeitlang mit Zwitterbegriffen und Zwitterformen. Man spricht von einer dynamischen Mechanik, einer Physikochemie, von Elektrochemismus, von Elektromagnetismus u. s. w. bis man endlich die höhere Einheit entdeckt, worin, als dem Allgemeinen, jene Unterschiede ihre Wurzel haben. Da die Eintheilung, wie oben angedeutet wurde, im Grunde mit dem Begriff der Sache dasselbe ist, so erhellt auch hieraus, wie das Systematische überhaupt mit ihr zusammenhängt, denn beim Systematisiren ist die Eintheilung und das Princip derselben das Wesentliche. Gewöhnlich unterscheidet man hier nun das künstliche System vom natürlichen. Es braucht kaum erinnert zu werden, daß, bei wirklichen Versuchen, in jenen oft so viel Natur als in diesen Kunst vorhanden sein kann. Allein für die Begründungsweise selbst ist dies etwas Zufälliges. Es fragt sich in dieser Hinsicht nur, ob die Uebereinstimmung des aufgestellten Begriffs mit dem Object, von dem er der Begriff sein soll, aus dem Princip hervorgeht oder nicht, und ob ein Bewußtsein über diese Consequenz möglich ist oder nicht? Offenbar ist aber, daß ein künstliches System, wenn es dies wirklich ist, immer nur ein provisorisches sein kann, und daß sein größter Werth in dem liegen müsse, was in ihm dem natürlichen System angehört. Das natürliche System ist nämlich kein anderes, als das der Natur selbst. Die Natur ist ein System. Wir haben sie nur zu erkennen, wie sie an sich ist, um auch systematisch zu verfahren, und je inniger wir uns ihr hingeben, je mehr wir ganz von uns absehen, um so mehr wird sie unseren Blicken die Harmonie ihres wundervollen Lebens enthüllen. Der Eintheilungsgrund des künstlichen Systems ist nur dadurch unausreichend, daß er nicht gleichmäßig das Ganze ergreift, sondern eine, wenn auch wesentliche Prädicatbestimmung für das Ganze in ihrer Einseitigkeit geltend machen will.

Je schneller und umfangreicher das Studium der Natur sich jetzt entwickelt hat, um so größer hat auch nothwendig die Verwirrung werden müssen, die in den Eintheilungen herrscht, weil die genauere Kenntniß Vieles weit auseinanderrückte, das früherhin, namentlich in der Zoologie, friedlich mit einander verbunden war, und umgekehrt Vieles in enge Gemeinschaft brachte, das vorher als etwas ganz Heterogenes dastand. Nun wäre es eigentlich das Amt der Philosophie gewesen, auf die neuentstehenden Gliederungen der Wissenschaft ein wachsames Auge zu haben. Allein sie hat diese Pflicht nur in geringem Maaße erfüllt, oder, wenn sie darauf einging, wenigstens in einer Weise, welche sie den praktischen Naturforschern entfremden mußte. So vortrefflich ihre Gedanken oft waren, so konnten sie doch nicht gemeinnützig werden, weil die Empirie vor dem Ausdruck, in welchem sie erschienen, eine Scheu hatte und darin theils abstruse Bizarrerie, theils ein geziertes Verstecken des Nichtwissens zu sehen glaubte. Wenn Oken z. B. die Geologie und Mineralogie unter dem Titel der Ontologie zusammenfaßte, so mußte dieser Name den praktischen Naturforscher von ihm zurückschrecken, weil er dadurch an die in Verruf gekommene alte Metaphysik erinnert wurde. Oder wenn Hegel eine Physik der allgemeinen, besonderen und totalen Individualität unterschied, so mußte dem, der nicht mit seiner Logik vertraut ist, auffallen, wie er schon in der Physik von

Individualität sprechen könne, die nur dem Organischen angehöre, und wie die allgemeine und totale Individualität nicht sollten dasselbe sein. Es wurde also erklärt, daß die Philosophen nur Worte zu machen verständen, und daß durch sie, zumal es ihnen häufig an rechter Kenntniß des Positiven fehle, die Wissenschaft mehr gehemmt als gefördert werde. So ist denn bis auf Einzelheiten, die man als Ideale einer barocken Sprache, speculativen Unsinns oder an Verrücktheit grenzender Anmaßung herausgegriffen und überall herumgezerrt hat, Hegel's tiefsinniger Entwurf der Naturphilosophie bis jetzt noch eine terra incognita. Oken steht an Strenge der Entwickelung Hegel bei weitem nach, reizt aber durch ein ausgebreitetes Detail und poetische Kühnheit der Combination, so daß man sich wenigstens zuweilen auf ihn wirklich eingelassen hat. Hätte er freilich nicht noch andere Schriften herausgegeben, wäre er nicht auch Redacteur der Isis, so darf man wohl sicher sein, daß auch seine Naturphilosophie, statt zum zweitenmal aufgelegt zu werden, bereits von einem verdo anticho überzogen sein würde.

Eines der größten Hindernisse für die richtige Eintheilung der Naturwissenschaften war die, noch von Kant gutgeheißene und durch seine Autorität noch befestigte, Trennung in Naturlehre und Naturgeschichte. Jene sollte von der Zeit abstrahiren und die Naturformen, Naturqualitäten und Naturprocesse im Allgemeinen beschreiben, diese sollte dagegen auf die Zeit reflectiren und das Werden der Naturgeschöpfe erzählen, wie man sich ausdrückte. Um zu begreifen, wie man auf diesen Unterschied kam, muß man sich der Bildung der Naturwissenschaft in der neueren Zeit erinnern. Das Mittelalter kam darin nicht über den Standpunct der Griechischen Philosophie hinaus. Was in ihm von neuen Anschauungen vorhanden war, mußte sich geheim halten und wurde zur Magie. Als sich nun gleichzeitig mit den reformatorischen Bewegungen eine freiere Ansicht der Natur gestaltete, war der damals herrschende Grundgedanke vom Makrokosmus und Mikrokosmus allerdings großartig und selbst wahr; allein es fehlte noch durchaus an bestimmter Erkenntniß des Einzelnen, weshalb aus jenem Princip eine Menge phantastischer Verzerrungen der Natur entspringen mußten. Ueberblicken wir nun die folgende Entwickelung, so tritt unstreitig die mechanische Seite des Naturlebens zuerst Epoche machend in der Wissenschaft auf. Copernicus, Galilei, Torricelli, Tycho de Brahe, Keppler, Huygens, Newton glänzten darin. Es mußte also auch das Erklären der Naturphänomene aus mechanischen Ursachen überwiegend werden. Indessen wand sich aus dem dunkeln Schooße der Alchemie die wissenschaftliche Chemie los und firirte für das achtzehnte Jahrhundert abermals einen neuen Standpunct. Hatte man die Natur bis dahin in die todte und lebendige eingetheilt, hatte man die todte Natur durch Attraction und Repulsion in Bewegung gesetzt, das Leben aber für ein Geheimniß erklärt, so entdeckte die Chemie eine der Materie selbst inwohnende Strebsamkeit, deren Virtualität dem Begriffe des Lebens schon näher zu sein schien. Aber wie weit man auch in der Scheidung der elementaren Kräfte kam, wie weit man auch ihr Eingreifen verfolgte, es ergab sich doch endlich, daß der Begriff der Vitalität, der Lebendigkeit nicht aus dem des Chemismus deducirt werden könne. Die Brown'sche Erregungstheorie, in ihren mannigfachen Modificationen, so sehr sie blos mechanisch und chemisch verfuhr, bedurfte wenigstens des Begriffs des Reizes. Hatte die Chemie durch Lavoisier eine Revolution erlitten, so erfuhr nun die Wissenschaft der lebendigen Natur eine solche theils durch die Boerhaave'sche und Haller'sche Physiologie, theils durch das Linne'sche System der Naturgeschichte. Buffon endlich mußte durch seine schmiegsame Phantasie und seinen eleganten Styl das Thierleben allgemein interessant zu machen. Er ist der Memoirenschreiber, der Französische Plutarch der Thierwelt. So konnte dann Kant am Ende des vorigen Jahrhunderts die Materie als das absolut Bewegliche und das teleologische Princip als Grundbegriff der organischen Natur aufstellen. Unter dem Ausdrucke unorganische Natur faßte man nun die mechanische, physikalische und chemische Natur, unter der Benennung organische, die sogenannten drei Reiche, das Mineral-, Pflanzen- und Thierreich zusammen. Wenn man aber für die Behandlung mit den dürftigen Bestimmungen von Beschreiben und Erzählen auszureichen wähnte, so zeigte sich bald, daß ein Erzählen ohne Beschreiben ganz unmöglich sei, und umgekehrt, daß, was man beschrieb, ebenfalls sich bewege und mannigfache Veränderungen durchlaufe, daß man also von ihm in dem herkömmlichen Sinne erzählen können. Namentlich drängte sich diese Bemerkung bei dem meteorologischen Processe auf. Im Erzählen aber von den Producten der organischen Natur konnte man zwar in dem geographischen Theil und in den Curiositäten der sogenannten Thierpsychologie, wo man vom Charakter, den sittlichen Eigenschaften, dem Betragen der Thiere handelte, in jener lockeren Manier verfahren, allein für das Ganze konnte man der systematischen Classification, die ein Hauptmoment der bloßen Naturbeschreibung sein sollte, doch nicht entbehren und mußte also sehr bald Beschreibung und Geschichte mit einander verknüpfen. Es dauerte daher nicht lange, so bekam das Wort Geschichte eine ganz neue Wendung. Man faßte nämlich den Begriff der Entwickelungsgeschichte, einer Wissenschaft von den Gesetzen der Entfaltung des Lebens, wo dann für die Physiologie der Pflanzen und Thiere der Begriff des Eies und seiner Befruchtung, für die Geologie der Begriff der Schichtung als Niederschlag und Hebung von größter Bedeutung wurden. Hiermit ist der Begriff der organischen Natur erst vollendet worden. Das mechanische Individuum z. B. ein himmlischer Körper, eine Billardkugel, das physikalisch-chemische Individuum, z. B. ein Wassertropfen, sind nicht Individuum in dem Sinne, wie schon der Krystall es ist, mit welchem das Chemische in das Organische übertritt als dessen starres Substrat. Alles Krystallinische muß sich im Uebergange vom Flüssigen zum Starren durch einen Proceß bilden. Der Krystall ist aber im Anschießen sogleich nach allen Beziehungen fertig. Er ist nicht, wie die Dunstgestalt der Wolke, seine Form in jedem Moment verändernd, sondern sogleich in sich abgeschlossen und gegen alles Andere die Schärfe seiner Ecken hervorkehrend. Das vegetabilische Individuum ist vom krystallinischen nicht bloß in der Structur, sondern hauptsächlich dadurch unterschieden, daß sein ganzes Dasein eine stete Metamorphose, ein Auf- und Absteigen der Entwickelung ist. Eben so ist es mit dem thierischen Individuum, welches nur existirt, insofern es unausgesetzt sich selbst hervorbringt. Aber in diesem Selbstproduciren empfindet es auch sich selbst. Es lebt nicht nur, wie die Pflanze, es ist auch Gefühl des Lebens. [Das Werden des krystallinischen Individuums, des Kubus, der Pyramide u. s. f.

endigt sogleich mit dem todten; in sich regungslosen Daseln; die Pflanze aber und das Thierleben nur, indem sie den Tod durch ihre Thätigkeit in sich beständig aufheben. Solche Betrachtungen führten dazu, die ganze Naturwissenschaft in der Weise zu behandeln, daß man jeden Gegenstand von Seiten der Form, der Substanz und des Lebens betrachten wollte. Die Formenlehre nannte man Metamorphosenlehre, die Lehre von den qualitativen Eigenschaften Stöchiologie, die von der Selbstbewegung des Lebens Biologie. Wenn Oken seine Naturphilosophie in Mathesis, Ontologie und Organosophie eintheilte, so lag dabei jene Eintheilung offenbar im Hinterhalte. Eschenmayer ist ihr im Ganzen gefolgt, hat aber, so wenig als Oken, der Physik und Chemie ihre eigentliche Stelle anzuweisen gewußt.

Lassen wir nun die Gegensätze an uns vorübergehen, welche für die Eintheilung der Natur von der realen Seite her allmälig aufgetreten sind, so wären dies folgende: 1) der Makrokosmus und der Mikrokosmus, d. h. die elementarische Allgemeinheit und die concrete Individualität; 2) die todte oder mechanische und die lebendige Natur; 3) die unorganische, d. h. die mechanische und chemische, und die organische, d. h. vegetabilische und animalische Natur. — Von formaler Seite für die Methode der Darstellung wäre der Hauptunterschied der des Systematischen und Demonstrativen und des successiven, geschichtlichen Erzählens gewesen, ein Unterschied, der zuletzt alle Festigkeit einbüßte.

Als constante Extreme erscheinen also einerseits Materie und Leben, anderseits der abstracte Verstandesbegriff und der dialektische Zweckbegriff, jener als ein Auseinanderhalten der Gegensätze, dieser als ein sich Durchbringen und in einander Uebergehen der Gegensätze. Es soll nun im Folgenden der Versuch gemacht werden, die Gliederung der Natur, wie Hegel sie eintheilt, im Allgemeinen anzudeuten. Wir abstrahiren dabei von aller Terminologie, um nicht durch sie die schnelle Uebersicht der genetischen Fortstufung vom Einfachen zum Zusammengesetzten zu erschweren. Z. B. die Akustik betrachtet in ihrer vollständigen Ausführlichkeit nicht bloß den Schall in seiner Objectivität, sondern zieht auch die Betrachtung des Organs, wodurch er vernommen, d. h. subjectiv gesetzt wird, in ihr Bereich. Eben so macht es die Optik mit dem Sehen. Allein es leuchtet sehr bald ein, daß das Licht in seiner Manifestation von der Wahrnehmung derselben durch das Auge, das Klingen der Körper von der Auffassung desselben durch das Ohr etwas sehr Verschiedenes ist. Man wird zur Vermittelung der Erkenntniß das Physikalische immer auf das Organische zu beziehen haben, allein daraus folgt noch nicht, daß man beides mit einander confundiren dürfe. Der Physiker muß das Bewußtseyn haben, daß Auge und Ohr, der Act des Sehens und Hörens, Gegenstand der Physiologie sind. In der systematischen Entfaltung der Idee der Natur würden solche Vermischungen unstatthaft sein. Sie muß es ruhig abwarten, wo sich ihr ein jedes Phänomen an Ort und Stelle ergiebt. — Eben so müssen wir von Allem abstrahiren, was zur Technik des Experimentirens gehört, was nur ein Mittel der Beobachtung ist. — Die Handbücher der Physik liefern uns auch — und sie thun ganz recht daran — die Beschreibung der Instrumente, deren sich die List der Vernunft bedient, um sich der Natur zu bemächtigen. Will man aber den Begriff der Sache an sich, so muß man offenbar den Apparat der Beobachtung, der für das Erkennen eine unumgängliche Bedingung, allein nur Bedingung ist, vergessen können. Der Zirkel macht so wenig den Mathematiker als das Fernrohr den Astronomen, die Retorte den Chemiker, das Messer den Anatomen. Lichtenberg erinnerte mit Recht, daß, wie es einen Unterschied gebe zwischen Musikern und Musikanten, so auch zwischen Physikern und Physikanten. — Endlich sind die sogenannten angewandten Disciplinen fortzulassen, insofern sie nur eine formelle Wiederholung allgemeiner Gesetze enthalten z. B. Aerostatik, Hydrostatalk, Hydraulik u. s. f. Wenn man die Mechanik angewandte Mathematik nennt, so ist dies ein sehr unbestimmter Ausdruck. Man könnte die Astronomie und Stöchiometrie dann eben so nennen. Nicht weniger würde die Orchestik angewandte Geometrie und die Musik angewandte Arithmetik genannt werden können.

Die Eintheilung der Natur muß von dem Begriffe des Lebens ausgehen, denn das Leben ist der Grund, in welchem alle Bestrebungen der Natur sich vertiefen. Der Grund ist das Wesen, wie es das Princip der Existenz in sich hält. Der Grund ist daher das Erste nur darum, weil er auch das Letzte ist. Das Naturleben ist die Einheit eines Aeußeren und Inneren, wie wir der Kürze wegen uns ausdrücken wollen. Es ist weder ein nur Aeußerliches, noch ein nur Innerliches, sondern Beides zugleich. Die Natur wird daher erstlich die reine Aeußerlichkeit als solche, zweitens die Innerlichkeit als solche hervorkehren, bevor sie die Synthese von beiden setzt. Da aber diese der Zweck ihrer Entwickelung ist, so folgt auch, daß das Aeußerliche durch sich selbst in die Innerlichkeit hinübergehen und die Innerlichkeit in das Aeußerliche zurückgehen müsse, denn das Leben als Einheit des Innern und Aeußern ist auf allen Puncten seines Daseins untrennbare Einheit des Wesens und der Form. Diese Bestimmungen sind die des Begriffs. Das Allgemeine in der Natur ist die Aeußerlichkeit des Materiellen; das Besondere ist die qualitative Kraft; das Einzelne das Leben, in welchem die allgemeine Schwere der Materiatur wie die Mannigfaltigkeit der besonderen Kräfte zu bloß accidentellen Momenten des Organismus herabgesetzt sind. Sie werden zu Prädicaten des Subjectes.

Was zur Natur gehört, ist materiell. Allerdings muß die Materie nicht, wie in der alten Metaphysik, als undurchbringlich aufgefaßt werden. Auch ist die Natur auf der Stufe des wirklichen Lebens über die Materie als solche weit hinaus, allein bennoch bedarf sie derselben. Ohne Nerven keine Sensibilität. Darin also, materiell zu sein, stimmen alle Producte der Natur, die niedrigsten wie die höchsten, überein. — Das Besondere aber ist die qualitative Kraft, wodurch die allgemeine Materie sich in viele Materien unterscheidet. Zwar spricht man auch bei der abstracten Materie von Kräften, von der Kraft der Trägheit, der Schwere, der Anziehung und Abstoßung. Aber diese sogenannten Kräfte sind der Ausdruck nur für die verschiedenen Formen, in denen sich die Schwere, als der wahrhafte Begriff der allgemeinen Materie, in der Erscheinung äußert. Daß z. B. die Kraft der Trägheit eine bloße Fiction ist, wird jetzt wohl allgemein zugestanden. Die Materie ist träge, allein die Trägheit ist keine besondere Kraft, vielmehr ein bloßer Zustand. Die qualitativen Naturkräfte hat man auch als Stoffe darzustellen versucht; allein von einem Anziehungsstoff, Abstoßungsstoff, Trägheitsstoff u. s. f.

hat Niemand zu sprechen gewagt. Materie an sich ist das abstract Allgemeine in der Natur; in concreto dagegen ist die Materie immer eine qualitativ bestimmte. Da nun in dieser Sphäre der Natur eine unendliche Metamorphose stattfindet, so muß die Analyse das Elementarische darin herauszufinden suchen, was in allem Wechsel dasselbe bleibt. Allein eben wegen der rastlosen Thätigkeit der Qualitäten und ihrer Geselligkeit kommt es hier zu keiner Abgeschlossenheit der Gestalt, welche dennoch die Bewegung nicht ausschlösse. Der Krystall ist nur der Ansatz zum Leben. — Das Leben ist sich selbst Zweck. Es bewegt sich daher durch sich selbst. Es giebt sich nicht preis, wie das Unorganische, sondern verzehrt vielmehr dasselbe als Anfachungsmittel seines Reproductionsprocesses, wobei nur zu bemerken ist, daß jede stärkere und vollendetere Organisation die schwächere und unvollkommnere für sich als unorganisches Mittel verbrauchen kann, weil sie, als an sich darüber stehend, fähig ist, sie sich homogen zu machen. Das Leben existirt jedoch nur als Lebendiges d. h. als Individuum. In seiner Gestaltung erreicht also der Begriff sich selbst. Das Einzelne ist zugleich das Allgemeine und das Allgemeine eben so sehr das Einzelne.

Da jedoch der Begriff die Einheit des Allgemeinen, Besondern und Einzelnen ist, so muß auch eine jede Sphäre der Natur selbst wieder die ganze Natur, relative Totalität, sein. Wäre dies nicht der Fall, so wäre keine Einheit in der Natur. Mit bloßen Reflexionsbegriffen wird man dieselbe freilich niemals erfassen. Man muß sich schon zur Dialektik bequemen, denn, was man als etwas für sich Festes und Bleibendes zu halten glaubt, entschlüpft unter den Händen, und hat sich plötzlich in etwas scheinbar ganz Anderes verwandelt. Was man Zusammenhang nennt, ist ein solch dialektisches Uebergehen entgegengesetzter Bestimmungen in einander. Die Natur wird nicht durch ein todtes Band von Außen her, sondern durch sich selbst, durch die Macht ihrer Gegensätze, mit sich zusammengehalten. Diese Harmonie erscheint nun so, daß in den niedrigeren Stufen die Andeutung der höheren, in den höheren die Zurückdeutung auf die niedrigeren enthalten ist. Die höheren Thiere z. B. durchleben in ihrem embryonischen Zustande die Eigenthümlichkeit geringerer Organi=

sationen, deren ganzes Dasein von Einer solchen Einseitigkeit ausgefüllt wird, die dort nur als vorübergehende Metamorphose Eine der verschiedenen Entwickelungsepochen ausmacht. Hier ist unstreitig auch der Grund zu suchen, weshalb die Sprache Bezeichnungen, die, streng genommen, nur von einem bestimmten Gebiet gelten sollten, auf andere Gebiete zu übertragen kein Bedenken nimmt, und daher von dem Organismus der himmlischen Körper, von einer Mechanik der Nerven u. s. f. redet, weil in der That ein analoges Bildungsmoment vorhanden ist. Es wird nothwendig sein, wenigstens in flüchtigem Umriß, die Eintheilung der Naturwissenschaften von diesem Standpunct aus anzugeben, damit die Wiederholung des Großen im Kleinen, die überall durchblickende Herrschaft des Begriffs klar werde. Wir wollen dabei die Sphäre, in welcher die Materie für sich der Inhalt ist, die mechanische, die, worin die qualitative Kraft der Materie den Mittelpunct ausmacht, die physikalische, und die, worin das Leben für sich als Princip auftritt, die organische Natur nennen.

Das Allgemeine in der mechanischen Natur ist die Materie als die concrete Einheit von Raum und Zeit. Eben darum ist aber die Materie nur als bewegte denkbar. Im ganzen Universum existirt kein Stückchen schlechthin ruhender Materie. Wäre jedoch der Raum nicht absolut passiv, so wäre Bewegung unmöglich. Wäre die Zeit nicht schlechthin eine discrete Größe, ebenfalls. Die Materie besondert sich zu Massen, zu Körpern. Durch die Beziehung der einzelnen Körper auf einander entsteht Stoß und Fall. Da jeder Körper mit allen anderen darin identisch ist, Materie zu sein, so müssen die Körper gravitiren. Wenn aber die Körper im Raum absolut isolirt, wenn sie Weltkörper sind, so sind sie freie Individuen, welche sich um die eigene Achse drehen oder wenigstens, wo die Achsendrehung fehlt, ihre eigenthümliche Bahn beschreiben. Die endlichen Körper sind Accidenzen anderer; sie können daher aus dem Gleichgewicht gebracht, sie können gestoßen werden, sie können fallen. Mit den himmlischen Körpern ist dies unmöglich. Sie erhalten sich durcheinander in der Schwebe. Jeder attrahirt und repellirt alle anderen, wie er selbst von allen andern attrahirt und repellirt wird. Mathematik, Mechanik und mechanische Astronomie wären also die hierher gehörigen Wissenschaften. Die Mathematik ist nicht bloß, wie man nicht selten meint, eine Hülfswissenschaft für die Naturwissenschaft, sondern selbst eine und zwar die erste aller Naturwissenschaften. Der Begriff der Größe an sich, die Bestimmung des Quantums als Zahl, so wie der Begriff der Potenzirung und des Maaßes überhaupt gehört in die Metaphysik. Aber der Begriff des Raumes, die Entwickelung seiner geometrischen und stereometrischen Grundformen, ferner der Nachweis, daß die Quantität der Zeit, also auch der Bewegung, nur durch die Zahl ausgedrückt werden kann, gehört in die Naturphilosophie und macht den Anfang derselben aus. In den späteren Gestaltungen der Natur tritt zwar die strenge Gesetzmäßigkeit der mathematischen Grundlage zurück, allein sie fehlt deshalb nicht, sondern verbirgt sich nur als ein Moment des höheren Ganzen. Die Freiheit des Lebens ist nicht ein Spiel regelloser Willkür. Das Maaß der Nothwendigkeit ist nicht von ihr getrennt. Ohne die primitive Härte und Herbheit ihrer Formen könnte sich die Natur nicht auf den Gipfel harmonischer Schönheit und üppigen Ueberflusses erheben.

Der mechanischen Natur steht die physikalische, wie dem Aeußeren das Innere, gegenüber. Das allgemeine derselben ist der Unterschied der kosmischen Elemente, denn es wird wohl nothwendig sein, Luft, Feuer, Wasser und Erde, neben den vielen, ins Unbestimmte hin vermehrbaren und reducirbaren chemischen Elementen, als physikalische Grundbestimmungen anzuerkennen, welche sogar in der physikalischen Differenz der himmlischen Körper eine besondere Existenz zu gewinnen scheinen, wie z. B. der Mond zwar sehr wahrscheinlich Vulcaneität aber kein Wasser, also auch keine Wolkenbildung hat; der Komet dagegen zeigt ungeheure Dunstmassen, aber weder Selbstentzündung noch einen irdischen, soliden Kern. Auf der Erde sind die Elemente in beständiger Wechselwirkung, welche den meteorologischen Proceß bildet und die Fruchtbarkeit unseres Planeten bedingt. Wenn in der mechanischen Natur der Raum und die Zeit in ihrer Einheit als bewegte Materie den Ausgangspunct ausmachen, so ist in der physikalischen das Licht das der Schwere entgegengesetzte allgemeine, geisthafte Agens. Das Licht ist für uns unsperrbar und unwägbar; wäre es jedoch absolut immateriell, so wäre es nichts Natürliches, sondern Denken,

Intelligenz. Seine Materialität beweist das Licht dadurch, daß es im Raum und in der Zeit ist. Das besondere Princip aber, auf welchem die gegenseitige Durchdringung der elementarischen Mächte, ihr steter Uebergang in einander, beruhet, ist die Cohäsion des Materiellen. Da nun die Materie in concreto immer eine qualitativ bestimmte ist, so wird die Schwere zur specifischen Schwere, die mit einer besonderen Form und einem besonderen Grade der Cohäsion identisch ist. Der höchste Begriff der Cohärenz ist der der Elasticität, und Kant hatte vielleicht so Unrecht nicht, wenn er behauptete, alle Materie müsse als Einheit von Attractiv- und Repulsivkraft im Grunde elastisch sein. Da die Cohäsion nicht bloß, wie überhaupt Nichts in der Natur, ein schlechthin todter Zustand, sondern ein Zusammenhalten der Materie in und mit sich selber ist, so ist sie auch auflösbar. Im Klingen der Körper, wenn sie gestoßen erzittern, verräth sich die Möglichkeit einer Lösung der Cohäsion. In der Wärme wird die Auflösung wirklich, insbesondere wenn sie als Flamme aus dem Körper herausschlägt und so in die unterschiedlose Lichtform zurückgeht. Man könnte sagen: der Klang ist eine Auflösung des Materiellen, die sich in der Zeit, die Wärme eine solche, die sich im Raume darstellt. Daß es einen Uebergang von der ersten zur zweiten gibt und daß daher auch die Tonwellen zu Tonfiguren werden können, folgt von selbst. Das Moment der Vereinzelung wird im Physikalischen durch die Polarität der unorganischen Natur begründet, insofern dadurch ein Gestaltungsproceß sich einleitet. Die Cohäsion setzt sich die Polarität voraus, denn ohne daß eine positive und negative Thätigkeit sich indifferenziren, ist Cohäsion undenkbar. Die allgemeine Form der Polarität ist die magnetische, die begrenzte, in sich halbirte Linie. Alles Materielle ist deswegen an sich magnetisch, aber als in sich qualitativ bestimmt hat es auch ein besonderes Verhältniß zum Licht: Farbe, zur Luft und zum Feuer: Geruch, zum Wasser: Geschmack. Insofern damit die allgemeine Polarität in eine specifische übergeht, wird sie elektrisch. Die Elektricität ist nicht bloß eine Spannung, die sich, wie die magnetische, in mechanischer Bewegung äußert; sie erscheint vielmehr, da sie durch die Flächenkraft der Körper sollicitirt wird, in einem eigenen Product, im elektrischen Funken, der im Entstehen freilich sogleich wieder verschwindet. Elektricität entwickelt sich durch Reibung. Greift aber die Polarität über die Oberfläche der Körper hindurch, sind also die Körper durch und durch polar, so entsteht der chemische Proceß, der ein für sich bestehendes, aus der totalen Auflösung der differenten Körper resultirendes neutrales Product hat, und in dessen Synthese und Analyse das Magnetische und Elektrische zu bloßen Momenten herabgesetzt werden. Im Galvanischen erscheint sogar das Chemische nur in der Bedeutung eines Accidentellen. In ihm ist alle Thätigkeit, deren die Materie als unorganische durch ihre qualitativen Kräfte fähig ist, concentrirt. Die ungeheuerste Spannung, die ungemeinste actio in distans, die lebendigste Wechselwirkung des Magnetischen, Elektrischen und Chemischen ist vorhanden. Es scheint, als wollte die Materie allen mechanischen Zwang von sich abschütteln und als freies Subject sich erheben. Allein wie furchtbar die galvanische Erregung sei, sie ist kein freier Erguß des Lebens. Sie macht den Eindruck, wie eine gefesselte Bestie, die die Eisenstäbe ihres Kerkers trotz ihrer Riesenkräfte umsonst zu durchbrechen ringt.

Die Wahrheit der physikalischen Natur ist die organische. Das Leben ist die Einheit des Innern und Aeußeren. Wie der Begriff der Materie als solcher mit der freien, in sich zurückkehrenden Bewegung der himmlischen Körper, so ist mit dem Begriff des chemischen Processes auch der der qualitativen Materie erschöpft. Von Seiten des specifisch differenten Stoffes kommt daher in der organischen Natur, wie die Analysen der organischen Chemie beweisen, nichts Neues vor. Sauerstoff, Wasserstoff, Kohlenstoff und Stickstoff tauchen hier überall aus den mannigfachsten Combinationen als die constanten Factoren auf. Einen Lebensstoff aber, ein eigenes vegetabilisches oder animalisches Element, gibt es nicht. Das Leben ist diejenige Bewegung, welche den Grund ihrer Thätigkeit in sich selbst und in ihrem Produciren immer nur sich selbst zum Product hat. Das Leben unterwirft sich die mechanische und physikalische Welt als schlechthin sich selbst bestimmende, sie durchdringende Macht. Daß nun die organische Natur, die Biologie, in die vegetabilische und animalische sich unterscheide, darüber ist wohl kein Zweifel, und eben so wenig darüber, daß die Sensibilität, das Selbstgefühl des Lebens, den

Unterschied des Pflanzlichen und Thierischen ausmacht. Nur über das Geologische ist man ungewiß, wohin man es zu stellen habe. Da dasselbe aber die Kenntniß der mechanischen und physikalischen Natur zur Voraussetzung fordert und da es sich durch die Krystallisation, wenn auch auf eine unlebendige Weise, wirklich individualisirt, mit welcher Behauptung das natürliche System von Mohs in gutem Recht zu sein scheint, so würde für das Geologische kein anderer Ort systematisch ausgemittelt werden können, als unmittelbar vor dem Begriff des Vegetabilischen. Es müßte hier zuerst die Geogenie, der Begriff der Bildung der Erdoberfläche überhaupt, sodann die Geognosie, der Begriff der Lagerung der Schichten in den Gebirgen und der durch ihre Structur bedingten Formation, endlich die Mineralogie als Begriff der verschiedenen Erd-, Stein- und Metallarten ausgeführt werden. In der Geogenie würde zugleich der systematische Ort der sogenannten natürlichen Geographie, der orographischen und hydrographischen Darstellung der Welttheile sein. Die Pflanzen- und Thiergeographie aber, welche die Kenntniß des Locals schon im Rücken hätten, würden in der Botanik und Zoologie als an ihrem betreffenden Ort abzuhandeln sein.

Die Anthropologie wird auch häufig zur Naturwissenschaft gerechnet. Von Seiten der Anatomie und Physiologie gehört sie auch unstreitig dahin, denn obschon der Leib des Menschen der wahrhafte Mikrokosmus des natürlichen Universums ist, so ist der Mensch doch seiner Leiblichkeit nach eben nichts als Thier. Aber wenn unter Anthropologie, wie oft geschieht, auch die Psychologie gemeint wird, so darf sie auf keine Weise zur Naturwissenschaft gerechnet werden, denn die Psyche des Menschen ist nicht etwas außer oder neben seinem Geist, sondern dieser selbst, nur innerhalb der leiblichen Beschränktheit. Und aus diesem Grunde möchten wir auch die Entwicklung der Racen, nicht, wie noch neulich geschehen, zum Gegenstand der reinen Naturwissenschaft machen, denn an der Racenbildung hat der Geist nicht minderen Antheil als die Natur. Es kann darin zwischen dem Natürlichen und Geistigen allerdings nicht getheilt werden, aber eben deswegen darf auch die Natürlichkeit allein hier nicht bestimmend sein. Die Zoologie würde daher die Grenze der Naturwissenschaft ausmachen.

II.

Probe eines Commentar's zu Hegel's Lehre von Raum und Zeit. 1835.

Einleitung.

Franz v. Baader hat mehrfach darauf aufmerksam gemacht, daß die speculative Theologie sich ohne Berücksichtigung der Naturwissenschaft nicht vollenden könne. Er hat Recht mit dieser Behauptung. Begriffe, wie Schöpfung, Tod, Wunder, Transsubstantiation, Ende aller Dinge, Ewigkeit, führen mehr oder weniger zur Betrachtung der Natur. Die Hegel'sche Naturphilosophie ist von ihrem Schöpfer erst allein bearbeitet worden. Verwandte Arbeiten lassen sich wohl nennen, wie C. H. Schultz Physiologie der Pflanze, wie Pohls Untersuchungen über den Galvanismus, aber keine directe Emanation. Um nun nach Kräften für die Förderung der Speculation auch von dieser Seite beizutragen, ist im Folgenden der Versuch gemacht worden, die Lehre Hegel's von Raum und Zeit, wie sie sich in der Encyklopädie, 2. Ausg. §. 254—261 findet, zu erläutern. Das Mangelhafte dieser Erläuterung wolle man dem Commentator, nicht dem Commentirten beimessen.

Für die Auffassung des Ganzen wäre wohl noch Folgendes zu erinnern.

Man hat aus der logischen Idee in die Natur bei Hegel keinen Uebergang finden können. Schelling in der bekannten Vorrede hat dies sehr herbe ausgesprochen. Dieser Tadel beruht hauptsächlich darauf, daß man Hegel's Methode nicht genug berücksichtigt. Das Logische und das Natürliche sind der reinste Gegensatz, der seine Auflösung erst im Geist findet. Der Geist ist sowohl in sich als außer sich; aber in seinem Außersichsein bleibt er bei sich. In der Natur ist jedoch das Innere ein schlechthin Aeußeres; das Innere unterscheidet sich gar nicht vom Aeußeren, sondern geht ganz in dasselbe auf. Die logische Idee hat Existenz nur im Element des abstracten Denkens; ihr Sein ist das Denken. Die Natur dagegen hat Existenz nur in der Raum und Zeit erfüllenden Aeußerlichkeit; ihre Existenz ist wesentlich eine materielle. Der Begriff ist ihr Inneres; das Denken existirt in ihr nur als Sein und von dieser Seite ist es selbst ihr wieder äußerlich. Hegel hat die Natur deswegen das **Anderssein** der Idee, τὸ ἕτερον, genannt, um den absolut qualitativen Unterschied des Logischen vom Natürlichen recht scharf auszudrücken.

Das Logische ist dem Natürlichen immanent. Es ist sein inwendiger Bildner. Alle Kategorieen der reinen Idee sind in dem Leben der Natur als bestimmende Seele enthalten. Aber die Natur ist zugleich in sich selbstständig. Sie ist nicht blos eine Drapperie für das Logische. Dann hätte sie selbst nicht die Würde der Idee und wäre etwas ganz Ueberflüssiges; eine schaale Wiederholung, an der weiter kein Interesse zu nehmen wäre, als baldmöglichst auf das Logische zurückzukommen. Allein die Logik gibt uns nur den Begriff der Qualität, Quantität u. s. f. Die Natur gibt uns Qualitäten, Quanta, Maaße u. s. f. in unendlicher Fülle. Es ist unmöglich, aus dem Begriff einer logischen Kategorie an sich auch nur Eine specifische Qualität abzuleiten, denn die Kategorieen gehören als das absolut Abstracte sowohl dem Geist als der Natur.

Insofern ist also das Logische die nothwendige Voraussetzung des Natürlichen. Die Natur ist als Idee ein System; der Begriff ist ihr Architekt. Von der Logik muß erst zur Natur gegangen werden, denn der Geist ist das für sich seiende Denken, also auch über die Natur hinaus. Der Geist ist wesentlich bei sich seiendes Subject, wogegen in der logischen Idee die Kategorieen an und für sich als das schlechthin Neutrale, Object- wie Subjectlose erscheinen. Die logische Idee schließt daher mit dem Begriff der **Entäußerung der Idee**. Es ist das Wesen der Idee, sich selbst zu einem Dasein **frei zulassen**, das, an sich ein anderes als sie selbst, dennoch durch sie vermittelt ist. Allein die Logik hat es nur mit dem Begriff der Entäußerung zu thun, wie dieselbe eine nothwendige Bestimmung des Begriffs der Idee in ihrer Absolutheit ist. Sie begreift nur das Wesen des Schöpferischen, welches in der freien Entäußerung besteht. Aber dies ist nicht so zu nehmen, als wenn die logische Idee der real productive Grund der Existenz der Natur wäre, sondern dies ist [der absolute Geist, denn zufolge der Hegel'schen Methode ist das Spätere immer der Grund des in der Darstellung früher Erscheinenden. Der endliche Geist, der schon an sich über die Natur hinaus ist, ist noch keineswegs ihr Grund, denn er hat sich selbst erst von ihr zu befreien und hat zum Princip seines Daseins nicht sich selbst, sondern Gott. Die Schöpfung der Natur ist also hinter ihr, nicht vor ihr zu suchen. Vor ihr, in der logischen Idee, finden wir nur die Nothwendigkeit eines Andersseins, einer Entäußerung derselben. Dieser Begriff kehrt auch für den Begriff des göttlichen Geistes wieder, aber hier in real-productiver Beziehung, während er im Logischen nur eine ideelle Bedeutung hat.

Es ist sonderbar, wenn Neo-Schellingianer und halbe Partisane des neueren Schellings so groß damit thun, daß Schelling den Ausdruck der über Alles übergreifenden Subjectivität gefunden habe, da die ganze Hegel'sche Philosophie nichts anders ist, als die Entwicklung dieses Begriffs, nicht bloß seine Versicherung. In Betreff des eben von der Schöpfung Vorgetragenen s. Encyklopädie 2te Ausg. §. 568.

Die Natürlichkeit ist unmittelbar das Außereinandersein des Seins. Das Ansich der logischen Idee reproducirt sich in dem ruhigen Auseinander des Raums, das Fürsich derselben in dem ruhelosen der Zeit. Die concrete Einheit dieser subjectlosen Aeußerlichkeiten ist der Ort (Vgl. den Schluß der ausgeführten Hegelschen Logik. S. W. V.).

I. Raum.

Der Raum ist 1) in seinem allgemeinen Begriff; 2) in seinem quantitativen; 3) in seinem qualitativen Unterschiede zu betrachten.

1) Begriff des Raums an sich.

Der Begriff des Raumes als Anfang der Natur hat die nämliche Schwierigkeit, wie der Begriff des Seins an sich als

Beginn des Logischen. Er ist die erste Bestimmtheit, die aber wegen ihrer Allgemeinheit eben so sehr noch ganz unbestimmt sich verhält. Der Raum an sich ist nicht mit dem Räumlichen zu verwechseln, so wenig als das reine, prädicatlose Sein mit einem schon bestimmten Dasein. Das Räumliche ist der im Raum als solchem gesetzte bestimmte Raum. Der reine Raum abstrahirt von jeder Begrenzung und verhält sich vollkommen gleichgültig dagegen. Er ist die indifferente Möglichkeit aller äußerlichen Begrenzung. An sich ist er nur das enblose Außersichsein. Das Räumliche ist als eine Figuration des Raums im Raum durch diesen selbst in seiner Existenz vermittelt. Der Raum aber ist in seiner gleichgültigen, grenzenlosen Aeußerlichkeit nur durch den abstracten Begriff der Entäußerung der Idee (in Ansehung der Causalität durch den unräumlichen absoluten Geist als das περιέχον τῶν πάντων), nicht durch ein schon Natürliches, wie er selbst ist, vermittelt. Man kann wohl sagen, daß er das Nebeneinander sei, allein man darf bei diesem Ausdruck nicht vergessen, daß das Nebeneinander nicht als das reelle Nebeneinandersein von räumlichen Dingen, vielmehr ideell zu denken ist als das stete Setzen und Aufheben einer Grenze. Denn der Raum ist der Widerspruch, einmal der Unterschied in sich selbst und sodann die Negation des gesetzten Unterschiedes, die Continuität aller seiner Momente zu sein. Weder der Unterschied noch die Aufhebung desselben, also weder die Discretion des einen Momentes vom andern, noch die Continuirung des einen in das andere sind irgendwie bestimmt.

Der Raum an sich ist wegen seiner abstracten Natur (er ist die Natur in ihrer äußersten, darum sie selbst anfangenden Abstraction) nur zu denken. Das Vorstellen kann deshalb seinen Begriff nicht erreichen. Denn wenn er als Raumsphäre mit einer unendlichen Are vorgestellt wird, so leuchtet ein, daß die Bestimmung der Unendlichkeit sowohl die Form der Sphäre als die der Are auch wieder aufhebt. Um daher die Einfachheit des Gedankens an sich zu fassen, wird sie als Formlosigkeit genommen und der negative Weg empfohlen, alles Räumliche d. i. jede Gestaltung im Raum wegzudenken, nach welcher Abstraction der reine Raum d. h. der unbestimmte, der nur die Möglichkeit des Bestimmtwerdens enthält, übrig bleiben müsse.

Für den Gedanken des reinen Raums muß daher theils die nur objective, theils die nur subjective Auffassung vermieden werden. Die objective setzt für ihn den Begriff von Raumpuncten als einen — am Ende doch atomistischen — positiven Element voraus, was aber gerade so viel ist, als den reinen, unendlichen Raum aus dem schon bestimmten, endlichen abzuleiten. Der Raumpunct fordert, um gesetzt werden zu können, selbst schon die gleichgültige Leere des Raums an sich. Die subjective Auffassung macht den Raum wie die Zeit zu einem Moment der sinnlichen Anschauung, als wenn er nichts an sich, nichts Objectives wäre. Freilich ist die Zeit nicht das Zeitliche, in dessen Veränderung sie erscheint; der Raum nicht das Räumliche, in dessen Dimensionen er erscheint; allein die Anschauung ist es nicht, welche das Nacheinander der Zeit, das Nebeneinander des Raums nur für sich hervorbrächte. Sie findet diese Bestimmungen vor.

Die objective Fassung des Begriffs enthält also in dem Fluß der Raumpuncte das Moment der Discretion; die subjective in der Erklärung, der Raum sei eine bloße Form des anschauenden Bewußtseins, das Moment der Continuität der sich sondernden und ihre Sonderung stätig vernichtenden Aeußerlichkeit. Im wahrhaften Begriff des Raums ist sowohl das eine als das andere Moment enthalten. Die Quantität ist ebensosehr continuirlich, als in ihrem Zusammenhange mit sich überall der Trennung fähig.

2) Quantitativer Unterschied des Raumes.

Der Raum ist schlechthin mit sich selbst zusammenhängend, wenngleich, bildlich gesprochen, seine Continuität die lockerste ist. Da er nun in seinem grenzenlosen Außersichsein als die reine Quantität, nicht als die Quantität eines realen Quantums, ohne Begrenzung gedacht werden muß, indem sein Wesen eben darin besteht, über jede Grenze, die nur in ihn fallen kann, hinauszugehen, so ist der Unterschied des Raumes von sich selbst zunächst der der bloßen Verschiedenheit, in welcher nämlich eine Bestimmung zwar von der andern verschieden und doch der Sache nach mit ihr dasselbe ist.

Dieser formelle Unterschied der bloßen Verschiedenheit des Raums ist die Dimension. Sie ist die Richtung des Raums als Länge, Breite und Höhe. Die Länge ist allerdings eine andere Richtung als die Breite und Höhe; die Breite eine andere als Länge und Höhe; die Höhe eine andere als Länge und Breite; und doch sind diese Differenzen im Raum als solchem gleichgültige Unterschiede. Nennt man die Längenrichtung a b, so wird die Breite als eine andere Längenrichtung c d erscheinen, welche a b in e horizontal schneidet; die Höhe dagegen als eine Richtung, welche a b in e vertical schneidet. Allein eine solche geometrische Veranschaulichung reicht für den Begriff der Dimensionen in ihrer abstracten Gestalt nicht aus, da eine jede als nach allen Seiten hin sich fortsetzend gedacht werden muß. Die Darstellung der Dimensionen, die nur der bestimmtere Ausdruck für das Außereinander sind, darf mit ihrer virtuellen Expansion nicht verwechselt werden.

In einer bestimmten Räumlichkeit lassen sich die Dimensionen des Raums auch bestimmter Weise unterscheiden; z. B. wenn für die Raumverhältnisse des Erdplaneten dessen Mittelpunct als den terminus a quo und ad quem angenommen wird, so muß die Axe als Längenrichtung, der Aequator als Breite, jeder Radius von der Peripherie der Kugel als Tiefe und jede Secante als Höhe sich darstellen. Allein im Raum an sich fehlt ein Directionspunct der Richtungen. Ja selbst im besonderen, gegebenen Raum ist eine Verkehrung des Werthes der Dimensionen untereinander möglich. Was Länge genannt wird, kann, wenn der Standpunct sich verändert, zur Breite werden, die Breite zur Länge u. s. f. Jedoch innerhalb des jedesmal genommenen Standpunctes müssen sich die Dimensionen entschieden auseinander halten lassen. Im allgemeinen Raum ist auch die relative Bestimmtheit nicht möglich. Zwar sind alle drei Dimensionen in ihm, denn er ist nur durch sie das allseitige Außereinander, allein wegen seiner Formlosigkeit ist jede Dimension in ihm dasselbe, was die andere.

3) Qualitativer Unterschied des Raums.

Aber der wesentliche Unterschied des Raumes von sich selbst ist die Begrenzung, welche in ihren Unterschieden einer solchen gleichgültigen Verkehrung, als für die Dimensionen, sich ergeben hat, nicht fähig ist. Eine solche Bestimmtheit ist eine wesentliche, weil sie in sich reflectirt, nicht, wie die Dimension, nur in Verhältniß zu Anderem bestimmt ist. Sie ist ferner eine qualitative, weil sie, als Beziehung auf sich, schlechthin einfach ist. In ihrer Entwicklung ist sie Punct, Linie und Fläche.

a) *Der Punct.* Der Raum an sich, in der Ausdehnung aller Dimensionen, ist das Außereinanderfein, allein das unterschiedlose. Die einfachste Bestimmung desselben ist die Negation der Unterschiedlosigkeit; als Anfang der Gestaltung des Gestaltlosen kann sie aber selbst nur gestaltlos sein und ist nichts destoweniger das Element aller räumlichen Figuration. Dies Element ist der Punct; er bestimmt den Raum, indem er sich in ihm setzt; er ist daher ein Positives; allein er ist nichts Materielles, denn dann wäre er ein Atom; vielmehr theilt er die zweideutige Idealität des abstracten Raumes.

b) *Die Linie.* Der Punct ist also positive Negation des Raums; der Raum aber ist absolute Continuität. Der Punct setzt sich in derselben sich selbst entgegen oder, wie man es auch ausdrücken kann, geht über sich selbst hinaus. Jeder Punct, für sich genommen, ist selbstständig; der Punct a ist nicht der Punct b, c u. s. f.; a zerfließt nicht in b, c u. s. f. Somit würden zahllose Puncte in gegenseitiger Ausschließung entstehen. Allein, wie wir vorhin sahen, ist der Punct ideell, obschon Bestimmung des Raums als eines Seins der Natur. Der Punct ist etwas qualitativ Anderes, als der Begriff des logischen Eins oder als der Begriff des Ichs, wie sehr auch diese Begriffe von solchen, die keine Metaphysik und keine Physik hatten z. B. von Fichte selbst, durcheinandergeworfen sind. Daher ist er nicht selbst die wahrhafte Begrenzung, sondern hebt sich zur Linie als seiner Wahrheit auf. Die Linie hat Puncte, so nämlich, daß in ihr überall der Punct gesetzt werden kann; jedoch besteht sie nicht aus Puncten, als wenn die Linie dadurch erklärt würde, daß man sie als das Aggregat von den Puncten a, b, c u. s. w. ansieht. Die Linie ist vielmehr vom Punct qualitativ unterschieden; der Punct ist in ihr enthalten, aber als aufgehobener, als ideelles Moment; sie ist der außersichseiende Punct, die reine Beziehung. Vorstellen kann man sich die gerade Linie als den kürzesten Weg zwischen zwei Puncten. Allein man darf bei dieser Anschauung die Bestimmung nicht, im Kantischen Sinne, für ein synthetisches Urtheil halten, als wenn das Geradesein nur eine Qualität wäre, zu deren Begriff der der Größenbestimmung erst hinzukäme. Denn der Superlativ, daß zwischen zwei Puncten, α und β, der kürzeste Weg die gerade Linie sei, gibt ja erst den Begriff der geraden Linie. Indem nun von der Anschauung derselben angefangen wird, so findet man offenbar den Superlativ als Prädicat des Subjectes bereits im Subject unmittelbar vor; folglich ist hier keine Synthesis, sondern, nach Kantischer Logik, eine Analysis, weil das Prädicat ohne Weiteres aus dem angeschauten Subject herausgenommen wird. Jene Täuschung ist nur dadurch entstanden, daß die Anschauung an sich erst zur Definition auffordert, noch nicht die Definition selbst ist; so nur konnte Kant dazu verleitet werden, die Quantität als ein Moment anzusehen, was zur Qualität erst hinzugesetzt würde, während die qualitative Bestimmung hier zugleich die quantitative ausmacht.

c) Die Fläche. Die Linie ist zu sich wie zum Raum in dem nämlichen Verhältniß, wie der Punct zu ihr. Sie ist nämlich einerseits als qualitative Bestimmtheit des Raumes für sich in ihrer Einfachheit selbstständig; andererseits hat sie die unendliche Continuität des Raumes sich gegenüber. Sie geht daher eben so über sich hinaus, wie der Punct. Allein wenn durch den Punct die Unterschiedlosigkeit des Raumes an sich, durch die Linie aber die Beziehungslosigkeit des einzelnen Punctes aufgehoben wird, so hebt die Linie, indem sie über sich hinausgeht, die Einseitigkeit der Richtung auf. Die allseitige Richtungsfähigkeit der Linie ist ihre Wahrheit. Die neue Gestalt, die sich auf solche Weise erzeugt, ist die Fläche. Sie besteht so wenig aus Linien, wie die Linie aus Puncten; aber wie diese die reelle Möglichkeit ist, daß in ihr überall der Punct gesetzt werden kann, so ist auch die Fläche die Möglichkeit, daß überall in ihr die qualitativ von ihr verschiedene lineare Beziehung gesetzt werden kann. In der Fläche erscheint nun das ganze Wesen des Raumes, ununterbrochene Continuität zu sein, wieder. Die Fläche kann, wie die Linie, als schrankenlos gedacht werden. Allein solche Schrankenlosigkeit ist eine Abstraction. Ich kann die gerade Linie α β als über jeden bestimmten Anfangs- und Endpunct sich hinauscontinuirend denken; nichts desto weniger schiebe ich doch Anfang und Ende damit immer nur über eine bestimmte Räumlichkeit hinaus; eben so kann ich die Fläche als schrankenlose denken, allein diese Unbestimmtheit der Begrenzung ist nur eine Abstraction. In Wahrheit ist die Fläche eine endliche d. h. eine solche, die nach Außen hin von dem unendlichen Raum sich überall unterscheidet. Indem sie durch ihre Abschließung in sich den abstracten Raum von sich ausschließt, schließt sie eben damit einen bestimmten, einzelnen Raum in sich ein. Erst die Fläche ist daher die wahrhafte Begrenzung des Raums, das Setzen einer allseitig umschlossenen Räumlichkeit. Geht man von dieser aus, so ergibt sich die Linie als die Grenze der Fläche und der Punct als die Grenze der Linie; der qualitative Unterschied bleibt der nämliche und die Nothwendigkeit des Ueberganges dieselbe.

Die Geometrie hat die Aufgabe, die verschiedenen Begrenzungen der Fläche zu entwickeln, wie sie qualitativ auseinandergehen; das Dreieck geht nicht durch Steigerung in das Viereck, das Viereck nicht in den Kreis über; der rechtwinklige Triangel geht nicht quantitativ in den spitzwinklichen u. s. f. über. Der Verstand kann sich hier von seiner glänzendsten Seite zeigen, Eine qualitative Bestimmung durch die verschiedensten Gestaltungen zu verfolgen und z. B. alle geradlinigen Figuren entweder auf das Dreieck oder auf das Quadrat zurückzuführen.

[Hegel will die Geometrie ausdrücklich auf die Regelmäßigkeit des Verstandes beschränkt wissen. Unzweifelhaft macht die abstracte Identität für die geometrische Beweisart das Hauptmoment aus. Ob aber nicht in den Raumfigurationen die Dialektik eben so vorhanden ist, wie in Allem, woraus uns Vernunft anspricht? Ob es nicht ein bloßer Mangel der bisherigen Darstellung ist, wenn die Nothwendigkeit des Ueberganges von Einer Gestalt zur anderen nicht so scharf hervortritt, als es vielleicht möglich sein dürfte? Gerade, daß die Unterschiede der Raumbegrenzungen, welche die Geometrie darstellt, qualitativer Natur sind, deutet doch wohl auf innere Nothwendigkeit? Daß der Winkel nur ein rechter, spitzer oder stumpfer; der Triangel, der sich die Winkelconstruction voraussetzt, nur ein gleichseitiger, ungleichseitiger, gleichschenkliger; das rechtwinklige Viereit nur das

Quadrat, Parallelogramm, Trapez sein kann, besonders aber das Verhältniß, in welchem alle geradlinigen Figurationen innerhalb des Kreises erscheinen, sollten diese Bestimmungen nicht dialektisch auseinander hervorgehen, sollte nicht das, was man Eleganz der geometrischen Methode nennt, hauptsächlich in der Annäherung an diese Dialektik bestehen? Man hat in neuerer Zeit in der Geometrie von einem Drehen der Linien gesprochen, worin sich das Bedürfniß einer von Innen aus lebendig fortschreitenden Entwicklung anzukündigen scheint. „Soll der Uebergang aus der einen (Linie) in die andere geschehen, und der Unterschied ihrer Richtungen in der Anschauung aufgefaßt werden, so wird dazu eine, nicht weiter zurückführbare, Raumbeschreibung oder Bewegung, welche die drehende genannt zu werden pflegt, erfordert, die insofern berechtigt ist, den Namen einer Grundconstruction zu führen." B. F. Thibaut's Grundriß der reinen Mathematik, 1831 S. 193].

II. Zeit.

Die Zeit ist 1) in ihrem allgemeinen Begriff, 2) in ihrem quantitativen, 3) in ihrem qualitativen Unterschied zu betrachten.

1) Begriff der Zeit an sich.

Der Raum ist das Außereinandersein, dessen Gestaltung ein ruhiges Nebeneinander ist. Die Negation dieses ruhigen Seins ist die Unruhe der absoluten Discretion. Der Raum ist schlechthin continuirlich; die Continuität, welche zugleich, als Beziehung auf sich, als für sich seiend, sich von sich abstößt, sich unendlich theilt, ist die Zeit. Sie hat die Continuität an sich, ist aber wesentlich der Punct als ideelle Negativität.

Die Zeit ist, wie der Raum, ein sinnlich-Unsinnliches. Sie hat, wie derselbe, reelle Objectivität, ohne doch Etwas, ohne ein Objectives, Besonderes zu sein. Nennt man sie eine reine Form der Sinnlichkeit oder des Anschauens, so heißt Reinheit nichts anderes, als Mangel aller concreten Bestimmtheit und Form nichts anders, als Mangel aller sinnlichen Gegenständlichkeit, aller materiellen Erfüllung. Die Zeit an sich ist in ihrer Abstraction von aller besonderen Lebendigkeit ideell; sie hat daher an sich zu dem anschauenden Bewußtsein gar kein Verhältniß. Weil das Bewußtsein die Zeit an sich gar nicht anschauen kann, so hat es sie eben darum eine reine Form des Anschauens genannt, welche zwar im Angeschaueten wie im Anschauenden mitgesetzt ist, aber nicht selbst weder ein Anschauendes, noch ein für sich Angeschauetes ausmacht.

Wenn der Raum als die abstracte Objectivität der Natur angesehen würde, so wäre die Zeit in Bezug auf ihn allerdings die abstracte Subjectivität; in der concreten Subjectivität, im Selbstbewußtsein, ist die Zeit, das Insichsein in seiner Entäußerung, zugleich Begriff der Aeußerlichkeit; in der Zeit als solcher fehlt aber die Zurücknahme des Außersichseins in das Insichsein und der Ausdruck Subjectivität, angewendet auf die Zeit, bleibt daher eine bloße Analogie. Der logische, wahrhafte Unterschied von Raum und Zeit ist der des Seins vom Werden. Ein Punct im Raum, a, kann durch sich unendlich viele Körper, α, β, γ u. s. f. durchgehen lassen, so bleibt er doch in seiner abstracten Ruhe mit sich identisch. Ein Punct in der Zeit, ein Zeitmoment, a, ist ebenfalls gleichgültig gegen das, was im Raum ist; er bestimmt Nichts im Raum; allein er selbst ist in seiner Identität mit sich doch nur Einmal; unmittelbar vor ihm ist ein anderer z, unmittelbar nach ihm ist wieder ein anderer, b; b selbst ist nur als die verschwindende Mitte zwischen a und c, c wieder zwischen b und d und so in das Unendliche hin.

2) Der quantitative Unterschied der Zeit.

Die quantitative Differenz des Raumes ergab sich als eine solche, deren Momente zu keiner wirklichen Unterscheidung sich auseinandersetzten. Der Unterschied war unleugbar da; er war jedoch ein äußerlicher. Eben so ist es mit der Zeit. Sie unterscheidet sich von sich selbst, aber jedes Moment ist dem anderen vollkommen gleich; die Momente sind daher an sich nur verschiedene. Die Zeit ist das Sein, das, indem es ist, nicht ist und, indem es nicht ist, ist. Ihr Sein ist der absolute Wechsel von Sein und Nichtsein, dessen Bewegung unaufhaltsam ist. Der Moment ist; aber er nimmt, um es so auszudrücken, nicht die geringste Breite ein; im Sein verschwindet er bereits wieder; dem folgenden Moment widerfährt dasselbe Schicksal; er kann sich eben so wenig erhalten. Diese Flüssigkeit der Momente, von denen jeder doch ein fürsichseiender ist, ist das Werden. Wollte man nun einwenden, daß dasselbe ja eine logische Kategorie sei, oder wollte man umgekehrt das Werden aus dem Logischen in den Zeitbegriff der Naturphilosophie verweisen, so würde man nicht genau verfahren. Denn Werden an sich ist eine Kategorie, welche abstract den Begriff der Einheit (nicht der Indifferenz) des Seins und Nichtseins enthält und welche dem Geistigen nicht minder als dem Natürlichen angehört; die Zeit aber ist das Werden als natürliches und reelles; sie ist ein qualitativ bestimmtes Werden, das specifische Element aller erscheinenden Endlichkeit.

Die Zeit als die Negation eines Moments durch den andern, als das in seinem rastlosen Strom gegen jeden Inhalt gleichgültige Anderswerden ist das Werden, welches im Uebergang vom Nichtsein zum Sein als Entstehen, im Uebergang vom Sein zum Nichtsein als Vergehen erscheint. Gewöhnlich sagt man, daß in der Zeit Alles entstehe und vergehe. Man setzt bei diesem Urtheil die Zeit als ein indifferentes Element voraus; man bedenkt nicht, daß die Zeit die allgemeine Aeußerlichkeit ist, welche den einzelnen Objecten ebenso immanent ist, wie der Raum. Wäre die Zeit nicht ein unmittelbares Prädicat alles Natürlichen, so würde es eine untilgbare Zähigkeit behaupten können. Aber die himmlischen Körper, die Elemente, die Pflanzen und Thiere haben ihr Bestehen nicht in der Zeit als in einem ihnen äußerlichen, von ihnen trennbaren Medium, sondern die Zeit wird ihnen eingeboren, ist eine unmittelbare Bestimmtheit derselben und erscheint nur an ihnen als ihr Entstehen und Vergehen. Wenn man von Allem, was entsteht und vergeht, abstrahirt, so bleibt das schlechthin Leere übrig, der leere Raum, die leere Zeit. Diese, die nichts sind, als die reine Größe in ihrer reellen Aeußerlichkeit, entstehen so wenig, als sie vergehen. Die wirkliche Negativität zeigt sich erst am erfüllten Raum, an der erfüllten Zeit.

Das Zeitliche ist deswegen freilich ein Anderes, als die reine Zeit, gerade wie das concret Räumliche ein Anderes ist, als der reine Raum. Allein obwohl die Planeten, die elementarischen Mächte, die organischen Gebilde ein Anderes sind, als die Zeit an und für sich, so muß doch ihr Sein, wie wir zuvor gesehen haben, als mit der Zeit identisch gedacht werden. Die Zeit als solche ist das Vorher und Nachher der einzelnen Erscheinungen; insofern tauchen sie in ihr auf und unter; sie ist aber auch ihre Mitte. In dieser Beziehung ist sie als das äußerliche Werden in ihnen, in jener ihnen und somit sich selbst äußerlich. Das Zeitliche hat einen Anfang und ein Ende; es ist das Endliche. Die Negativität ist in ihm enthalten, aber nicht aufgehoben. Dies ist nur in dem Begriff der Fall, der nicht blos an sich der Begriff, sondern der es an und für sich ist, der in seinem Existiren sich selbst begreift. Diese Existenz ist nicht etwa schon der logische Begriff, denn das Logische als solches existirt nur, insofern es gedacht wird und hat zu Raum und Zeit nur ein ideelles, kein reelles Verhältniß, sondern der Geist, der in seiner Objectivität zugleich subjectiv, in seiner Subjectivität zugleich objectiv sich verhält. Der Geist ist durch die Identität mit sich frei von der Zeit. Sie kann ihm mit ihrer Succession so wenig etwas anhaben, als der Raum mit seiner äußerlichen Simultaneität; beide sind gegen die Macht seiner Selbstgewißheit und Selbstbestimmung machtlos. Das Endliche dagegen ist der Macht der Zeit preisgegeben, denn es kann sie mit ihrer Aeußerlichkeit nicht durch eine darüber hinausgehende Innerlichkeit negiren. Jenes Verhalten des Geistes hat die Lehre vom Geist zu entwickeln. Hier darf nur darauf hingedeutet werden, um die Sphäre des Zeitlichen ihrem Begriff gemäß zu beschränken; nur das Natürliche ist das Zeitliche, der Geist und was sein ist, gehört der Ewigkeit an. Freilich berühren wir mit diesem Wort ein Feld zahlloser Mißverständnisse, die sich jedoch aus ihrem dunklen Gewirr heraus auf folgende Einseitigkeiten zurückbringen lassen. Man stellt sich vor:

a) Die Ewigkeit geht der Zeit voran. So stellt man sich die Ewigkeit als eine Zeit vor der Schöpfung vor, mit welcher als dem Setzen des Creatürlichen erst die Zeit beginne; d. h. man macht im Begriff der Zeit einen specifischen Unterschied von ewiger und von zeitlicher Zeit; jene wird dann als außerhalb dieser offenbar zu einer, wenn auch noch so langen Vergangenheit, diese als die Zeitlichkeit wird zum Inbegriff des in der Zeit Verschwindenden. Worin die ewige Zeit und die vergängliche Zeit von einander abweichen sollen, ist nicht zu sagen; man verwechselt in solchen Vorstellungen die Freiheit des Geistes, welche die wahre

Ewigkeit ist, mit der Dauerbarkeit des Natürlichen, die allerdings eine absolut vorübergehende, erinnerungslose, nicht insich vertiefte ist.

b) Die Ewigkeit folgt der Zeit nach. So stellt man sich die Ewigkeit als eine besondere Zeit vor nach dem Vergehen des Creatürlichen, sei es, daß man als Anfangspunct den Tod des Individuums oder aber den Tod der Natur und Geschichte annimmt. Auf das Gericht folge die jenseitige Ewigkeit. Dann wird sie offenbar zu einer, wenn auch noch so langen Zukunft gemacht. — Schon aus diesen Reflexionen wird erhellen, daß das Ewige ohne absolute Gegenwart, ohne Negation einerseits der Vergangenheit, anderseits der Zukunft nicht gedacht werden kann. Ein Ewiges, das ein Gewesenes sein könnte, wäre des Namens so wenig werth, als das, was einst erst sein sollte. Im Geist sprudelt der Quell der Freiheit, die keine dumpfe Abstraction von der Zeit ist, in immer gleicher Jugendfrische.

Der Griechische Mythus stellte das Wesen der Zeit sehr schön in der Geschichte des greisen Chronos dar, welcher seine eigenen Geburten unaufhörlich verschlingt und doch neue zu erzeugen nicht müde wird. Der tiefe Sinn der Griechen führte den Mythus weiter zur Ueberwindung solcher schlechten Unendlichkeit durch die ihrer Zwecke bewußte Freiheit. Zeus, welcher durch Rhea's List den Chronos stürzt, wird vom Homer häufig $\mu\eta\tau\iota\varepsilon\tau\alpha$ genannt. Im Indischen kommt die mythische Anschauung nur bis zum Werden, nicht zu dessen Vernichtung im freien Geist, der allein als das Ewige dem äußerlichen Wechsel entrissen ist.

3) Der qualitative Unterschied der Zeit.

Die unendliche Zeit als Quantum ist in demselben sich vollkommen gleich, weil ein Moment die nämliche Punctualität hat, als der andere. Der Moment ist als Quantum endlich; er ist das Jetzt; dies ist so flüchtiger Natur, daß, obschon es da ist, sein Dasein doch nicht angehalten werden kann, indem es sogleich, als es auftritt, auch schon wieder vergeht. Da nun aber, wie oben gezeigt worden, jedes Jetzt eine Mitte zwischen anderen Momenten ausmacht, so ergibt sich daraus eine Unterscheidung der Momente. Das seiende Jetzt ist nämlich die Gegenwart; als Mitte ist sie die Schwebe zwischen dem Sein und Nichtsein. Die dem seienden Jetzt vorangegangenen Momente sind die Vergangenheit; die ihm folgenden die Zukunft. Alle Vergangenheit war Gegenwart, alle Zukunft wird es sein. In der Natur oder vielmehr für sie ist die Zeit nur das Jetzt, nur Gegenwart; ihre Vergangenheit ist der Raum in seiner todten Ruhe; die Gegenwart als der frei gewordene Punct ist Unruhe, welche eine Abscheidung der Zeitdimensionen zu bestehenden Unterschieden, wie sie im Raum möglich sind, unmöglich macht. Nur in der Vorstellung des Geistes kann die Vergangenheit als ein für sich seiendes Ganze abgeschlossen, kann die Zukunft als eine andere Zeit gegen die vergangene bestimmt werden, weil von der Gegenwart aus jener wie dieser ein besonderer Inhalt zugetheilt wird, dessen der Geist einerseits sich erinnert, auf welchen er andererseits mit Furcht oder Hoffnung hinausblickt. Durch solche Erfüllung kommt es dann zu einem Festwerden der Zeitdimensionen. In der Zeit selbst ist der qualitative Unterschied nur der des Entstehens: die Bewegung von der Gegenwart zur Zukunft; des Vergehens; die Bewegung von der Gegenwart zur Vergangenheit; des Daseins: das Werden des Entstehens und Vergehens oder die Gegenwart als solche.

Anmerkungen.
a) Das Jetzt als Eins.

Das Eins ist ein logischer Begriff; es ist der Ausdruck für das abstracte Fürsichsein, für die ausschließende Beziehung des Daseins auf sich. Das Jetzt als das Affirmative, welches von den abstracten Negationen des Vergangenen und Zukünftigen abstrahirt, findet in dem Eins seine angemessenste Bezeichnung, denn es ist negative, ausschließende Einheit. Allein da ein Jetzt dem andern vollkommen gleich ist und der qualitative Unterschied eines Jetzt von den anderen Jetzt nicht ihm, sondern dem von ihm unabhängigen besondern Inhalt angehört, so sind in diesem Gebiet keine solche Unterscheidungen, keine solche Figurationen, wie im Gebiet des Raums, möglich. Ein Jetzt ist so formlos, als das andere, sei es ein vergangenes, gegenwärtiges oder zukünftiges. Aber ein Eins als Zeichen für ein Jetzt ist auch so formlos als ein anderes. Die Arithmetik entspricht daher der Geometrie nicht als eine Wissenschaft der Zeit. Die Geometrie als die Wissenschaft der nothwendigen Raumfigurationen setzt sich den

Begriff der Quantität, des Quantums und der Zahl als der discreten Größe schon voraus; eben so die Zeit, deren Unterschiede nur durch die Zahl ausgedrückt werden können. Die Zahl ist also nicht als aus der Zeitbestimmung hervorgehend aufzufassen. Es ist eins der großen Verdienste Hegel's, die Kategorie der Quantität und in ihr auch den systematischen Ort des Zahlbegriffs im nothwendigen Zusammenhang aller Kategorien entwickelt zu haben. Der Begriff der Zeit ist dadurch in seiner reinen Eigenthümlichkeit gesichert worden; während er früher nebst dem Raumbegriff als allgemeine d. i. logische oder metaphysische Kategorie angesehen und dadurch in seiner specifischen Bestimmtheit verkannt wurde. Dieser Irrthum kommt besonders daher, daß man für die Lehre von den Kategorien immer nur den Anfang des vierten Capitels der kleinen Aristotelischen Schrift von den Kategorien im Auge hatte, wo ποῦ und ποτέ die fünfte und sechste Kategorie ausmachen. Hätte man doch den Aristoteles nicht so lückenhaft, so einseitig, wie ein Lexikon der philosophischen Begriffe benutzt! Topica I, 5, wo er die Kategoreme aufstellt, sieht man die Erhebung des Gedankens zu den einfachen Begriffsbestimmungen, die hier allerdings in Bezug auf das subjective Denken genommen werden, aber in der Metaphysik I, 3 ihre Ergänzung finden. Doch, warum hat man überhaupt nicht die vollständige Exposition der metaphysischen Kategorien, Metaphys. ed. Bekker, δ, benutzt, wo Aristoteles von ἀρχή bis συμβέβηκος einige dreißig Kategorien entwickelt, unter welchen bald im Anfang auch das Eins vorkommt? Die Philosophie darf sich die Klarheit nicht wieder trüben lassen, mit welcher durch Hegels Riesenarbeit das Logische vom Natürlichen und Geistigen gesondert worden. Dem Aristoteles ist eine solche Vermischung zu verzeihen, weil er zuerst dem Philosophiren in seinen verschiedenen Objecten die Form der vereinzelten Wissenschaft gab; er hatte daher mit dem Ergreifen des unendlichen Stoffs, mit dem, oftmals noch versuchsweisen, Auseinanderlegen der verschiedenen Gebiete genug zu thun. Wenn aber Neuere, wie Weiße, den Raum und die Zeit zu logischen Kategorien machen, so ist dies ein Irrthum. Die Logik schließt mit dem abstracten Begriff der absoluten Idee, daß sie ebensowohl an sich als für sich sein und sich als steter Proceß zum Dasein müsse.

In der Natur ist nun der Raum das allgemeine Ansichsein, die Zeit das Fürsichsein, aber sie sind nicht blos Gedankenbestimmungen, sondern sie unterscheiden sich vom Logischen durch die Realität ihrer Aeußerlichkeit; das Logische hat aber Existenz nur im abstracten Element des Denkens (Hegels Encyklopädie 2. Ausg. §. 19. Weiße's Polemik gegen Hegel ist besonders in seiner Schrift über den gegenwärtigen Standpunct der Philosophie, Leipzig 1829 enthalten. Er ist hier in Betreff seiner Herzensmeinung faßlicher, als in den verzwickten Grundzügen der Metaphysik 1835; ich habe dieselben in den Berliner Jahrbüchern 1836, No. 110—13 beurtheilt und bin zwar meiner Schärfe wegen, aber nicht eines speculativen Unrechts halber getadelt.) J. H. Fichte im zweiten Theil seiner Schrift über Gegensatz, Wendepunct und Ziel heutiger Philosophie 1833 gibt S. 185. ff. sehr unerwartet (denn die Ontologie 1836, enthält wesentlich auch nichts Anderes) eine Darstellung der Kategorien und zählt darunter S. 186 auch den Raum als die abstracte Form des Nebeneinander und die Zeit als die abstracte Form des Nacheinander. Da er nun erst S. 189 zum Begriff des Positiven und Negativen kommt, so bleibt Raum und Zeit, welche den Begriff des Positiven und Negativen sich schlechthin voraussetzen, unbegriffen; denn die Versicherung, sie seien die unmittelbare Anschauung des abstracten Beziehens und Begrenzens, der allgemeinen Sphäre der Bezogenheit überhaupt, findet keine Begründung. S. 187 will Fichte das Unerwartete des Eintretens dieser natürlichen Kategorien in die Reihe der Denkformen entschuldigen; er beruft sich auf Kant, auf Aristoteles, auf den Begriff des Wirklichen, daß dasselbe immer ein räumlich-Dauerndes, ein zeitlich und räumlich Daseiendes sein müsse! Es scheint darnach, als ob der Geist, um wirklich zu sein, es im Raum und in der Zeit als Bedingungen seiner reellen Existenz sich müßte gefallen lassen! Weiße und Fichte wollen gegen Hegel gemeinschaftliche Sache machen und sind nicht einmal in so wichtigen Bestimmungen einig. Die Metaphysik des einen wie die Ontologie des andern tragen die größte Abhängigkeit von der Hegelschen Logik zur Schau und affectiren den herrschaftlichen Ton, indem sie sich durch Kleinigkeiten selbst hintergehen. Der eine fängt mit der Qualität nach Hegel, der andere mit der Quantität nach Kant an; der eine verwandelt die Metaphysik in abstruse Mathematik, der andere in Physiologie; der eine legt auf Raum und Zeit den Hauptaccent, der andere schließt sie von der Ontologie aus. Beides sind strebsame und geistreiche Menschen, aber, wie sie es in ihrer Eitelkeit (das sollte ich zwar nicht sagen, denn man hält dies für grobe, moralische Insinuation) treiben, werden sie nie sein, was sie sein wollen und wirklich sein könnten. Ich kann eine so falsche Position nur bedauern. Die Zeit wird zeigen, ob ich mich irre.

b) Die Mathematik als Philosophie.

Hiervon ist schon oben, am Schluß des Raumbegriffs, die Rede gewesen. Wir bemerken nur noch, daß der Raum zu mannigfachen Figurationen führt, deren die Zeit entbehrt. Die Arithmetik ist nicht eben so Wissenschaft der Zeit, wie die Geometrie Wissenschaft des Raums, denn das Princip, wodurch die Zeitbewegung allein bestimmt werden kann, ist das Eins, welches, als Ausdruck des Quantums, die Zahl ist. Das Eins ist aber an sich ein logisches Element, das Dasein in seiner Beziehung auf sich. Daher kommen alle Veränderungen der Zeit — wie der Arithmetik — auf den äußerlichen Unterschied des Gleich- und Ungleichseins zurück. Das Gleiche entspricht sich in der Anzahl der in ihm enthaltenen Eins als so vieler Quanta; das Ungleiche ist in der Differenz der Anzahl. Die Möglichkeit der Raumfiguration liegt in der Gleichgültigkeit eines Moments gegen das andere. Daher werden unendlich viele Combinationen möglich z. B. durch einen Punct unendlich viele Linien zu legen. In der Zeit ist der Punct schlechthin sich selbst aufhebend; jedes Moment fließt in das andere über; der Unterschied des einen vom anderen ist da, aber, weil sich das einzelne Moment sogleich im Entstehen wieder aufhebt, ist er auch nicht da. Sollen daher die Unterschiede angegeben, fixirt werden, so kann das nur dadurch geschehen, daß man sie gewaltsam zerreißt und als Einheiten für sich, d. i. als Eins, behandelt. Jahre, Monate, Wochen, Tage, Stunden, Minuten, Secunden u. s. f. werden dann dem allgemeinen Gesetz der Arithmetik unterworfen. — Wenn Hegel fürchtet, daß die Geometrie und Arithmetik durch die philosophische Behandlung ihre eigenthümliche Gestalt verlieren könnten, nämlich die abstracte Verstandesconsequenz, so fragt sich nur, ob dieser Verlust für die Wissenschaft Verlust oder Gewinn zu nennen ist? Daß eine Philosophie derselben „etwas Logisches" werden würde, könnte wohl nur dann der Fall sein, wenn das Logische nicht in seiner Eigenthümlichkeit erkannt ist; sonst aber macht ja Hegel selbst überall, selbst für die Philosophie der Religion, die Forderung, daß sich das Logische als das architektonische Element darin offenbaren solle. — Daß aber von anderen concreten philosophischen Wissenschaften etwas darin eintrete „je nachdem man den Begriffen eine concretere Bedeutung ertheilte," ist wohl noch weniger zu fürchten, denn die Philosophie müßte ja dann verschiedene qualitative Bestimmungen mit einander verwechseln und vermischen, was doch eine große Verworrenheit voraussetzen würde. — Hegel selbst sagt vorher: „es bleibt immer offen, daß der Begriff ein gründlicheres Bewußtsein, sowohl über die leitenden Verstandesprincipien, als über die Ordnung und deren Nothwendigkeit in den arithmetischen Operationen sowohl, als in den Sätzen der Geometrie begründe." Hiermit wird also doch das Einbringen der Dialektik zugestanden.

Ueber das Unangemessene der arithmetischen und geometrischen Bezeichnung für Vernunftverhältnisse hat sich Hegel in der Logik (S. W. III, S. 245—51) so ausführlich, gründlich und treffend ausgesprochen, daß hier ein für allemal darauf verwiesen werden kann.

Hegel deutet noch an, daß die Wissenschaft der Maaße die wahrhaft philosophische Wissenschaft der Mathematik sein würde, daß aber dieselbe bereits die reelle Besonderheit der Dinge voraussetze, welche erst in der concreteren Natur vorhanden ist. Noch fügt er hinzu, daß sie wegen der äußerlichen Natur der Größe die allerschwerste Wissenschaft sein würde. Um dies zu verstehen, muß man sich erinnern, daß Hegel die Kategorie des Maaßes in der Logik als den Schluß im Begriff des Seins entwickelt. Das Sein an sich ist unmittelbar qualitativ bestimmtes; die Qualität hebt sich durch die Quantität auf, weil sie sich in ihrem Unterschied von sich gleichgültig wird. Aber diese Gleichgültigkeit gegen die quantitative Veränderung hat ihre Grenze an der Qualität selbst. Diese Untrennbarkeit der Qualität von der Quantität, die

Negation der quantitativen Negation der Qualität durch die einfache Bestimmtheit derselben ist das Maaß. In der Natur ist das Maaß jeder Sphäre ein eigenthümlich bestimmtes, weil die Qualität einer jeden eine andere ist. Von dem Maaß der mechanischen Bewegung an bis zum Maaß der menschlichen Organisation ist eine ungeheure Scala, deren einzelne Momente den einzelnen Naturwissenschaften anheimfallen; die Aeußerlichkeit liegt nun eben darin, daß die tiefsten Bestimmungen in der Zahl ausgedrückt werden müssen. Vergl. Logik S. W. III, S. 415. Babbage hat hierauf eine eigene Disciplin der Constanten, wie er es nennt, zu begründen versucht und deren Beförderung der Englischen Regierung empfohlen, um alle Gegenstände und Verhältnisse, die es zulassen, der Bestimmtheit der Zahl zu unterwerfen und die Tabellen in festgesetzten Perioden einer Revision zu überweisen.

III. Ort.

Indem das Außereinander von Raum und Zeit sich zusammenschließt, so entsteht als ihre Einheit der Ort. Er ist die Wahrheit des Gegensatzes im räumlichen Neben- und im zeitlichen Nacheinander, denn der Ort ist das durch Raum und Zeit Bestimmte. Er ist 1) an sich; 2) in der Wechselbestimmung von Raum und Zeit; 3) als Bewegung zu betrachten.

1) Der Ort an sich.

Der Raum widerspricht sich in sich selbst, denn er ist einerseits das Außereinandersein, was gegen seine Unterschiede vollkommen gleichgültig ist. Die Unterschiede, nämlich die Dimensionen u. s. f. verändern nichts in ihm. Andererseits ist er schlechthin continuirlich; jeder Unterschied verschwindet spurlos in seiner weichen Nachgiebigkeit, weil er überall sich selbst gleich ist. — Die Auflösung dieses Widerspruchs ist die Zeit, denn der Raum geht durch die Einheit des Außereinander- und Ineinanderseins von selbst zur Bestimmung des Punctes über. Aber die Zeit ist nicht weniger ein Widerspruch, als der Raum, nur der umgekehrte. Sie ist zwar die Auflösung der todten Ruhe des Raums, aber selbst wiederum der Negation bedürftig. Sie ist nämlich, wie wir gesehen haben, absolute Discretion. Indem jedoch die einzelnen Momente schlechthin ineinander verfließen, so hat die Zeit das in sich ununterbrochene Außereinandersein, die absolute Continuität, selbst an sich, geht also durch sich in den Raum zurück. Durch diese gegenseitige Bestimmung resultirt der **concrete** (nicht blos mathematische) Punct als der durch den Raum ebensowohl wie durch die Zeit gesetzte. Der Punct als nur räumlich ist raumlos, nimmt keinen Raum ein; der Moment als nur zeitlich ist ebenfalls ohne alle Ausdehnung in der Zeit, denn er müßte sonst mehre Momente enthalten, da der einzelne absolutes Verschwinden ist. Aber der räumlich und zeitlich bestimmte Punct ist aus der absoluten Continuität des Raums wie der Zeit heraus. Er ist **ausschließend**, die Negation jedes andern Punctes im Raum, jedes anderen Momentes in der Zeit. Die Abstraction, welche der räumlichen wie zeitlichen Punctualität an sich anhaftet, ist durch die Gegenseitigkeit der Bestimmung getilgt. Der Punct ist der **Ort** d. h. der im Raum und in der Zeit bestimmte Punct.

2) **Wechselbestimmung von Raum und Zeit.**

Der Ort ist die Einheit von Raum und Zeit, aber keine unmittelbare, sondern eine durch die wechselseitige Beziehung von Raum und Zeit vermittelte. Daraus folgt, daß der Ort die Widersprüche, als welche Raum und Zeit sich darstellten, selbst an sich habe; er würde sonst nicht die Aufhebung derselben sein. Der Ort ist also, vom Raum aus, angesehen, das **Hier**, dieser Punct, kein anderer. Allein das Wosein kann als dieses nur bestimmt werden, wenn zugleich der Zeitmoment angehalten wird. Es ist nämlich offenbar, daß jeder Punct im Raum als dieser gesetzt werden kann. Das Hier ist aber der gegen alle anderen negativ sich verhaltende Punct. Wie soll also ausgemacht werden, welcher Punct das Hier ist? — Von der Zeit aus angesehen ist der Ort das **Jetzt**, dieser Moment, kein anderer. Allein das Jetztsein, das Wann, kann nur bestimmt werden, wenn zugleich der Raum in seiner Punctualität fixirt wird. Denn auch hier ist offenbar jeder Zeitmoment die **Möglichkeit**, als dies Wann gesetzt zu werden. Wie soll daher die Ausschließung sich fixiren?

Wenn also das Hier eine concrete Geltung haben soll, so kann es das nur als ein räumlich gewordenes Jetzt. Und soll das Jetzt sich concreter Weise setzen, so kann es das nur als ein zeitlich gewordenes Hier. Es ist jetzt zehn Uhr. Sogleich muß ich fragen: wo? Hier in Königsberg. Umgekehrt wird geurtheilt: hier, auf diesem Papier, schreibe ich. Wann? Jetzt um zehn Uhr. An einem anderen Ort, in Rom z. B. ist jetzt nicht zehn Uhr und ein Dortseiñ, was als Hier sich setzt, fällt daher auch in eine andere Zeit.

Allein indem der Raum und die Zeit im Ort zusammentreffen, gehen sie doch wieder auseinander, weil der Ort selbst gegen sich als dieser Ort vollkommen gleichgültig ist. Die Ausschließung des Ortes von allen anderen Orten hebt sich demnach durch die Continuität von Raum und Zeit wieder auf. Jetzt z. B. ist es hier nicht mehr zehn, sondern eilf und das Hier ist jetzt nicht mehr jener Bogen Papier, sondern dieser. Aber in diesem Moment, auf diesem Punct, habe ich wieder den Ort, die räumlich bestimmte Zeit, den zeitlich bestimmten Raum.

3) Bewegung überhaupt.

Der Ort als die Einheit des Hier und Jetzt wechselt in's Unendliche hin. Der Wechsel ist der Gegensatz des Entstehens und Vergehens des einzelnen Ortes. Er entsteht d. h. das Hier und Jetzt sind identisch. Er vergeht d. h. das Hier und Jetzt sind andere. Der Ort muß enstehen, denn Raum und Zeit beziehen sich durch sich auf einander. Allein er muß auch vergehen, denn in der Gegenseitigkeit von Raum und Zeit liegt die Gleichgültigkeit gegen jede Bestimmung. Das Vergehen muß gleichwohl sich auch wieder aufheben, denn jene Beziehung ist eine sich immer wieder erzeugende, die Indifferenz differenzirende. Dieser Wechsel ist die Bewegung. Sie ist der zeitlich bewegte Raum, die räumlich festgehaltene Zeit, der immer anders gesetzte Ort, oder vielmehr das Werden des immer anderen Ortes. Daher, aus der in der Bewegung concreten Einheit von Raum und Zeit, aus der Wechselbestimmung beider Momente, kommt auch in der Sprache das Herübergehen aus dem Wortvorrath eines Gebiets in den des anderen; Länge und Kürze, Nähe und Ferne, Diesseits und Jenseits, Vor und Nach, Hinein und Hinaus, werden sowohl von Raum- als Zeitbestimmungen gebraucht.

Als concrete Einheit von Raum und Zeit ist die Bewegung nicht blos der Wechsel ihres sich Bestimmens, sondern die Einheit ist wirklich daseiende: sie ist **Materie**. Ohne den Raum- und Zeitbegriff sich vorauszusetzen, ist die Materie unbegreiflich. Der Raum und die Zeit an sich erscheinen gegen die Materie in dem Verhältniß der Idealität zur Realität. Die Bewegung ist das Moment des Uebergangs.

Materie an sich als reine Materie schlechthin existirt gar nicht. Sie ist ein Abstractum, denn in concreto existiren nur unendlich viele, qualitativ differente Materien. Setzt man den Raum und die Zeit als leer, so macht man sie zu einem passiven Nichts. Die Materie soll das die Leerheit Erfüllende sein. Aber dazu bedarf sie ja selbst der Räumlichkeit und Zeitlichkeit. Wären Raum und Zeit ihrerseits Abstracta, logische Begriffe, so könnten sie gegen die Materie sich gleichgültig verhalten. Sie sind aber Naturmächte, denen es wesentlich ist, sich als identisch zu setzen. Ihre Identität ist daher wiederum kein „bloßer Gedanke," sondern als concrete Einheit die Realität der Materie. Als Abstraction könnte auch diese sich gegen Raum und Zeit gleichgültig verhalten; sie käme erst von Außen her in den leeren Raum und die leere Zeit; sie würde gleichsam hineingeschoben, wie in ein Futteral. Statt dessen ist sie aber die Wahrheit von Raum und Zeit. Einerseits ist sie durch diese vermittelt; andererseits aber ist sie das Tiefere, worin sich das Ideelle derselben aufhebt. Raum und Zeit haben Bedeutung nur unter der Voraussetzung der Materie als ihres Grundes.

Da nun in der Materie das Außereinander des Raumes und das Ineinander der Zeit zusammengeschlossen ist, so können die entgegengesetzten Prädicate von ihr ausgesagt werden. Allein eine solche Betrachtungsweise ist begrifflos und wird immer zu einer Analyse des Raum- und Zeitbegriffs zurückgehn müssen. Die ganze Naturphilosophie enthält nichts anderes, als die Entwickelung des Begriffs der Materie nach allen seinen Momenten bis zur Aufhebung derselben durch das Leben. Daß die Materie einfach, zusammengesetzt, untheilbar, theilbar, ewig, erschaffen oder vergänglich, fühlbar, sichtbar, undurchbringlich u. s. f. sei, diese Versicherungen, welche die Natur der Materie begreiflich machen sollten, wollen wir der alten Metaphysik überlassen. Sollte aber Jemand fragen, ob wir denn aus der bloßen Materie als dem

Product der beiden Factoren Raum und Zeit alle Formen des so mannigfaltigen Naturlebens deduciren wollten, so müßten wir das verneinen, denn unsere Methode führt uns im Vorwärtsgehen erst zu dem Princip zurück, aus welchem die Materie selbst hervorgeht. Dies Princip ist das Leben und dessen Princip ist der göttliche Geist. Es wäre höchst unphilosophisch, wollte man sich begnügen, ohne alle weitere Begründung und Entwicklung nur zu sagen: Gott schafft die Materie. So wahr dies ist, so würde es doch nur eine Erzählung sein. Die Philosophie muß vielmehr von dem einfachsten Moment an die immer reichere Vertiefung der Idee in sich verfolgen. Sie muß in jeder Bestimmung alle vorigen wie alle künftigen enthalten nachweisen und von jener Seite, so zu sagen, sich alle Einnahme nachrechnen können. Dieses willkürlose, in dem Werden der Sache selbst werdende Erkennen ist Speculation. Bei dem Begriff der Materie fällt die Aeußerlichkeit derselben, das Sinnliche, am schwierigsten. Das Umschlagen der Idealität in die Realität d. h. die Entäußerung Gottes zum Bewußtlosen, ihm Anderen, wie die Natur, abstract genommen, die Materie es ist, scheint deswegen unbegreiflich, weil man auch das Umschlagen des Gegensatzes sehen möchte. Aber das ist nur zu denken, nicht sinnlich wahrzunehmen. Der Fortgang ist in der Wirklichkeit wie im System niemals nur eine Allmäligkeit, sondern, obwohl er dies quantitative Moment der Annäherung des Einen an das Andere auch enthält, so begreift er doch auch wesentlich den Absprung, das neue Dasein eines aus dem Vorigen allein nicht völlig Begreiflichen in sich. Die Existenz der Materie kann nicht anders als aus dem härtesten Gegensatz des Geistes in sich gefaßt werden. Man hat darüber nicht die Speculation, sondern Gott selbst anzuklagen. Will man seine Geheimnisse erfahren, muß man sich auch die Mittel gefallen lassen. Faust schauderte auch, als ihm Mephistopheles den Schlüssel gab, zu den Müttern zu bringen. Wollte er aber hin, mußte er ihn nehmen. Wenn in uns selbst die Idealität in Realität, das Denken in Sprechen, das Imaginiren in Malen, Dichten u. s. w., das Wollen in Handeln umschlägt, oder umgekehrt die Realität in die Idealität zurückgeht, das Gesprochene zum Gedachten, das Angeschaute zum Bilde als Vorstellung, die That zum Bewußtsein, zur Erinnerung wird, so wundern wir uns nicht mehr, denn es ist uns dies etwas Alltägliches geworden. Aber wenn das Gras wächst, wenn Meteorsteine herniederfallen, wenn der neue Sonnenaufgang Zeugniß gibt vom Umschwung der Gestirne — da wundern wir uns und meinen, der Archeus der Welt verberge uns die Weise seiner Wirksamkeit.

Hegels Exposition vom Begriff des Raums und der Zeit, der Bewegung u. s. w. hat durch Dr. W. Pfaff in Erlangen in seinem Buch: der Mensch und die Sterne, Nürnberg 1834, 8, im Abschnitt: der Himmel und die modernen Scholastiker, eine sehr bittere Behandlung erfahren müssen; das Mindeste, was man ihr vorwerfen kann, ist gänzliche Unbekanntschaft mit Hegels Logik. Daß Pfaff Hegels Aeußerungen über Newton S. 223 in gereiztem Unmuth recht artig vergilt, ist in der Ordnung der Dinge. Wenn er aber S. 194 in der Kritik Eschenmayers sagt: „Raum und Zeit sind von jeher für alle Philosophen nur durch's Wort aussprechbar, sonst unerreichbar, man weiß nicht, was gewesen. Es sind zwei ungeheure, unendliche Meere, an deren Jenseits (ich frage, haben sie eins?) kein Sterblicher reicht; und wie nach Canning die Spanier und die in der Unterwelt angekommenen Seelen ihre Hände ausstrecken, ripae ulterioris amore, so vergebens der Philosoph nach ihrem Jenseits" so erlaube er, dies für Phrasenmacherei zu halten. Wenn er aber ferner von Raum und Zeit sagt: „Sie selbst haben keine Verhältnisse gegen und zu einander, im mathematischen Sinne, weil Wesen, denen verschiedene Einheiten zu Grunde liegen, kein Verhältniß zu einander haben," so scheint mir dieses Raisonnement schon darum ganz haltlos, weil Pfaff eingesteht, nicht zu wissen, was Raum und Zeit ist. Wie kann er daher ihre Verhältnißlosigkeit zu behaupten wagen?

Schluß.
Uebergang in den Begriff der Materie.

Der Begriff der Materie, wie er aus dem Bisherigen resultirt, ist das concrete Dasein von Raum und Zeit. Daraus folgt, daß in ihr beide von ihr zusammengeschlossenen Elemente als Momente wieder auftreten müssen. Die Räumlichkeit ist in ihr das negative Moment der Vereinzelung der Materie in das **Materielle**. Die Materie an sich, wie wir zuvor gesehen, hat Realität nur in der bestimmten Materie, im besonderen materiellen Dasein. Das Materielle steht aber zu dem Materiellen im Verhältniß der Repulsion; als den Ort erfüllend, schließt es anderes Materielle von diesem Ort, in dieser Zeit aus. — Wir nennen das Materielle für sich, im Unterschied von der allgemeinen Materie, **Körper**. Die Körper sind in's Unendliche hin verschiedene, sich gegenseitig repellirende. Allein sie sind darin identisch, materiell zu sein. Diese Einheit muß daher die Negation der ersten Negation werden. Sie hebt die Repulsion auf, indem sie die Beziehung des Materiellen auf das Materielle durch die Identität der Materie setzt; d. h. die Materie hat Continuität; eine Materie **attrahirt** die andere. — Da nun aber die Attraction sich die Repulsion voraussetzt, so wie die Repulsion ohne die ihr entgegenstehende Attraction etwas Leeres wäre, so muß die **Einheit der Repulsion und Attraction der Körper** als der erste, weitere Begriff der Materie gesetzt werden. Diese Einheit ist allerdings als das Für=sich=sein der Materie ihre Subjectivität; nur mißverstehe man diesen Ausdruck nicht, sondern nehme ihn rein logisch, als die von ihren Prädicaten unterschiedene und doch mit ihnen identische Einheit. Daß die Materie nur Eine ist, kann also noch nicht als eine **materiell für sich gesetzte Einzelheit**, nur erst als das **unmittelbare** sich auf sich Beziehen oder als **ideelle Einzelheit** erscheinen. Schelling nannte dies das Band der Körper; es ist die **Schwere**. Sie ist überall in der Materie; als Reflexion der Materie in sich ist sie deren ideeller Mittelpunct. Mit der Schwere verhält es sich gerade wie mit dem Gefühlssinn; das Fühlen ist das der Subjectivität; aber die nur erst fühlende Subjectivität hat noch nicht sich als Mittelpunct ihres Fühlens **gesetzt**, obgleich sie die einfache Beziehung aller mannigfaltigen Erregung in sich ist.

Die Schwere ist daher von der **Attraction** zu unterscheiden. Diese ist, als Negation der Repulsion, nur das Aufheben des Außereinanderseins; ihr Product ist der stätige Zusammenhang, die Continuität. Die Schwere dagegen faßt das Außereinander-seiende so zusammen, daß es Einheit mit sich, einfache, deßhalb überall, in allen einzelnen Körpern gegenwärtige Beziehung auf sich ist. Repulsion und Attraction sind in der Schwere als solcher zu bloßen Momenten reducirt. — Es ist das große Verdienst des unsterblichen Kant, in seiner Revision der Philosophie auch die Naturwissenschaft wieder durch speculative Gedanken begeistet zu haben. Er versuchte in den metaphysischen Anfangsgründen der Naturwissenschaft (dritte Aufl. Leipzig 1800) eine Construction der Materie. Das Mangelhafte daran war, daß er einerseits die Attractiv- und Repulsivkraft nicht ableitete, sondern als fertige Bestimmungen von vorn herein annahm; andererseits, daß er dem Begriff der Attraction und Repulsion den Begriff der Materie, ebenfalls ohne weitere Ableitung, vorangehen ließ, so daß er Attraction und Repulsion immer schon als Bestimmungen der Materie behandelte. D. 1, Erklärung 1 der Phoronomie: „Materie ist das Bewegliche im Raume. Der Raum, der selbst beweglich ist, heißt der materielle oder auch der relative Raum; der, in welchem alle Bewegung zuletzt gedacht werden muß, (der mithin selbst 'schlechterdings unbeweglich ist) heißt der reine oder auch absolute Raum." S. 25. Lehrsatz 1 der Dynamik: „die Materie erfüllt einen Raum, nicht durch ihre bloße Existenz, sondern durch eine besondere bewegende Kraft." S. 27, Erklärung 2: „Anziehungskraft ist diejenige bewegende Kraft, wodurch eine Materie die Ursache der Annäherung anderer zu ihr sein kann (oder, welches einerlei ist, dadurch sie der Entfernung Anderer von ihr widersteht). Zurückstoßungskraft ist diejenige, wodurch eine Materie Ursache sein kann, andere von sich zu entfernen (oder, welches einerlei ist, wodurch sie der Annäherung anderer zu ihr widersteht). Die letzteren werden wir auch zuweilen treibende, so wie die ersteren ziehende Kräfte nennen." Hegel hat im ersten Band der Logik (jetzt S. W. Bd. 3. S. 201—8) die Kantische Construction einer ausführlichen Kritik unterworfen, namentlich was die Definition der Attractivkraft als einer durchdringenden, und die der Repulsivkraft als einer Flächenkraft betrifft. Die allgemeine Charakteristik des Kantischen Standpunctes gibt Hegel a. a. O. S. 204 so an:

„Es ist Kant vornehmlich um die Verbannung der gemein-mechanischen Vorstellungsweise zu thun, die bei der einen Bestimmung, der Undurchdringlichkeit, der für-sich-seienden Punctualität, stehen bleibt, und die entgegengesetzte Bestimmung, die Beziehung der Materie in sich oder mehrerer Materien, die wieder als besondere Eins angesehen werden, aufeinander, zu etwas Aeußerlichem macht; — die Vorstellungsweise, welche, wie Kant sagt, sonst keine bewegenden Kräfte, als nur durch Druck und Stoß, also nur durch Einwirkung von Außen, einräumen will. Diese Aeußerlichkeit des Erkennens setzt die Bewegung immer schon als der Materie äußerlich vorhanden voraus, und denkt nicht daran, sie als etwas Innerliches zu fassen, und sie selbst in der Materie zu begreifen, welche eben damit für sich als bewegungslos und als träge angenommen wird. Dieser Standpunct hat nur die gemeine Mechanik, nicht die immanente und freie Bewegung vor sich. — Indem Kant jene Aeußerlichkeit zwar insofern aufhebt, als er die Attraction, die Beziehung der Materien auf einander, insofern diese als von einander getrennt angenommen werden, oder der Materie überhaupt in ihrem Außersichsein, zu einer Kraft der Materie selbst macht, so bleiben jedoch auf der anderen Seite seine beiden Grundkräfte, innerhalb der Materie, äußerliche und für sich selbstständige gegeneinander. — So nichtig der selbstständige Unterschied dieser beiden Kräfte, — eben so nichtig muß sich jeder andere Unterschied, der in Ansehung ihrer Inhaltsbestimmung als etwas Festsein-Sollendes gemacht wird, zeigen, weil sie nur Momente sind, die ineinander übergehen."

Die Einheit der Materie in sich ist hier noch die allgemeine Continuität; die Einzelheit tritt aus der allgemeinen Einheit noch nicht besonders für sich heraus, wie sich bei der Physik ergibt, wo sich die Einzelheit als ein individueller Körper bestimmt. Im rein mechanischen Verhalten, als der abstracten Basis der physikalischen Mannigfaltigkeit, ist wahrhafte Individualität noch nicht möglich. Die Materie ist daher 1) selbst schwer. Das Schwersein ist keine Eigenschaft, welche außerhalb des Materiellen, unabhängig von ihm, existiren könnte. Und umgekehrt ist das Materiellsein unmöglich, ohne daß damit zugleich das Schwersein verknüpft wäre. Ohne Materie ist die Schwere, ohne Schwere die Materie undenkbar. 2) Die Schwere ist aber das Hinausgehen des Materiellen über sich, seine Beziehung auf anderes Materielle. Das Materielle ist nicht sich selbst der Mittelpunct, sondern hat seinen Mittelpunct außer sich. Das Schwersein, die gravitas, ist mit der Materie als solcher unmittelbar identisch; die Schwere als Energie der Materie, als Action ist die Gravitation. Das Materielle ist durch die Schwere in dieser Hinsicht in einem immerwährenden Fallen begriffen. Man kann sich daher auch ausdrücken, die Materie werde vom Mittelpuncte attrahirt; aber man muß die Vorstellung entfernen, als ob der Mittelpunct ein individueller, als ob er selbst ein materieller wäre; denn alsdann würde man auf das Verhältniß der Attraction und Repulsion zurückgehen, so, daß der Mittelpunct, als der attrahirende, auch der attrahirte wäre, denn, als selbst ein besonderer Körper, würde er auch von dem, den er attrahirt, selbst attrahirt. Die Materie an und für sich hat aber keinen Mittelpunct. Den einzelnen Körpern kann ihr Mittelpunct, nach welchem sie gravitiren, zugewiesen werden, wie z. B. das Centrum der Erde für die Gravitation der Erdkörper; allein es darf dies Centrum nicht als ein metallischer, etwa magnetischer Kern vorgestellt werden, wie man dies versucht hat. Die Erde hat das Centrum ihrer Gravitation in der Sonne; aber die Sonne mit ihrem Planetensystem ist selbst nur ein Moment aus dem ungeheuren System aller himmlischen Körper, also keineswegs das absolute Centrum aller Gravitation. Vielmehr ist der Mittelpunct ideell zu nehmen, als ein überall sich erzeugender. Denn indem der concreten Materie nicht ein für sich fixirter Mittelpunct, sondern das Streben nach einem außer ihr liegenden Mittelpunct immanent ist, äußert sich ihre Substantialität, schwer zu sein, in dem Widerspruch, in sich und zugleich außer sich, in Anderem zu sein. Erst die wirkliche Subjectivität hat auch den Mittelpunct in sich. Hingegen in der Materie als solcher, in dieser unvollkommenen, unentwickelten, so zu sagen, nur objectiven Subjectivität, die es in den himmlischen Körpern nur bis zu selbstlosen Individuen bringt, liegt der Mittelpunct immer als ein bestimmbarer da, wo er durch das Verhältniß eines Materiellen zu einem andern gesetzt wird.

Nichts ist leerer und dem wahrhaften, christlichen Begriffe Gottes widersprechender, als wenn neuere Naturforscher und Theologen innerhalb des natürlichen Universums nach einem Local für Gott suchen, um ihm, dem Alles durchbringenden Geist [überdies gegen Christi ausdrückliches Beispiel und gegen seine Verwarnung an die Samariterin, Gottes Existenz durch einen Ort zu potenziren] in dem Tempel der Natur ein Allerheiligstes zu erbauen. An solchem Materialismus der crassesten Vorstellung, Gott auf gut Pythagoräisch zu einer Art Centrallicht zu machen, hängt sich sogleich eine Masse anderer unchristlicher Vorstellungen, eine himmlische Hierarchie, phantastische Schwelgerei in Farben und Tönen an. Noch widriger ist es aber, wenn ein solches Aufwärmen Orientalischen Prunkes für die Decoration eines aparten Himmels als des Landes der Herrlichkeit sich auf die Wissenschaft berufen und auf die Negation solcher Vorstellungen, über welche das christliche Bewußtsein längst hinaus ist, den Schein werfen will, als wenn diese Vernichtung eines materiellen Himmels und einer materiellen Hölle d. h. einer Verendlichung und Veräußerlichung der tiefsten Bestimmungen des Geistes, seiner Seligkeit und Unseligkeit, mit den wahren Fortschritten der Wissenschaft in Widerspruch stünde und nur einer schon verlebten Periode des auch wissenschaftlich seichten Unglaubens angehörte. In Bezug auf die Frage, ob die himmlischen Körper Ein einziges Centrum haben, welches denn doch wohl der passendste Ort zur Absperrung Gottes, zur Contraction seiner Ubiquität wäre, haben die Forschungen Argelanders es sehr wahrscheinlich gemacht, daß ein solches gar nicht existirt, ein Resultat der astronomischen Berechnung, welches mit der obigen Theorie von Raum und Zeit vortrefflich harmonirt.

Dritte Abtheilung.

Erläuterungen zur Philosophie des Geistes.

I.
Daub's Anthropologie. 1838.

Wenn man das Gerede der Journalistik bedenkt, wie es ewig von der gegenwärtigen Kunst der Deutschen Prosa, von der Modernität des Styles, von der Popularisirung der Speculation schwatzt, so darf man wohl sagen: kommt her, studirt Daub's Anthropologie und dann gehet hin und thut desgleichen!

Hier ist die Kunst der Prosa, denn hier ist ein Mann, der das Wort beherrscht und ohne Männlichkeit der Seele, die mit weiblicher Zartheit sich allerdings sehr wohl verträgt, ist schöne Prosa nicht möglich. Knaben, Schwächlinge, Weiblinge verstehen sich nicht auf die Prosa. Sie lallen, faseln und plaudern, aber sie reden nicht. Daub hatte für den Numerus der Perioden das feinste Ohr und für die Wahrheit die tiefste, besonnenste Leidenschaft. Sein Styl hat daher nach Außen hin die einschmeichelndste Anmuth, wie sie nämlich das Resultat vollendeter Kraft ist, und die Außenseite ist nur der Reflex der inneren Bewegtheit, mit welcher der ganze Mensch sich an den Gegenstand hingibt. Und in solcher Innigkeit, in solcher Untrennbarkeit des Subjectes von seinem Object, besteht doch hauptsächlich, was wir modern nennen. Um keiner andern Ursach willen haben doch die Modernen sich vorzüglich Lessing zum Schutzgott genommen, als weil er die strengste Objectivität mit der freisten Subjectivität vereinte, so daß, wenn er auch immer nur von sich, von seinem Urtheil sprach, dennoch sein Ich immer den allgemeinsten Werth ansprechen konnte. Das Ich finden wir nun wohl bei unseren modernen Schriftstellern oft genug, wenn es nur nicht auch so häufig

blos das Gemeinte statt der Wahrheit zu vertreten hätte. Es
versteht sich, daß man nicht vergessen darf, in der Anthropologie
ein wissenschaftliches Werk vor sich zu haben, dessen Knochen=
gerüst für den Periodenbau die logische Consequenz, nicht das
Phosphoresciren des Novellenzufalls ist. Eine solche Darstellung
muß auch populär sein, denn was soll Popularität anders heißen,
als daß die Darstellung des Wahren auch schön sei? Die Schön=
heit ist das Populärste, was existirt. Erreicht sich also die
Wahrheit in ihr, so bleibt ihr für ihre Offenbarung nichts mehr
übrig. Wenn freilich Popularität eine Darstellung des Wahren
sein soll, welche, um seiner gewiß zu werden, das Denken über=
flüssig macht, so wird, dem Himmel sei dafür gedankt, Daub's
Prosa nie populär genannt werden können. Denn leider gibt es
eine vielgepriesene Manier der Darstellung, welche das Bewußt=
sein durch einen gewißen Dusel der currenten Tagesphrasen ab=
solut gedankenlos macht und, indem sie den Wahn erregt, direct
in die Mysterien des Geistes versetzt zu haben, während man doch
nur in einer crapula versunken liegt, als das Muster der Po=
pularität gilt.

Daub's Styl in diesen Vorlesungen könnte man wohl noch
specieller dadurch schildern, daß man auf ein eigenthümliches Ver=
hältniß des Denkens und Vorstellens darin aufmerksam macht.
Der Gedanke ist der Baumeister des Ganzen; in einsamer Frucht=
barkeit erzeugt er sich sein System; er zieht die ewigen Conturen
des Fundamentes, der Mauern u. s. w. Die Vorstellung aber
improvisirt für den Moment die angemessene Decoration, mit
welcher die unverrückbare Wand sich bekleidet. Das Talent des
umfassendsten Denkens verknüpfte sich in Daub mit dem Talent
der unerschöpflichsten Improvisation des Ausdrucks; die Improvi=
sation des mündlichen Vortrags erhielt ihm jene Natürlichkeit,
welche den nur Schreibenden so oft verloren geht.

Die Anthropologie muß als ein Werk gelten, das aller=
dings in sich eine schöne Gliederung zeigt, die aber nur relativ
zugegeben werden kann und welche unausweichlich durch eigene
Beziehung auf Hegel dazu auffordert, auseinanderzusetzen, wie
das, was Hegel Anthropologie nennt, sich zu dem verhält, was
Daub so genannt hat. Um so mehr muß darauf eingegangen

werden, als gerade jetzt dieses Element der Wissenschaft in eine gewisse Fermentation zu gerathen scheint.

Manche haben zwar vor demselben eine Perhorrescenz; die Plastik der logischen Idee, die Fülle der Natur, die objective Freiheit des Geistes, die Entäußerung des Geistes in seiner Absolutheit zu Kunst, Religion und Wissenschaft zieht sie an, so daß ihnen die Beschäftigung mit dem subjectiven Geist als solchem kleinlich und mißlich vorkommt, weil darin eine so unendliche Vielseitigkeit sich zusammenwickelt. Sie sehen gern den Geist zur That aus sich heraustreten, aber die Bedingungen, die ihn dazu befähigen, lassen sie liegen. Sie erfreuen sich an dem Zeiger, der auf dem Zifferblatt im Tanz der Horen umkreist, aber die leise pochende Unruhe, die Räder, die Ketten, die elastische Feder, dies ganze complicirte Triebwerk lassen sie unter der Scheibe als Voraussetzung. Die Psychologen und Anthropologen haben es allerdings durch anmassende Trivialität und kleinliche Verworrenheit oft selbst verschuldet, wenn großartige Naturen sich mit ihrer Wissenschaft nicht befreunden mögen und wenn ihnen öde dabei zu Muth wird. Aber die Wissenschaft als solche darf keine Vorliebe haben, und, da die Wahrheit nur das Ganze ist, so muß sie jedem Moment desselben mit dem unerschütterlichen Gleichmuth des Epikers dieselbe Gerechtigkeit widerfahren lassen, denn jedes ist nothwendig und völlig eben so interessant, als jedes andere. Der Philosoph muß in seiner Fähigkeit der Assimilativen eine Indifferenz besitzen, welche Gott nachzuahmen sucht, der seine Sonne aufgehen läßt über Gerechte und Ungerechte.

Anthropologie ist ein Ausdruck, der in die Breite verlockt. Die Lehre vom Menschen! Da kann man in die Natur zurückschweifen, deren Gipfel der Mensch ist. Man kann, um zum Menschen zu gelangen, wie Steffens, erst die ganze Geologie und Physiologie vortragen und dann schon mit einer Beschreibung der Temperamente schließen, als sei damit nach jenem Zuviel bereits genug gethan. Da kann man in die Objectivität und Absolutheit des Geistes hinausschweifen, denn ist es nicht menschliches Leben, was in der bürgerlichen Gesellschaft, in den Religionen u. s. f. sich manifestirt? Man kann, wie Beraz, in der Anthropologie eine Jurisprudenz und Theologie vortragen. Ja, man kann alle Wissenschaften unter diesem Einen Titel concentriren. Burdachs in vieler Hinsicht mit Recht gerühmte Anthropologie zeigt uns, daß, wenn der Mensch nach den „verschiedenen Seiten seiner Natur" betrachtet wird, Nichts zurückbleibt, was nicht als eine derselben aufgefaßt werden könnte. Die Naturwissenschaft in ganzer Ausdehnung — der ethnographischen Seite wegen auch die Geologie — und die Wissenschaft des Geistes nach allen Elementen, Logik, Aesthetik, Sprachphilosophie u. s. f., kann in die Darstellung hineingezogen werden.

Daub hält sich auch in solcher Allgemeinheit. Nach ihm ist die Anthropologie die Wissenschaft, „in welcher der Mensch sich erkennt, wie er sich sowohl von sich selbst, als von dem, was nicht er selbst ist, unterscheidet und in diesem Unterschiede mit sich identisch ist und bleibt." Diese Definition ist so gut, als jede andere, aber auch eben so schlecht; sie ermangelt jeder qualitativen Färbung. In der Eintheilung merkt man nun wohl, daß Daub durch solche Abstractionen den Begriff der Natur und den Begriff Gottes als das, was der Mensch nicht selbst ist und durch die Bezeichnung des sich von sich selbst Unterscheidens den Begriff der Intelligenz andeuten will. Er stellt die Anthropologie zwischen die Zoologie als den höchsten Zweig der Naturwissenschaft und die Theologie als das höchste Gebiet der Pneumatologie. Darnach entwickelt er die Anthropologie in drei Theilen: erstlich das Selbstgefühl; zweitens das Selbstbewußtsein; drittens das Religionsgefühl, so daß der Mensch im ersteren sich von dem unterscheidet, was er nicht selbst ist und was unter ihm ist, von der Natur; im letzteren von dem, was er auch nicht selbst ist und was über ihm ist, von Gott; in dem mittleren sich von sich selbst als dem erkennenden und wollenden und doch in allen diesen Unterschieden als Subject mit sich identisch ist und bleibt, d. h. das Natürliche, das Theoretische und Praktische, das Göttliche selbst, als seine Prädicate setzt.

Um eine Wissenschaft isolirt vorzutragen, um sie in solcher Vereinzelung auf eine andere zu beziehen, darf man sich eine solche Anordnung gewiß erlauben, zumal sie den allgemeinen Rhythmus der Wissenschaft nicht stört. Sollte aber damit noch mehr gesagt sein und sollte dieselbe als eine absolut systematische gelten wollen, so müßte man protestiren, denn in solchem Fall würde man der Wissenschaft Unrecht thun. Man würde das Wegfallen einer Menge von Zwischengliedern ignoriren. Hegel faßt dasjenige, was bei Daub Gegenstand der Anthropologie ist, unter die Benennung der Lehre vom subjectiven Geist zusammen, die er in sich selbst wieder als Anthropologie, Phänomenologie und Psychologie unterscheidet. Diese Eintheilung ist in der neuesten Zeit einer mannigfachen Kritik ausgesetzt gewesen. Erdmann wollte das Verhältniß der Anthropologie zur Physiologie anders bestimmt wissen, indem er den Geschlechtsproceß und den Tod in eine eigenthümliche Beziehung zur Genesis des Selbstbewußtseins setzte und Damerow meinte, daß Hegel eigentlich nicht recht klar in der Sache sehe, da Anfangs= und Endpunct der Wissenschaft zu unbe= stimmt sei. Es existire in der That eine Anthropologie, welche den Men= schen, 1) von Seiten seiner körperlichen Natur in der Physiologie; 2) von Seiten seiner geistigen in der Pneumatologie; 3) von Seiten der Einheit der körperlichen und geistigen, z. B. in der Sprache, in der Psychologie darzustellen habe. Diese Eintheilung scheint sehr speculativ, denn sie setzt eine scharfe Antithese des Körperlichen und Geistigen, die sich in einer sehr bestimmten, dem ärztlichen Stand= punct sich außerordentlich empfehlenden Synthese aufhebt. Allein sie steht nichtsbestoweniger unter der Hegel'schen Eintheilung, die noch so wenig Eingang gefunden hat, daß man sie um ihrer Ab= weichungen willen meistens sogleich corrigiren will, bevor man sich noch recht darauf eingelassen hat. Damerow wirft Hegel vor, daß in dem, was er Anthropologie nennt, nach meinem Ausdruck, das Somatische „in aller Breite" noch wieder eintrete; wo sei denn nun hier eine feste Grenze gegen die Physiologie? Allein ich habe ausdrücklich, sogar mit gesperrten Lettern, gesagt, das Somatische trete in der Anthropologie seiner ganzen Breite nach „als Bedingung" auf. Für sich ist dasselbe schon vorher in der Physiologie begriffen. Die Anthropologie hat sich mit den Kno= chen, Nerven u. s. f. als solchen nicht zu beschäftigen; sie ent= wickelt aber den Geist, wie er als einzelner aus seiner Natürlich= keit sich erhebt, ohne daß man sich dies Freiwerden von derselben, dies die Natur zum Organ=Machen deshalb als ein abstractes Ne= giren der Natur zu denken hätte. Der Geist ist der Gegenstand der Anthropologie so gut, als der Phänomenologie, aber in der Anthropologie wird seine unmittelbare Bedingtheit durch die Natur betrachtet. Es ist doch ein großer Unterschied, ob ich den Nerven z. B. in seiner Structur u. s. w., oder ob ich ihn so betrachte, wie er z. B. im Somnambulismus Organ eines Zustandes des Geistes ist. Für diese Betrachtung ist sein physiologischer Begriff schon eine Voraussetzung. Nun könnte noch eingewendet werden, daß die Naturphilosophie doch auch die Seele der Thiere, ihr Träumen u. s. f. zu begreifen habe, daß also, was Hegel Naturgeist nenne, doch schon außerhalb der Philosophie des Geistes zur Sprache komme. Allein hier existirt ja eben der specifische Unterschied der theriologischen und anthropologischen Seele. Die erstere ist nur Seele; die zweite ist der Geist, wie er in seiner subjectiven Entwicklung in der Natur nicht sein Princip, denn das ist er sich selbst, wohl aber den äußeren Anfang, nicht den Grund, wohl aber die Grundlage seiner Existenz hat. Die Thierseele kommt daher nicht über das Selbstgefühl hinaus, weil sie nicht an sich darüber hinaus ist; die Menschenseele geht über das Selbstgefühl hinaus zum Bewußtsein und Selbstbewußtsein, weil sie an sich nicht Seele, sondern Geist und als Geist Wissen und freie Subjectivität ist. Wenn nun aber Damerow den Geist als das mit der Natur identische Subject zum Object der Psychologie als des dritten Theiles seiner Anthropologie macht, so stellt sich bei Hegel die Einheit des subjectiven Geistes mit seiner Natürlichkeit in viel höherer Weise dar, nämlich als eine vermittelte. Was Damerow Pneumatologie nennen will, kann, insofern es einen nach seiner Meinung directen Gegensatz zum Physiologischen ausmachen soll, nichts Anderes sein, als die Lehre vom Bewußtsein, denn das Bewußtsein ist die That des Geistes, wodurch er sich als wirkliches Subject von allem Andern unterscheidet, eine That, welche gar nicht mit seiner Natürlichkeit zusammenhängt, sondern als Act causa sui ist; cogito, ergo sum. Daher lautet es bei Erdmann so sonderbar, wenn er den Tod als dasjenige Moment der Entwicklung des Geistes darstellt, wodurch derselbe zum Bewußtsein gelange; allein das hat Erdmann richtig gefühlt, daß das Bewußtsein zwischen dem Menschen und der Natur die qualitative Grenze zieht. Weil nun der Tod Leib und

Seele scheidet, so verirrt er sich dadurch zu einer so äußerlichen Fassung des Processes, daß er die absolute Idealität, Innerlichkeit des Geistes nicht anders und besser erreichen zu können glaubte, als wenn er den Tod zur Bedingung derselben machte. Wenn in der Wissenschaft manche Eintheilungen durch ihr Alter ehrwürdig und durch vielfache Anwendbarkeit nützlich geworden sind, so folgt aus einer solchen Thatsache noch gar nicht, daß sie für immer Autoritäten sein müßten. Daß der Mensch aus Leib, Seel' und Geist „bestehe," ist einer jener Gemeinplätze, welche die Wissenschaft nicht mehr zu dulden hat, seitdem sie zu einer Wissenschaft des Bewußtseins gekommen und eine Encyklopädie aller Momente des Systems der Idee erschaffen hat. Die Trichotomie in der Lehre vom subjectiven Geist lautet jetzt: Seele; Bewußtsein; Geist. Der Geist ist weder ohne Bewußtsein noch ohne ein Verhältniß zur Natur; durch das Bewußtsein ist er über die Natur und durch das Geistsein, d. h. durch die Freiheit, sich selbst sich zum Stoff zu machen, über sich als Bewußtsein hinaus, in welchem er sich nur als unendliche Form des Inhalts erfaßt, als Subject immer zum Object in Beziehung steht, selbst wenn die Objectivität der Logos der Vernunft ist. Zwischen solchen Constructionen, wie Damerow, Erdmann, Daub und Andere sie vorgenommen haben, und zwischen Hegel ist der große Unterschied, daß der letztere aus dem Ganzen heraus, indem ihm stets die Totalität aller Elemente der Idee in ihrer gegenseitigen Gliederung vorschwebt, jene aber von einzelnen particulären Standpuncten her diesen Gegenstand behandeln. Wenn Daub ein System der Philosophie hätte vertreten sollen, so würde er sich z. B. wohl gehütet haben, den Begriff des Instinctes so breit, wie er es jetzt thut, in einer Anthropologie zu entwickeln; Hegel verweist ihn mit Recht in die Naturphilosophie, Encykl. 2te Ausg. §. 359. Anmerk. Oder wenn Damerow erst die Naturphilosophie, dann die Philosophie des Geistes zu lehren hätte, so würde er wohl zugeben, daß die Physiologie noch ganz in die Darstellung des organischen Lebens als Leben gehört. Die Sprache, welche Damerow als Beispiel der unendlichen Einheit des Körperlichen und Geistigen anführt, hat das Princip ihres Entstehens doch nur im Geistigen, im Anschauen, Vorstellen, Denken. Das Thier hat nur Stimme, nicht Sprache. Daß der Geist durch den Organismus den äußerlich realen Ausdruck seines Vorstellens u. s. f. gewinnt, ist in dem Proceß das Secundäre, denn die specifische Lautbildung, in welche vornämlich das physiologische Element fällt, bewirkt die Verschiedenheit der Sprachen, wogegen der Geist an und für sich weder dieser noch jener Sprache das Privilegium ertheilt und eben deswegen als der denkende und im Denken Eine alle Sprachen durchdringt. Sein Denken ist die sogenannte Ursprache und in ihm ist er daher zugleich über die Sprache hinaus. Hegel negirt ja in dem dritten Abschnitt seiner Lehre vom subjectiven Geist die Natürlichkeit desselben nicht auf abstracte Weise, sondern er hebt dieselbe in dem Proceß des Geistes auf, aber so, daß allerdings die Einheit des Geistes mit der Natur nicht mehr eine unmittelbare ist, gegen welche der Geist sich negativ verhalten muß, um sich als reine Idealität, was er an sich ist, für sich zu setzen, als Bewußtsein, sondern die Identität ist hier eine durch die Negativität des Geistes gegen die bloße Natürlichkeit vermittelte.

Was nun Daub's Anthropologie im Besondern betrifft, so besteht sie eigentlich aus mehrern ganz verschiedenen Abhandlungen, die aber auf eine höchst geschickte Weise zusammengestellt sind. Die Darstellung des Selbstgefühls für sich ist vortrefflich; wir besitzen in Daub's dogmatischer Theologie jetziger Zeit S. 5—18 unter der Ueberschrift: vom Princip, noch eine andere Darstellung desselben Gegenstandes, welche verglichen zu werden verdient. Unter den Begriff des Selbstbewußtseins subsumirt Daub die Intelligenz als theoretische und praktische. Hier verdient nun unstreitig Hegel's Gliederung, welche das Selbstbewußtsein zum bloßen Moment des Geistes macht, den Vorzug, denn das Selbstbewußtsein als solches ist eine leere Unendlichkeit, die als Form erst durch die Substanz des Geistes sich erfüllt. In der Entwicklung der theoretischen Intelligenz schließt sich Daub mit Ausnahme kleiner Modificationen ganz an Hegel an; in der der praktischen aber ist er im höchsten Grade originell und dies Capitel nebst dem der Darstellung des Selbstgefühls ist das Ausgezeichnetste und selbstständig Durchgearbeitetste im ganzen Buch. Daß Daub hierbei noch oft auf Kant zurückgeht, ist ganz in der Ordnung, weil derselbe sich viel mehr, als Hegel, auf diese feineren Unterschiede im Leben des einzelnen Geistes eingelassen hat. Die Dialektik Daub's in diesem Felde hat eine ganz neue Organisation des Stoffes erzeugt. Wie auch im Kleinen derselbe sich künftighin variiren, erweitern und reinigen mag, die Grundbestimmungen sind ein für allemal errungen und die Hegel'sche Methode hat hier für die Nothwendigkeit der Sache einen ihrer größten Siege erstritten. Mit halbem Unmuth nahete man sich sonst in den Anthropologieen und Psychologieen dieser Materie und selbst in umsichtigen und geschmackvollen Entwicklungen konnte man sich schließlich einer Verstimmung nicht entschlagen, eher verwirrt, als aufgeklärt worden zu sein. Nun aber ist die Genesis der Begierde durch das Gelüsten, die Differenz der Begierde als der positiven und negativen, die Genesis der Neigung durch den Hang, der Leidenschaft durch den Affect und die Continuität dieser verschiedenen Formen auf das lichtvollste auseinandergesetzt. Daß aus dem rein Psychischen hierbei sehr häufig auf das Moralische reflectirt wird, lag in Daub's sittlichem Eifer, in der jugendlichen Seele seiner Zuhörer durch gelegentliche Aeußerungen solcher Art das ethische Feuer zu schüren. Am meisten sind ihm dabei wohl die ironischen Streifblicke gelungen, die oft, ich möchte sagen, eine packende Energie besitzen. Ein Subject konnte Daub, um ihm seine Beschränktheit, Armseligkeit als bloßes Subject, seine gehaltlose Eitelkeit recht zu fühlen zu geben, mit einer gewissen grausamen Behaglichkeit zermalmen und wenn er in der Anthropologie mit dem Leser sich zu duzen anfängt, so kann derselbe immerhin gewärtigen, am Ohr gezupft zu werden. — Den dritten Abschnitt macht eine Abhandlung über das Religionsgefühl aus, der im Ganzen wohl der Abschnitt der Phänomenologie, der von der Religion handelt, in der Eintheilung vom Natur-, Kunst- und Religionsgefühl zu Grunde liegt und welche an das Vorhergehende nur künstlich angeschoben ist. Daub hat recht gut gewußt, daß zwischen der Subjectivität und Absolutheit des Geistes die Objectivität desselben in der Mitte steht. Der natürliche Wille des Begehrens u. s. f., ist noch so wenig wahrhaftes Wollen, als der Proceß der Intelligenz im Anschauen u. s. w. wissenschaftliches Erkennen. Hegel hat daher mit größerer Vorsicht hier nur vom theoretischen und praktischen Geist gesprochen. Daub hat sich hier zweier Mittel bedient, die man in seiner Darstellung öfter bemerken kann und welche man dem mündlichen Unterricht wohl zu verzeihen hat. Er besitzt nämlich eine besondere Stärke in der Auffindung von relativ richtigen Uebergängen und relativ richtiger Systematisirung, d. h. er weiß recht gut, wie die Sache eigentlich steht, allein er sieht sich genöthigt, diesmal den Horizont anders zu begrenzen, wenn er zu seinem Zweck gelangen will. Daub endigt die Entwicklung des Begriffs der Leidenschaft mit dem Begriff des Völkerhasses, dessen Furie nur die Religion durch die von ihr ausgehende wahrhafte Menschenliebe negiren könne. So läßt er also das Element des objectiven Geistes, das Volksleben, anklingen und so überrascht es uns nicht mehr, wenn dann plötzlich von der Religion die Rede ist. Nun sucht Daub einen Zusammenhang S. 506 zwischen der Abhandlung des Religionsgefühls, die ursprünglich, wie sogleich ihr Anfang verräth, gewiß für sich selbstständig war, und dem Früheren folgendermaaßen auf höchst sinnreiche Weise zu knüpfen, indem er folgende Trias setzt:

1) Naturgefühl:
   a) Selbstgefühl, b) Empfindung, c) Begierde.
2) Kunstgefühl:
   a) Trieb (Kunsttrieb)
   b) Vorstellung, Einbildung, Einbildungskraft.
   c) Neigung (die Liebe dichtet, singt, malt!)
3) Andachtsgefühl:
   a) Bacat
   b) Gedanke
   c) Leidenschaft (der Enthusiasmus des Andachtsgefühls wird zum Sieger über die gemeinen Leidenschaften; Ehrsucht, Herrschsucht, Neid, vergehen in der Kirche).

Diese Zusammenstellung ist, wie gesagt, sinnreich, allein nichts desto weniger frostig. Sie ist nur eine Pseudosystematik, Alles noch einmal zu übersehen und zusammenzufassen. Die hinzugefügten erklärenden Parenthesen sind von Daub selbst. Der dritte Abschnitt soll sub a keine analogische Bestimmung besitzen, weil die Anthropologie mit dem Begriff des Andachtsgefühls „systematisch" schließen und die Theologie „einleiten" soll, merkwürdiger Weise aber bei Daub doch nicht mit der Erkenntniß Gottes, sondern mit der Liebe zu ihm und einer ethischen Gnome schließt. Man sieht wohl, daß hier ein gewisser Zwang der Willkür herrscht, der bei Daub auch dadurch unterstützt ward, daß er mit einer seltenen Ausdauer und Frische in einem steten Umarbeiten seiner Erkenntniß begriffen war und ein unermeßliches Wissen, das in ihm sich auflagerte, mit gelegentlichem Fahrwinde, theilweise wenigstens, flott machte. Mann kann z. B. durch die ganze Anthropologie hin einen brennenden Reiz wahrnehmen, wo es irgend zulässig ist und der Schein des Zusammenhangs nicht zu grob gestört wird, rein naturwissenschaftliche Untersuchungen, z. B. über die generatio aequivoca, über den Raum u. s. f., anzustellen. So hat Daub sein schönstes Wissen oft in zufällige Ritzen eingestopft. Wohl hätte er Kenntniß und Kraft genug gehabt, die ganze Naturphilosophie zu entwickeln und durch solche Arbeit die an sich freilich erheiternde und lehrreiche Manier eines Occasionalismus der Forschung in solchen Dingen zu ertödten.

II.

Hegel's Philosophie der Geschichte. 1837.

Man vernimmt die Kunde, es sei ein neues Land entdeckt worden. Die ungefähre Lage, die ungefähre Beschaffenheit wird angedeutet. Aber es vergeht geraume Zeit, ohne daß uns eine Einsicht in das Innere des Welttheils gegeben wird, bis endlich die Beschreibung eines gründlichen Reisenden das hochgespannte Verlangen befriedigt. So erging es dem Publicum mit Hegel's Philosophie der Geschichte. Seitdem er zu Berlin Vorlesungen darüber hielt, verbreitete sich der Ruf derselben durch ganz Deutschland und darüber hinaus. Die Hindeutungen auf diesen Gegenstand in Hegel's gedruckten Schriften, in der Phänomenologie und Rechtsphilosophie, nach seinem Tode die Vorlesungen über die Religionsphilosophie und Geschichte der Philosophie, mußten das Interesse fortwährend steigern. Die Schule selbst sah sich veranlaßt, bei mehrfacher Gelegenheit darauf hinzuweisen. Endlich ist das Werk da, und Gans kann nicht uneben als der Reisende angesehen werden, durch dessen Bemühungen insbesondere dieser neue Zuwachs an ächt continentalem Boden der Philosophie uns zugänglich gemacht ist. Denn dies Werk gehörte, als das zuletzt entstandene Collegium Hegel's, gerade zu den am wenigsten von ihm ausgearbeiteten. Nur die Einleitung ist von ihm selbst zum größten Theil in einem festen, oft grandiosen Styl niedergeschrieben. Das Uebrige hat aus einer Masse aphoristischer Bemerkungen, mit Hinzuziehung von nachgeschriebenen Heften, die denn doch immer, auch im besten Fall, nur Hefte sind, keine abschließende, abrundende Redaction, mühsam zusammengebracht und mit einer glücklicher Weise kaum noch sichtbaren, großen Anstrengung zur gediegenen, zuverlässigen, sonnenhellen Gestaltung herausgearbeitet werden müssen. Gans, der sich so lange schon mit der Geschichte des Erbrechts durch die ganze bunte Reihe der Völker und Zeiten hin beschäftigt; Gans, der sich von aller politischen, kirchlichen und, möchten wir in gewisser Hinsicht hinzusetzen, speculativen, schulmäßigen Befangenheit frei zu halten gewußt hat; Gans endlich, der sich durch häufige Reisen in alle Culturländer Europas, durch einen ausgedehnten persönlichen Weltverkehr die Zustände der heutigen, vorzugsweise geschichtlichen Völker Europas geläufig gemacht; der endlich im Styl eine ungemeine Gewandtheit, eine treffende Leichtigkeit besitzt; Gans war unstreitig für diese schwierige Arbeit das vollkommenste Organ. Daß bei solchen Arbeiten zuletzt nicht geschieden werden kann, was ursprünglich fertig vorgefunden, was erst durch Vermittelung mannigfachen Bedenkens gleichsam entstanden ist, ohne doch vber objectiven Treue im Geringsten zu nahe zu treten, ist eine Eigenthümlichkeit derselben, welche von Seiten der Bearbeitenden Resignation auf Dankbarkeit nothwendig macht. Denn was nun in einem solchen Werke gut ist, wird natürlich dem Urheber zugeschrieben; was aber mangelhaft, unbefriedigend erscheint, das zögert man nicht, auf die Rechnung des Herausgebers zu setzen und mit ihm deshalb, obschon ohne Einsicht in die Acten, zu grollen. Es ist zu erwarten, daß, wer eine solche Arbeit unternimmt, wissenschaftlichen Sinn genug besitzt, von allen solchen Aeußerlichkeiten zu abstrahiren. Wir aber wollen, nach Erwägung der Schwierigkeiten, mit welchen Gans laut der Vorrede zu kämpfen hatte, ihm den freundlichsten Dank für die gelungene Ueberwindung derselben nicht vorenthalten. Und in Betreff der eigentlichen Kritik müssen wir sogleich hinzusetzen, daß auch sie durch die besondere Entstehungsweise des Buchs einigermaßen sich beengt fühlt, denn die Entwicklung ist im höchsten Grade ungleich. Allerdings ist sie ausführlich genug, um sich der Grundanschauung Hegel's in ihrer Totalität für die Hauptwendepuncte der Geschichte bemeistern zu können; sonst aber merkt man recht den Gang eines akademischen Vortrags. Im Anfang bauscht sich Alles aus; das Semester liegt wie eine unerschöpfliche Zeit vor uns; man will der Gründlichkeit nichts vergeben und verweilt mit gemüthlichem Ernst bei jeder Bestimmung. Aber weiterhin drängt man von Woche zu Woche zusammen, endlich von Tag zu Tag, und in den letzten Stunden thut man den wichtigsten Dingen Gewalt an, um doch nicht mitten in der Entwicklung abzubrechen; man affectirt in weiten Conturen den Schluß und wird aus Zeitmangel, wie Recensenten aus Raummangel, nicht aus Unkenntniß oder Nachlässigkeit, flüchtig. So hat Hegel im Anfang über China die weitläufigsten Zusammenstellungen gemacht. Er verliert sich bis in eine anekdotenhafte Genremalerei; aber von Volk zu Volk steckt er sich einen engeren Horizont, bis er in der neuesten Zeit in der That nur skizzirt. Das bewundernswerthe Talent Hegel's für welthistorische Darstellungen hat hier freilich, vielleicht gerade durch den Drang, in welchem sein arbeitender, nach Kürze ringender Geist sich befand, ihm den Ausdruck oft wunderbar geschwellt und Charakteristiken erschaffen, die eine wahrhaft monumentale Prägnanz, jenes unvergeßliche Etwas der letzten Durchdringung einer Sache haben.

Was das Verhältniß der Hegel'schen Philosophie der Geschichte zu Arbeiten ähnlicher Art betrifft, so hat Gans als Herausgeber in dem Vorworte so genügend darüber gehandelt, daß ich, zumal ich das Meiste von dem in diese Materie Einschlagenden vor einigen Jahren in einer besonderen kleinen Schrift durchgegangen bin, davon abstrahiren will. Nur das Verhältniß Hegel's zu

Schelling will ich noch einen Augenblick betrachten, denn dies wird von Gans in den Schlußworten der Vorrede nur gestreift und muß doch besprochen werden, da vor Hegel's nun wirklich erschienener Philosophie der Geschichte Schelling's Ankündigung einer solchen unter dem Titel: die vier Weltalter, die Präcedenz und, obschon nur eine Möglichkeit, den Ruhm gehabt hat. Die Data, welche in Schelling's gedruckten Schriften vorliegen, sind folgende: erstens im System des transscendentalen Idealismus, 1800, S. 413—441. Die Grundlage zu dieser Darstellung gab Schelling bereits 1798 in dem von Fichte und Niethammer edirten Journal, Bd. VIII, Hft. 2, S. 135 ff. Es wird hier besonders der Begriff der Geschichte festgestellt, daß die Natur keine Geschichte habe, daß eine Reihe von Begebenheiten an sich den Namen Geschichte noch nicht verdiene, daß die Synthese des Bewußten und Unbewußten das geheimnißvolle Werk einer höhern Macht sei u. s. f. Zuletzt werden mit einigen Zügen drei Perioden der Geschichte angegeben. Die erste soll die des Schicksals sein, als einer völlig blinden Macht, welche das Größte und Herrlichste kalt und bewußtlos zerstört. Die zweite Periode soll die der Natur sein und scheint Schelling mit der Ausbreitung der Römischen Republik zu beginnen. Die dritte Periode existirt noch gar nicht; sie wird die der Vorsehung sein und, wenn sie kommt, wird auch Gott sein, wogegen er in den beiden vorigen Perioden erst auf unvollkommene Art sich zu offenbaren anfängt. Hier sieht man von vier Weltaltern noch keine Spur und nicht die geringste Rücksicht auf das Christenthum. In den Vorlesungen über die Methode des akademischen Studiums, 1803, in der achten, über die historische Construction des Christenthums, unterschied Schelling in der Weltgeschichte hauptsächlich zwei Perioden, des Heidenthums und des Christenthums; jenes war die Darstellung der Geschichte im Element des Realen, Endlichen, Exoterischen, Symbolischen; dies die Geschichte im Element des Idealen, Unendlichen, Esoterischen, Mystischen. Dort war das höchste „Kunstwerk" der Staat, hier die Kirche. Schelling mußte sich bei dieser Exposition der früheren erinnern und knüpfte an dieselbe so an, daß er das Christenthum als die Einleitung in die Periode der Vorsehung erklärte. Nun wird man aber ganz irre

gemacht. Denn es wird hier die Periode der Natur der des
Schicksals vorangesetzt. Jene soll ihre höchste Offenbarung in
der schönsten Blüthe der Griechischen Religion und Poesie haben.
Mit dem Abfall von ihr offenbart sich „die ewige Nothwendigkeit"
als Schicksal, indem sie in den wirklichen Widerstreit mit der
Freiheit tritt. Die neue Zeit beginnt mit einem allgemeinen Sün=
denfall, einem Abbrechen des Menschen von der Natur. An die
Stelle der bewußtlosen Identität mit der Natur und an die der
Entzweiung mit dem Schicksal tritt die bewußte Versöhnung, in
der die Freiheit als besiegt und siegend zugleich aus dem Kampfe
hervorgeht. — Man muß gestehen, daß diese Umwerfung der
Perioden die größte Inconsequenz ist und die Stellung des Christen=
thums als einer bloßen Initiative es ganz zweifelhaft läßt, ob
man dasselbe noch jener Periode zurechnen solle, welche, nach dem
vorher mitgetheilten Schema, mit dem Römischen Staate anfing
und bis auf unsere Tage dauert? Hier war es denn, wo Schelling
auch zum ersten Mal die Voraussetzung aussprach, daß die Ge=
schichte mit dem vollkommensten Zustande unseres Geschlechts an=
gefangen habe, eine Ansicht, welche gewissermaßen ein Axiom
seiner Schule ward und eine übertriebene Hochstellung des Orien=
talismus und der Tradition erzeugte, so daß man sich nicht
wundern kann, wenn Hegel, in seinen letzten Jahren sich einer in
das Speciellste eingehenden Kenntniß des Morgenlandes mit Lei=
benschaft widmend, das Grundlose solcher Annahmen oft herbe zu=
rückzuweisen suchte. (Schelling seinerseits bekämpfte allerdings
damals auch einen platten Empirismus, der, wie bei Schlözer,
den Menschen aus dem Affengeschlechte entspringen ließ.) — Endlich
in dem berühmten Aufsatz über die menschliche Freiheit, in den
philosophischen Schriften, 1809, treffen wir S. 459—461 aber=
mals eine flüchtige Zeichnung des Ganges der Weltgeschichte, bei
welcher ausdrücklich auf jene eben excerpirte Vorlesung zurückge=
wiesen wird. Der Unterschied besteht formell darin, daß Schelling
hier in der mystischen Sprache redet, die er unterdessen aus Jacob
Böhm und Franz Baader sich angeeignet hatte; reell darin, daß
er den Gegensatz des Guten und Bösen, den Gedanken der Heili=
gung, premirt und nun schon S. 461 mit den Worten schließt:
daß in dem neuen Reiche (nach der turba gentium, der Völker=

wanderung) das lebendige Wort als ein festes und beständiges Centrum im Kampfe gegen das Chaos eintritt und ein erklärter, bis zum Ende der jetzigen Zeit fortdauernder Streit des Guten und des Bösen anfängt (?), in welchem eben Gott als Geist, d. h. als actu wirklich sich offenbart." Wie soll man diese Versicherung nun mit der früheren reimen, nach welcher Schelling es verneint, zu wissen, wann die dritte Periode anheben werde?

Dies ist in der That Alles, was von Schelling in Ansehung der Weltgeschichte authentisch angeführt werden kann, denn die vier Weltalter selbst sind nie erschienen, wenn gleich in der Rede über die Gottheiten von Samothrace, 1815, nach dem ausdrücklichen Zusatz auf dem Titel eine Beilage dazu. Wir legen diese Zurückhaltung einem Manne, wie Schelling, nur ehrenvoll aus; wir begreifen recht wohl einen Zustand, in welchem man sich immer nicht genügt, und sind über die Gemeinheit, mit welcher Salat in einem Schriftchen über ihn neulich S. 11—16 diese Angelegenheit behandelte und ganz in die Sphäre kleinlichster Klätscherei herabzog, nur empört; allein ganz davon zu sprechen konnten wir nicht Umgang haben, da es uns der Pietät angemessen scheint, das Verdienst des Todten gegen Verkennung zu schützen. Von der Schelling'schen Schule aber ist die Meinung verbreitet worden, als wenn Hegel weiter Nichts gethan, als nur Schelling's „Manier und Grundsätze" in diesem Puncte ausgebeutet hätte; s. die Philosophie des Rechts nach geschichtlicher Ansicht von F. J. Stahl, 1830, Bd. I, S. 262 und 294, an welcher letzteren Stelle es Hegel förmlich übelgenommen wird, daß er von Schellings Andeutungen zur Vollständigkeit fortgegangen sei; damit man keinen Ruhm darin finde, wird sogleich dies Streben in die Prätension verwandelt, mit der Construction der Geschichte „den Weltgeist erschöpft" zu haben. Stahl hat nur den Schluß von Hegel's Philosophie des Rechts im Auge; an die Phänomenologie denkt er nicht; und selbst jener Schluß ist so eigenthümlich, die Gliederung der Geschichte so fest und schön, wie Schelling über diesen Gegenstand sich nie ausgelassen hat. Insbesondere muß man sich aber wundern, daß Stahl als Jurist die letztere Hälfte von Hegel's 1802 geschriebenem Aufsatz über die wissenschaftlichen Behandlungsarten des Naturrechts bei dieser Gelegenheit ganz ignorirt; denn hier ist es, wo Hegel zum ersten Mal mit dem von ihm zuerst wieder der Philosophie vindicirten Begriff der **Sittlichkeit** im Unterschiede von der **privaten Moralität** auftrat, eine vollkommen originale Auffassung, auf welcher seine Philosophie der Geschichte vornämlich beruht. Das einzige Buch, was mit Fleiß und Gründlichkeit aus der Schelling'schen Schule in diesem Gebiet hervorgebracht wurde, ist J. J. Stutzmann's Philosophie der Geschichte der Menschheit, Nürnberg 1808, 531 S. gr. 8. Allein auch dies hat die Phänomenologie von 1807 vor sich, wenn gleich dieselbe keinen Einfluß darauf hatte, Stutzmann aber auch, die allgemeinen Principien abgerechnet, von Schelling ziemlich unabhängig verfuhr und z. B. die Geschichte in drei Perioden zerlegte, in die des Orients, der antiken und der christlichen Welt. Somit bleibt denn als Anklage für Hegel weiter Nichts über, als daß er in der Philosophie des Rechts 1821 für die Geschichte **vier welthistorische Reiche**, das orientalische, griechische, römische und germanische, unterschieden, worin denn ein Anklang an die vier in ihrer Theilung noch ganz unbekannten Weltalter Schellings gesucht werden mag.

Das Nächste, was wir, nach diesen Aeußerlichkeiten, zu berühren haben, ist **Hegel's Methode**. Denn da durch einen gut geschriebenen Auszug aus der Philosophie der Geschichte der Inhalt derselben nach seinen Hauptmomenten jetzt wohl schon als allgemein bekannt vorausgesetzt werden kann, auch schon vorher durch allerlei Canäle bei dem Publicum eingeschmuggelt war, so kann nicht erwartet werden, daß die Kritik mit einer Reproduction desselben sich zu schaffen mache. Wir können uns daher nur an dasjenige halten, wodurch wir zur Verminderung der Schwierigkeiten im Auffassen jenes Inhalts und zur Aufklärung so vieler diesen Gegenstand umschwebenden Mißverständnisse hoffen beitragen zu können.

Hegel unterscheidet drei Gattungen der Geschichtschreibung, die ursprüngliche, die reflectirte und die philosophische. Die erste ist die gleichzeitige unbefangene Darstellung des Factums; die zweite geht von bestimmten Voraussetzungen aus und sucht aus ihnen die Thatsachen zu erklären; die letzte nimmt wieder das Factische ganz unbefangen und macht keine andere Voraussetzung, als die allgemeine, Vernunft in ihm zu finden. Sie liefert also nicht, wie die Reflexion, einen mechanischen, psychologischen oder beschränkt teleologischen Pragmatismus; noch weniger aber thut sie der bewährten Ueberlieferung irgend Gewalt an. Sie verhält sich zu der Geschichtforschung, wie die Philosophie der Natur zu den Resultaten der Empirie, welche diese durch das Experiment, jene durch das Document garantirt. Dies Aufnehmen des Resultates der empirischen Akribie ist aber für die Speculation erst der Anfang. Daß Hegel die Voraussetzung macht, in der Geschichte Vernunft zu finden, rechtfertigt sich dadurch, daß der Geist als das Subject der Geschichte an sich vernünftig ist, also auch in der objectiven Gestaltung, die er sich gibt, Vernunft enthalten sein muß. Gans hat in seinem Vorworte sich des Ausdrucks bedient, daß das Eigenthümliche der Hegel'schen Methode in dem Logischen liege. Dies ist ganz richtig; man muß es aber auch recht verstehen. Es soll nicht heißen, daß Hegel in der Weltgeschichte nichts anderes erblicke, als eine Abwickelung der logischen Kategorieen in ihrer inneren Stufenfolge. Allerdings liegt eine solche Annahme nahe. Auch ist sie in der Schule besonders hervorgetreten. Kapp war es vorzüglich, der in seiner früheren jugendlichen Ungeduld mit einem solchen Schematismus zu operiren liebte; das Sein sollte der Orient, das Wesen die antike, der zu sich gekommene Begriff die moderne Welt sein u. s. w. Allein da die sämmtlichen Kategorieen schon in dem Begriff der Natur sich aufheben, so ist dies im Begriff des Geistes noch mehr der Fall. Ohne die Kategorieen kann allerdings weder der Geist noch seine Geschichte begriffen werden. Allein zugleich ist er in seiner Productivität viel mehr, als nur eine trockene Wiederholung der logischen Kategorieen, wie wenn es ihm nur um diese, nicht um sich selbst zu thun wäre. Das Logische ist in der Geschichte so zu nehmen, wie es sich zuletzt als der allgemeinste Begriff der Idee an sich innerhalb der Logik ergibt, nämlich als die Dialektik. In dieser Hinsicht ist dasselbe dem Geist und seiner Geschichte durchaus immanent. Jedes Unmittelbare ist Resultat einer Vermittelung. An sich ist es einfache, allein nicht unterschiedlose Einheit, denn an und für sich ist es auch ein Vermitteltes. Der an sich in ihm gesetzte Unterschied muß sich daher zum besonderen Gegensatz erschließen, der jedoch in seiner Entzweiung sich selbst zu einer Einheit aufhebt, ohne deren Möglichkeit seine eigene Spannung unmöglich gewesen wäre. Diese als Resultat durch die Negation der Negation gewordene Einheit ist also von dieser Seite eine vermittelte; nach Vorwärts hin aber hat sie die Geltung der Unmittelbarkeit; sie ist Basis eines neuen Gegensatzes. Ihre Existenz ist nicht ein todtes Dasein, sondern das Werden der höheren Entzweiung. In dieser Bewegung verläuft sich der Proceß der ganzen Geschichte, von den umfassendsten Verhältnissen an bis zum Detail der kleinsten Partelungen herunter. Wenn Hegel also von der Vernunft in der Geschichte spricht, so hat man allerdings das Logische zu berücksichtigen, aber man muß zugleich wissen, was es damit im Geist für eine Bewandtniß hat, um nicht zu meinen, daß Philosophie der Geschichte bloß in einem Nachweisen des Abstracten im Concreten bestehe, wodurch am Ende gesagt würde, daß nichts ein wahrhaftes Interesse habe, als nur das Logische selbst, welches aus der historischen Umhüllung von der sogenannten Speculation herausgeschält wird.

Hegel versteht nämlich hier unter Vernunft eben so sehr die **Freiheit**. Die Philosophie der Geschichte macht aus dem Begriffe des Geistes, als des an und für sich freien, die Voraussetzung, daß in der Geschichte die Freiheit erscheinen müsse. Der Geist wäre jedoch nicht frei, wenn er sich nicht selbst als solchen setzte. Die Freiheit offenbart sich daher in ihrem sich selbst Bestimmen als werdende. Im Werden ist sie auch da. Den Begriff einer bloßen Annäherung hat man durchaus zu entfernen. Die Freiheit ist es selbst, die in ihrer Gestaltung sich in verschiedene Standpuncte unterscheidet, von denen, geschichtlich genommen, jeder denselben **Werth** ansprechen darf. Die Freiheit ist demnach nicht bloß ein Ziel, dem der Geist zuschreitet, sondern das Ziel wird auch auf jedem Puncte der Bewegung **erreicht**. Man könnte dies so ausdrücken, daß die Freiheit in ihrer unendlichen Mobilität, Perfectibilität doch zugleich das stabile, sich gleich bleibende Element des ganzen Processes sei. Vernunft und Freiheit sind folglich ebensowohl Inhalt als Form der Geschichte, und eine Geschichte zu haben, liegt im Begriffe des menschlichen Geistes. Er an sich ist schon das, was man sonst **Deduction der Idee der Geschichte** nannte.

Mit außerordentlicher Kraft und Würde hat Hegel den Begriff der Geschichtschreibung auseinandergesetzt. Die Sicherheit, mit welcher er seinen eigenen Standpunct einnahm, kann sich nicht besser bezeichnen, als durch die Klarheit, mit welcher er von den anderen Methoden Rechenschaft giebt. Es ist in der neueren Zeit mehrfach versucht worden, von andern Gesichtspuncten auszugehen. Die Neigung unserer Zeit, aus dem Erschrecken über manche Verirrungen der Speculation, aus dem Mißtrauen in die Energie des Denkens zu den Vorstellungen der positiven Religion zurückzuflüchten, hat vorzüglich eine christianisirende Behandlung der Weltgeschichte beliebt gemacht. Görres verlor sich bei einem solchen Unternehmen in eine schlechte Zahlenmystik, deren Unzulänglichkeit für die Natur des Gegenstandes ihm von Hegel selbst noch nachgewiesen wurde. In Dänemark schrieb Grundtvig sein Welt=Krönike, das nun auch in's Deutsche übersetzt ist und ganz und gar den biblischen Standpunct für den Begriff der Weltgeschichte einzunehmen und als den einzig wahren darzustellen Anspruch macht. Allein hier kann man recht sehen, wie unmöglich dies ist. Man mißverstehe uns nicht. Wir wollen nicht sagen, daß nicht der Begriff, den die Bibel von dem Geiste und der Geschichte des Menschen gibt, der wahre sei; davon sind wir vielmehr auf's Innigste überzeugt. Dagegen bestreiten wir, daß das bloße Zurückgehen auf die Bibel, auf ihre Traditionen ihre Weisungen und Aussichten für die Auffassung der Weltgeschichte uns genüge, und finden für diese Behauptung bei Grundtvig selbst die größte Bestätigung. Dieser persönlich ausgezeichnete Mann hat Gelehrsamkeit, Witz, Phantasie, Poesie, christlichen Eifer, patriotischen Stolz. Allein alle diese Elemente liegen bei ihm sehr auseinander, so daß oft nur eine nackte Willkür übrig bleibt. Die nordischen Völker sollen nach ihm der wahre Kern der Geschichte sein; daß dies eine Uebertreibung ist, die man subjectiv ehren, objectiv aber verwerfen muß, ist klar genug. Die wahrhafte Geschichte soll erst mit der Luther'schen Reformation beginnen, weil dieselbe allererst die Bibel emancipirte. Noch soll aber der „Schatten des Todes" die Völker Europa's bedecken; noch soll das Christenthum ohne lebendige Realität existiren. Der Pietismus wird eben so heftig abgewiesen, als der Rationalismus, die romantische Poesie eben so sehr, als die pantheistische Speculation; aber auch Zinzendorf, Klopstock, Lessing, Herder, Göthe! Die Biblicität Grundtvig's geht so weit, daß er Göze gegen Lessing in Schutz nimmt und Königsberg des Kantischen Kriticismus wegen als das „ausgefrorene Meer der sinnlichen Vernunft" dem „Unflath" Roms gegenüberstellt. Witzig und poetisch ist Vieles, wenn er z. B. meint, Napoleon habe den Ossian deshalb so gern gelesen, weil derselbe mit Todesschwermuth erfüllt, Napoleon aber der größte Virtuose in der Kunst des Todes gewesen sei. Zuletzt ist es bei Grundtvig aber doch nicht die Bibel, auf die er fußt, sondern die Hypostase seiner mit der Bibel associirten individuellen Anschauung, die er Saga nennt. Diese Saga hält bei ihm Gericht über Völker und Menschen. Sie ist seine letzte Instanz. Mit prophetischem Grimm schleudert er von ihr aus seine Wetterstrahlen und merkt nicht, daß dies Abstractum, dem er allerdings beständig eine biblische Bekleidung, ein intimes Verhältniß zur Schrift giebt, im Grunde nichts anderes ist, als das das Denken selbst in allegorischer Gestalt. — Der bedeutendste Versuch, die Weltgeschichte mit christlichem Auge aufzufassen, ist in der neueren Zeit unstreitig der von Leo's Universalgeschichte, die man als das directe Gegenbild der Rotteck'schen ansehen kann, welche die consequenteste und verbreitetste Darstellung der Geschichte aus dem Standpuncte eines abstracten Rationalismus und Liberalismus ist. Führte es nicht zu weit, so würde es interessant sein, zu zeigen, wo Leo noch ganz auf dem Grunde der Hegelschen Philosophie der Geschichte steht, von der er ursprünglich ausging und wo er sie nun theils verlassen hat, theils mit ihr sogar in entschiedenen Widerspruch getreten ist.

Was bei Hegel in Erstaunen setzt, ist die, fast möchten wir sagen, unermeßliche Vertrautheit mit dem Factischen. Nur einer solchen eines Historikers von Fach vollkommen würdigen Gelehrsamkeit war es möglich, ohne allen Zwang in der einfachsten Form, im schlichten Erzählungstone, die ungeheure Fülle der Thatsachen so organisch, so zusammenhängend vor uns zu entfalten. Nicht selten wird man glauben, daß ja gar nicht philosophirt werde; Hegel berichte eben nur, wie Andere auch. Sieht man aber näher zu, so ist alles Thatsächliche so vom Gedanken durchdrungen; es ist so sehr das Chharakteristische, das allgemein Bedeutende hervorgehoben; es ist so.sehr in dem, was referirt wird, der Accent auf das die Krisis Bestimmende gelegt, daß man sich überzeugt, wie nur die tiefste speculative Durchdringung einer solchen Zusammenstellung fähig war; denn Tausende haben dieselben Facta gewußt und sie in ihrer historischen Prägnanz doch nicht erkannt. Wenige Zeilen enthalten öfters Stoff zu den weitläufigsten Entwicklungen, die auch mit der Zeit gewiß noch als junge Schößlinge aus diesem colossalen Wurzelstamm ausschlagen werden. Z. B. sagt Hegel S. 434: „Zwar war der siebenjährige Krieg an sich kein Religionskrieg, aber er war es dennoch in seinem definitiven Ausgange, in der Gesinnung der Soldaten sowohl als der Mächte. Der Papst consecrirte den Degen des Feldmarschalls Daun, und der Hauptgegenstand der coalitionirten Mächte war, den preußischen Staat als Schutz der protestantischen Kirche zu unterdrücken." — Gerade seine gründliche Kenntniß hat ihn auch wohl vor dem Schicksal bewahrt, dem Philosophen, wenn sie über die Geschichte nachdenken, so leicht und begreiflich verfallen, nämlich in jeder Einzelheit ein Princip nachweisen, in dem wirklich Zufälligen schon immer ein schlechthin Nothwendiges erblicken zu wollen. Die Darstellung China's ergeht sich in der Auseinanderlegung der kleinsten Umstände. Allein nirgends wird man hier eine Spur von dem finden, was man Construiren der Thatsachen nennen müßte, wodurch Philosophen den Fachhistorikern so oft einen wohl gar lächerlichen Anstoß gegeben haben. Zuweilen gewinnt es den Anschein, als wenn Hegel sich in der That in ein Aggregat von Thatsachen ohne alle Reflexion verlöre; aber dann bricht plötzlich der Gedanke hervor, der ihre Seele ausmacht, und beleuchtet die ganze Breite des factischen Materials mit seinem verklärenden Glanze.

Es ist schon gesagt worden, daß Hegel die Weltgeschichte wesentlich als die Entfaltung der Vernunft und Freiheit des Geistes auffaßt. Dennoch ist ihm der Vorwurf des Fatalismus und der Vernichtung des Individuums gemacht worden. Diese Anklage fußt namentlich auf jene schöne Darlegung des Begriffs der Philosophie der Geschichte, mit welcher die Rechtsphilosophie schließt. Hier zeigt Hegel, daß jedes Volk nur Einmal in der

Geschichte Epoche machen, daß aber auch in derselben kein anderes Volk ihm Widerstand leisten könne, daß es vielmehr während ihrer Dauer ein absolutes Recht habe und daß die Individuen für die Vollbringung der Aufgabe eines Volksgeistes nur zur Hälfte ein bewußtes, zur Hälfte bewußtloses Werkzeug ihrer Realisirung wären. Da die Weltgeschichte es mit dem Begriff der Völkergeister, nicht mit der Biographie der Individuen zu thun hat; da sie den Fortgang der Freiheitsentwicklung darlegen, nicht aber von Allem erzählen will, was überhaupt einmal geschehen ist; da sie an dem Einzelnen nur ein Interesse nehmen kann, insofern es sich zum adäquaten Ausdruck einer allgemeinen Tendenz gemacht hat, der Einzelne aber sich in eine solche, ihm selbst unvermerkt, hineinlebt, so daß er in seiner scharf bedingten geschichtlichen Stellung in der That von seiner Bedeutung nur ein halbes Bewußtsein haben kann; so ist nicht abzusehen, was für eine Antastung der subjectiven Freiheit — denn an der objectiven ist ja bei Hegel kein Mangel — in jenen für diesen welthistorischen Standpunct vollkommen passenden Bezeichnungen liegen soll. Die Nothwendigkeit in der Freiheit leugnen, würde zu einem bloß formellen Begriff derselben, zur Willkür führen. Obschon für sich ein Jeder frei handelt, nach seinem Gewissen sich selbst bestimmt, so steht dennoch Jeder in einem eigenthümlichen, durch den geschichtlichen Proceß mit seinen tausendfachen Hebeln gebildeten Zusammenhange, dessen Dasein auch das Moment der Unabhängigkeit von ihm hat. Niemand kann vorher wissen, wie das, was er thut, in der Welt wirken wird. Die Welt, der objective Geist, ist eben so selbstständig, als der subjective Geist, der einzelne Mensch. In Wahrheit aber sind sie nur in der Einheit ihrer Wirkung und Gegenwirkung zu begreifen. Eine objective Gestaltung des Geistes lediglich vom Subject als solchem abzuleiten, ist eben so falsch, als die Individualität des Subjects lediglich aus der Objectivität der gegebenen Umstände zusammenzurechnen. In dieser Einseitigkeit wird die Anerkennung der Thätigkeit dem Subjecte ganz entzogen; man raubt ihm seinen wohlverdienten Ruhm; in jener wird der Begriff der Geschichte, die Continuität der Thatsachen, die Cooperation derselben, die Macht des Geistes eines Volkes, des Geistes der Menschheit negirt. Hegel hat diese Extreme wohl vermieden, und man wird S. 10—74, welche sich ausführlich mit der Beantwortung aller hieher einschlagenden Fragen beschäftigen, nur mit der tiefsten Bewegung des Gemüthes, mit dem Beifalljauchzen des innersten Geistes lesen können, der hier den Endzweck der Welt, die Mittel seiner Verwirklichung und die aus der Verwirklichung resultirende Gestalt seiner selbst mit einer wunderbaren Klarheit auseinandergesetzt findet. Wenn Hegel als Philosoph sich auch des Namens eines Weisen würdig gemacht hat, so ist es hier. Wenn ihm in seiner Geschichtbetrachtung der Vorwurf, daß er die Freiheit einer kalten Nothwendigkeit der Vernunft opfere, von der Frömmigkeit gemacht wird, so handelt diese darin, wie so oft der Philosophie gegenüber, ziemlich gedankenlos. Soll denn die Geschichte unvernünftig sein? Soll die Willkür den Begriff der Freiheit schon erschöpfen? Soll ihre Heiligkeit nicht auf ihrer Nothwendigkeit beruhen? Ist aber die Nothwendigkeit in der Freiheit concreter Weise etwas anderes, als die Vernunft? Nein, das will die Frömmigkeit nicht. Sie will auch Nothwendigkeit. Nur spricht sie dieselbe in einer anderen Sprache aus und verfällt oft in einen ärgeren Fatalismus, als die von ihr zur Ehre Gottes bekämpfte Speculation. Da finden wir von den unerforschlichen Rathschlüssen Gottes, von den geheimnißvollen Wegen der Vorsehung, von der wunderbaren göttlichen Leitung der Schicksale der Menschen und Völker eine Menge Redensarten, welche, wenn man an ihnen die subjective Form wegnimmt, im Gehalt völlig fatalistisch sind; die stumme Resignation unter den Gedanken, Gott hat es so und nicht anders gewollt, ist die Unterwerfung unter die Nothwendigkeit. Auch wenn es heißt, daß Gott einen Menschen ausgerüstet habe, dies und jenes zu vollbringen; daß er sich einen Menschen erwählt habe zum Streiter für seine Sache oder einen andern als ein Gefäß der Unehre verworfen habe, so ist es nur ein Schein, wenn man glaubt, daß man damit etwas ganz anderes sage, als Hegel, indem er von den welthistorischen Individuen als von Werkzeugen des Weltgeistes spricht. Und wenn er, sich ganz innerhalb des geschichtlichen Standpunctes haltend, behauptet, daß der Weltgeist solche Individuen, nachdem sie ihre große That vollbracht hatten, wegwerfe, bei Seite dränge, so klingt das in der Sprache der Frömmigkeit zwar anders, wenn sie sagt, daß Gott einem Attila, Dschingischan u. s. f. erlaubt habe, so lange als ein Diener seines Zornes zu schalten, bis er spricht: nicht weiter, hier sollen sich legen deine stolzen Wellen! allein in der Sache ist kein wesentlicher Unterschied. Statt des Mechanismus eines concreten Zusammenhanges ist der Despotismus eines grundlos sich und die Welt bestimmenden absoluten Herrschers gesetzt. Die Frömmigkeit bleibt hier an Göttlichkeit weit hinter der Speculation zurück, denn in dem, was ihr als Nothwendigkeit gilt, betet sie den Zufall, die Willkür an. Die Speculation aber will auch erkennen, warum das, was als der widerspruchlose Wille Gottes geglaubt wird, göttlich sei. Sie theilt mit der Frömmigkeit die Empörung über den Gedanken, daß die Welt ohne Endzweck, ohne Gott sein solle, aber sie beruhigt sich noch nicht mit der einfachen Annahme, daß es nicht so sein könne, sondern bemühet sich, die Wirklichkeit dieser Wahrheit zu beweisen. Und dies erhabene Geschäft, diese Theodicee, wie Hegel am Schluß seines Werkes die Philosophie der Geschichte nennt, wird ihr als eine freche Anmaaßung, sich in Gottes Geheimnisse (als wenn er welche hätte!) hineinzudrängen, verargt.

Früherhin wurde Hegel von der reflectirenden Empirie auch der Vorwurf gemacht, daß er vieles aus seiner „Reallogik" ableitete, was einen ganz andern Grund, nämlich einen geographischen habe. O. F. Gruppe gab in seinem Antäus, Berlin 1831, S. 323—337 einen Auszug aus Hegel's Philosophie der Geschichte, nach einem Heft der Vorlesungen, und ließ dann S. 378—429 eine Darstellung der Geschichte folgen, worin er nach Ritter'schen Principien die ursprüngliche Gestaltung der Erdoberfläche zu Grunde legte. Nach der nun gedruckt uns vorliegenden Arbeit Hegel's bleibt dieser Vorwurf unbegreiflich, denn hier finden wir S. 75—100 eine besondere Darlegung der geographischen Grundlage der Weltgeschichte. Auch späterhin, bei Persien, Syrien, Aegypten, Griechenland, Rom, kommt Hegel auf dieselbe speciell zurück. Er stimmt in vielen Puncten mit Ritter überein. Doch ist er auch hier nicht ohne Eigenthümlichkeit. Wenn Ritter vorzüglich auf die Erhebungen der Erde reflectirt, so hat Hegel besonders die durch die Erdformation bedingte Wassercommunication im Auge. Als Geograph kann Ritter nicht anders. Er geht von der Natur zur Geschichte über. Die Massenerhebungen, ihre Plateaus, die Terrassen von den Hochländern zu den Tiefländern, die Flußsysteme der Stufenländer, die Gestaltung der Küstensäume zeichnen bei ihm die Grundlinien der Geschichte vor. Hegel sucht dagegen mehr dasjenige Element auf, was die Unterschiede der Erde, die Trennungen der Völker aufhebt. Dies sind nicht die Gebirge, sondern die Gewässer. Berge trennen, Flüsse und in noch höherem Grade Meere verbinden. Hegel zerlegt daher S. 84 für die Geschichte die Hauptformationen der Erde in folgende:

1) das wasserlose Hochland mit seinen großen Steppen und Ebenen; der Sitz der Reitervölker, welche in einzelne Familien zerfallen;
2) die Thalebenen, das Land des Ueberganges, welche von großen Strömen durchschnitten und bewässert werden; der Sitz der primitiven, den Ackerbau und die substantiellen Rechtsverhältnisse ausbildenden Culturvölker;
3) das Uferland, das in unmittelbarer Verbindung mit dem Meere steht, zu welchem sich alle nach Weltherrschaft strebenden Völker drängen. Die Charakteristik dieses letzteren S. 86 und 87 ist ein Meisterstück. Hegel hat eine so poetisch naive Sprache für solche Dinge, daß sie in ganz neuem Lichte erscheinen. „Wenn das Meer einerseits nachgebend und seine Oberfläche beweglich ist, so wechselt es dann wieder mit elementarischer Furchtbarkeit ab. Der Mensch setzt ihm lediglich ein einfaches Stück Holz entgegen, verläßt sich bloß auf seinen Muth und seine Geistesgegenwart und geht so vom Festen auf ein Haltungsloses über, seinen gemachten Boden selbst mit sich führend."

In Betreff Afrika's weicht Hegel von Ritter gar nicht ab, in Ansehung Asiens ist dagegen der Unterschied, daß Hegel hier nicht die Gebirgsverknotung um den Indischen Kaukasus zum Princip der Eintheilung macht, sondern die Thalebenen, wornach er drei große Culturländer unterscheidet, welche um den Gebirgsgürtel der Daurischen Alpen, des Imaus und vordern Kaukasus herumliegen: das Strombett des Hoangho und Jantsekiang; das des Ganges und Indus; das des Euphrat und Tigris. Den

Nordrand Asiens scheidet er als ungeschichtlich von der Betrachtung eben so aus, wie das südlich von den Habessinischen Alpen und dem Wüstengürtel liegende Afrika und das erst in der Vorhalle seiner Geschichte stehende Amerika. Ritter hat die Scheidung Asiens in Ost- und Westasien begründet, so daß er das vordere Indien noch zum östlichen Asien rechnet. Wenn man aber diese Theilung abstract festhält, wie neulich geschehen ist, so ist das Wahre, was geographisch darin enthalten ist, in Gefahr, unwahr zu werden. Ferd. Müller hat in einer Kritik des Ritter'schen Asiens in den Berliner Jahrbüchern den Gegensatz von Ost- und Westasien nach unserer Meinung eben so überspannt, als Stuhr in seinem Werk über die Religionen des Orients, das wir anderwärts beurtheilt haben. Müller sagt z. B., daß in Ostasien die mechanischen, in Westasien die organischen Sprachen einheimisch wären. Dies Urtheil, insofern wir nach dem Ritter'schen System Indien darunter subsumiren müssen, ist ganz falsch, denn das Sanskrit ist eine organische Sprache und es ist längst Gewohnheit geworden, von dem Indisch-germanischen Sprachstamm zu reden. Auch soll der Brämismus etwas unserm occidentalen Bewußtsein völlig Fremdes sein; für unser actuelles Bewußtsein ist dies wahr; aber diesem ist auch der Dualismus des Parsismus etwas Fremdes u. s. w. Uns scheint es viel angemessener, Indien in seiner Abgeschlossenheit für sich zu behandeln, als es auch als Culturland einer ihm fremden Kategorie integriren zu wollen. Denn wenn einmal von einer Gegenseitigkeit die Rede sein soll, so scheint uns der Zusammenhang des vorderen Asiens mit Indien viel lebhafter zu sein, als der des hinteren Asiens mit ihm. In Persien, in Kleinasien, Griechenland, Rom war Indien beständig das wunderbare Feenland, mit welchem man den Horizont der Morgenwelt begrenzte. Die Handelsstraßen der Karavanen liefen von uralten Zeiten aus Indien zum Mittelmeer hin. Nach Indien hin Eroberungen zu machen, reizte die abendländischen Herrscher beständig; selbst die Byzantiner unternahmen noch solche Expeditionen. Allerdings hat erst der Islam seine Eroberungen im Gangesthal bis an das Vindhyagebirge ausdehnen können. Alexander der Große drang nur bis zum Pendschab. Allein vermag man, dürftige Handelsverbindungen ausgenommen, von dem Verhältniß China's zu Indien etwas Gleiches anzuführen? Erst der Religionskrieg des Brämismus und Buddhismus drängte die Anhänger des letzteren in die Hochalpen des Himâlaya hinauf und trieb sie durch die Gebirgspässe nach China. Ganz Indien jenseits des Ganges ist eine Kolonisation des Buddhismus; der Brämismus wandte sich zu dem südindischen Inselmeer und kolonisirte Java, wo noch so mächtige Trümmer des ehemaligen Glanzes vorhanden sind. — Ueber Europa ist Hegel, Griechenland und Italien ausgenommen, in geographischer Hinsicht sehr kurz. Die Arbeiten der neueren Historiker und Geographen belehren uns, wie allerdings auch hier die Bestimmtheit des Terrains von der größten Wichtigkeit ist. Die plastische Darstellung, mit welcher Leo seine Geschichte Italiens eröffnet; das Gemälde, welches Michelet in seiner größeren Geschichte Frankreichs von dessen einzelnen Provinzen aufstellt; das Germanische Europa von Mendelssohn, der aus der Ritter'schen Schule hervorgegangen; diese und ähnliche Arbeiten lassen uns in den Bestandtheilen, in der horizontalen, verticalen oder gemischten Formation, in der geographischen Lage, in der dadurch bedingten Vegetation und Animalisation eines Bodens schon die geistige Physiognomie eines Stammes und seiner Geschichte anticipiren. Allein es ist wohl zu bedenken, daß doch alle diese Elemente zum Geist nur ein untergeordnetes Verhältniß haben, daß er es ist, der die Geschichte erzeugt und seinen Zwecken als den wahrhaften die Natur als Mittel unterwirft. Gruppe in der oben angeführten Polemik gegen Hegel geht daher oft zu weit und läßt den Menschen nur accidentell zur Natur erscheinen, als wenn seine Geschichte bloß eine Uebersetzung der Naturverhältnisse in sein geistiges Medium wäre; der Witz hat da die Herrschaft der Wissenschaft entrissen. Wenn nun Hegel in der neueren Geschichte nur bei Holland und England an ihre natürliche Bedingtheit im Vorbeigehen erinnert, weil jenes als ein gemachtes, dieses als ein insularisches (nicht, wie Hellas, Italien, Spanien, Dänemark, peninsularisches) Terrain sich besonders hervorhebt, so glauben wir, ist es auch ein innerer Grund, welcher dazu bestimmt, nämlich der, daß in der neueren Geschichte in der That die Naturseite durch den Gedanken, der in ihr das selbstbewußte Princip ausmacht, sehr zurückgedrängt wird. Auf ihn kommt es an, eine Bewegung hervorzubringen. Er trennt und vereinigt jetzt die Völker. In ihm endlich liegt es, daß die modernen Nationen sich immerfort aus jedem Untergang wiederherstellen. Im Orient bleiben die Völker lange auf Einer Stufe stehen; bis sie dieselbe erreichen, haben sie natürlich eine wirkliche Geschichte. China's Einheit, Indiens Kastenunterschiede sind gewordene, wenngleich hinterher die Erinnerung daran verschwindet. Von diesem Punct an haben solche Völker nur eine Geschichte des langsamen Absterbens und werden endlich eine Beute freierer Völker. Ueber Völker, welche ihrem Princip nach noch in der Natur wurzeln, kann daher auch der Islam so leicht siegen, weil er ihnen wirklich ein Höheres bringt und ihnen eine praktisch-sinnliche, subjective Schadloshaltung für die Aufgebung des objectiven Naturprincipes gegen den nur zu denkenden Begriff Gottes gibt. Die Juden haben daher eine viel größere Festigkeit, als die übrigen Orientalen, weil sie in dem Gedanken wurzeln. Sie haben eine Doppelgeschichte, eine concentrische und eine peripherische, und in dieser wieder eine Verdoppelung ihrer Nationalität: ihre eigene, stabile und die fremdher assimilirte, locale. Für den Chinesen wäre so etwas unerklärbar. Wie China seine Festigkeit in der Natur, so haben die Juden die ihre im abstracten Gedanken. Völker, welche ein concretes geistiges, aber noch beschränktes Princip haben, wie Aegypten, Hellas, Rom, leben sich in ihrer Geschichte aus; sie sterben, wenn sie die Consequenz ihres Principes erfüllt haben. Hegel bezeichnet Persien mit Recht als den ersten Staat, der die Kraft des Unterganges, der wirklichen Veränderung hat. Doch ist es merkwürdig, wie tief in diesem Lande die uralte Organisation firirt ist; der Islam hat in Persien eine pantheistische Fülle, welche ihn von dem Arabischen specifisch unterscheidet, und die Anschauung des Einen Königs, des großen Königs, wie die Griechen ihn nennen, des Shah, ist noch immer die Centralsonne der Satrapenverfassung und der mit ihr zusammenhängenden und schon in uralten Zeiten vorkommenden Thronverschwörungen. Aegypten, das todessehnsüchtige, ist ganz versunken und hat nur das Knochengehäuse seines Geistes zurückgelassen. Griechenland, Macedonien, Karthago, Rom sind ebenfalls untergegangen, haben aber ihre Seele der Geschichte zur unsterblichen Fortdauer gegeben. In der neueren Geschichte scheinen die Völker durch die unendliche Elasticität des Gedankens, durch das christliche Princip der geistigen, absoluten Freiheit, dem Untergange ganz entrissen zu sein. Wir sehen sie zeitenweise in den furchtbarsten Verfall gerathen; allein sie überwinden ihn wieder und treten aus ihm auf eine höhere Stufe. Im hintern Orient steht das höhere Princip ohne nachweisbare geschichtliche Vermittelung neben dem andern. Im vorderen Asien, in Griechenland und Rom geht die Weltherrschaft im lebendigen Proceß der Geschichte von Volk zu Volk über. Bei den modernen Nationen sehen wir nicht mehr Ein Volk ausschließlich die Herrschaft haben; es tritt vielmehr ein durch das Christenthum vereintes System von Völkern auf, in welchem abwechselnd bald dies bald jenes Epoche macht, im Grunde aber allgemeine Probleme vorliegen, welche zuletzt nur durch die Cooperation aller gelöst werden können, weshalb auch jeder Staat an der Geschichte des andern das innigste Interesse nimmt, da er nicht wissen kann, wie bald das gerade die Frage des Tages bildende Princip nicht auch in ihm von der Form des theoretischen Verhaltens in die Gestalt des Factums umschlägt. Von solchen, ganze Massen durchdringenden Allgemeinheiten, wie die Kreuzzüge, die Reformation, der politische Absolutismus, die Revolution, die sociale Emancipation, hat das Alterthum nichts gewußt. Im zehnten, funfzehnten, achtzehnten Jahrhundert schien eine völlige Auflösung Europa's erfolgen zu müssen, aber die Wiedergeburt der Staaten und Kirchen zu höheren Stufen ist immer das Resultat gewesen. Als Slavische, Germanische oder romanische Völker müßten sie zu Grunde gehen, denn von dieser Seite ist immer noch das Princip der natürlichen Individualität vorhanden. Allein weil nicht das Nationelle, sondern das Christliche der letzte Halt im Geist der modernen Staaten ist, so besteht der Untergang nur in einem vorübergehenden Verderben, in dessen Fegefeuer die ringenden Volksgeister sich von dem Schlechten in ihrer Particularität reinigen und das Wesen des Christenthums um so entschiedener aus sich hervorzubilden suchen. Wir sehen auch in den Debatten des Tages, daß die Völker schon immer weniger sich auf die nationelle Tradition, als auf Humanität, Vernunft, Christenthum berufen. Eine Erklärung der Rechte der Menschheit zu geben, wie die Franzosen es thaten; die Sclaverei zu vernichten, wie die Engländer; die religiöse Duldung (nicht wie bei den Alten, Indifferenz) zu stiften, wie die Deutschen — das Alles ist zwar durch besondere Nationen je nach dem Maaß ihrer geistigen Befähigung und sonstigen Weltstellung, aber doch nur im Geist des Christenthums und kraft desselben vollführt. Hegel bemerkt, daß die neueren Nationen erst sich nach Außen wendeten, um sich zu bilden; dann erst erfolge eine Periode des Insichgehens, in welcher sie dazu kämen, ihre selbstständige Eigenthümlichkeit zu fassen. Dies ist sehr wahr. Die Modernen — auch die Individuen — müssen erst durch die Schule der Entfremdung von sich selbst hindurch, um, wenn sie sich das außer ihnen schon Gebildete angeeignet haben, mit desto größerer Energie in die eigene Tiefe zurückzukehren. Ein Anhänger der Hegel'schen Schule, ein Schüler Leo's, Funke, hat dies Moment für die Entwicklung der Hauptrichtungen der neuesten Zeit in einem besonderen Buche, 1835, so gefaßt, daß er überall die Reproduction des Orientalischen und Antiken im Slavischen, Romanischen und Germanischen verfolgt; eine Methode der Betrachtung, welche allerdings in pädagogischer Rücksicht sehr interessant ist.

Die Eintheilung der Weltgeschichte ist bei Hegel im Ganzen genommen sehr einfach. Er setzt zuerst die Periode, in welcher der Geist noch in Einheit mit sich verharret und sich theils in die Natur verliert, theils von ihr abstrahirt. Diese Einheit ist also erst eine solche, welche als anfängliche eine Halbheit ist. Mit jedem Volke, von China aus vorschreitend, wird diese Halbheit mehr und mehr entblößt; in Aegypten wühlt sich der Geist in seinem stumm verhaltenen Schmerz in den kalten Felsen und bauet unter dem strahlendsten Himmel seinen Mysterien dunkle Grotten; vor dem Schatten des Scheol sich skeptisch zurückwendend, blickt Judäa dagegen zum Himmel empor und klagt und jubelt im rhythmischen Wortstrom zum Herrn der Welt. In Griechenland und Rom empfängt der Bruch des Geistes sodann seine völlige Ausbildung. Der Hellene unterwirft sich die Natur durch die Kunst und Philosophie; der Römer durch den Verstand. Dort wird Alles von der magischen Heiterkeit des Schönen durchdrungen, bis dieselbe in der zügellosen Ausgelassenheit des Witzes zur Verspottung der Götter, zum Studium der Philosophie führt. Hier wird die Welt von praktischen Gesichtspuncten aus ganz prosaisch genommen, bis der Mensch sich in der größten Weite der Herrschaft doch in verzweiflungsvoller Einsamkeit findet. Die Philosophie wird die Trösterin der Einzelnen; einer der besten Kaiser schreibt Betrachtungen über sich selbst, um eine Erfüllung des in aller äußerlichen Pracht leeren Bewußtseins zu haben; die Menge rast in sinnlichem Genuß nach Selbstvergessenheit und an die Stelle des göttlichen Wunders und seiner Majestät tritt die trübe Tiefe der Magie und der Leichtsinn einer escamotirenden, die Religion mißbrauchenden Gaukelei; an die Stelle der volksthümlichen Religiosität der theatralische Pomp des mystischen Esoterismus. Dieses **Unglück der Entzweiung** mit sich und der Welt ist der Weg zum Christenthum, denn dies macht den Einzelnen geistig selbstständig, indem **es ihn mit Gott und dadurch auch mit sich und der Welt versöhnt.** Das Christenthum ist die Einkehr des Selbstbewußtseins in seine eigene Wesenheit, die es nicht außer sich zu suchen hat. Gott offenbart sich dem menschlichen Geist als dessen wahrhaftes Innere. Er heiligt ihm die Endlichkeit, indem er sie durch die Menschwerdung als seine eigene anerkennt, und er erhebt ihn unendlich über diese so geheiligte Wirklichkeit, indem er selbst als der Geist zugleich unendlich darüber hinaus ist, so daß der Mensch durch das Bewußtsein von seiner Einheit mit Gott nicht in dem vorgefundenen Dasein, sondern in dem Glauben an Gott, in dem Wissen von ihm als dem über alles Existirende hinreißenden absoluten Subject seine höchste Befriedigung findet. Allein dies Princip muß sich auch erst Realität geben. Die Geschichte der modernen Welt muß zu dem Ende Gegensätze aus sich erzeugen, deren Zerrissenheit die des Alterthums bei weitem hinter sich läßt. Das religiöse wie das weltliche Bewußtsein bekämpfen sich mit der einseitigsten Härte als Kirche und Feudalreich, bis der moderne Staat aus diesem grauenvollen Streite als ihre concrete Versöhnung hervorgeht. Aber zunächst existirt nur der Gedanke solcher Einheit; es wird noch lange dauern, bevor Staat und Kirche sich in der Wirklichkeit nicht bloß äußerlich mit einander ausgeglichen, sondern in der That als im Unterschied identische Einheiten gesetzt haben, so daß Staat und Kirche für sich eigenthümlich sein und dennoch an sich einen und denselben Begriff der Freiheit zum Princip haben können; denn eine Theokratie, Hierarchie, religiöse Demokratie genügt dem modernen Selbstbewußtsein so wenig, als eine gegen die Religion indifferente Monarchie, Aristokratie oder politische Demokratie, oder als eine äußerliche Synthese dieser Formen.

Hegel hat also im Allgemeinen drei Perioden: die orientalische, antike und christlich-germanische Welt; denn die Auseinanderlegung der antiken in die beiden Hälften, der Hellenischen und Römischen, ist nicht von Belang. Hegel hat allerdings das Verdienst, den Unterschied der Griechischen und Römischen Welt, der so oft übersehen wird, mit scharfem Kennerauge bemerkt und trefflich geschildert zu haben. Auch ist es ganz richtig, daß die Perserkriege und die Punischen Kriege eine Parallele bilden. Allein es ist von Hegel nicht genug hervorgehoben, daß die Macedonische Epoche in der That die Mitte zwischen den individuell Griechischen Zuständen und der Römischen Welt ausmacht. In der Anschauung Alexanders schwelgt Hegel, allein die Entwickelung der Diadochenzeit übergeht er fast, und doch ist hier, wie man aus Drumann und Droysen (welcher Letztere übrigens von Hegelschen Principien ausgegangen ist) genugsam ersehen kann, der innere, organische Uebergang des Hellenenthums in das Römerthum vorhanden.

Daß Hegel auch noch die aus der Herderschen Zeit stammende Vergleichung der Perioden der Weltgeschichte mit den Altersstufen des Menschen vorbringt, ist für nichts Besonderes, nur für eine popularisirende Reminiscenz zu halten, denn wenn der Orient die Kindheit, Hellas das Jünglingsleben, Rom das Mannesalter darstellen soll, so bleibt für das Christenthum nur das Greisenalter über. Allein diese zu unpassende Consequenz wird nicht gemacht. Daß in jeder geschichtlichen Entwickelung nothwendige Wendepuncte vorkommen, haben wir oben schon aus einander gesetzt, als von der Immanenz des Logischen im Historischen die Rede war. Man hat für diese Stadien verschiedene Ausdrücke außer dem so eben berührten metaphorischen aufgestellt. Einer der glücklichsten war die Formel, daß jedes Volk sein Mittelalter haben müsse. Die wahrhaftere Begründung jener Periodik liegt aber, außer in der Natur des Dialektischen überhaupt, in dem Wesen des Bewußtseins, welches von dem Setzen der Objectivität zu dem der Subjectivität fortschreitet, um aus dieser sich zur an und für sich seienden Allgemeinheit der Vernunft zu erheben. In einzelnen Sphären ist dies schon viel deutlicher, als in dem Gang der Geschichte überhaupt. In der Bildung der Kunst geht die Epik der Lyrik und diese der Dramatik voran. In der Religion das Glauben dem Zweifeln, dieses dem Wissen. In der Wissenschaft das unbefangene Setzen von Bestimmungen der Kritik, die Kritik der Systematik. Für die Nachweisung dieser Folge als einer nothwendigen hat aus der Hegelschen Schule, in besonderer Beziehung auf die Geschichte, Vatke im ersten Theil seiner biblischen Theologie sehr viel gethan. Die sogenannte innere Kritik beruhet bei ihm vornämlich auf der Einsicht, daß, was dem Bewußtsein zuerst objectiv als ein Ansichseiendes, Außerihmseiendes erscheint, nothwendig auch als ein Moment des für sich seienden Selbstbewußtseins gesetzt werden muß. Es läßt sich denken, daß in einer weitläuftigeren Auseinandersetzung, als Hegel sie geben konnte, diese Dialektik des Bewußtseins überall schärfer entwickelt wird, namentlich auch in dem Fortgange von der primitiven Sittlichkeit zur Moralität, welche die subjective Reflexion des Einzelnen auf den Werth seines Handelns ist, und von ihr zum Recht; denn historisch findet hier der umgekehrte Gang der Entwicklung als in der systematischen Folge des Begriffs statt, was nur insofern als Widerspruch erscheint, als die praktische Philosophie vom Begriff der Person ausgehen muß, die geschichtliche Wirklichkeit hingegen überall mit der concreten Sittlichkeit der Familie beginnt, in welcher das Moment der Moralität und des Rechts eingehüllter Weise existirt. Die Bildung derselben erscheint als ein feindseliges Verhalten zur Wärme des naiv sittlichen Verhaltens; in Griechenland und Rom kam man auch wirklich nur bis zur negativen Auflösung der volksthümlichen Sittlichkeit in die Freiheit der privaten Moralität einerseits, in den Zwang des privaten Rechts andererseits. Die modernen Staaten aber streben darnach, die Einseitigkeiten der moralischen und rechtlichen

Bildung immer wieder mit der volksthümlichen Sitte zu verschmelzen. Unsere Codification insbesondere hat diese Aufgabe.

Eine sehr wichtige Frage ist nun unstreitig, welchen Ort die Philosophie der Geschichte im System haben soll? Denn sie soll doch nicht ein principienloses Aggregat sein, wie Wachsmuth's Culturgeschichte und ähnliche Arbeiten, die in Verlegenheit sind, wie weit sie in der Behandlung der Verfassungen, des Handels, der gesellschaftlichen Formen, der Kunst u. s. f. gehen sollen. Die Philosophie der Geschichte kann als Wissenschaft nur Einen organischen Ort haben. Hegel hat ihr denselben da angewiesen, wo der Begriff des äußeren Staatsrechtes von selbst zu dem Begriff der Beschränktheit des einzelnen Staates führt, also dazu, ihn in einer höheren Totalität als ein Moment derselben zu begreifen; diese höhere Totalität ist die Weltgeschichte. Kant hat durch seinen Abschluß der Rechtslehre mit dem Begriff des Weltbürgerrechtes wohl den ersten leisen, auch von Schelling im Systeme des transcendentalen Idealismus befolgten, Anstoß dazu gegeben. Aber Hegel muß der Ruhm gelassen werden, diesen Uebergang zuerst auf das Bestimmteste erfaßt zu haben; so daß Gans befugt war, in der Vorrede der von ihm besorgten Ausgabe der Hegel'schen Rechtsphilosophie zu sagen, daß dieselbe nicht bloß ende, sondern daß man auch sehe, worin sie ende, wie nämlich der einzelne Staat in den Ocean der Geschichte münde. In der Abtheilung der Hegel'schen Werke folgt daher auch die Philosophie der Geschichte unmittelbar auf die Rechtsphilosophie.

Auch beschäftigt sich Hegel in der Einleitung vorzugsweise mit dem Begriff des Staates als mit derjenigen Form des Geistes, welche für die Erfassung seiner Geschichte die höchste Präcision habe, da nur in ihm die ungeheure Mannigfaltigkeit von Zwecken, Thätigkeiten u. s. f. zur Einheit sich abschlössen. Eben weil nun der Geist in solcher Totalität genommen werden muß, weil in der That die Kunst, Religion und Philosophie eines Staates mit seinem politischen Standpunct Eines, weil dies Alles nur Prädicate Eines Subjectes sind, so ist in der Schule selbst von Michelet in der kleinen Einleitungsschrift zum ersten Theil der Hegel'schen Werke, S. XVI, die Meinung geäußert, daß die Philosophie der Geschichte die Krone des Ganzen, das letzte Glied des wissenschaftlichen Organismus sein müsse. Allein dieser Ansicht kann man nicht beitreten, denn erstens tritt der Begriff der Geschichte zum ersten Mal aus dem Begriff des Staates hervor, und zweitens sind die besonderen Momente im Begriff des absoluten Geistes zugleich solche, welche wesentlich eine geschichtliche Seite haben. Das, was das Eigenthum dieser Sphären ausmacht, hat zugleich ein schlechthin allgemeines Interesse und bringt sich durch seine Universalität allen Völkern zum Genuß dar. Die Nationalität geht in solchen Bestrebungen über sich selbst hinaus, wenngleich immer noch eine Beimischung von ihr vorhanden ist. Unter welchen uns ganz heterogenen Bedingungen ist nicht der Schilking entstanden? Wer aber erfreute sich nicht an diesen zarten Blüthen aus der Jugendwelt des Reiches der Mitte? Die Absolutheit schlägt die Differenzen des Raumes und der Zeit nieder. Die Geschichte hat daher hier das Merkwürdige, zugleich nicht Geschichte in dem gewöhnlichen Sinn zu sein, wie die Weltgeschichte allerdings in viel höherem Maaße noch das Particuläre an sich hat. Livius und Polybius z. B. haben ein großes Interesse für uns, den Hergang der Punischen Kriege zu wissen. Allein es kommt nicht gerade darauf an, sich alle Wendungen dieses Krieges, die wechselnden Verluste und Siege, das wechselnde Schlachttheater u. s. f. zu vergegenwärtigen. Ist man nicht gerade Professor der Geschichte, so reicht eine allgemeinere Bekanntschaft vollkommen hin. Wie ganz anders ist es mit den Homerischen Gedichten, mit den Platonischen Dialogen. Aus diesen lächelt uns sogleich eine ewige Gegenwart an, und wir fühlen uns, bei aller Ferne, doch sogleich zu Hause. Ein Knabe von acht bis zehn Jahren kann bei uns das, was das Substantielle im Homer ist, vollkommen verstehen. An den Punischen Kriegen wird ihn die anekdotenhafte Staffage unterhalten. Das eigentliche Interesse, den Kampf um die Seeherrschaft, die taktischen und strategischen Feinheiten eines Hannibal, die Machinationen der Parteien im Römischen und Karthagischen Senat, kann er noch nicht fassen.

Doch soll dies nur eine Andeutung sein. Die wahrhafte Erlösung könnte nur durch eine Arbeit erfolgen, von der ich hier nur den Plan mittheilen will, da ihre Ausführung um ihrer

Weitläufigkeit willen einem andern Orte aufbehalten werden muß. Es käme nämlich darauf an, zu zeigen, wie sich die Eintheilung der Weltgeschichte zu der Eintheilung verhält, welche Hegel in der Philosophie der Kunst, der Religion und der Geschichte der Philosophie gemacht hat. Die der Geschichte der Kunst stimmt ganz mit der der Weltgeschichte überein. Das symbolische, plastische und romantische Ideal entspricht dem Orientalischen, Antiken und Christlich-Germanischen. Allein bei der Religion finden sich Schwierigkeiten. In der Weltgeschichte hat Hegel nämlich die Juden dem Persischen Reiche einverleibt; in der Religionsphilosophie hingegen bildet die Jüdische Religion mit der Griechischen und Römischen eine große Trias. Endlich in der Geschichte der Philosophie unterscheidet er die antike, mittelaltrige und moderne, indem er dem Orient eine wirkliche Philosophie abspricht. Erwägt man nun die Gesichtspuncte, von denen aus Hegel zu jeder dieser Trichotomieen gekommen ist, so muß man ihm größtentheils Recht geben. Man wird durch diese Differenzen noch mehr in der Ansicht befestigt, daß er ursprünglich für die Philosophie der Geschichte den Staat genommen und die Entwicklung der höheren Gebiete wieder für sich in ihrer specifischen Selbstständigkeit gemacht hat. Man muß diese Abweichungen Hegel sehr hoch anrechnen, denn man ersieht aus ihnen, wie entfernt er von allen Abstractionen gewesen ist, da der Versuch, einen einzigen Schematismus durch alle Regionen der Geschichte durchzuführen, so verlockend ist. Wie es sich nun hiermit eigentlich verhalte, soll anderwärts untersucht werden. Hierbei muß dann auch das Verhältniß zur Sprache kommen, welches auf den verschiedenen Gebieten eine und dieselbe Materie hat; bald finden wir hier bald dort eine größere Ausführlichkeit in der Darstellung derselben Sache, wodurch eine Ergänzung nach verschiedenen Seiten hin möglich wird; z. B. die Auflösung der Römischen Welt ist in der Geschichte der Philosophie viel ausgedehnter; so auch die Reformation und der Zustand Frankreichs vor der Revolution. In der Aesthetik dagegen finden wir die Griechischen Elemente, ferner die Elemente der mittelaltrigen Romantik, Glaube, Liebe, Treue, weitläufiger auseinandergesetzt u. s. f. Bei einer solchen Untersuchung müßte natürlich auch auf die Phänomenologie Rücksicht genommen werden, welche doch für

Hegel's philosophische Erfassung der Geschichte der Fundamental=
coder ist, so daß vieles Spätere oft nur wie die Mittheilung der
Vorarbeiten aussieht, durch welche er zu jenem Werk gelangte,
oder wie der weitere Ausbau einzelner Gemächer und Stockwerke
dieses Riesendomes. Bei einer solchen Untersuchung endlich könnte
auch in das Einzelne gegangen werden.

Zum Schluß wollen wir nur noch das wunderliche Verlan=
gen erwähnen, daß man von Hegel nicht selten auch eine Ge=
schichte der Zukunft gefordert hat. Die alte Entgegnung, daß
der Philosoph kein Prophet sei, hat ihm nicht geholfen. Wenn
man ihm nun jetzt, seit diese Geschichte vorliegt, mehr als je zu=
gestehen muß, daß er die Gestalten des Weltgeistes, die derselbe
schon von sich gestreift hat, mit bewunderungswürdiger Klarheit
erkannte, so liegt nach unserer Meinung in einem solchen Begrei=
fen des Vergangenen die beste Propädeutik zu einer Perspective in
die Zukunft.

Diese Forderung kann nämlich einerseits ganz absurd sein,
wenn sie eine detaillirte Vorstellung des Künftigen haben
will. Dies geht über alles menschliche Vermögen hinaus und hat
mit der Philosophie gar nichts zu schaffen.

Andererseits kann sie vernünftig sein. Man will vom
Philosophen wissen, welches der Inhalt der ferneren Geschichte
sein, ob sie, wie bei Menzel, mit der Furie der Gemeinheit und
Verzweiflung, oder, wie bei Gutzkow, mit der Idylle der allsei=
tig ausgearbeiteten Humanität endigen werde.

In ersterer Beziehung läßt sich in Möglichkeiten unendlich
viel schwärmen; welche Combinationen kann nicht eine rege Phan=
tasie machen? — In zweiter Beziehung bleibt Hegel die Ant=
wort nicht schuldig. Indem er zeigt, daß das Wesen des Gei=
stes, Vernunft und Freiheit, bisher immer in fortschreitender
Entwicklung begriffen gewesen, können wir uns auch von dem In=
halt der Zukunft keinen andern Begriff machen. Sollte aber mit
dem Ausdruck, daß Hegel nur das Vergangene habe begreifen kön=
nen, der Vorwurf gemeint sein, daß er den Interessen der Ge=
genwart und ihrem Fortschritt in die Zukunft sich nicht mit
ächt menschlicher und patriotischer Weise gewidmet habe, so wür=
den wir nicht nur auf viele Bemerkungen in diesen Vorlesungen,

sondern auch auf die in seinen vermischten Schriften vorliegenden classischen Aufsätze über die Verhandlungen der Würtembergischen Landstände und über die Reformbill mit Stolz und Freude hinweisen.

III.
Hegel's Aesthetik. 1836.

Die Geschichte der Aesthetik ist bis auf die Revolution, welche sie durch Kants Kritik der Urtheilskraft empfing, hinlänglich bekannt. Man hat sich ziemlich allgemein darüber verständigt. Kant blieb noch in dem Formalismus der Entgegensetzung des Sinnlichen und Geistigen stehen, wenn er auch in der aufblitzenden Idee eines intuitiven Verstandes, der das Allgemeine mit dem Besonderen zugleich erschaue, momentan darüber hinauskam. Diesen Mangel ergänzte Schiller bekanntlich in seinen mannigfaltigen Abhandlungen, wozu in der jüngeren Zeit noch sein Briefwechsel mit Göthe getreten, der eine Menge specieller ästhetischer Fragen erörtert; ein Amerika der Poetik, das auch einst seinen Columbus finden wird. Schiller erkannte nicht, wie Winckelmann, die Schönheit unmittelbar in ihrer Idealität, aber er rang heldenmäßig sein ganzes Leben hindurch, die Einheit des Geistigen und Sinnlichen als das Wesen des Schönen zu begreifen. Wenn nun die Kantische Philosophie im Gegensatz zur früheren Wolfischen Lehre den Begriff des Schönen zuerst objectiv bestimmte und Schiller diese Bestimmung zur concreteren Entfaltung fortführte, so hielt sich doch die ganze Entwicklung noch in einem kritischen Zuschnitt; die unzureichenden Begriffe, die man vorfand, wurden abgewiesen, berichtigt; eine neue höhere Ansicht wurde eingeleitet. Aber die Aesthetik bedurfte eines Princips, durch welches sie selbstständig für sich, unabhängig von dem reflectirenden Verstande, auftreten und aus sich ihren inneren Zusammenhang entfalten konnte. Diesen Standpunct, den Schiller besonders vorbereitete, empfing sie durch die Schelling'sche Philosophie, mit welcher alle späteren Leistungen in mehr bewußtem oder unbewußtem Zusammenhang stehen und welche, obschon ihr Urheber nirgends etwas Systematisches darüber gab, vornämlich in den Ruf gekommen ist, von der Kunst ein gründliches Verständniß zu besitzen. Allein nicht im Einzelnen ist die große Bedeutung dieser Philosophie zu suchen, sondern in ihrer ganzen, leichtfaßlichen, enthusiasmirenden Anlage, welche mit einem Zauberschlage in den Mittelpunct des Absoluten versetzte.

In der Kantischen Philosophie stand das Objective dem Subjectiven, das Physische dem Moralischen, das Sinnliche dem Geistigen, das Reale dem Idealen als heterogen gegenüber, eine Entgegensetzung, welche Schelling dadurch vernichtete, daß er die Trennung jener Bestimmungen der Sphäre der Erscheinung anwies. In dem Wesen als der Einheit aller Erscheinungen müsse *die Entgegensetzung jener beiden Potenzen und Factoren Null sein*; in der Erscheinung hingegen müßte auch wegen ihres Ursprunges aus dem indifferenten Grunde der eine Factor den andern an sich haben, so daß die Differenz des Absoluten im Gegensatz des Realen und Idealen nur eine quantitative wäre. In der Reihe der Erscheinungen, worin der Factor der Realität überwiegt, in der Natur, wie in der Reihe derjenigen, worin der Factor der Idealität überwiegt, in der Geschichte, bleibt der Gegensatz unausgeglichen, wodurch eben die Forderung eines Handelns entsteht, in welchem beide Potenzen eben so indifferenzirt werden, als sie es an sich im Absoluten sind. Dies ist das künstlerische, welches auf der ästhetischen Anschauung als der productiven Ineinsbildung des Realen und Idealen beruht. Offenbar muß dies Handeln beide Momente in sich wiederspiegeln, denn der Künstler handelt einerseits unbewußt; dies ist seine Genialität und kraft ihrer ist ihm die Tiefe der Werke, welche er schafft, selbst nicht vollkommen durchsichtig; es ist ein Naturdrang, der ihn zur Entäußerung treibt. Andererseits ist er sich aber seiner Hervorbringung auch bewußt; er producirt mit Besonnenheit und die formelle Seite der Kunst, ihre technische Vollendung, gehört seinem Verstande, seinem Fleiße an; sie kann erlernt werden, was mit der schöpferischen Begeisterung unmöglich ist, als in welcher der Künstler nicht sich selbst bestimmt, vielmehr bestimmt wird. Im wahrhaften Künstler sind beide Elemente, der zeugenden Nothwendigkeit, wie der ausbildenden Freiheit, ganz ineinander aufgegangen. Folglich müssen sie auch im Kunstwerk als Eins gesetzt sein. Wollte der Künstler die Natur in dem Sinne nachahmen, daß er sie nur als ein Gegebenes copirte, so würde er mit solchen treuen Abschilderungen nur zurückstoßen. Oder wollte er von einem Begriff, einem Ideal ausgehen, welches gegen die natürliche Beleibung sich gleichgültig verhielte, so würde er nur verblasene Gestalten hervorbringen. Die Kunst verwirklicht also die Versöhnung von Natur und Geist, von Nothwendigkeit und Freiheit, von Endlichem und Unendlichem und ihre Werke sind daher nach Schelling Götter. Nichts, was der Erscheinung angehört, kann über sie hinausgehen. Der Cultus der Religion kann nur durch die Kunst ein würdiges Organ finden, denn, was in der Andacht nur subjectiv existirt, das ist in den Werken der Kunst objectiv vorhanden. Sie haben also wesentlich eine religiöse Bedeutung und ihr Genuß ist Reproduction der göttlichen Begeisterung, die sie gebar.

Das sind die Grundzüge von Schellings Lehre, welche er 1) am Schluß des Systems des transcendentalen Idealismus, 2) in den Vorlesungen über die Methode des akademischen Studiums, 3) in einer wunderschönen Rede über das Verhältniß der Natur zu den bildenden Künsten, kurz aber einbringlich und mit heiligem Enthusiasmus auseinandersetzte. Angewendet, wie man es nennt, d. h. in einer besonderen Erscheinung der Kunst nachgewiesen, hat Schelling seine Principien, so viel uns bekannt geworden, nur an Dante's göttlicher Komödie. Den Versuch einer speciellen Bearbeitung der Aesthetik nach seiner Ansicht machte Ast. Indem Schelling die Kunst auf's Engste mit der Religion verschwisterte, erregte er eine unendliche Begeisterung für die Kunst, welche mit der Blüthe der romantischen Schule, mit den kritisch-historischen Bestrebungen der beiden Schlegel, mit dem unvergeßlichen Frühling der Heidelberger Jahrbücher u. s. w. zusammentraf. Freilich wurde damals auch der Grund zu viel seichtem Gerede von der Göttlichkeit der Kunst gelegt; die ästhetisirenden Theegesellschaften glaubten hinlänglich für Tiefe gesorgt zu haben, wenn sie einem Kunstwerk das Prädicat „göttlich" anspritzten und

Schelling selbst mußte sich in den Anmerkungen zur erwähnten Rede gegen solchen verstandlosen Leichtsinn bitter erklären.

Den nächsten Fortschritt aus dieser Periode machte Jean Paul. Er war, seiner philosophischen Confession nach, Kantianer und starb über dem Studium der Herbartschen Psychologie. Allein durch seinen poetischen Genius war er eben so sehr der Schellingschen Philosophie zugeneigt, woraus in seiner Vorschule zur Aesthetik in speculativer Beziehung ein gewisses Gemisch hervorging. Das Vorzüglichste dieses classischen Werkes, das im Gleichmaaß der stylistischen Behandlung vielleicht unter allen Leistungen Richters den ersten Kranz verdient, ist unstreitig die gediegene Auseinandersetzung des Humors und der mit ihm zusammenhängenden Formen. Durch die Englische Literatur, durch Sterne, durch Shakespeare war die Deutsche Bekanntschaft mit dem Humor erweckt und die Deutschen zeigten bald, daß er auch ihnen nicht fehle. Allein es mangelte an einer klaren Begriffsbestimmung dieses chamäleontischen Elements, welches gegenwärtig bis zur Almosenbettelei und grimassirenden Fratzenhaftigkeit der buchhändlerischen Industrie heruntergesunken ist, damals aber noch, als v. Hippel, Tieck und Arnim in ihrer Jugendfrische, Jean Paul selbst und Andere wirkten, eine ganz andere Bedeutung hatte. Jean Paul ging vom Begriff des Widerspruchs zwischen dem Endlichen und Unendlichen aus, eine Auffassung, welche ihm nur durch die Schelling'sche Philosophie möglich wurde. Dem Selbstbewußtsein des Geistes von seiner inneren Unendlichkeit, seiner an und für sich seienden Göttlichkeit, steht die Zusammenhanglosigkeit, Zufälligkeit, Endlichkeit der gemeinen Welt gegenüber. Der Humor ist nun, seinem Princip nach, nichts Anderes, als die subjective Ausgleichung dieses Contrastes. Es entsteht eine Beschränkung der einen Welt durch die andere. Eine wird immer in die andere reflectirt. So wird das Gewöhnliche erhoben; dem Unbedeutenden wird Bedeutung geschafft, die Prosa in Poesie verwandelt. Umgekehrt bringt der Humor das Erhabene, Unendliche dem Menschen in eine trauliche Nähe. Sein bald heiteres bald wehmüthiges Lächeln erhält den Menschen im Mittelpunct der Dinge.

Was nun durch Schelling im Allgemeinen begründet, durch die Schlegel im Historischen, durch Jean Paul im Theoretischen weitergeführt wurde, faßte Solger systematisch zusammen, indem er die Formen des Unendlichen und Endlichen näher zu dem Gegensatz der Phantasie und des Verstandes bestimmte. Die Hauptsache bei Solger ist die Verbindung, worin er alle Elemente der Kunst brachte, in seinem Erwin und in der nach seinem Tode von Heyse herausgegebenen Aesthetik. Am berühmtesten aber ist er durch seine Lehre von der Ironie geworden, welche seitdem zu den Geheimnissen der sogenannten höheren Aesthetik zu gehören schien. Sie soll das Bewußtsein ausmachen, daß das Endliche, auch in seiner höchsten Vollendung, doch immer nur ein verschwindendes Dasein hat, nicht das Unendliche an und für sich selbst ist. Aus diesem theologischen Gesichtspunct erscheine auch die höchste menschliche That, die heiligste, weil beschränkt und nichtig, auch als komisch. Tragisch sei die Ironie darin, daß alle Blüthe des erscheinenden Daseins dem Untergang zuweilen müsse. Populair könnte man dies so ausdrücken: Gott muß über die Welt, die er, als eine in sich nichtige schafft, eben so sehr lachen, wenn er ihren inneren Widerspruch, als weinen, wenn er ihren durch ihr Dasein als Erscheinung bedingten Untergang anschaut. Das aber soll eben der Humor davon sein und hieraus dem Künstler die Weihe der Begeisterung zuströmen. Man sieht bald, daß diese Aesthetik die furchtbare, in sich selbst zusammensinkende Anstrengung gemacht hat, den Spinozismus, welchen Hegel so treffend Akosmismus nannte, auf die Kunst anzuwenden. Colerus erzählt, daß Spinoza, wenn er seinen Wirth van der Spyk im Haag besuchte, zuweilen Spinnen fing, die er mit einander kämpfen ließ, oder Fliegen, die er einer Spinne zur Beute in's Netz warf. Wenn nun die Thierchen sich balgten, so konnte der sonst so ruhige Mann in helles Lachen ausbrechen. Die Macht der Substanz manifestirte sich ihm in dieser Tragikomödie.

Seit dieser Zeit sind nun eine Menge von Aesthetikern erschienen, welche in besonderen Beziehungen Werth haben, ohne jedoch einen durchgreifenden Fortschritt zu bewirken. Trahndorf leistete in begriffsmäßiger Bestimmung des Technischen Ausgezeichnetes; für das tiefere Streben, das bei ihm unverkennbar ist, wurde er durch die abstracten Kategorieen von Sein, Erkennen uud deren Vermittelung in der Liebe gehemmt. Weiße unternahm eine streng dialektische Behandlung der Aesthetik, an welcher als ein großes Verdienst hervorgehoben werden muß, daß er das Negative des Schönen, das Häßliche, als ein nothwendiges Moment in die Entwicklung mitaufnahm. Mit seiner Lehre vom Genius verirrte er sich freilich; statt mit der Objectivität der Kunst in ihren Werken, in ihrer geschichtlichen Realisirung zu schließen, endigte er die Wissenschaft, wie ein Lustspiel, mit dem Bund der Ehe, wofür ihn Herbarts Witz in der Halleschen Literaturzeitung derb genug geißelte. Aus der Herbart'schen Schule selbst hat Bobrik eine Darstellung der Aesthetik gegeben, welche mehr an die Vorschelling'sche psychologische Manier erinnert, allein durch Scharfsinn der Bestimmungen, durch zartes Gefühl für das Schöne und lebendige Darstellung sehr anziehend ist. Endlich ist noch des Buches von Lommatzsch als eines solchen zu erwähnen, welches recht verständig und in recht gebildeter Diction eine vollständige Aufspeicherung aller Hauptmomente des Schönen und eine Auseinandersetzung aller Künste, aller Arten derselben enthält. Andere Arbeiten, welche entweder, wie die Webersche Aesthetik, das Bedürfniß der Conversation befriedigen, oder, wie die Wiener Aesthetiken, mit der Verfertigung von Kunstwerken, mit Anweisungen zum Kupferstechen u. s. w. sich beschäftigen, können hier nicht in Betracht kommen.

Gewiß war nun Hegel's Leben für Erschaffung einer Aesthetik insofern höchst günstig, als es alle Stadien umfaßte, welche die Bildung dieser Wissenschaft unter uns bis vor einigen Jahren durchlaufen ist. Denn in seine Jünglingszeit fiel noch die Aufregung, welche Lessings Laokoon veranlaßt hatte und in den Abend seines Lebens der heftige Streit über die Ironie. Hegel hat daher mit allen zwischen diesen beiden Puncten liegenden Wendungen der Wissenschaft jene wohlthuende Vertrautheit, welche aus dem Miterleben einer Krisis entspringt. Er ist überall, auch in den vom fortrauschenden Zeitstrom bereits mehr vermischten Nüancen zu Hause. Hegel war gegen keine Erscheinung gleichgültig, sondern lebte, wie man vornämlich aus seinen vermischten Schriften sehen kann, das Leben der Völker und der Literatur in aller Breite bis auf das Unbedeutende hin mit durch. In solcher vielseitigen Theilnahme und Aufmerksamkeit bewährte sich seine innere

Stärke. Wie ein großer Feldherr auch vom gemeinen Soldaten Notiz nimmt und solche Durchdringung der Totalität ihm die Sicherheit seines Handelns erhöht, so hatte auch Hegel ein Interesse für die zahlreichen Dii minorum gentium der Literatur. Nirgends aber blieb er ein passiver Spiegel. Bei aller Hingebung an das, was der Tag brachte, erhielt er sich in seiner Eigenthümlichkeit, ohne daran zu denken. Seine Unbefangenheit war die Kraft seiner Reaction. Wie sehr er auch mit den Zeitproductionen sich ersättigen mochte, so wußte er doch Allem, was an ihn kam, einen belebenden Odem einzublasen. In der Aesthetik versteht er auch dem an sich längst Bekannten theils durch die besondere Stellung, die er ihm im Zusammenhange des Ganzen ertheilt, theils durch seine energische, frappante Ausdrucksweise den Reiz der Neuheit zu geben, wie z. B. bei den Begriffen der Fabel, der Metapher und ähnlicher so überraschend der Fall ist. Gegenstände, über die er schon weit früher sich ausgesprochen, wie, um etwas anzuführen, Jacobi's Woldemar, erscheinen in frischer Beleuchtung. Es ist das alte Urtheil und doch ein anderes, weil Hegel nichts aus dem Gedächtniß als fertig wieder aufnahm, sondern Alles immer von Vorn aus der Sache selbst hervorbrachte. Auch abgetragene Streitigkeiten, wie über den Vorzug der Vossischen Luise vor Göthe's Herrmann und Dorothea, über die historische Treue der dramatischen Darstellung u. dgl. treten in neuen Beziehungen auf. Im Maaßhalten vollends ist H. ein seltener Mensch. Er ist gegen Göthe, Schiller und Shakespeare von tiefster Verehrung erfüllt, aber es ist keine Spur von Manie vorhanden; er übersieht ihre Mängel nicht. Sein Enthusiasmus ist immer nur der der Vernunft. Wo sie ihm nicht entgegenlächelt, bleibt er ungerührt. So feurig seine Seele ist, wenn er in einem Kunstwerk, wie Göthe's Iphigenia, den ächten Geist des Schönen begrüßen darf, so zauberreich dann seine markige Rede strömt, so ungenirt, so naiv trocken spricht er im Gegenfall seinen Tadel aus. Er scheut sich dann nicht, die Ausdrücke trivial, roh, barbarisch, flach, geschmacklos und ähnliche gegen jene Lieblinge zu gebrauchen, denn eine Parteilichkeit, welche im unbedingten Loben und Rechtfertigen den Schein der Tiefe sucht, ist ihm fremd. Unbestechlichen Blicks erkennt er das Object als das, was es ist und mit keuschem Ernst spricht er die gewordene Erkenntniß aus.

Von Allem, was Hegel lehrte, war wohl die Aesthetik gerade derjenige Theil, welcher dem größeren Publicum am Dunkelsten blieb. Es faßte im Allgemeinen die Ansicht, daß sie sich zwar auf das Logische und sittlich=Religiöse der Kunstwerke verstehen möge, daß ihr aber die wahren Mysterien des Schönen verschlossen seien. Nur einem beweglichen Gemüth, einem warmen, poetischen Sinn sei die Wissenschaft der göttlich=freien Kunst offen; mit dem Zwang dürrer Scholastik könne sie sich unmöglich befreunden. Hegel aber, der Protector der Dialektik, der Feind aller holden Unmittelbarkeit, dessen Gorgonenhaupt alles Individuelle mit Vernichtung bedrohe, sei der trockenste aller Philosophen. So bildete sich das Vorurtheil, als sei es der Hegelschen Aesthetik in der Kunst nicht um das Schöne, sondern um die von den Kunstgebilden verhüllte Wissenschaft zu thun. Sie gestehe dem Schönen kein eigenthümliches Gebiet zu, sondern erblicke darin nur eine geschickte Maskirung logischer, ethischer und theologischer Kategorieen. Das Amt der Wissenschaft sei die Zerstörung solcher Illusion; sie erhebe dadurch den Geist von der niedern, erdnahen Form der Vorstellung und Anschauung, welche ihn in der Kunst fessele, zur sonnenhellen Höhe des speculativen Denkens. Jedes Kunstwerk, auch das schlechteste d. h. kunstloseste, müsse sich daher, weil es allgemeine Bestimmungen in sich enthalte, als vernünftig rechtfertigen lassen, wie ein Lieblingsausdruck der Hegelianik laute. Da jedoch, nach dem Dafürhalten Hegel's und seiner Schule, der Weltgeist in seiner Philosophie endlich die Spitze der Culturpyramide betreten habe, so begreife man eigentlich nicht, wozu fernerhin noch ein Kunstleben existiren solle. Es habe ja seine Schuldigkeit gethan, die Geburt der sich selbst als alle Wahrheit wissenden Speculation vermitteln zu helfen.

 Wir sind überzeugt, daß durch die nun vorliegende Aesthetik das Publicum über diese durch Mißverstand erzeugte und durch Gehässigkeit verbreitete Ansicht vollkommen enttäuscht werden und sich im Stillen zuweilen schämen wird, wie es diese und jene früher nicht ungern geglaubte Absurdität dem Hegelschen Genius habe zutrauen können.

 Sollten wir nun das Eigenthümliche der Hegelschen Aesthetik im Allgemeinen angeben, so würden wir daran zunächst die Form hervorheben. Die Meisterschaft Hegel's in der Darstellung ist hier von Neuem zu bewundern. H. war der dialektischen Entwicklung im höchsten Grade Herr. Aber bei dem ungeheuren Sachreichthum, den er besaß, war es recht die Lust dieses leidenschaftlich gründlichen Mannes, abstracte, allgemeine Bestimmungen durch allseitige Ausführung im Concreten, durch Verfolgung der Dialektik bis in die Zuspitzung des Einzelnen, so zu sagen, auf die Probe zu stellen. Die Treue und Sorgsamkeit, mit welcher in der Aesthetik das Einzelne von ihm behandelt ist, muß entzücken. Er wird hier so zugänglich, milde und farbenreich, als er, dem heiteren Spiel des Details gegenüber, in den Conturen des Ganzen streng und erhaben ist. Das Treffende des Ausdrucks, dem sich nichts entziehen kann, der sich bis in die Eingeweide der Dinge wühlt und sie offenbar macht, ging bei ihm aus seiner Intimität mit der Sache, aus seiner Rücksichtslosigkeit auf alles ihr Jenseitige hervor. Als in einem ungemischten Deutschen Stamm geboren, hat er einen Vorrath von höchst passenden alterthümlichen Worten und durch die Geschmeidigkeit und Kraft seiner Phantasie eine Mannigfaltigkeit neuer Combinationen, welche ihm ungesucht aus der jedesmaligen Anschauung zufließen. Auch Lateinische und Französische Ausdrücke weiß er sehr glücklich zu gebrauchen. Einige neuere Schriftsteller wollen uns durch Einmischen Französischer Wörter das Gefühl ihrer feinen Pariser Bildung geben; sie wollen uns gröben Deutschen aus ihrem Salonleben einige Brocken zuwerfen. Von solcher Eitelkeit weiß H. nichts. Bedient er sich eines fremdländischen Wortes, so muß man ihm wegen seines specifischen Werthes fast immer Recht geben, namentlich wenn er komische Effecte beabsichtigt oder recht akademisch und akroamatisch exponirt. Wenn in den Schriften der Schule, wie das nicht anders sein kann, ein unverkennbarer, durch ihn bedingter Typus herrscht, wenn hier nothwendig gewisse Schlagwörter und Cöhstructionen wiederkehren, so ist bei Hegel immer noch eine Seite offen, wo er, wie wir möchten sagen, über sich selbst hinausgeht, wo er neue Goldmünzen ausprägt, welche von da an im literarischen Verkehr nicht mehr entbehrt werden können und daher selbst in feindliche Lager den Weg zu finden wissen.

Sodann würden wir in Bezug auf den Inhalt die sittliche Würde hervorheben, welche mit wunderbarer Hoheit diese Vorlesungen durchdringt. Hegel's Unbefangenheit, seine zähe Objectivität, war ganz dazu gemacht, die Stellung der Kunst zu allen übrigen Gebieten fest in's Auge zu fassen und keinem durch Vorliebe Unrecht zu thun. Bei der glühendsten Begeisterung für die Kunst treffen wir doch nichts von jener eine geraume Zeit modisch gewordenen dithyrambischen Trunkenheit, welche den als einen der Mysterien des Geistes Unwürdigen zerreißt, der nicht der Schönheit als dem unbedingt Höchsten zu opfern sich bereit finden läßt. So sehr er die Göttlichkeit der Kunst anerkennt, so steht ihm doch ihr Grund, die Helligkeit der Religion und die Wahrheit der Wissenschaft höher. Nur müssen wir sogleich hinzufügen, daß diese Stufenfolge des Schönen, Guten und Wahren bei ihm den Sinn hat, in ihrer Totalität die Momente des Einen absoluten Geistes auszudrücken, wodurch denn der Vorwurf einer abstracten Subordination des einen Moments unter das andere wegfällt. Nicht wenig sonderbar wird es Vielen klingen, wenn wir berichten, daß H. ganz ernsthaft eine Untersuchung darüber anstellt, ob auch die Kunst einer wissenschaftlichen Betrachtung werth sei? Dies Mißtrauen gegen die Kunst, ob nicht das Denken sich vergeude, wenn es sich mit ihr zu thun mache, ist in unserm Jahrhundert vielleicht nur H. in den Sinn gekommen. Es ist dies nicht die Besorgniß der Frömmigkeit, die über dem bunten, freundlich gegenwärtigen Kunsthimmel die ernste Ewigkeit zu vergessen sich ängstet, die, wie das Germanische Mittelalter, in den schönen Göttern die Verkleidungen höllischer Dämonen fürchtet: es ist vielmehr die speculative Besonnenheit, welche sich auf solche Weise aus dem Vorurtheil des Tages, aus dem Rausch des Dilettantismus, aus den Präconisirungen der Parteien, dem Nebel der schwanken Kritik, zur Klarheit und Würde des Begriffs heraufhebt.

Hegel's Centrum ist nicht eine bloße Indifferenz des Realen und Idealen, sondern die Idee des Geistes. Die Freiheit ist daher die Geliebte, welcher sich H. überall mit tiefster Sehnsucht zuwendet. Daher bei Untersuchungen über die Natur seine unverholene Freude, wenn er zeigen kann, wie sie noch in Zwittergestalten ausschweift, wie sie noch der äußerlichen Nothwendigkeit und ihrem Gesellen, dem Zufall, unterworfen ist, der Geist aber in der Fülle der Gewißheit seiner selbst mit der Nothwendigkeit als der eigenen, von ihm selbst gesetzten, sich versöhnt weiß. Daher auch sein Drang, an einem Kunstwerk zunächst den geistigen Gehalt herauszukehren, der ihn sogar zu Fehlern verleitet, nämlich in das Politische oder Religionsphilosophische zu weit überzugreifen. Daher seine ernste Stimmung, welche eben so schneidend der in sich verliebten Moralität wie der ästhetischen Verweichlichung entgegentritt. Daher endlich die freie Weite seines Gemüths, welche das Individuelle immer in der Consonanz mit dem Geiste eines Volkes, mit dem allgemeinen Weltzustand empfindet und doch, bei aller plastischen, fast feierlichen Sittlichkeit, wieder harmlos genug ist, gefügig, mit kindlicher Hingebung, in die ganze Oberfläche der Erscheinung sich einzulassen. — Aus dieser Sympathie Hegel's für objective Sittlichkeit erklärt sich seine Neigung zur historischen Auffassung der Kunst. Bis auf ihn, bei den schon oben genannten, wie früher bei Bouterweck, Bendavid, Kant, Eberhard, Meier, Home und Batteur, ist die Aesthetik überwiegend die Theorie des Schönen und der Kunst gewesen und das Geschichtliche mehr unter dem Gesichtspunct des Beispiels aufgenommen worden. Bei H. scheint sich die Sache fast umzukehren. Zwar geht auch er von der Idee als solcher aus, allein im Verlauf drängt sich bei ihm die geschichtliche Bildung der Kunst beständig als das Element hervor, von dem er, weil die Idee darin zur concreten Bestimmtheit gekommen, den Ausgangspunct der Eintheilungen entnimmt. Das Urtheil der Zeit ist in dieser Hinsicht über H. mit sich selbst im Widerspruch. In Ansehung der logischen Idee hat man nämlich gesagt, sie sei, alle früheren Standpuncte der reinen Speculation in sich versammelnd, nur ein geschicktes Aggregat vorgefundener Bestimmungen, ein mit einem gewissen Schein von Nothwendigkeit zurecht gemachtes Arrangement der Principien, welche Andere entdeckten, während H. selbst nichts wahrhaft Progressives erfunden habe. Man machte also der Logik den Vorwurf, daß sie zu historisch, daß sie eine zur Form eines Systems eingewängte Geschichte der Speculation sei. Umgekehrt behauptete man in Ansehung der Geschichte, daß H. dieselbe durch seine Logik tyrannisire. Er habe einmal in ihr die abstracten

Schemata, unter welche er den empirischen Stoff wohl oder übel unterbringe, wodurch er denn die Geschichte zu einem Schattenspiel logischer Begriffe mache. Die Wahrheit ist, daß H. im Logischen gerade so genau und gewissenhaft war, als im Historischen und durch seine Vertrautheit mit dem einen wie mit dem andern Element das eine durch das andere erleuchten konnte. In seiner Logik sind die Bestimmungen von solcher Schärfe und Reinheit, daß man in einem wahrhaft durchsichtigen Krystalltempel wandelt. In seinen historischen Darstellungen aber entzückt jene saftige Localfarbe, welche von der Atmosphäre des ursprünglichen Bodens noch gleichsam umduftet wird. Die erschöpfende Prägnanz, mit welcher er welthistorische Epochen, Individuen, Kunstwerke zeichnet, ist auch eins der vielen außerordentlichen Talente, welche Gott diesem wunderbaren Manne geschenkt hatte. In der Aesthetik ist der große Fund, den er in historischer Beziehung machte, die Unterscheidung des symbolischen, plastischen und romantischen Styls, eine Theilung, welche mit der der Geschichte in die orientalische, antike und moderne zusammenfällt.

Die Idee des Schönen ist in der Bestimmtheit des Kunstschönen das Ideal. Aber das Ideal muß sich in sich selbst unterscheiden; es ist kein Abstractum. Durch seine Besonderung entstehen die eben genannten Grundformen aller künstlerischen Darstellung. Für die Bestimmung des Einzelnen ist aber noch die specifische Individualisirung nothwendig, welche durch die einzelnen Künste, durch die Differenz des darstellenden Marterials in der Architektur und Sculptur, in der Malerei, Musik und Poesie hervorgebracht wird. So ergeben sich drei Theile der Aesthetik.

Der erste, welcher also vom Ideal handelt, betrachtet 1) das Schöne an und für sich; 2) das Naturschöne; 3) das Ideal selbst. Das Schöne ist die Idee, wie sie aber nicht die Idee als logische, im abstracten Element des Denkens, das Wahre und Gute an sich ist, sondern in der objectiven Realität der sinnlichen Erscheinung existirt. Das Innere des Begriffs und dessen Aeußerlichkeit sind in ihm untrennbar. Es ist interessant zu bemerken, wie die Aesthetik in ihrem Anfang, auf dem Platonischen Standpunct, die Schönheit noch mit der Wahrheit und Güte abstract identisch setzte, dagegen die neuere, seit Baumgarten, umgekehrt mit der Reflexion auf das Sinnliche, auf den äußeren Schein, anfing. — Das unmittelbare Dasein des Schönen ist allerdings das Naturschöne, denn das natürliche Leben hat den Begriff zu seiner Seele. Die besonderen Formen sind hier einerseits die abstracten Bestimmungen für das Verhältniß der Theile der Gestalt: Regelmäßigkeit, Symmetrie, Gesetzmäßigkeit, Harmonie; andererseits ist es die Einheit des sinnlichen Stoffs in sich d. h. die Reinheit der Farben, Töne u. s. f. Aber wie sehr die Naturgestalt entzücken möge, so ist sie doch, weil das Innere in ihr ein Inneres bleibt, unfähig, dem Geist eine letzte Befriedigung zu gewähren. Die Seele als das flüssige Band aller Glieder scheint nur trübe durch das Aeußere hindurch, welches in einer beständigen Abhängigkeit von anderem Aeußern, von zufälligen Umständen ist, wodurch die Schönheit unaufhörlich beeinträchtigt und verkümmert wird. Auch der schönste Organismus, der menschliche, ist dem Druck der Natürlichkeit unterworfen. Wegen solcher Mangelhaftigkeit muß der Geist über das Naturschöne hinausgehen und ein Schönes erschaffen, welches nicht bloß an Dauerhaftigkeit dem schwankenden Zustande des Natürlichen entrissen, sondern überhaupt von der Unangemessenheit befreit ist, welche die Idee als Naturleben, als nur entäußerte, in der Aeußerlichkeit nicht in sich zurückkehrende, an sich hat. Diese Entwicklung, von der wir kaum einen Prospect hier gegeben, ist von H. mit einer ungemeinen Liebe gearbeitet; alle Naturformen, vom Krystall an durch die Vegetation und Thierwelt hin ist er durchgegangen; auch das Elementarische der landschaftlichen Schönheit ist nicht vergessen. — Da sich also das absolut Schöne in der Natur nicht findet, so muß es durch den Geist selbst erschaffen werden. Das Ideal ist die schöne Individualität, welche die Bedürftigkeit des Naturstandes von sich abgestreift hat und in ihrem Aeußeren nur die Idee, nichts Anderes, darstellt, so daß das Sinnliche völlig vom Geistigen durchdrungen ist. In der Bestimmtheit des Ideals muß unterschieden werden 1) das Ideal an sich; 2) die Handlung; 3) die Aeußerlichkeit, in welcher die Idee sich auf eine adäquat entsprechende Weise darstellt. Das Ideal an sich ist die kummerlose, ruhige Schönheit, welche nur den unsterblichen Göttern möglich ist. Wo die Individualität als erdgeborene in den Gegensatz geräth, der zur Handlung auffordert, verschwindet die selige Ruhe. Das Handeln ist aber a) durch den allgemeinen Weltzustand bedingt. Im heroischen Zeitalter beschließt das Individuum aus sich heraus seine Thaten und nimmt auch reuelos alle Consequenzen derselben auf sich. In Zeiten aber, wo ein Volk in den Unterschieden der Stände und der Regierung zum Staat sich durchgebildet hat, wird das Individuum durch tausend Schranken in seinem Thun gehemmt. Jeder Act desselben muß sich nach allgemein gültigen Normen richten. Alles wird controlirt. Der Mechanismus des Ganzen zerstört die Poesie des Individuellen und das Handeln ist um so vortrefflicher, je prosaischer es ist, denn die Prosa ist nichts als die zur Form von Gesetzen und Grundsätzen herausgearbeitete praktische Vernunft, welche das Thun des Einzelnen regelt. Die Kunst wird daher eine natürliche Neigung zum Heroenalter haben oder wenigstens gern solche Zustände hervorsuchen, welche das vielfach Beschränkte des conventionellen Zustandes in den Hintergrund stellen, weshalb bei ihr fürstliche Geschlechter den Vorzug haben, weil aus ihnen die Selbstständigkeit des Handelns, dessen umfassende Bedeutung, unmittelbar hervortritt. b) Durch das bestimmte Verhältniß des Individuums zum allgemeinen Weltzustand ergibt sich die Situation desselben. Wo das Substantielle an und für sich dargestellt wird, ist gar keine Situation. Wo es, wie oft bei den Griechischen Göttern, in einem Spiel folgelosen Handelns begriffen ist, da ist die Situation harmlos.

Erst mit der Collision, d. h. mit der Entgegensetzung und Spannung der Individuen durch ein und dasselbe Interesse, kommt es zur Unruhe der wahrhaften Situation, deren Widerspruch c) nur durch das Handeln aufgehoben werden kann. Seine Energie empfängt das Individuum aus den allgemeinen theils affirmativen theils negativen Mächten der Sittlichkeit. In der gediegenen Einheit mit einer von ihnen hat es seinen Charakter, der sich im Affect als Pathos äußert. Ohne solchen substantiellen Inhalt, mit welchem das Subject ganz zusammengeschlossen, ist ächtes Pathos unmöglich. — Mit dieser Innerlichkeit des Gemüths muß nun aber auch die äußere Umgebung, der erscheinende Ausdruck zusammenstimmen, nicht bloß in Bezug auf Zeit, Ort,

Drapperie, sondern, um den Reflex des Geistes concreter Weise zur Anschauung zu bringen, bis auf das Singuläre hin. Der Künstler, welcher das Ideal im Kunstwerk für ein Publicum hervorbringt, muß daher die Idee sogleich in sinnlicher Form vor sich haben. Er muß sich zur Sache, die er darstellen will, ganz entäußern können, worin allein auch die ächte Originalität liegt, welche nicht in individueller Seltsamkeit, bizarrer Laune, abstracter Idiosynkrasie, sondern in der Objectivität selbst bestehen muß.

Auf diese herrliche Auseinandersetzung folgt der zweite Theil, die Entwicklung des Ideals zu den besondern Formen des Kunstschönen. Die symbolische sucht die Idee in ihr angemessener Weise darzustellen. Aber weil sie sucht, bleibt Inhalt und Form noch auseinander. Die Form bedeutet nur den Inhalt, ist mit ihm nicht in concreter Einheit. Die plastische erreicht diese Einheit. Form und Inhalt gehen gänzlich ineinander auf. Die Bedeutung schlägt überall durch; das Innere ist im Aeußeren; das Aeußere selbst ist also kein Aeußeres mehr gegen das Innere, sondern selbst das Innere und das Innere ist auch nichts mehr für sich, sondern hat sich ganz der Oberfläche preisgegeben. Von Seiten der Kunst ist diese Identität das Höchste. Aber der Geist kann, wenn er sich in seinem absoluten Selbstbewußtsein zum Inhalt macht, wenn also die individualisirende Particularität zersprengt wird, durch seine Tiefe die Form hinter sich lassen. Er überschreitet sie. Dann findet das Umgekehrte, wie bei der Symbolik statt. Diese bildet das Innere dem Aeußeren ein, während sie selbst noch den Begriff des Inneren sucht. Hier ist der Begriff, die Idee schon vorhanden, aber es genügt kein Gefäß mehr, sie in sich aufzunehmen. Der Geist erreicht sich wahrhaft nur im Geist, in sich selber. Diese Form ist die romantische Kunstform, die letzte denkbare.

Der erste Theil der Aesthetik begreift nur die Entwicklung der symbolischen Kunstform. Es wird von H. unterschieden: 1) die unbewußte Symbolik, d. h. diejenige, welche den Inhalt, der äußerlich dargestellt werden soll, noch nicht von dem Mittel der Darstellung als einem Zeichen für die Sache trennt, wie im ganz unkünstlerischen Parsismus, dem das Licht, das natürliche, unmittelbar mit den Ideen des Wahren und Guten zusammenfließt. Mehr Sonderung enthält schon die phantastische Symbolik der Inder.

Am höchsten aber steht hierin die ägyptische Symbolik, weil sie, nicht so willkürlich und maaßlos, wie die Indische, eine genauere Congruenz der Bedeutung und des sie versinnbildenden Objects enthält. 2) Tritt das Bewußtsein darüber hervor, daß die in sich unendliche Substanz durch keine äußerliche Objectivität erschöpft werden könne, so entsteht die Symbolik der Erhabenheit. Einerseits ist sie die pantheistische, welche im Einzelnen das Universum spiegelt, wie sie im Indischen, Muhamedanischen, selbst im Christlichen, hervorgetreten ist. Andererseits ist sie die monotheistische, welche das Irdische und Endliche mit dem Göttlichen und Absoluten constrastirt und sich des Unendlichen nicht sowohl in der Affirmation, als in der Negation, im Verschwinden des Endlichen, in der Abhängigkeit und Furcht des Menschlichen bewußt wird. 3) Endlich kann die Symbolik den Gegensatz von Bild und Sache fixiren, so daß sie, mit Bewußtsein über ihren Unterschied, beide vergleichend auf einander bezieht. Geht sie dabei a) vom Aeußerlichen aus, um dasselbe in einen geistigen Inhalt hineinzuziehen, so entsteht Fabel, Parabel, Sprichwort, Apolog, Metamorphose. Geht sie b) umgekehrt von der Bedeutung aus und legt sie in eine mehr oder weniger conforme Aenßerlichkeit, so entsteht Räthsel, Allegorie, Metapher, Bild und Gleichniß. c) Durch die Trennung der Sache und des sie darstellenden Bildes muß aber das Wesen des Symbolischen zerstört werden, denn die Identität des Objects und des vom Subject bei ihm Geahnten und Gedachten wird offenbar immer lockerer. Die Einheit, als ein zuletzt ganz willkürliches Beziehen, fällt auseinander. Im Lehrgedicht benutzt der herrschende Gedanke das Bild nur noch als einen Schmuck; in der beschreibenden Poesie dagegen wird Gedanke und Empfindung an das gegebene Object, es zu begeisten, herangebracht. Im Epigramm endlich spitzt sich der Gedanke für sich schon so zu, daß das Object, woran er sich lehnt, zum bloßen Rahmen des geistigen Inhalts herabgesetzt wird.

Es leuchtet ein, daß Hegel mit dieser letzteren Entwicklung sich verirrt hat. In sich ist sie zwar folgerichtig, gehört aber nicht hieher, wo die symbolische Kunstform ganz allgemein zu betrachten war, sondern in die Poesie, welche natürlich auch in der Gestaltungsweise betrachtet werden muß, die sie innerhalb der verschiedenen Kunstformen empfängt.

Die erste Besonderung des Ideals war also die symbolische; die zweite ist die plastische oder classische, in welcher das Innere sich dem Aeußern gleich macht, in ihm sich zeigt, aber auch nicht mehr darin darstellt, als gerade nur sich. Von dem classischen Ideal selbst, als der in sich, in ihrer Besonderheit seligen Göttergestalt, unterscheidet H. sein Werden und seine Auflösung. Sein Werden ist die Degradation des Thierischen, der Sieg der neuen, ethischen Götter über die alten, rohen Naturmächte, die Feier dieser Entwicklung in den Mysterien, eine, wie man sieht, ganz religionsphilosophische Deduction. Die Veränderungen des religiösen Bewußtseins sind hier die Voraussetzungen für die Fortgestaltung der Kunst. Daß die Götter als Menschen vorgestellt wurden, lag ursprünglich nicht in der Kunst, sondern in der Religion. Man darf Hegel's aus dem Herodot so oft angeführten Worte, Homer und Hesiod hätten den Griechen ihre Götter gemacht, nicht in der platten Weise interpretiren, als hätten diese Dichter den Standpunct überhaupt erschaffen, auf welchem solche Bildungen möglich waren. So etwas kann immer nur That eines Volksgeistes überhaupt sein. Daß nun aber der Begriff des Classischen hauptsächlich auf die durch die Sculptur erzeugte Göttergestalt eingeschränkt werde, ist nicht blos nicht nothwendig, sondern würde falsch sein, denn es ist dies ja eben ein ganz allgemeiner Begriff der Art und Weise der Darstellung des Kunstideals; Raphael der Maler, Gluck der Musiker, Goethe der Dichter, obschon weder Griechen noch Bildhauer, haben nicht weniger classische Werke, als ein Phidias, hervorgebracht. Sie haben die harmonische, ununterscheidbare Durchdringung der Bedeutung und Darstellung erreicht. Daß die Hellenische Sculptur eine solche concrete Identität in vorzüglicher Virtuosität producirte, war durch die Religion möglich gemacht. Hegel erkennt auch (II, S. 21) die Allgemeinheit des Begriffs der Classicität an, allein er behauptet zugleich, daß wir ohne die Hellenische Plastik denselben gar nicht haben würden und legt deswegen einen so großen Nachdruck auf das Werden des Ideals der Kunstreligion als des völligen Verschmelzens von Inhalt und Form gerade in der menschlichen Gestalt.

Die Auflösung des classischen Ideals erfolgt daher nach ihm auch von zwei Seiten, von der der absoluten Allgemeinheit, welche über den vielen, ihr ungleichen Göttern als ihr gestaltloses Schicksal schwebt, und von Seiten der concreten Einzelheit, welche als die Besonderung der vielen Götter, von denen ein jeder das Allgemeine, das Göttliche, in sich particularisirt, den Anthropomorphismus enthüllt und durch seine eigene Endlichkeit vernichtet. Diese Entwicklung ist abermals ganz religionsphilosophisch, denn jener Proceß ist der eines jeden Polytheismus. Hegel aber leitet daraus die Satire als die einer solchen Auflösung adäquate Kunstform ab. Nur in der Zerstörung des Götterideals, nur auf Römischem Boden, habe die Satire gedeihen können als der Zorn des in sich, auf seine Kraft und Tugend zurückgeworfenen Menschen gegen die Zersetzung des Glaubens, der Pietät, der substantiellen Rechtlichkeit. Allein ein solcher Zustand kann sich bei verschiedenen Völkern, in verschiedenen Zeitaltern wiederholen. Als der Polytheismus der mittelaltrigen, Römischen Kirche unterging, brach die Satire mit ungeheurer Gewalt und in oft ganz neuen, in der Römischen noch nicht angelegten Formen hervor; sollen z. B. die epistolae virorum obscurorum keine wahrhaften Satiren, sollen Hutten, Rabelais, Fischart nicht des Namens der Satiriker würdig sein? Selbst daß heutiges Tages keine Satiren mehr gelingen wollten, folgt noch nicht, wie Hegel meint, daraus, daß Cotta's und Göthe's Preisaufgaben dafür kein Glück gemacht haben. Eine Satire, die den Preis gewönne, würde immer ein mittelmäßiges Machwerk sein, denn die Satire muß aus dem wärmsten Herzblut sprudeln. Aber Hegel würde doch wohl Courier's meisterhafte Pamphlete, oder Byron's ehernes Zeitalter, seine vision of last judgement u. s. f. als Satiren haben gelten lassen, wenn er nur daran gedacht hätte. Und fehlt uns nicht für die geschichtliche Würdigung der Römischen Satire sowohl einerseits die Kenntniß der ursprünglichen Italischen satura, als andererseits die noch wichtigere der Hellenischen Jambographen, der Sillographen? Was denn wissen wir von diesen? Nach Hegel hat jedoch die Satire nur Einmal, in der Römischen Welt, Epoche gemacht; alles Frühere und Spätere ist ihm gegen ihre Indignation farblos d. h. er hält sich hier an die quantitative Bestimmung und unterscheidet die Satire nicht vom Satirischen. Dies ist ein ganz allgemeiner ästhetischer Begriff, welcher aus dem des

Komischen, näher aus dem des Witzes sich ableitet und etwas
ganz Anderes, als die Satire, wie sie eine eigenthümliche Dichtungsart zu sein strebt, mit welcher die gewöhnlichen Theorieen
nach Hegel nicht recht fertig zu werden wissen. Als solche entspringt sie, meiner Meinung nach, aus der Auflösung des Epischen und macht theils beschreibend, theils reflectirend, theils Schilderung und Betrachtung vereinigend, ein Moment desselben aus.
Das Satirische dagegen als solches kann in jede Dichtungsart sich
hineinlegen; Drama, Lyrik, selbst das Epos kann satirisch werden und schon sehr früh haben die Griechen z. B. das Epos Mar-
gites gehabt, aus welchem Aristoteles bekanntlich (Poetica c.
IV.) die Anfänge der Komödie herleitet. Daß es verloren gegangen, so gut als die Jamben des Archilochos, darf die systematische Wissenschaft nicht beeinträchtigen. Das Urtheil des Satirischen ist einfach: das Existirende soll nicht existiren, weil es
meinem Begriffe von der Sache widerspricht. Die Schönheit der
Satire hängt davon ab, wie tief der Künstler die Idee als solche
ergriffen hat und wie groß der Widerspruch der existirenden, ihm
gegenwärtigen Welt gegen dieselbe ist. Dies ist die doppelte Beschränktheit der Satire, ihre ideelle von Seiten der Reflexion, ihre
reale, objective von Seiten der Geschichte. Ohne Witz aber würde
die Satire nichts Künstlerisches, überhaupt nicht Satire, sondern
prosaische Kritik sein. Außer der Poesie ist die Malerei besonders
zur Satire befähigt; ich nenne nur Hogarth oder aus unseren Tagen bei den Engländern Cruishank, bei den Franzosen Granville,
dessen Illustrationen zu Beranger's Gedichten fast sämmtlich mei-
sterhaft sind.

Man sieht wohl ein, daß nach Hegel die eigentliche Auflösung des classischen Ideals ihn zum Begriff des Malerischen hätte
führen müssen, wie dieser Uebergang späterhin, im Begriff der einzelnen Künste, wirklich erfolgt. Das Malerische bringt, nachdem
die Kunst zu irgend einer Zeit, bei irgend welchem Volk die Classicität erreicht hat, in die Sculptur nicht blos, auch in die Musik
und Poesie ein. Bei den Alten können wir freilich, wie immer,
diesen Fortschritt, der nach rückwärts als ein Verderben erscheint,
in den schärfsten Unterschieden hervortreten sehen. Daß z. B. Eu-
ripides zu Sophokles ein solches Verhältniß hat, ist eine im All-

gemeinen bekannte Sache. Allein man bringe nur recht tief ein, so wird man über die Durchgängigkeit dieser Differenz erstaunen; sie erstreckt sich bis auf die Wahl der Stoffe und die Wendung, welche dem gleichen Stoff gegeben wird. Man vergleiche z. B. das Toben des Euripideischen Herakles mit der Behandlung desselben Gegenstandes in der Sophokleischen Deïanira, mit dem Wahnsinn des Sophokleischen Aïas. Sie verhalten sich wie der aber geschwellte, muskelstrotzende Körper eines Ringers oder Fechters zu der idealischen Ruhe einer Statue des Ares. In der Architektur griff das malerische Princip so um sich, daß man nicht nur dem Relief mehr Raum gönnte, sondern auch darauf sann, für die Anbringung von Gemälden mehr Fläche zu schaffen und in den Verzierungen selbst, wie uns die Reste und Bilder von Herculanum und Pompeji zeigen, bis zu Chinesischer Schnörkelhaftigkeit fortging. — Was ich in diesem Zusammenhang malerisch genannt habe, kann allerdings auch noch anders gefaßt werden. Es ist nämlich der Uebergang vom schönen Styl zum reizenden, der in verschiedenen Abstufungen bis zur piquanten und colossalen Uebertreibung einerseits, so wie andererseits bis zur süßlichsten und kleinlichsten Abschwächung fortgeht. Hegel berührt den Begriff des Styls mehrfach, besonders Thl. I. beim Begriff des Künstlers und Thl. II. bei der Einleitung in das System der einzelnen Künste. Dieser wichtige Begriff, der der eigentliche Schlüssel des formalen Verlaufs jeder vollständig sich auslebenden Kunstwelt ist, muß eine ganz andere, organische Entwicklung erhalten, bei welcher der innere Zusammenhang der Formen des strengen, schönen und reizenden Styls mit dem symbolischen, classischen und romantischen Ideal die belehrendste Parallele abgibt.

Das romantische Ideal ist die affirmative Rückkehr zum symbolischen. Das Innere geht nicht in das Aeußere auf, aber aus dem entgegengesetzten Grunde; das Aeußere ist nicht deswegen die dem Innern nicht völlig angemessene Erscheinungsweise, weil das Innere noch nicht genug bestimmt wäre, sondern weil das Innere sich als Inneres bestimmt, wird das Aeußere für seine Darstellung unausreichend. Diese Darlegung ist bei Hegel vortrefflich, nur wiederum zu religionsphilosophisch, indem Hegel bei dem Begriff des Romantischen durchaus den des Christenthums zu Grunde

legt. Allein obwohl dasselbe allerdings durch und durch roman=
tisch ist, weil es den Menschen durch das Bewußtsein der absolu=
ten Geistigkeit nicht blos negativ von der Natur frei macht, son=
dern ihm auch die positive Gewalt der wahrhaften Freiheit gibt,
so muß doch die Aesthetik den Begriff des Romantischen viel all=
gemeiner als den der in sich freien, in sich unendlichen Subjecti=
vität fassen. Thut man dies nicht, so wird man auch, worauf
Hegel doch so sehr sich hinrichtet, mit der Geschichte der Kunst
nicht fertig werden können. Was hat z. B. im Indischen Da=
majantis Treue für einen Charakter? Einen symbolischen gar
nicht, denn sie ist sich ihrer Empfindung auf das Klarste bewußt
und soll nichts Anderes dadurch bedeutet werden. Einen classischen
auch nicht, denn sie beherrscht sich nicht in ihrer Liebe, wie die
Penelope, welche die Freier mit erfindungsreicher List täuscht und
ihrem ungestümen Werben gegenüber in göttlicher Ruhe verbleibt.
Aber einem romantischen? Gewiß und zwar so sehr, daß Da=
majanti, das schwache Weib, in den verschiedensten Lagen, im=
mer nur mit ihrem Gemüth sich beschäftigt und, nur in ihre
Liebe versunken, an Andere keine andere als nur darauf bezügliche
Forderungen macht und mit zweifelloser Entschlossenheit in diesem
Interesse selbst handelt; dies Insichsein, Insichverglimmen, dieser
Liebeswahnsinn ist durchaus romantisch. Der Persisch=muhame=
danischen Kunst gesteht Hegel auch das Romantische zu, was er
doch nicht dürfte, wenn es in der That nur als das Christliche
gefaßt werden sollte.

Als die besonderen Momente in der Gestaltung des roman=
tischen Ideals unterscheidet Hegel die religiöse Liebe, das Ritter=
thum und die formelle Selbstständigkeit der individuellen Beson=
derheiten. Von diesen sind das erste und dritte am gründlichsten
abgehandelt und namentlich ist die Darstellung der religiösen Liebe
von einer erschütternden, erhebenden, beseligenden Hoheit. Uebri=
gens muß man die hier vorkommenden Trichotomieen nicht streng
als eine begriffsmäßige Triplicität nehmen. Zwar hat Hegel den
ganzen Vortrag trichotomisch eingetheilt, allein die Dreitheiligkeit
ist nicht immer speculativ, sondern öfter nur eine Manier, den
Stoff zu handhaben, ihn übersehbar zu machen. Hegel gibt dies
auch zu verstehen, indem er ganz subjectiv und läßlich ankündigt,

er wolle, könne nur Folgendes herausnehmen; die Hauptpuncte würden etwa sein; es lasse sich unterscheiden u. dgl. m. Wollte man in dieser Beziehung die von Hegel selbst aufgestellten Gesetze der Dialektik zum Maaßstab seiner Vorlesungen machen, so würde man Vielerlei anzufechten haben. Wenn H. z. B. hier im ersten Abschnitt, der die religiöse Liebe zum Gegenstande hat, 1) von der Erlösungsgeschichte Christi, 2) von der religiösen Liebe, 3) vom Geist der Gemeine handelt; so ist die religiöse Liebe im Allgemeinen offenbar das abstracte Moment, in welches hinein auch die Liebe der Einen Mutter zu ihrem weltbefreienden Kinde und die sich allmälig befestigende Liebe der mit Christo in Umgang Stehenden fällt. Das negative Moment ist dagegen die Passionsgeschichte, die absolute Bethätigung der absoluten Liebe, die bis zu Schmach und Tod fortgeht. Die concrete Einheit aber der Liebe an sich und ihrer die Welt, das Endliche und Böse überwindenden That ist drittens der göttliche Geist der Gemeine, in welcher die zunächst als punctuelle Innigkeit erscheinende Liebe der Maria und der Jünger, so wie Christi selbst das allgemeine Medium ausmacht. Im Begriff der Gemeine unterscheidet Hegel das Märtyrerthum, die innere Bekehrung und das Wunder. Aber das Wunder ist nur eine abstracte Aeußerung des sich zur Existenz bringenden absolut freien Geistes und kann, sammt der Legende, unmöglich als der concrete Schluß gesetzt werden. Das Erste ist hier das Bewußtsein der Freiheit, welche Objectivität das Subject sodann als sein eigenstes Selbst zu setzen hat. Märtyrerthum aber und Sinnesänderung sind an sich dasselbe negative Thun, nur daß dasselbe sich einmal auf die Weltbezwingung außer uns, das anderemal auf die in uns richtet, von welcher Innerlichkeit das standhafte Erdulden von Martern eigentlich erst die Folge ist. Der Kampf aber hebt sich in der Seligkeit als der Empfindung der absoluten Freiheit auf, welche, im Kreise der religiösen Vorstellungen, auf die Auferstehung des Fleisches, auf die Wiederkunft Christi und das Gericht hinweiset, von welchen eschatologischen Momenten Hegel gewöhnlich abstrahirt. Unstreitig hat er sich bei dieser Gliederung durch eine zu große Rücksicht auf die Geschichte der Malerei bestimmen lassen; aber selbst für diese dürfte jene Anordnung nicht ganz passend sein.

Das Ritterthum behandelt Hegel nicht sowohl als eine ewige Idee, sondern mehr als eine antiquirte Gestalt des romantischen Geistes. Er unterscheidet darin die Ehre, Liebe und Treue. Wenn aber durch die Dialektik sich von Moment zu Moment der immer tiefere Grund enthüllen soll, so müssen diese Begriffe gerade umgekehrt sich folgen. Vasallentreue, sentimentale Liebe finden wir auch in China, in Indien, im alten Persien, nicht aber Ehre, und diese erst gibt dann auch der Treue und Liebe eine ganz andere Färbung. Die Treue für sich ist die Hingebung an einen Andern unter bestimmten Bedingungen, z. B. in der Dienstreue. Die Liebe ist die Hingebung, welche unbedingt ist und nur im Andern zum Dasein gelangen will, daher selbst die Launen und Grillen des Andern sich zu Nothwendigkeiten erheben können. Die Ehre aber ist das wahrhaft ritterliche Element, die unendliche Vertiefung des Einzelnen in den Begriff des Werths seiner Persönlichkeit. Treue kann ohne Liebe und Ehre; Liebe nicht ohne Treue aber ohne Ehre; Ehre nicht ohne Treue und Liebe bestehen, wenn sie nicht ungesellig sein will, was an sich ihrem Begriff widerspricht, der auf eine Continuität des einzelnen Bewußtseins mit dem relativ allgemeinen geht. Durch den Dienst der Treue und der Liebe realisirt sich die Ehre. Daß ein solcher Mensch, der sich in seinem Selbstbewußtsein genügt, doch einem Andern in Treue dient, doch einem Weibe bis zur Sclaverei sich unterwürfig macht, das erst ist das Bedeutende in diesem Kreise des Romantischen und es läßt sich nun die Collisionsdialektik der Treue mit der Treue, der Liebe und der Liebe, der Treue und Liebe mit der Ehre entwickeln, welche sich aber zu der der Ehre mit der Ehre zuspitzt. Diese Folge der Momente würde auch den Uebergang zu dem letzten Kreise der Gestaltung des romantischen Ideals, zu der der formellen Selbstständigkeit, ohne Schwierigkeit gemacht haben, denn die Ehre ist schon dies formelle auf sich Beharren.

Bei der Selbstständigkeit des individuellen Charakters unterscheidet Hegel wieder nach dem Gegensatz des Aeußeren und Inneren, aber nur für große, ernste, innige Naturen und ohne eine Auflösung des Gegensatzes bemerklich zu machen, der doch wohl im Begriff des schönen Charakters als desjenigen liegt, der seinen reichen Inhalt auch mit Leichtigkeit zu äußern, sein Gemüth zur entschiedenen Darstellung zu bringen gebildet ist, worin die formelle, nach Außen gewandte Consequenz des Handelns und die Macht des Gemüths, das Abgrundlose des in sich versenkten Gefühls sich zur concreten Einheit zusammenschließen. Göthe's Iphigenie, Natalie, Eugenie sind z. B. solche schöne Charaktere. — Die Abenteuerlichkeit, als die Form des Geschehens im Romantischen, wie sie aus der sich selbst unendlichen Subjectivität entspringt, ist vortrefflich gezeichnet, gehört aber gar nicht blos der Christlich-germanischen Welt an, wie man nach Hegel meinen könnte, sondern kommt auch anderwärts vor. Was wir z. B. im ordinairen Sinne romanhaft nennen, das Lose, Zufällige, Wechselnde, Frappante der Begebenheiten, kennen die Chinesen so gut als wir; bei den Alten erscheint es in der neuen Komödie und später in den Milesischen Erzählungen bei Longos u. s. f.

In der Auflösung des romantischen Ideals unterscheidet H. wiederum nach dem Gegensatz des Aeußeren und Inneren die Kunstnachahmung des Vorhandenen und den subjectiven Humor. Eine rechte Auflösung dieses Gegensatzes wagt Hegel nicht, spricht nur vom Ende der romantischen Kunstform als dem Inhalt der gegenwärtigen Epoche der Kunst, in welcher nach ihm das Hervortreten der künstlerischen Virtuosität das Hauptelement ausmacht, was denn freilich ein schlechter Trost wäre. Indessen faßt er dazwischen den Gedanken eines objectiven Humors und schildert darin in der That das, was jetzt die Aufgabe der Kunst geworden ist und was wir, obwohl es seinem Princip nach romantisch, d. h. aus der Tiefe der sich unendlichen Subjectivität entsprungen ist, doch, zum Unterschied von der mittelaltrigen Form des Romantischen, das Moderne zu nennen pflegen. Wir können uns nicht enthalten, Hegel's unvergleichliche Worte II. S. 235 herzusetzen: „Das Verwachsensein mit solcher specifischen Beschränktheit des Inhalts endlich hob der Humor, der alle Bestimmtheit wankend zu machen und zu lösen wußte, wieder auf und ließ die Kunst dadurch über sich selbst hinausgehn. In diesem Hinausgehn jedoch der Kunst über sich selber ist sie eben so sehr ein Zurückgehn des Menschen in sich selbst, ein Hinabsteigen in seine eigene Brust, wodurch die Kunst alle feste Beschränkung auf einen bestimmten Kreis des Inhalts und der Auffassung von sich abstreift, und zu ihrem neuen Heiligen den Humanus macht, die Tiefen und Höhen des menschlichen Gemüths als solchen, das allgemein Menschliche in seinen Freuden und Leiden, seinen Bestrebungen, Thaten und Schicksalen. Hiermit erhält der Künstler seinen Inhalt an ihm selber, und ist der wirklich sich selbst bestimmende, die Unendlichkeit seiner Gefühle und Situationen betrachtende, ersinnende und ausdrückende Menschengeist, dem nichts mehr fremd bleibt, was in der Menschenbrust lebendig werden kann. Es ist dies ein Gehalt, der nicht an und für sich künstlerisch bestimmt bleibt, sondern die Bestimmtheit des Inhalts und des Ausgestaltens der willkürlichen Erfindung überläßt, doch kein Interesse ausschließt, da die Kunst nicht mehr das nur darzustellen braucht, was auf einer ihrer Stufen absolut zu Hause ist, sondern Alles, worin der Mensch überhaupt heimisch zu sein die Befähigung hat."

Wie also Hegel in der Satire die eigenthümliche Form des sich auflösenden classischen Ideals erblickt, so im Humor die des sich auflösenden romantischen. Allein der Humor ist, wie das Satirische, eine ganz allgemeine Form des Schönen, die als solche mit dem Begriff der Idealformen nicht unmittelbar zusammenhängt. Daß dieselbe innerhalb der romantischen Welt, wie sie die Christlich-germanische ist, ihre höchste Ausbildung erhält, ist eine nur quantitative Differenz. Warum sollen außerhalb des Christenthums nicht auch humoristische Gestalten der Kunst d. h. nach Hegel's eigener Definition, solche möglich sein, worin das Subject, in seliger Versöhnung mit sich, mit allem Objectiven spielt, sich als den Meister, als den unnahbaren und doch auch in jede Nähe wieder zerfließenden Herrscher über alle Endlichkeit weiß? Wer wollte sagen, daß bei Aristophanes nur Satire und Ironie zu finden sei, daß hier nicht auch die heiterste Humoristik walte? Hegel's wundervolle Schilderung der Aristophanischen Komödie, Bd. III., gegen Ende, fließt selbst noch über von der Seligkeit der Aristophanischen Tiefe, die man nicht mit so flachen Bezeichnungen, wie Scherz, Laune, Persiflage u. s. f. abfertigen kann, sondern welche nur mit der Benennung Humor ihren rechten Namen findet. Und auch dem Lucian würde ich das Humoristische nicht ganz abzusprechen wagen, wiewohl er sich nur selten dazu erhebt und von der Größe, Kühnheit, Mannigfaltigkeit und übersprubelnden Fülle des Aristophanes weit entfernt bleibt. Was man heute so oft Humor nennt, das Witzige, Lockere, Phantasievolle, das ist bei ihm in der höchsten Trefflichkeit, allein zum Humor gehört noch mehr, als subjective Willkür. Der Begriff des Humors muß innerhalb des Begriffs des Schönen überhaupt seine Stelle finden; er ist der Schlußbegriff der Philosophie des Schönen (wohl zu unterscheiden von dem Begriff der Kunst), denn über ihn hinaus ist keine weitere Formation mehr möglich, da hier alles Objective, ja das Absolute, dem Subject unterworfen wird und dies in aller Willkür doch nie vergißt, Alles sub specie aeterni aufzufassen. —

Der dritte Theil der Aesthetik, das System der einzelnen Künste, verfolgt mit der eines solchen Philosophen würdigen Unbeugsamkeit den Grundgedanken der Sonderung des Ideals in seine Arten. Man erwartet allerdings hier ein anderes Princip der Eintheilung, nämlich für die Vereinzelung der Kunst in eine Vielheit von Künsten, allein im Grunde empfängt das bisherige nur eine andere Wendung. Der wirkliche Grund der Vereinzelung liegt in der unmittelbaren Verschiedenheit des Materials der Darstellung: der Raum, die Zeit und die von Raum und Zeit an sich freie Intelligenz; oder, in anderer Form, die Materie, der Ton, das Wort als Ausdruck der Vorstellung; oder endlich, in psychologischer Form, Anschauung, Gefühl und Vorstellung, sind das feste Princip der Vereinzelung der Kunst. Diese Eintheilung führt Hegel auch selbst in der Einleitung mit gewohnter Schärfe durch und zeigt, wie durch solche qualitative Unterscheidung die bildenden Künste, die Musik und Poesie entstehen. Allein er meint, einen großen Schritt vorwärts zu thun, wenn er, wie es scheint, ohne Noth, anders verfährt. Obschon nämlich der Idealunterschied für jede einzelne Kunst eine Voraussetzung ist, so daß seine Besonderung innerhalb einer jeden nach der durch die Qualität des Materials bedingten relativen Modification sich wiederholen kann, so entnimmt ihm Hegel dennoch das Princip der Eintheilung. Nach ihm nämlich ist das symbolische Ideal das wahrhafte Princip der Architektur; das classische das der Sculptur; das romantische das der Malerei, Musik und Poesie.

Diese Eintheilung entspricht aber der Sache nur ungefähr und verwickelt in eine Menge Schwierigkeiten, besonders, was erst gar nicht der Fall zu sein scheint, in historischer Hinsicht, indem sie dazu führt, daß man, in Weise der früheren Schelling'schen Philosophie, immer nur von einem Ueberwiegen der einen oder andern Kunst in einer Idealform oder umgekehrt von dem einer Idealform in einer Kunst reden muß. Statt also zur Bestimmtheit dadurch gelangt zu sein, ist vielmehr die Unbestimmtheit größer geworden. Die Congruenz des classischen Ideals mit dem Maximum der Sculptur, des romantischen mit dem der Musik wird ja dadurch nicht aufgehoben, daß man für die Kunst als solche sich an das einfach sie unterscheidende qualitative Element hält. Wollte man Hegel streng beim Wort nehmen, so müßte doch nach ihm die orientalische Welt als die, in welcher die symbolische Kunst ihre wahre Heimath hat, in der Architektur, deren Wesen dem des symbolischen Ideals vorzugsweise entsprechen soll, das Höchste geleistet haben, wie er dies bei der Sculptur von den Hellenen, bei der Musik von den Modernen behauptet. So aber weiß Hegel selbst vortrefflich zu erörtern, weshalb die Griechische Baukunst an Schönheit die Aegyptische, Indische bei weitem übertrifft. Was aber die Sculptur angeht, so hatte dieselbe allerdings in den Griechischen Götteridealen beneidenswerthe, ihrer Aufgabe im höchsten Grad homogene Gegenstände; sieht man aber auf die Kunst, so würde es die härteste Ungerechtigkeit sein, neuere Leistungen, z. B. Peter Vischer's Apostel am Grab des heiligen Sebaldus, deswegen zu verwerfen, ihre Classicität zu leugnen, weil hier der Gegenstand ein dem romantischen Kreise des Christlichen entnommener ist. Und so nachdrücklich H. überall darauf bringt, den Inhalt als das Bestimmende in der Kunst festzuhalten, wie er ihn denn besonders in der Analyse von Kunstwerken immer voranstellt, so ist er doch viel zu universell, bei einer solchen Maxime steif zu verharren und geht daher anderwärts davon ab. Bei der Malerei und Musik gibt er es als ein ausdrückliches Element dieser Künste an, daß dieselben auch in ihrem Produciren an sich, im Scheinen des Scheins, in der Offenbarung des Farbenschmelzes und Tongewoges als solchen Befriedigung finden und den Inhalt so zu sagen können darauf gehen lassen. — Die Malerei hat in der Christlichen Religion den ihr entsprechendsten Gegenstand gefunden; das ist schwerlich zu leugnen.

Daß aber andere Völker, z. B. Chinesen, Inder, Griechen, nicht so weit darin gekommen sind, ist doch wiederum nur ein quantitativer Unterschied. Von der malerischen Gruppirung Griechischer Reliefs wollen wir abstrahiren; aber die Zeichnungen auf den Vasen, die Mosaikgemälde, wie der jetzt aufgefundene Kampf des Alexander mit dem Darius, die verschiedensten, selbst landschaftlichen und genremäßigen Gattungen in den Wandgemälden von Herculanum und Pompeji — wollen wir das den Griechen mit dem kalten Worte absprechen: es sei nicht romantisch? — Von der Musik gilt zwar schwerlich dasselbe, aber gewiß Aehnliches.

Es liegt in der Natur dieser Kunst, daß man vergangene Bildungen derselben, deren Reproduction unmöglich ist, aus bloßen Beschreibungen sich am wenigsten verdeutlichen kann. Gegen unsere gewaltigen Tonmassen, harmonische Composition und instrumentale Vielseitigkeit mag die antike Musik dürftig gewesen sein; aber leugnen können wir auch sie nicht und müssen in Betreff der schönen Metren der Alten, der sorgfältigen Pflege, die sie der Musik in der Erziehung widmeten, der vielen Mythen, die sich auf musikalische Erfindung und Uebung beziehen, des emsigen Studiums, welches Philosophen ihr zuwandten, keine zu geringe Meinung von ihr hegen. Gluck ist billiger gewesen als Hegel; in seinem Alexanderfest hat er nicht blos der Orgelspielerin Cäcille, sondern auch dem Timotheus den Preis der Kunst zugesungen. — Aber noch weniger weiß man zu sagen, warum die Poesie gerade zu den romantischen Künsten gehören soll, da sie, als die totale Kunst, wie Hegel, wenn ich nicht irre, sie selbst nennt, von der Existenz der übrigen Künste am mindesten abhängig ist und vor, mit und nach ihnen zu existiren vermag. Die Poesie geht gleichmäßig durch alle Idealformen durch; selbst bei den Hellenen ließ Phidias sich durch den Homer zu seinem Zeus begeistern.

Hegel's Einseitigkeit, den einzelnen Künsten und Völkern öfters Gewalt anzuthun, um sie seinen Idealformen unterzuordnen, begreift sich aus seinem Standpunct vollkommen und bei einem so gelehrten und geschmackvollen Kenner der Kunst, wie er war, ist das Beste, daß ihm, solcher Einseitigkeit zum Trotz, doch nichts Wesentliches entgangen ist und man alle Hauptbestimmungen einer Kunst bei ihm auf das Tiefste, mit vieler Anmuth und großer, im Treffen des Rechten oft nur ihm möglichen Energie des Ausdrucks dargestellt findet.

Bei der Architektur ist Hegel ganz historisch zu Werke gegangen. Die Begriffe des Gegensatzes von horizontaler und verticaler Richtung, Winkel- und Kreisform, Wand, Pfeiler, Säule, Treppe, Erd- und Luftbau werden bei ihm nur in dem concreten Zusammenhang des geschichtlich sich verwirklichenden Ideals berührt. Sein Grundgedanke ist, daß die Architektur die symbolische Umschließung für die Statue, das Bild des Gottes zu erarbeiten hat. Es kann auffallen, daß Hegel seine Entwicklung hier mit Babylonien anfängt, da er sonst von China auszugehen pflegt, um so mehr, als er dadurch den Gegensatz des Holz- und Steinbaues, den er erst bei den Griechen bespricht, in seiner Wurzel erfaßt haben würde. Denn in China ist der Holzbau und mit ihm die zeltartige, geradlinigte, in weite Ebenen sich flach ausgießende, ihre Monotonie der langen Wände nur durch nadelartige Thürmchen, Stangen und grotesk Ausschweifungen unterbrechende Architektur zu Hause, die daher auch des bunten Firnisses zur Vermannigfaltigung und Dauerbarmachung nicht wohl entbehren kann. In Indien dagegen herrscht der Steinbau und mit ihm die hypogäische Aushölung, wie zu Bamian, vor. In der Mesopotamischen Ebene, die so schöne Ziegelerde liefert, entwickelt sich das Bauen mit gebrannten Steinen. Die eigentliche Bedeutung Aegyptens ist architektonisch die Genesis der wahrhaften Säule, welche in den Indischen Felsensälen einen gedrückten, gequetschten Character behält und in Babylonien nur als nichtstragender Thurm einseitig emporschließt. Die Griechische Architektur faßt alle diese allmälig hervortretenden Elemente in sich zur maaßvollen Einheit zusammen. Wenn Hegel mit Babylonien beginnt, so geschieht dies, um sogleich recht schlagend den symbolischen Typus der Baukunst zu zeigen, weil hier die Städte selbst in der Zahl ihrer terassenartig aufsteigenden Mauern ein symbolisches Gepräge gehabt hätten. Abgesehen davon, daß solche Bauten auf keinen Fall die ursprünglichen gewesen sind, so entbehrt Indien in seinen sich emporhügelnden Pagoden und den dieselben einschließenden auf die vier Weltreiche, vier Weltalter, vier Weden hindeutenden Höfe einer solchen Symbolik gar nicht. — H. scheint den eigentlichen

Unterschied der Architektur darin zu finden, ob sie für sich selbst=
ständig sei oder ob sie diene. Die symbolische hält er für selbst=
ständig; die classische dagegen soll nach ihm nur als Umgebung
der Statue des Gottes dienen; die Christliche beides vereinigen.
Jedes Glied eines Domes hat durch sein Verhältniß zu allen
übrigen nach Innen und durch seine Stellung zu den Weltgegenden
nach Außen eine bestimmte symbolische Bedeutung, aber zugleich
ist das Innere des Tempels dem Proceß der Andacht, dem im
Geist sich vergegenwärtigenden Gotte gewidmet. Die Schilderung
des Christlichen Doms II, S. 343 hat eine wunderbare Großheit.

Bei der Sculptur verfährt H. ganz anders. Er entwickelt
zuerst das Princip der eigentlichen Sculptur, dann das Ideal
derselben und hierauf erst die Darstellungsweisen als Statue,
Gruppe und Relief, das Material und zuletzt die geschichtlichen
Entwicklungsstufen, bei denen er sogleich von der Aegyptischen anhebt.

Eben so verfährt er bei der Malerei, die er, wenn auch
nicht mit größerer Vorliebe und Sorgfalt, doch mit noch vollerer
Ausstattung als die Sculptur behandelt hat. Man lasse sich hier
durch Wiederholungen von Dingen, die schon im ersten Theil
unter der Kategorie von der Bestimmtheit des Ideals, im zweiten
unter der vom romantischen Ideal vorgekommen sind, nicht ver=
leiten, flüchtig zu lesen oder gar zu überblättern, denn man
würde dadurch sehr viel feine und neue Bemerkungen verlieren.
Hegel wiederholt sich, es ist wahr; aber zugleich hat er eine ganz
andere Sphäre vor sich, durch welche Alles specifisch metamor=
phosirt wird. Auch stoße man sich nicht daran, daß so Vieles
noch nicht dialektisch durchgearbeitet, sondern erst mit genialem
Wurf skizzirt ist, daß, mit Einem Wort, die Darstellung oft die
Form eines bloßen Reflectirens hat, welches hier und dort ver=
weilt, Manches mit Neigung, ja Leidenschaft hervorhebt, Anderes
aber unberührt läßt oder gar mürrisch von sich abweist. Die
Grundlinien der Geschichte der Malerei stellen besonders den Begriff
der heiligen Malerei und ihr Verhältniß zur weltlichen in ein
neues Licht.

Bei der Musik wechselt Hegel seine Methode von Neuem.
Er beginnt mit einer weitläufigen Reflexion über das Verhältniß
der Musik zu den bildenden Künsten, geht dann zur besonderen

Bestimmtheit der musikalischen Ausdrucksmittel fort und betrachtet schließlich das Verhältniß derselben zum Inhalt. — Es sei erlaubt, eine andere Gliederung dieses Gebiets dagegen herzusetzen. Das erste, abstracte Moment desselben scheint uns nicht die Reflexion auf das Verhältniß der Musik zu den andern Künsten, die wir einleitend dem allgemeinen Begriff der Musik überweisen würden, sondern der Ton selbst zu sein, wie er sich rhythmisch, melodisch und harmonisch bestimmt; das zweite Moment aber die besondere Erscheinungsweise des Tons als Instrumentalmusik, Vocalmusik und als Einheit beider; das dritte endlich die geistige Individualisirung des Tons, welche in sich selbst eine doppelte, eine materiale und formale ist; die materiale beruht auf der substantiellen Bestimmtheit des Inhalts, wodurch der Gegensatz der nationalen und kirchlichen Musik entsteht, der sich in der Oper auflös't, oder, noch bestimmter, im Kammerstyl; die formale entspringt aus der Differenz der poetischen Formen, welchen sich die Musik als epische unter-, als lyrische neben-, als dramatische überordnet und so mit der aus der Oper sich ablösenden Balletmusik in die ursprüngliche nationale Form, Marschbegleitung, Processionsmusik zu sein, dem Mimischen sich anzuschließen, zurückkehrt. — Freilich ist für die Philosophie der Musik erst in neuerer Zeit mehr geschehen. Schriften, wie die von Wendt, Hand, Marx, Finke u. s. f. konnte Hegel noch nicht benutzen; anderes schon Vorhandene, worunter mit größtem Lobe die gründlichen Erörterungen Thrandorfs in seiner nicht nach Verdienst bekannten Aesthetik zu erwähnen sind, scheint ihm zufällig entgangen zu sein. Mit liebenswürdiger Bescheidenheit gesteht H. seinen Mangel an Kenntniß auf diesem Gebiet ein, spricht oft nur ganz assertorisch im Laienton und erfreut dennoch durch hundert überraschende Einsichten und neue Beobachtungen. Oft sieht man, wie er am Gelingen der speculativen Erfassung der Sache dadurch gehindert wird, daß er von Voraussetzungen ausgeht, welche der Musik fremd sind. So ist ein Unterschied der Instrumente der linearen und flächenhaften Schwingung. Nach der Naturphilosophie geht Hegel von der Linie zur Fläche über; in der Musik ist dies aber unrichtig; Hegel selbst erklärt die Instrumente, welche durch Flächenschwingung wirken, Pauke, Glocke, Trommel, für die musikalisch ärmeren, gehaltloferen; d. h. doch wohl, fie ftehen unter den linearen Greif- und Streichinftrumenten, fie find abftracter. Es find Schlaginftrumente, die daher auch die erften find, welche Kinder und Völker erfinden und lieben, indem es ihnen zunächft auf Geräufch, Lärm, abftracten Tact ankommt. Die Saitengreifinftrumente bilden den Uebergang zu den Saitenftreichinftrumenten; bei jenen macht noch das Punctuelle des Tons den Charakter aus, während es die Streichinftrumente zur Continuität, zur Bindung des Tons bringen; ein Gegenfatz, der fich in den Blafeinftrumenten auflöft, bei welchen die menfchliche Bruft die Seele unmittelbar in das Inftrument hineinhaucht, die alfo gefangartig werden und mit welchen folglich der Uebergang in die vox humana fich von felbft macht, während man diefen bei Hegel von der Flächenfchwingung der Pauke u. f. f. umfonft verfucht. Doch verdienen diefe Mängel fo wenig urgirt zu werden, als der Umftand, daß H., nachdem er den Begriff des Melodifchen, obzwar kurz, bereits angegeben hat, erft die Harmonie und dann des Breiteren noch einmal die Melodie abhandelt. Denn fo gewiß die Melodie die wahre Seele der Mufik ift, fo gewiß ift auch ihr Begriff die lebendige Mitte zwifchen der profaifchen Regelmäßigkeit des Rhythmus und Taktes und der kunftvollen Vertheilung und Verfchlingung der Harmonie, welche fo fehr des Architektonifchen der quantitativen Grundbeftimmungen, als des Pittoresken der qualitativen Erfüllung der Melodie bedarf und durch folche Einheit das Princip der außerordentlichen Ausbildung der Mufik in der neueren Zeit, ihrer Macht, Vieltönigkeit und dramatifchen Lebendigkeit geworden ift. — Ueber die Gefchichte der Mufik fchweigt Hegel.

Für die Poefie ändert er feine Manier abermals. Er fetzt zuerft ihren Unterfchied von der Profa auseinander, beftimmt fodann Wefen und Form des poetifchen Ausdrucks und entwickelt fchließlich die Gattungsunterfchiede. Das gefchichtliche Element faßt er diesmal nicht zu Einer Ueberficht zufammen, fondern zerftreut es unter die befonderen Dichtungsarten nach der fchon lange in den Poetiken üblichen Weife. — Die Einleitung ift hier alfo nur negativ, das fich Unterfcheiden der Poefie von der Profa. Allein der Begriff des Profaifchen ift abermals ein ganz allgemeiner, auch für die übrigen Künfte gültiger und von Hegel felbft bereits

Th. I. bei dem Begriff des Unterschiedes des Ideals vom Naturschönen durchgegangen. Daß in der Poetik besonders darauf zurückgekommen wird, ist kein Fehler, wohl aber muß es in organischer Weise geschehen d. h. es muß gezeigt werden, wo eine jede Dichtungsart den Absprung in's Prosaische macht, das Epische in's Historische, das Lyrische in's Rhetorische, das Dramatische (durch den Platonischen Dialog, der immer der Systematik, die sachlich dramatisch ist, vorangeht) in's Philosophische. Da Hegel durchaus zeigen will, wie mit der Poesie, obwohl sie die totale, die geistigste Kunst ist, doch die Kunst selbst sich aufhebt, indem ihr größter Vorzug, die unbegrenzte Ausdehnung des Vorstellens und die Bestimmtheit des Worts, zugleich ihr größter Mangel wird, so würde er dies auf die angegebene Weise am Besten erreicht haben. — Die Poesie vereinigt das Bildliche der bildenden Künste in der inneren Anschauung mit dem Ton der Musik im gesprochenen Worte. Hegel meint, es fehle der Poesie gegen die übrigen Künste an sinnlicher Bestimmtheit. Allein die Sprache, in welcher sie darstellt, hat das Recht, gesprochen und gehört, nicht bloß innerlich vorgestellt zu werden, wenn gleich die Möglichkeit solcher Existenz nahe liegt. Die volle Wirklichkeit der Poesie fordert aber den realen Laut. Das Epos will declamirt, das Lied gesungen, das Drama recitirt sein. H. macht übrigens auch hier viel treffliche Bemerkungen und läßt sich mit großer Kenntniß auf die Metrik nach allen Seiten hin ein.

Als die Gattungsunterschiede setzt er den Begriff des Epischen, Lyrischen und Dramatischen und ist hier abermals unerschöpflich an sinnreichen Vergleichungen der Formen der Poesie mit den übrigen Künsten. Die geschichtliche Bildung jeder Gattung macht H. hier zum dritten Moment der von ihm aufgestellten Trichotomie und sucht darin offenbar die Bestimmtheit des Einzelnen. Wo es sich aber nicht, wie in der Philosophie der Weltgeschichte, von vorn herein um ein historisches Object handelt, da ist die Hereinnahme des Geschichtlichen als eines speculativen Momentes unzulässig. Fragt wohl die Philosophie der Logik darnach, wer unter den Philosophen diese oder jene Kategorie zuerst am wahrsten gedacht habe? Sie kann sich daran erinnern; sie kann beim Sein der Eleaten, beim Wesen des Heraklit, beim Begriff des

Plato gedenken, aber sie braucht es nicht. Es ist zufällig, ob
dies geschieht. Es existirt dazu keine dem Begriff immanente
Nothwendigkeit. Der Begriff an sich ist frei von der Geschichte,
wenn gleich er in ihr das Durchscheinende, das sich Entfaltende
ist. Es scheint freilich die Aesthetik dadurch viel an ihrem Reiz
einzubüßen; allein das ist nur so lange der Fall, bis man sich
zu dem Gedanken einer philosophischen Kunstgeschichte überhaupt
erhoben hat, in welcher die Stellung des Kunstwerks als eines
bloßen Beispiels, um als Erläuterung zu dienen, verschwindet.

Die Darstellung des Epos ist anfänglich etwas verwirrt.
H. spricht von Epigramm und Lehrgedicht, von Kosmogenie und
Theogonie, bevor er zum wirklichen Epos gelangt, welches er das
der einheitsvollen Totalität nennt und in dessen Auseinandersetzung
er entzückend ist, wie sich dies von dem erwarten läßt, der in der
Phänomenologie des Geistes so einzig groß darüber gesprochen hat.
Mit hoher Begeisterung für den Homer versicht er besonders gegen
die bekannte Wolf-Schlegel'sche Theorie von einem in die schlechte
Unendlichkeit auslaufenden Fließen des Epos die Nothwendigkeit
seiner Einheit und inneren Abrundung. Vom Epigramm und
Lehrgedicht ist schon beim Verlassen des symbolischen Ideals die
Rede gewesen. Allein dies gehört überhaupt nicht hieher. Das
Didaktische ist ebenfalls ein ganz allgemeines Element, das, in
seiner völligen Reinheit, das Kunstwerk der wissenschaftlichen Prosa
erzeugt; aus seiner abstracten Allgemeinheit läßt es sich jedoch in
alle Besonderung ein. Ein episches, lyrisches, dramatisches Gedicht,
jedes kann didaktisch werden, mit welcher Wendung dann mehr
oder weniger das Reflectirende, Descriptive, Allegorische eintritt.
Das ursprüngliche, wahrhafte Epos hat sowohl das Sprichwort
als die Beschreibung nur als ein im Ganzen verschwindendes Moment.
Trennen sie sich ab, was sehr langsam geschieht, so entsteht einer=
seits das gnomische, dem Ethischen, andererseits das descriptive,
der Natur zugewendete Epos, das, wie bei Empedokles, Lucre=
tius, Göthe, zu einem völlig philosophischen Tone fortgehen kann.
Eigentliche, absichtliche Lehrgedichte fallen immer erst in die Zeit
nach dem Untergange der wahren Epik und es ist sehr charakteri=
stisch, daß ein Dichter des künstlichen Epos zugleich Didaktiker
und in seinem Gedicht vom Landbau epischer war, als in seiner Aeneis.

Bei der lyrischen Poesie scheint uns das Schönste das, was Hegel über die volksmäßige Lyrik sagt.

Bei der dramatischen wird man unangenehm durch Wiederholungen geneckt, welche unter drei verschiedenen Kategorien: des Unterschiedes der Tragödie und der Komödie; des antiken- und modernen Drama's; der concreten Entwicklung der dramatischen Poesie und ihrer Arten, im Grunde, nur mit einem längeren oder kürzeren Anhalten bei den einzelnen Puncten, immer dieselben Gedanken erneuen. — Den Chinesen und Juden spricht Hegel die eigentliche dramatische Poesie ab, weil bei ihnen die Subjectivität als nicht frei und selbstständig nicht zum wahren Handeln komme. Daß im orientalischen Monotheismus die dramatische Poesie unmöglich sei, ist richtig; wir finden darin eben so wenig die unmittelbar epische (denn die schönste Periode des Persischen Epos fällt in die Zeit, wo die Perser noch nicht Muhamedaner waren, wenn auch seine letzte Abfassung einem Moslem angehört, etwa wie auch der letzte Diaskeuast der Nibelungen bereits ein Christ war). Allein bei den Chinesen können die mannigfachsten dramatischen Entzweiungen durch die freigelassene Erfüllung der Pietätspflichten sich erzeugen. Diesem substantiellen Interesse gegenüber ist der Tian, was wir bekanntlich bald mit Himmel, bald mit Gott übersetzen, eine sehr abstracte Allgemeinheit, welche in den Gang einer Handlung nicht so eingreift, wie der Jehovah dies kann, oder die Lust am Handeln, die Kraft und Schönheit des subjectiven Entschlusses und der eigenen That nicht durch den Gedanken eines fatalistischen Willens des prädestinirenden, allgewaltigen Gottes vernichtet, wie im Islam. Z. B. in dem einen der von Davis herausgegebenen Stücke wünscht ein alter Mann gern einen männlichen Nachkommen zu haben, der für ihn beten möge.

Zu seiner Frau Lhéòhe, mit der er eine Tochter hat, nimmt er daher noch ein Kebsweib, Se=a=u Me=i, hinzu, was denn Veranlassung zu einer Intrigue wird, die sein Schwiegersohn, um sich das Erbe nicht entgehen zu lassen, anspinnt, bis die Tochter sehr edelmüthig sich als Retterin der plötzlich verschwunden gewesenen Se=a=u Me=i und ihres indeß geborenen Sohnes beweist. — Es ist wahr, das Chinesische Drama scheint noch sehr marionettenhaft zu sein, allein solche Unvollkommenheit ist die Natur des

Anfangs jeder Sache und darf, wo einmal auf das Geschichtliche eingegangen wird, kein Grund der Verschmähung sein. — Das Indische Drama aber gelangte nach dem Verfall des Epos zu einer so außerordentlichen Ausbildung, zu einer solchen Fruchtbarkeit, Mannigfaltigkeit und Schönheit, daß dasselbe auf keinen Fall ignorirt oder nur nach Kalidasa's Sakontala, dem einzigen Indischen Drama, dessen H. anderwärts erwähnt, gemessen werden darf. Der Indische Pantheismus macht es dem Subject möglich, sich als substantiell und dadurch mit den Göttern selbst in Conflict zu setzen. Die Inder haben auch weitläufige Theorieen der Dramatik entwickelt; zuweilen mischen sie auch in ihre Vorspiele solche Reflexionen ein, die gar nicht übel sind. Ich will nur eine derselben aus Bhavabuti's Malati und Madhava (Wilson's Theater der Hindu's; Deutsch von O. L. B. Wolff. Weimar, 1831), II. S. 12 anführen:

Schauspielunternehmer.

„Sage, Marischa, welche Eigenschaften verlangen die Tugendhaften, die Weisen, die Ehrwürdigen, die Gelehrten und Brahmanen von einem Drama?"

Schauspieler.

„Tiefe Darstellung der verschiedenen Leidenschaften, einen angenehmen Austausch gegenseitiger Zuneigung, Erhabenheit des Charakters, Ausdruck der Wünsche, einen überraschenden Inhalt und eine gewählte Sprache."

Das Merkwürdige des orientalischen Drama's liegt darin, daß es ganz elementarisch im Inhalt weder das Tragische noch das Komische, in der Form weder das Recitirende noch das Opernhafte gehörig von einander geschieden hat. Eben deswegen aber scheint es uns großer Beachtung würdig, indem es dadurch zum modernen und antiken Drama die abstracte Vorstufe abgibt, was sich, wenn hier der Ort dazu wäre, sehr überzeugend und genau nachweisen läßt und sowohl auf das antike Satyrdrama als auf die Christlich-germanischen Mysterien eine sehr anziehende Beleuchtung wirft.

Hegel sieht (III, S. 533) recht wohl ein, daß das Tragische und Komische ein Gegensatz ist, der den übrigen (Dichtungsarten und) Künsten (doch wohl mit Ausschluß der Architektur, worin nur vom Erhabenen, Grandiosen und Grotesken die Rede sein kann) nicht weniger angehört; allein weil er dort „in geringerem Grade" vorkommt, für das Drama jedoch das Princip des Gattungsunterschiedes ausmacht, so will er hier besonders davon reden. Es ist also wieder nur der quantitative Unterschied, der ihn bestimmt, denn sonst hätte, seinem eigenen Geständniß zufolge, dieser Begriff bereits vor der Abhandlung der einzelnen Künste seine Erörterung finden müssen.

Auch würde Hegel sich manche Verlegenheit und Unsicherheit erspart haben, wenn er die gesetzmäßige Gegenseitigkeit der Dichtungsarten, das lyrisch und dramatisch Werden des Epos, das episch und dramatisch Werden der Lyrik, das episch und lyrisch Werden des Drama mehr beachtet hätte.

Aufgefallen ist uns endlich, weshalb Hegel die Execution des dramatischen Kunstwerkes dem vollständigen Begriff desselben hat vorauszugehen und ihn nicht vielmehr hat vollenden lassen. Denn mit der theatralischen Verwirklichung des Drama's, die an sich, wie H. sehr gut zeigt, in seinem Begriff liegt, schließen sich alle Künste wieder zu einem schwesterlichen Kranze zusammen. Musik, Malerei, Architektur vereinigen sich, den Schauspieler als lebendig gewordene, poetisch sich realisirende Statue zu tragen. Das Theater ist die größte ästhetische Macht, welche überhaupt denkbar ist. —

Blicken wir nun auf das Ganze zurück, so müssen wir dem mehrfach exponirten Grundgedanken Hegel's vom Begriff des Ideals, so wie seiner allseitigen, gründlichen und schönen Darstellung unsere bewundernsbte Anerkennung zollen; was uns aber Bedenkliches aufstieß, können wir übersichtlich in folgende Puncte zusammendrängen:

Erstens hat Hegel in seiner Entwicklung des Aesthetischen dem religionsphilosophischen Element eine zu große Breite gegeben. Jedoch würde dieser Mißstand sich dadurch vollkommen erledigen, daß wir hier nur Vorlesungen vor uns haben, bei welchen dergleichen Usurpationen sich so leicht einschleichen. Allein die weitere Frage ist, wie Hegel sich überhaupt die Stellung der Aesthetik im Kreise der absoluten Geistigkeit gedacht hat? In der Encyklopädie macht die Kunst das erste, die Religion als geoffenbarte das zweite, die Wissenschaft das dritte Moment aus. In diesem

Sinne finden sich auch im vorliegenden Werk mehre Aeußerungen, wo von dem Uebergehen der Kunst in die „sinnlichkeitsloseren Regionen" der Religion und Philosophie die Rede ist. In der That aber verfährt H. hier überall so, als wenn der Begriff der Religion bereits abgehandelt wäre. Pantheismus, Monotheismus u. s. f. sind hier so gut als die Weltgeschichte Voraussetzungen, die nicht nach vorwärts, sondern nach rückwärts hin liegen. Die Kunst erscheint als Exegetin der Religion. Was im unmittelbaren Gefühl der Religiosität in concentrirter Einfachheit existirt, bringt sie zur festen Anschauung, zur entschiedenen Empfindung, zur gesonderten Vorstellung. Sie verschafft dem Gefühl Bestimmtheit und entwickelt die Unterschiede seines Inhalts in einer der Frömmigkeit selbst zusagenden, ihr sogleich zugänglichen Form. Eben damit aber bringt sie den Geist zum Bewußtsein über seine Religion. Sie erschöpft allmälig die phantasievolle Gestaltung derselben und bereitet dadurch dem Gedanken seine Stätte. Ist die Kunst fertig, so wird das Denken, das Begreifen der Religion Bedürfniß. Die letzten Erzeugnisse der Kunst werden selbst immer abstracter, verlieren sich immer mehr in das Allgemeine und erscheinen gewöhnlich als frostige Allegorien, weil der Geist schon zur Philosophie fortgeht. Die Hauptfrage würde hier also sein, wie sich die Stellung der Religion in der Encyklopädie rechtfertigt und wie sich die Kunst der geoffenbarten Religion zur Kunst der anderen Religionen verhält? Doch es sei hier mit solcher Anregung genug.

Ein zweiter Punct war, daß H. der Entwicklung des Begriffs des Schönen als solchen zu wenig Raum gibt, sondern immer auf die Differenz der Idealformen hinarbeitet und dadurch verleitet wird, ganz allgemeine Bestimmungen, welche gleichmäßig für alle Idealformen und für alle Künste gelten, mit nur quantitativer Unterscheidung gewaltsam der einen oder andern Idealform, der einen oder andern Kunst als Attribut vorzugsweise zuzuschreiben, z. B. wenn die Poesie eine romantische Kunst sein soll. Es erzeugt dies ein Vermischen verschiedener Gesichtspuncte, welche bei einer dialektischeren Systematik streng auseinandergehalten werden müssen. Ich finde in der Geschichte der neuesten Philosophie von Michelet in der Darstellung des Hegel'schen Systems (II.

S. 747) den Versuch gemacht, schon innerhalb der Logik aus der Einheit der theoretischen und praktischen Idee die des Schönen an und für sich abzuleiten (wo sich dann also das Wahre, Gute und Schöne in umgekehrter Ordnung, als in der Sphäre der absoluten Geistigkeit in Kunst, Religion und Philosophie darstellen würden); ein Gedanke, der gewiß nicht Hegel selbst angehört, sondern ihm, wie so manches Andere, von Michelet nur geliehen wird, aber doch den Beweis liefert, daß die Idee des Schönen von der Hegel'schen Philosophie noch schwankend systematisirt wird. Auch die Arbeiten von Vischer und Ruge, auf die ich jedoch mich hier nicht weiter einlassen kann, sind ein Beleg dazu.

Eben aus diesem Grunde ist nun Hegel auch mit der Geschichte der Kunst im Einzelnen nicht auf's Reine gekommen, so sehr es ihm um eine solche Versöhnung der Theorie und Empirie zu thun war und so unzweifelhaft er in seinem Begriff der Idealformen die ewigen Grundlagen aller philosophischen Betrachtung der Kunstgeschichte erfaßt hat. Es wurde schon bemerklich gemacht, daß er in dieser Hinsicht höchst ungleich verfährt, bei der Architektur ganz historisch, bei der Sculptur und Malerei zur Hälfte, bei der Musik gar nicht, bei der Poesie überwiegend historisch, aber mit Zerstreuung des historischen Ganzes in die verschiedenen Gattungen. Hier würde nun die Philosophie, soll die Aesthetik nicht auf das frühere beispielsweise Heranziehn der Kunstwerke zurückgesetzt werden, mit einer philosophischen Kunstgeschichte Ernst machen müssen. Es ist in der neueren Zeit schon mehrfach, jüngsthin wieder von Fortlage in seinen Vorlesungen über die Geschichte der Poesie, hervorgehoben worden, daß die Entwicklung der Kunst die verschiedenen Künste sowohl als deren Arten und Künstler unter höhere Bestimmungen subsumiren müsse, um der Wissenschaft zu genügen, und nicht zu so vielen Wiederholungen Anlaß zu geben, als sich auch noch bei Hegel finden. Schnaase versuchte z. B. in seinen Niederländischen Briefen, für die neuere Kunstgeschichte drei allgemeine Epochen, die architektonisch-plastische, pittoresk-poetische und musikalisch-dramatische, zu ermitteln. Doch sind es zuerst die Berliner Jahrbücher gewesen, welche diesen Gegenstand ausführlicher erörterten. Zu dem einen Aufsatz gaben im August 1832 einige Bücher von mir über die Geschichte der Poesie Agathon Benary, zum andern, im December 1832 und Januar 1833 das Buch von Wendt über die Hauptperioden der schönen Kunst Hotho die Veranlassung. Auf diese schätzbaren Arbeiten kann hiermit verwiesen werden.

Wollte man aus Hegel's Aesthetik hervorheben, was einem daraus zu besonderer Erregung auch auf anderen Feldern der Wissenschaft, als über welche man gerade hier Belehrung erwartet, oder auch durch seine eigenthümliche Fassung zu markinniger Erbauung gereicht habe, z. B. die schöne Schilderung des Deutschen Charakters III. S. 122; so würde man wohl leicht einen Anfang, aber schwer ein Ende finden.

Was endlich denjenigen anbetrifft, der so großer Gaben zwar nicht Urheber, aber doch geschickter Spender, welcher der Diaskeuast der Hegel'schen Vorlesungsrhapsodieen, der feine Alexandrinische Kanoniker der membra disjecta philosophi gewesen ist, so hat er sich unsern lebhaftesten Dank durch sein treues, liebevolles, aufopferndes Walten verdient. Sein Name steht auf dem Titel würdig unter dem des Hegel'schen. Hegel selbst würde sich recht gründlich freuen, könnte er, was er ersann, so geordnet und anmuthig vor sich haben. Das Bewußtsein der gehabten Mühe wird aber der Herausgeber, der in diesen letzten Bänden gar nichts von sich sagt und auf sein stilles, fruchtreiches Thun sich nichts einbildet, nach jenem Spruch des Koran behandeln, worin es heißt:

Was Du gethan hast, wirf's in's Meer:
Sieht's auch der Fisch nicht, sieht's der Herr.

IV.
Hegel's Religionsphilosophie. 1833.

Daß bei einem großen Theile unserer Zeitgenossen die alte kirchliche Gläubigkeit entwichen, daß an ihrer Stelle tiefe Zerrissenheit des Gemüthes, Unsicherheit der religiösen Erkenntniß, trauriger Formalismus todter Orthodoxie, eben so traurige Beschränkung der Religion auf die zufällige Lebendigkeit des Gefühls sich eingefunden haben, wird Niemand leugnen. Durch einen solchen Zustand des Geistes hat das Studium der Philosophie mehr als je eine unendliche Bedeutung gewonnen, um durch dasselbe den pietistischen Trübsinn, die Befangenheit der Buchstabentheologie, die Irreligiosität des flachen Skepticismus und Indifferentismus zu überwinden und dem gedankenvollen Ernst, der tiefen Heiterkeit des christlichen Glaubens wieder erfreulichen Raum und grünendes Wachsthum zu schaffen. Die Philosophie kann, wie sich von selbst versteht, die Religion nicht erschaffen. Da aber die Krankheiten unserer modernen Religiosität außer, wie immer und überall, in der Sündhaftigkeit der Menschen, nicht weniger in der Reflexion ihre Wurzel haben, so muß die Philosophie durch Bekämpfung und Vernichtung alles schiefen, einseitigen Denkens der Religion wieder einen Boden bereiten, auf den sie fußen könne; sie muß die Entzweiung der Reflexion zerstören, um das Gemüth für die Tiefe und Innigkeit der religiösen Versöhnung wieder empfänglich zu machen und durch die Begründung des Wissens den schwankend gewordenen Glauben wieder zu befestigen. Die Hegel'sche Philosophie besonders, weil auf ihrem Standpunct alle Halbheit der Reflexion als sich selbst widersprechend anerkannt ist, muß allmälig für den Frieden des Gemüthes, für die Wiederbeseligung der Geister durch das Christenthum eine so nachhaltige Wirkung äußern, wie man ihr bisjetzt im Allgemeinen noch wenig zutrauet und welche, wo sie sich schon zeigt, zu leugnen, zu verdrehen, auf fremde und egoistische Motive zurückzuführen, man noch eine Zeitlang fortfahren wird. Die Vorwürfe der Theologen und Philosophen gegen diese Philosophie, daß sie voller Immoralität, Pantheismus, Atheismus, Verzerrung der christlichen Dogmen, voll logischer Dürre sei, haben sie im Gegentheil bei dem Publicum gerade wegen ihres Verhältnisses zur Religion in Verdacht, zum Theil sogar, bei der offenbaren Unwissenheit der Meisten in dieser Philosophie, in eine grundlose Verachtung gebracht.

Wie überaus wichtig bei einem solchen Stande der Dinge das Erscheinen von Hegel's Religionsphilosophie sein müsse, brauchen wir nicht weitläuftig auseinanderzusetzen. Hegel hatte sich in der Vorrede zu Hinrich's Schrift vom Verhältniß der Religion zur Wissenschaft, in der Encyklopädie, in Recensionen, vornämlich aber in der Phänomenologie, schon vielfach über die Religion ausgelassen. Die Menge griff aber gewöhnlich nur die aphoristische Darstellung der Religion in der Encyklopädie heraus, ohne sich um jene übrigen Entwicklungen zu kümmern und klagte nun über Unverständlichkeit und über Unvereinbarkeit solcher Ansichten mit dem Christenthum. Mit dieser Klage glaubte sie Alles gethan zu haben. Es ist nun die Frage, ob die vorliegenden Vorlesungen eine wirkliche Belehrung bei diesen Gegnern hervorbringen oder, was wahrscheinlicher ist, sie in ihrem Haß gegen Hegel'sche Philosophie nur bestärken werden.

Unvollständigkeit einzelner Theile, Ungleichheit der Ausführung, unvorbereitetes Setzen neuer Bestimmungen, Wiederholung des schon Gesagten, eine nicht selten aphoristische Sprache u. s. w. könnten strenger in Betracht genommen werden, wenn Hegel selbst seine Arbeit dem Publicum mitgetheilt hätte. So aber wäre eine solche Kritik unbillig. Um sich von Hegel's Sorgsamkeit in dieser Beziehung eine Anschauung zu verschaffen, vergleiche man nur, ohne seiner anderen Schriften hier zu erwähnen, in dem vorliegenden Buche selbst die Vorlesungen über die Religionsphilosophie mit der Schrift von den Beweisen für das Dasein Gottes, die er selbst für den Druck bestimmt hatte. Wenn dort so Vieles einen fragmentarischen, zuweilen schroffen, aus der Natur des mündlichen Unterrichts nothwendig hervorgehenden Charakter hat, so bewundere man hier die kunstreiche Entfaltung des Gegenstandes, die Fülle der Sprache, die Gewandheit, eine Sache von den verschiedensten Seiten her zu beleuchten, die Leichtigkeit des Ausdrucks bei den schwierigsten Bestimmungen, wie bei der Exposition vom Begriff des Endlichen und Unendlichen in der vierzehnten Vorlesung, und das grandiose Pathos einzelner Stellen, deren einfache Erhabenheit sich unvergeßlich einprägt, wie S. 404 ff. die Schilderung der subjectiven Befriedigung durch den Gedanken der absoluten Nothwendigkeit, S. 464. des Endzweckes der Welt u. s. f. In den Vorlesungen über die Religionsphilosophie kann eine solche Meisterschaft des dialektischen Fortganges, eine solche Mannigfaltigkeit der Wendungen, eine solche Präcision der Sprache aus dem angegebenen Grunde nicht erwartet werden.

Man konnte übrigens vorhersehen, daß die Seichtigkeit, die im Tadeln ihre einzige Realität findet, sich sogleich auf die Form werfen würde, mit vornehm spöttischer Miene über die zerbröckelnde, geschmacklose Diction der Religionsphilosophie zu klagen und ihren „schlechten Styl" zu einem mehr als gerechten Vorwand zu machen, um die Sache selbst sich nicht bekümmern zu dürfen, da einem gebildeten Menschen nicht zuzumuthen sei, durch ein Aggregat in sich verkrüppelter und nur lose verbundener Sätzchen sich hindurch zu winden. Allein gerade diese etwas schlotternde, bequeme Form, weil sie nicht die eines Schreibenden, sondern eines Sprechenden ist, dürfte für das Verständniß die vortheilhafte Seite enthalten, sich nicht in eine Lesestimmung, vielmehr in die eines frei und besonnen Nachdenkenden versetzt zu sehen und in die Bildung des Begriffs durch das reflectirende Anhalten bei jedem Punct desto leichter eingeführt zu werden. Hier und da hätte der Herausgeber allerdings eine Wiederholung wegschneiden, einige Sätze enger zusammenziehen, andere mehr ineinanderhängen, überhaupt mehr Genauigkeit in der Construction beobachten können. Das unverkennbare Bestreben, Alles recht deutlich, das lobenswerthe, Alles ganz mit Hegels eigener Fassung zu geben, gewiß auch das oft peinliche Verhältniß zu den verschiedenen Quellen, was auszuwählen, was fortzulassen sei, mag ihm die Breite der Diction und die öftere Verwirrung der Perioden während der mühsamen Arbeit verdeckt haben. Jeder, dem es Ernst um die

Sache ist, der wirklich auf Erkenntniß der Religion ausgeht, wird solche Mängel zu dulden, ja zu übersehen wissen und sich im Studium fortwährend durch die Kraft der Sprache und einzelne schöne Darstellungen, wie z. B. die herrliche Schilderung der Römischen Religion auch von dieser äußeren Seite belohnt finden. Für die Wiederholungen aber, die Manchem lästig werden dürften, wird vielleicht auch Mancher dem Herausgeber insofern danken, als sie selten ganz müßig sind, sondern theils den Zusammenhang des Ganzen aufzufassen erleichtern, theils neue Beziehungen des Begriffs in sich schließen, so daß, was bei einer ersten Angabe noch nicht recht klar erscheint, bei einer folgenden hell in's Licht tritt. —

Von den Elementen der Religionsphilosophie hat sich das theologische zuerst entwickelt. Im Morgenlande und im Alterthum war die Bestimmung vom Wesen Gottes die Hauptsache; Betrachtung des Cultus oder des religiösen Bewußtseins für sich zeigt sich weniger. Erst am Untergang der alten Welt, in ihrer inneren Fortbewegung zum Christenthum, in der sogenannten Neuplatonischen Philosophie, finden wir eine weitläufigere Behandlung der subjectiven Seite der Religion, wiewohl immer im engsten Zusammenhang mit der objectiven. Die Scholastiker gaben später der natürlichen Theologie eine systematischere Form, worin sie, bei vielfachen Modificationen des Einzelnen, im Ganzen bis auf die Wolfische Philosophie verblieb, als Lehre von Gott, seinem Dasein und seinen sogenannten Eigenschaften. — Ein zweites Element der Religionswissenschaft ward durch die Beziehung der verschiedenen Religionen unter einander begründet. Durch das Christenthum ward dem Geist die Gewißheit gegeben, den Begriff der wahrhaften Religion erfaßt zu haben. Die Beschränkung des Blickes auf den Kreis eines besonderen Volkslebens hörte ganz auf. Es entstand die gegenseitige Reflexion der Christlichen, Jüdischen und Muhamedanischen und der Heidnischen Religion. Auf christlicher Seite machten die Paulinischen Briefe die Basis derselben aus, woraus sich in den verschiedenen Jahrhunderten analoge Producte mit der historischen Erweiterung der ganzen Zeitbildung ergaben, wie die Bücher des Augustinus de civitate Dei, die Summa contra gentiles von Thomas v. Aquino, das goldene Buch des Hugo Grotius de veritate religionis christianae u. s. w. — Bis zur Reformation hin wären also in der Philosophie die speculative Erkenntniß des göttlichen Wesens an und für sich und sodann die Rechtfertigung der christlichen Religion als der allein wahrhaften und damit identisch die Widerlegung aller anderen Religionen als dem Begriff der Religion überhaupt unangemessener Gestaltungen, die Grundbestimmungen dieser Wissenschaft gewesen. Mit dem Protestantismus trat die Forderung nach einem Kriterium der Erkenntniß ein. In der Lehre von Gott und seinen Eigenschaften, so wie in der Apologetik gegen Juden und Heiden einigte man sich wohl, nicht aber in der Entwickelung der Nothwendigkeit, den wahrhaften Glauben zu besitzen. Die Protestanten hatten den Katholiken bewiesen, daß für die Bewährung des Glaubens die Autorität des Papstes, der Koncilien, der Tradition keine absolute sei. Als Grundlage ihrer Beweisführung hatten sie sich aber selbst einer Tradition und Autorität, der Bibel, bedient. Daher bewiesen nun abermals Protestanten den Protestanten, daß man für die Vermittelung der Gewißheit bei der heiligen Schrift als solcher nicht stehen bleiben könne; man müsse die Religion vor dem freien Gedanken durch Auslegung ihrer eigenen, immanenten Vernunft sich rechtfertigen lassen. So entstanden nun Systeme der sogenannten natürlichen Religion und Auseinandersetzungen vom Unterschied des Meinens, Fürwahrhaltens, Glaubens und Wissens. — Auf der anderen Seite gaben sich Viele dem Studium der Weltgeschichte hin, um — wie Lessing, Herder, Iselin u. A. — aus dem Begriff des Endzweckes unserer Geschichte die einzelnen Erscheinungen derselben und deren Nothwendigkeit verstehen zu lernen. Diese Forschungen leiteten von selbst auf die Religion als auf das innerste Herz aller geistigen Regung. Die Anerkennung der Religion als der absoluten Basis eines jeden Volksgeistes brachte die sinnige Erklärung und Darstellung der verschiedenen Mythologieen, die speculative Deutung ihrer mannigfachen Symbole hervor. Die Idee der Weltgeschichte, der Begriff vom Zusammenhang aller Volksgeister untereinander, der Beweis, daß auch das sogenannte Heidenthum in der geschichtlichen Entwicklung des menschlichen Geistes eine nothwendige Stufe gewesen, alle diese Bestimmungen gehören der neueren Zeit an. Die Betrachtung der nichtchristlichen Reli=

gionen ist nicht mehr, wie im Mittelalter, bloß negativ, um ihre Unwahrheit darzuthun, sondern auch positiv, die ewige Wahrheit in ihnen zu entdecken. Und so ist der allgemeine Begriff der Religion und dessen Nachweisung in den besonderen Religionen die charakteristische Aufgabe der Religionsphilosophie unserer Zeit geworden.

Unmittelbar vor Hegel und gleichzeitig mit ihm hat sich der angedeutete Unterschied zur bestimmtesten Einseitigkeit fortgebildet. Die subjective Richtung der Religionsphilosophie ist durch die Kantisch=Jacobische Schule firirt. Köppen, Salat, Bouterweck, Fries, de Wette gehören hieher. Fichte kämpfte in tiefsinnigen Versuchen, über den bloß subjectiven Standpunct hinauszubringen. Die objective Richtung wurde von der Schellingschen Schule eifrigst verfolgt. Wagner, Görres, Stuhr, Creuzer, Mone, Solger u. A. thaten sich darin hervor. Es kam also zunächst darauf an, diese Einseitigkeiten zu überwinden und alle nach einander in die Religionsphilosophie eingetretenen Elemente zur organischen Totalität zu vereinigen. Hegel hat dies so gethan, daß die Interessen des subjectiven Standpunctes, der Begriff der Religion, ihre Erscheinung im Bewußtsein und ihre Eristenz in den Handlungen des Cultus den ersten Theil bei ihm ausmachen; der zweite enthält die Auseinandersetzung der nichtchristlichen Religionen; der dritte den Begriff der christlichen als der absoluten, worin die Betrachtung zum Anfang der Religionsphilosophie, zur Theologie, zurückkehrt.

In der Einleitung wird der allgemeine Begriff der Religionsphilosophie und die Eintheilung derselben entwickelt. Der Gegenstand der R. Ph. ist der höchste, die Region, worin alle Räthsel der Welt gelöst, alle Widersprüche des tiefer sinnenden Gedankens enthüllt sind, worin alle Schmerzen des Gefühls verstummen: die Region der ewigen Wahrheit, der ewigen Ruhe des Geistes. Hier strömen die Lethefluthen, aus denen Psyche trinkt, worin sie allen Schmerz versenkt, alle Härten, Dunkelheiten der Zeit zu einem Traumbild gestaltet und zum Lichtglanz des Ewigen verklärt. Die Religion ist Anfang und Ende von Allem; wie Alles aus diesem Punct hervorgeht, so geht auch Alles in ihm zurück. Eben so ist er die Mitte, die Alles belebt, beseelt, begeistet. — Der Ausdruck, die Philosophie habe die Religion zu ihrem Gegenstande, scheint beide als verschiedene einander gegenüberzustellen; in der That ist aber der Inhalt und das Bedürfniß die Philosophie auch das der Theologie. Nur ist die Beschäftigung der Philosophie mit der Religion eine eigenthümliche, und aus dieser Eigenthümlichkeit stammt die Apprehension der Theologie gegen die Phil., als wenn diese auf den Inhalt der Religion verderbend, zerstörend, entheiligend einwirkte. Neu ist aber die Verknüpfung der Theologie und Philosophie gar nicht; sie hat bei den Kirchenvätern, bei den Scholastikern stattgefunden. In unserer Zeit hat man die feindselige Stellung zwischen der Phil. und Rel. hervorgehoben, obgleich die Gegenwart sowohl für den Inhalt als für die Form der philosophischen Betrachtung der Religion bei weitem günstiger zu sein scheint. In Bezug auf den Inhalt ward sonst der Phil. der Vorwurf gemacht, die Lehre der positiven Rel. herabzusetzen. Die Hinderniß ist in den letzten dreißig bis funfzig Jahren durch die Theologie selbst aus dem Wege geräumt. Es sind von dem früheren System der kirchlichen Confessionen sehr wenig Dogmen in der Wichtigkeit übrig gelassen, die ihnen sonst beigelegt wurde, und es sind keine andere Dogmen an ihre Stelle gesetzt. Eine weitgreifende, fast universelle Gleichgültigkeit gegen sonst für wesentlich gehaltene Glaubenslehren ist in der religiösen Ueberzeugung unserer Zeit unleugbar, und zwar bei den Theologen selbst, sowohl bei den aufgeklärten, wie bei denen, welche für frömmer gelten. Wenn ein großer Theil derselben veranlaßt würde, die Hand auf's Herz gelegt, zu sagen, ob sie den Glauben an die Dreieinigkeit für unumgänglich nothwendig zur Seligkeit halten, ob sie glauben, daß Abwesenheit des Glaubens daran zur Verdammniß führe, so kann man nicht fragen, was die Antwort ist. Selbst ewige Seligkeit und ewige Verdammniß ist ein Wort, das in guter Gesellschaft nicht gebraucht werden darf; solche Ausdrücke gelten für ἄρρητα; wenn man es auch nicht leugnen will, so wird man sich doch genirt finden, wenn man ausdrücklich veranlaßt sein sollte, sich affirmativ zu erklären. In den Glaubenslehren dieser Theologen wird man finden, daß die Dogmen bei ihnen sehr dünne geworden und zusammengeschrumpft sind, wenn auch sonst viel Worte, besonders wegen ihrer zufälligen Entstehung und Erscheinung, gemacht werden. Wenn daher die Theologie die Nothwendigkeit und Wahrheit der Dogmen, die absolute Entstehungsweise derselben aus der Tiefe des Geistes durch ihre historische Behandlung bei Seite schiebt, so erleidet die Philosophie eher den Vorwurf, von den Kirchenlehren zu viel in sich zu haben und kann in Ansehuhg derselben sich unbefangener verhalten. — In Bezug auf die Form ist es Ueberzeugung der Zeit, daß Gott im Bewußtsein des Menschen unmittelbar geoffenbart und daß es Religion sei, von Gott unmittelbar zu wissen. Mit dieser Bestimmung ist alle äußere Autorität, alle fremdartige Beglaubigung hinweggeworfen; was mir gelten soll, muß darnach seine Bewährung in meinem Geiste haben; es kann wohl von Außen kommen, aber der äußerliche Anfang ist gleichgültig.'

Daß das Wissen vom Sein Gottes dem Menschen schlechthin gewiß sei, ist aber eine Grundbestimmung der Philosophie in ihr selbst, weshalb es überhaupt als ein Gewinn, als eine Art von Glück anzusehen, daß Grundprincipien der Philosophie selbst zu allgemeinen Vorstellungen und Vorurtheilen geworden sind, so daß das philosophische Princip um so leichter die Zustimmung der allgemeinen Bildung erwarten kann.

Die Philosophie der Religion ist mit der Philosophie überhaupt dasselbe, aber auch davon unterschieden. Die Philosophie hat nämlich Gott zum einzigen Gegenstand; sie ist die Erkenntniß dessen, was ewig ist, was Gott ist und was aus seiner Natur fließt. In der Philosophie wird das Höchste das Absolute, die Idee genannt. Dieser Ausdruck bezeichnet für den Gedanken dasselbe, was der Name Gott für die Vorstellung. Es ist aber ein Unterschied, ob mit einer reinen Begriffsbestimmung oder mit einer Vorstellung der Anfang der Erkenntniß gemacht wird. In der Philosophie an und für sich herrscht der Begriff; die Vorstellung hat in ihr die Stellung des Beispiels, um durch die Erscheinung des Einzelnen die Bestimmtheit des Gedankens zu erläutern. In der Religionsphilosophie haben wir das Absolute nicht bloß in der Form des Gedankens zum Gegenstand, sondern auch die Form, in welcher das Absolute dem Bewußtsein sich offenbart; diese Erscheinung des Geistes für den Geist, seine Manifestation ist eine wesentliche Seite des Absoluten. Wir können daher sagen, daß, wenn Gott seinem absoluten Begriff nach das Resultat aller anderen Theile der Philosophie ist, hier dies Ende zum Anfang, zum besonderen Gegenstand als schlechthin concrete Idee mit ihrer unendlichen Erscheinung gemacht wird.

Wir haben nun zu sehen, wie dieser Inhalt der Religionsphilosophie in der Theologie unserer Zeit sich darstellt. Wir finden hier eine doppelte Auffassung des Gegenstandes, die rationalistische und die supernaturalistische. Jene entstand in der protestantischen Kirche durch die Exegese. Der Lehrbegriff hatte seinen äußeren Halt wesentlich an der Bibel; das Denken, unter dem Namen der Aufklärung, ließ den Lehrbegriff und die Bibel als dessen Grundlage bestehen, suchte aber seine abweichenden Ansichten durch Interpretation des Wortes Gottes geltend zu machen. Es sei aber, daß die Bibel mehr nur Ehren halber oder in der That mit völligem Ernst zur Basis gemacht worden, so bringt es die Natur des interpretirenden Erklärens mit sich, daß der Gedanke dabei mitspricht, der Bestimmungen, Grundsätze, Voraussetzungen für sich enthält, welche bei dem Angeben vom Sinn eines Wortes weitere Gedanken, als die gegebenen entwickeln. Die Commentare über die Bibel machen uns nicht sowohl mit dem Inhalt der Schrift, sondern vielmehr mit der Vorstellungsweise ihrer Zeit bekannt. Aus der Schrift sind daher die entgegengesetztesten Meinungen exegetisch durch die Theologie bewiesen und so diese sogenannte heilige Schrift zu einer wächsernen Nase gemacht worden; alle Ketzereien haben sich gemeinsam mit der Kirche auf die Schrift berufen. Indem so die Vernunfttheologie entstanden ist, so befinden wir uns mit ihr auf gemeinsamem Boden und wenn die Interpretation der Vernunft gemäß sein soll, so können wir das Recht ansprechen, hier die Religion treu und offen aus der Vernunft zu entwickeln, ohne den Ausgangspunct vom bestimmten Wort zu nehmen. Jene Vernunfttheologie hat aber nicht bloß die Vernunft anerkannt, sie hat dieselbe auch als Theologie der Aufklärung bei Seite liegen lassen, die Philosophie als ein gleichsam Gespensterartiges, da es nicht geheuer sei, verworfen und aus eigener Machtvollkommenheit einer christlichen Lehre ihre Raisonnements zu Grunde gelegt. Aus der Vernunft ist sie gegen die Vernunft zu Felde gezogen, indem sie behauptet, daß die Philosophie nichts von Gott zu erkennen vermöge, so daß denn der Theologie wie der Philosophie von Gott nichts übrig bleibt, als ein Abstractum, das höchste Wesen, ein Vacuum der Abstraction, des Jenseits; die biblischen Worte, deren diese gegen irgend einen Inhalt in Ansehung der Natur Gottes in ihrer negativen Richtung sich bedient, sind bedeutungslos; die particuläre Meinung, das eigenthümliche Gefühl, bleibt doch die Hauptbestimmung. So ist die Fülle des Inhaltes von der modernen Theologie ausgetilgt; unsere Absicht aber ist es, durch den Begriff sie wieder zu gewinnen. — Auf der anderen Seite steht eine Theologie die eine Fülle von Erkenntniß, aber nur historischer Art ist. Diese Weise, Gott zu erkennen, geht uns nichts an. Wäre das Erkennen der Religion nur historisch, so müßten wir solche Theologen wie Comptoirbedienten eines Handlungshauses ansehen, die nur über fremden Reichthum Buch und Rechnung führen, die nur für Andere handeln, ohne eigenes Vermögen zu bekommen. Sie erhalten zwar Salair, ihr Verdienst ist aber nur zu dienen und zu registriren, was das Vermögen Anderer ist. Solche Theologie hat es gar nicht mehr mit unendlichen Gedanken an und für sich, sondern mit ihm nur als mit einer endlichen Thatsache, Meinung, Vorstellung zu thun. Die Geschichte beschäftigt sich mit Wahrheiten, die Wahrheiten waren, nämlich für Andere, nicht mit solchen, welche Eigenthum wären derer, die sich damit beschäftigen. In der Philosophie und Religion ist es aber wesentlich darum zu thun, daß der eigene Geist Inhalt bekommt und sich der Erkenntniß für würdig hält. — Was endlich das Verhältniß der Religionsphilosophie zur positiven Lehre der Kirche betrifft, so ist genug, hier zu bemerken, daß es nicht zweierlei Vernunft und nicht zweierlei Geist geben kann, nicht eine göttliche Vernunft und eine menschliche, nicht einen göttlichen Geist und einen menschlichen, die schlechthin verschieden wären. Das Göttliche im Menschen und der Geist, insofern er Geist Gottes ist, ist nicht ein Geist jenseits der Sterne, jenseits der Welt, sondern Gott ist allgegenwärtig und als Geist in allen Geistern. Die Religion ist ein Erzeugniß des göttlichen Geistes, nicht Erfindung des Menschen, sondern des göttlichen Wirkens, Hervorbringens in ihm. Der Ausdruck, daß Gott die Welt als Vernunft regiert, wäre vernunftlos, wenn wir nicht annehmen, daß er sich auch auf die Religion beziehe und der göttliche Geist sie in den Völkern hervorgebracht habe; die verschiedenen Religionen sind nur die verschiedenen Ansichten einer und derselben Sache.

Die Eintheilung der Religionsphilosophie ist durch die Methode der Wissenschaft bestimmt. In allem Wissen kann es nur Eine Methode geben, denn Methode ist die Entwicklung des Begriffs: der Begriff ist aber nur Einer. Wir haben den Begriff der Religion 1) in seiner Allgemeinheit zu betrachten. Aus dieser einfachen Bestimmtheit geht er 2) in den Unterschied von sich selbst über; die Religion realisirt sich; in den vielfachen beschränkten und endlichen Religionen wird die Allgemeinheit zum Besonderen. Diese Ungleichheit hebt sich 3) in der absoluten Realisirung des Begriffs auf, worin das Einzelne dem Allgemeinen adäquat wird und die Realität mit dem allgemeinen Begriff sich zusammenschließt. In dieser Rückkehr des Begriffs aus dem Besonderen zu seiner Allgemeinheit durch die Vermittelung der absoluten Subjectivität ist der Begriff der wahrhafte Begriff d. h. die Idee. Die verschiedenen Formen und Bestimmungen der Religion sind einerseits Momente, Zustände der Religion überhaupt oder der vollendeten Religion. Insofern aber die Religion als endliche existirt, hat sie den Kreis der Bestimmtheit noch nicht durchlaufen und ist eine besondere Gestalt der Religion. Indem die Hauptmomente der Religion in ihrem Stufengang entwickelt und diese Stufen auch in ihrer historischen Existenz gezeigt werden, bildet das eine Reihe von Gestaltungen, eine Geschichte der Religion. Was durch den Begriff bestimmt ist, hat existiren müssen; die Religionen, wie sie einander gefolgt sind, sind daher nicht auf äußerliche Weise entstanden und es ist abgeschmackt, nach Art der Historiker hier nur Zufälligkeit zu sehen.

Der erste Theil der Religph. hat also den Begriff der Religion zum Gegenstande und zwar in seiner Allgemeinheit. Der Anfang der Religion, der Inhalt desselben, ist der darin eingehüllte Begriff der Religion selbst, daß Gott die Wahrheit von Allem und daß die Religion das absolute wahre Wissen ist. Wir haben vorhin bemerkt, daß das Ende der Philosophie überhaupt der Begriff Gottes sei, daß eben in diesem Ende aber die Religionsphilosophie ihren Beginn nehme, weil sie nicht nur die Idee Gottes an und für sich, sondern auch die Offenbarung des gött=

lichen Geistes im menschlichen nach der Nothwendigkeit ihrer verschiedenen Gestalten zum Gegenstand habe. Hier muß man nun die schiefe Vorstellung verbannen, Gott sich nur als Resultat vorzustellen, als wenn Logik, Philosophie der Natur und des Geistes Bedingungen seiner Existenz wären. Denn dies Resultat, weil es absolute Wahrheit ist, hört auf, bloß Resultirendes zu sein. Durch diese Stellung ist der gewöhnliche Begriff des Resultates, von Anderem, hier vom Denken, von der Natur, vom endlichen Geist vermittelt zu sein, davon herzukommen, vernichtet. Das Letzte ist eben so sehr das Erste; was als Ende erscheint, ist eben so sehr absoluter Anfang; die absolute Wahrheit resultirt als Resultat aus sich selbst. Gott ist Einer; in seiner Allgemeinheit ist keine Schranke, keine Besonderheit; er allein ist das durch sich Selbstständige: was besteht, hat seine Wurzel, sein Bestehen nur in diesem Einen. Gott ist die absolute Substanz, die allein wahrhafte Wirklichkeit.

Was aber Gott in sich ist, manifestirt er auch. Dies Setzen, dies sich in sich Unterscheiden Gottes ist das Erschaffen der Welt und in der Welt die Offenbarung seines Wesens für den Geist. In dem Bewußtsein von Gott liegt einmal, daß Gott unabhängig von mir, von meinem Vorstellen und Wissen, daß er außer mir, an und für sich ist; sodann aber, daß ich mich auf diesen Inhalt unmittelbar beziehe, daß er in mir als dem ihn wissenden Subject ist. Diese Ungetrenntheit des selbstständigen Inhaltes und meiner Beziehung auf denselben ist die Gewißheit und deren unmittelbare Form ist der Glaube, in welchem von Seiten des Bewußtseins Gefühl, Vorstellung und Gedanke als die verschiedenen Momente der unmittelbaren Gewißheit auseinander zu halten sind. Das Gefühl ist der formelle Ausgangspunct des Wissens von Gott. Das Gefühl kann nicht anders bestimmt werden, als daß es unmittelbares Wissen ist. Gott ist im Gefühl, heißt, man weiß von ihm nur, daß er ist; das Gefühl macht den Ort des Seins Gottes im Subject aus. Hierbei kann aber die Wissenschaft nicht stehen bleiben, denn erstlich wird Gott, insofern er nur gefühlt wird, nicht als freie an und für sich seiende Selbstständigkeit erkannt und zweitens ist das Sein Gottes im Gefühl selbst ein zufälliges: so gut als Gott darin empfunden wird, kann auch Anderes, ganz Heterogenes, das Eitelste und Wichtigste darin seinen Platz haben. Das Gefühl oder Herz oder, wie man auch sagt, die Ueberzeugung muß gereinigt, gebildet, zu wahrhaftem Inhalt erhoben werden. Wird die Religionswissenschaft auf die Engheit des Gefühls beschränkt, so ist nicht einzusehen, weshalb es eine Theologie giebt. — Wenn das Gefühl die intensiv subjective Gewißheit von Gott enthält, so begreift die Vorstellung, die man auch Anschauung nennen mag, die objective Seite in sich, wie Gott vor das Bewußtsein als Gegenstand hintritt. Zur Vorstellung gehören sinnliche Formen, von denen wir aber das Bewußtsein haben, daß sie nur Bilder sind; es liegt uns in ihnen eine sinnliche Gestaltung und zugleich ein Inneres derselben, ihre Bedeutung vor. In der Religion gibt es viele solcher Symbole, Allegorien, Metaphern, wie: daß Gott sich als Sohn zeugt, die Erzählung vom Paradiese, von Prometheus, die Darstellung Gottes als eines Zornigen, Bereuenden u. s. w. Der ganz sinnliche Mensch bleibt bei diesen Formen stehen und die heutige Gefühls- und Verstandestheologie weiß auch nichts daraus zu machen; entweder wirft sie mit dem Bild auch dessen Gedankeninhalt weg oder sie hält das Bild fest und läßt den Gedanken fahren. In Rücksicht auf das Sinnliche der Vorstellung ist aber nicht bloß das Bild, es ist auch das Geschichtliche als symbolisch und allegorisch zu nehmen. Jede Geschichte enthält dies Gedoppelte, eine Reihe äußerlich im Raum und in der Zeit zersplitterter Begebenheiten und Handlungen und in dieser zunächst sinnlichen Folge das Innere des Geistes, die Allgemeinheit seines Wesens. Oberflächlich hat man dies so ausgedrückt, man könne aus jeder Geschichte eine Moral ziehen. So gibt es dann im eigentlichen Sinn eine göttliche Geschichte, die Geschichte Jesu Christi, die nicht bloß für einen Mythus nach Weise der Bilder, sondern als etwas vollkommen Geschichtliches gilt. In solcher Geschichte ist der ewige Inhalt eine Macht, welche jeder Mensch fühlt und welche mit dunklem Bewußtsein auch der anerkennt, der sich noch nicht zur bestimmten Ausbildung seiner Gedanken und Begriffe erhoben hat. Darum ist die Vorstellung die Weise, in welcher die Religion für alle Menschen ist, wie mannigfach auch ihre intellectuelle Bildung von einander abweiche.

Indem aber im Vorstellen die Allgemeinheit des Inhaltes noch mit der Beschränktheit der sinnlichen Form vereinigt ist, so macht die Stufe des Denkens die Gestalt des Bewußtseins aus, in welche die Vorstellung von selbst übergeht. Das Denken als Setzen der einfachen Allgemeinheit tilgt das Sinnliche der Vorstellung. Es legt die Bedeutung derselben aus, erscheint aber selbst als die wahrhafte Bedeutung. Deshalb löst das Denken zwar das Sinnliche der Form, jedoch keineswegs den von ihm umfaßten Inhalt der Vorstellung auf. Wenn aber im Vorstellen die unterschiedenen Bestimmungen eines Ganzen ruhig neben einander beharren, so werden dieselben durch das Denken aufeinander bezogen. Die Reflexion entdeckt ihren Widerspruch und wird dadurch zur Kategorie der Nothwendigkeit getrieben, nicht bloß aufzuzeigen, daß eine Bestimmung ist, sondern auch, woher sie kommt, warum sie sich entwickeln muß. Kein unmittelbares Wissen gibt es nicht; jedes Wissen ist ein gewordenes, aus dem Zusammenhang mehrerer Bestimmungen hervorgegangenes; unmittelbar ist das Wissen, wo wir das Bewußtsein der Vermittelung nicht haben. Das religiöse Wissen ist durch Unterricht und Erziehung, positive Religion durch Offenbarung vermittelt; über der Form der Unmittelbarkeit wird vergessen, daß sie selbst Resultat der Vermittelung ist. In der Religion erscheint die Vermittelung des Wissens von Gott als Erhebung vom Endlichen und Zufälligen zum Unendlichen und Ewigen; wird diese Erhebung im Gedanken erfaßt, wird der Uebergang von der einen Seite zur anderen mit Bestimmtheit ausgesprochen, wird dadurch der Schein vernichtet, als wenn das Endliche dem Unendlichen fremd wäre, so entstehen die Beweise vom Dasein Gottes. Die äußere logische Form derselben enthält das Unangemessene, daß Gott, diese unendliche Allgemeinheit, von dem Endlichen aus eine nothwendige Unterlage empfangen, von ihm abgeleitet werden soll; eine tiefere Einsicht belehrt uns, daß in der Erhebung zum Gedanken Gottes die Einseitigkeit der Reflexion auf das Endliche und Zufällige verschwindet und daß Gott vielmehr als der nothwendige Grund des Endlichen resultirt. Das Denken ist nicht ohne das Bewußtsein seiner Vermittelung; es kann daher bei dem Setzen Einer Bestimmung nicht stehen bleiben, sondern muß über dieselbe zur entgegengesetzten hinausgehen und den Widerspruch beider Bestimmungen mit einander in ihrer höheren Einheit aufheben. Die Reflexion des Verstandes kann einseitig bei Einer Bestimmung beharren; sie kann das Endliche als ein Höchstes nehmen, über welchem das Unendliche sei, so daß jedes auf einer Seite steht, jedes die Grenze, das Jenseits des Andern ausmacht und somit das Unendliche selbst in ein Endliches verwandelt wird. Die Vernunft aber hebt eine solche unwahre und schiefe Stellung auf; sie vernichtet die stolze Demuth, welche mit jener Entgegensetzung den wahrhaften Sinn der Religion angegeben zu haben versichert und fordert, daß das Ich, weil es endlich, sich selbst aufgebe, um seine wahre Affirmation, das Unendliche, zu erfassen; das Aufgeben seiner selbst und das Erreichen des Göttlichen ist dasselbe. In unserer Zeit ist die Religionswissenschaft ganz in dieser eiteln Weisheit befangen, das Unendliche an ein Jenseitiges zu setzen, d. h. das Wahre von sich auszuschließen und zwar durch sich selbst, denn das reflectirende Ich ist es, welches diese Scheidung macht, das Endliche nicht fahren lassen will und daher in der Liebe und im Dünkel seiner Wichtigkeit die Demuth vor dem Göttlichen nur erheuchelt. Von Gott wissen zu wollen, wird als Anmaaßung verschrieen; durch das Endliche das Unendliche zu erfassen, sei unmöglich und alle Erkenntniß sei endlich, weshalb man Gott nur erfühlen und erahnen könne. Wer sich dieses Schreckbildes vom Gegensatz des Endlichen und Unendlichen nicht entschlägt, wer nicht einsieht, daß die Philosophie wie die Religion jene Anmaaßung, von Gott objectiver Weise zu wissen, allerdings haben müsse, der versenkt sich in die Eitelkeit der Subjectivität, welcher es nur um ihre Erhaltung, nicht um die Vertiefung in das Wesen Gottes zu thun ist.

Wir haben bisjetzt 1) Gott als den einzigen Inhalt der Religion, 2) die Form betrachtet, wie dieser Inhalt dem Bewußtsein im Fühlen, Vorstellen und Denken erscheint; 3) haben wir zu sehen, wie das religiöse Bewußtsein in seinem praktischen Verhalten sich äußert, wie die Erkenntniß der Wahrheit in der Thätigkeit der Freiheit sich offenbart.

Diese Seite der Religion ist der Cultus. Weil er im genauesten Zusammenhang mit der Vorstellung des Menschen von

Gott ist, so macht der Glaube selbst das erste Moment des Cultus aus, die Gewißheit, daß der Gegenstand des Wissenden, weil er der absolute Gegenstand des Wissenden, weil er der absolute Gegenstand ist, sein eigenes Wesen ausmacht, so daß er nicht in sich, sondern nur in diesem Gegenstande seine Freiheit haben kann. Diese Einheit des Menschen mit Gott wird von der heutigen Theologie als Pantheismus verketzert, weil nach ihren dürftigen Begriffen der endliche Mensch mit dem unendlichen Gott eine so concrete Einigung nicht soll eingehen können. Solche Theologen vergessen nicht nur die Lehre der Kirche, daß der Mensch nach dem Ebenbilde Gottes erschaffen worden, sondern vornämlich die Lehren von der Gnade Gottes, der Rechtfertigung durch Christus und am nächsten die Lehre von dem heiligen Geist, welcher die Gemeinde in alle Wahrheit leitet und in seiner Gemeinde ewig lebt. Der Glaube ist das Zeugniß des Geistes vom Geist; dies ist in sich selbst lebendig; der wahrhafte Grund des Glaubens ist der Geist. Die äußere Beglaubigung durch Autorität, Belehrung, Wunder u. s. f. wird in der Innerlichkeit des Glaubens abgestreift; diese Aeußerlichkeiten können wohl der Anfangspunct des subjectiven Wissens sein, sie aber als wirklichen Grund des Glaubens überhaupt anzusehen, ist falsch. Es soll z. B. an Wunder geglaubt werden und dies soll ein Mittel sein, an Christus zu glauben. Allein der so geforderte Glaube ist Glauben an einen Inhalt, der zufällig d. h. der nicht der wahre ist, denn der wahre Glaube hat keinen zufälligen Inhalt. Die Aufklärung hat daher Meister über diesen Inhalt werden können. Fordert die Orthodoxie solchen Glauben, so kann sie ihn bei gewissen Vorstellungen der Menschen nicht erhalten, weil er Glaube an einen nicht göttlichen Inhalt ist. Ob bei der Hochzeit zu Kana die Gäste mehr oder weniger Wein bekamen, ist ganz gleichgültig und eben so zufällig, ob jenem die verdorrte Hand geheilt wurde, denn Millionen Menschen gehen mit verdorrten und verkrüppelten Gliedern umher, denen Niemand sie heilt; dies Glauben hat kein Interesse für den Geist. Eben so, wenn in neuerer Zeit die Theologie ein Gewicht darauf gelegt hat, in wie vielen Codicibus diese oder jene fragliche Stelle sich findet, so sind das Zeugnisse, die keine Zeugnisse sind, denn der Inhalt der Religion ist die ewige Natur Gottes, nicht solche zufältige, äußerliche Dinge. Der Glaube des Einzelnen beginnt also wohl aus der Autorität, weil in dem Geist der Familien, der Völker, das Wissen von Gott vorhanden ist; jedes Individuum lebt sich in diese Vorstellungen und Empfindungen hinein; so ist eine geistige Ansteckung, die Erziehung des Geistes überall im Volk verbreitet, welche den wahrhaften Glaubensgrund ausmacht. Aber in der Lebendigkeit des Glaubens wird die äußere Vermittelung vertilgt.

Im Cultus ist Gott auf der einen Seite, Ich auf der andern; die Bestimmung ist, mich mit Gott in mir selbst zusammenzuschließen, mir diesen höchsten, absoluten Genuß zu geben. Weil ich hier mit meiner besondern Persönlichkeit gegenwärtig bin, so muß in dieser Einigung Gefühl sein. Das Handeln des Cultus soll nicht die Religion überhaupt, sondern ihre Realität in mir hervorbringen; sein Zweck ist daher gegen meine besondere Subjectivität gerichtet, diese Hülle abzustreifen und im Geist zu sein. Dies ist ein zweiseitiges Thun, Gottes Gnade und des Menschen Opfer. Ich soll mich dem gemäß machen, daß der Geist in mir wohne, daß ich geistig sei; was so als mein Thun erscheint, als Aufhebung meiner natürlichen Persönlichkeit, ist umgekehrt auch Gottes Arbeit, denn zugleich bewegt er sich zu mir; ich bin kein passives Material der Gnade, würde aber ohne Gott nicht über mich hinauskönnen. Dies ist freilich dem blos moralischen Standpunct Kant's und Fichte's entgegen, wo außer mir eine Welt ist, die von Gott verlassen darauf wartet, daß ich den Zweck, das Gute erst hineinbringe. In der Religion hingegen ist das Gute an und für sich selbst, kein nur Gesolltes, und es handelt sich bloß um mich, daß ich mich meiner Subjectivität abthue und mir an diesem Werke, das sich ewig vollbringt, meinen Antheil nehme. Der Cultus hat die absolute Versöhnung des Göttlichen und Menschlichen zu seiner Voraussetzung; indem er selbst Aufhebung der Entzweiung Gottes und des Menschen ist, so kommt es für seine Form auf die nähere Bestimmung der Entzweiung an, denn die Trennung kann entweder im Natürlichen oder im Geistigen selbst stattfinden. Wo die Trennung nicht als solche hervortritt, wo die Götter dem Menschen sich freundlich erweisen, da sind die Opfer Feste; wo aber das Natürliche in moralischen Zusammenhang mit dem Geiſtigen gebracht wird, wo das Volk das Unglück der Natur durch ſeine Schuld verdient, nimmt der Cultus die Geſtalt der Sühnung an, welche durch gewiſſe Handlungen, durch Opfer, Ceremonien, durch Reue vollbracht wird, in welcher der Menſch zeigt, daß ihm die Einigung mit Gott Ernſt ſei. Endlich iſt die Trennung im Geiſtigen, die des Guten und Böſen, des Subjectes vom göttlichen Willen, nicht ohne Beziehung auf die Sphäre des Natürlichen; aber der Boden des Cultus iſt hier doch nur der Geiſt; die Entfremdung des Menſchen von Gott, dies Unglück des Geiſtes, iſt nur durch Verwerfung und Bereuung des Böſen aufzuheben; nur durch dieſe Befreiung kann der Menſch zur Gewißheit gelangen, er ſei Gott wohlgefällig und von ihm wieder in Gnaden aufgenommen.

Die weſentlichſte Form, das Innerſte des Cultus, iſt die An=
dacht. Sie iſt nicht bloß Glaube, daß Gott iſt, ſondern wenn das Subject ſich über ſich erhebt, wenn es in den Gegenſtand des Glaubens ſich verſenkt, wenn es betet, ſo iſt dies die Wärme, das Feuer der Andacht, welches das Bewußtſein auf die Eine Richtung aus aller Zerſtreuung concentrirt. Der Cultus bringt ferner durch die äußerlichen heiligen Handlungen, durch die Opfer und Sacramente, das Gefühl der Verſöhnung auch auf ſinnliche Weiſe hervor, um es dem Bewußtſein zur vollkommenen Gegenwart zu machen. In der Lebhaftigkeit, im Eifer der ſich ſtill in ſich bewegenden Andacht, wie der objectiven Aeußerung der=ſelben durch Opfer u. ſ. w. iſt eine Gewaltſamkeit des Subjectes gegen ſich ſelbſt enthalten, um über alles Irdiſche und Endliche hinauszukommen. Solche Empfindung der eigenen Wichtigkeit und der Erhebung zu Gott kann nun entweder ein vereinzelter Zuſtand oder eine durch und durch ausgeführte Stimmung ſein. Dieſe Durchbildung der Religion erſcheint als Reinigung des Herzens, als Moralität und in höherer Weiſe als Sittlichkeit im Staats=leben, denn im Staate kommt der Ernſt des ſittlichen Willens zur wahrhaften Wirklichkeit. An und für ſich können Staat und Kirche einander nicht widerſprechen, weil beide auf die Bildung des Willens zur Freiheit ausgehen. Im Beſonderen aber können die Vorſchriften, welche die Religion dem Individuum macht, von den Grundſätzen des Rechts und der Sittlichkeit, die im Staate

gelten, verschieden sein. Dieser Gegensatz spricht sich in der Form aus, daß die Forderung der Religion auf die Heiligkeit gehe, die des Staates auf Recht und Sittlichkeit; auf der einen Seite sei die Bestimmung für die Ewigkeit, auf der andern für die Zeitlichkeit und das zeitliche Wohl, welches für das ewige Heil aufgeopfert werden müsse. So wird ein religiöses Ideal aufgestellt, ein Himmel auf Erden gegen das Substantielle der Wirklichkeit; die hervortretende Grundbestimmung ist Entsagung der Wirklichkeit, Kampf mit ihr, Flucht aus ihr; ihrer wahrhaften Lebendigkeit wird in der Ehelosigkeit, Unthätigkeit der Armuth, Willenlosigkeit der Obedienz eine Abstraction von der sittlichen Liebe, thätigen und verständigen Rechtschaffenheit, Innerlichkeit des Gewissens als ein Anderes entgegengesetzt, das für höher gelten soll. Die Religion fordert das Aufheben des Willens, das weltliche Princip dagegen legt ihn zu Grunde. Macht sich nun das religiöse Princip geltend, so muß die Staatsverfassung gegen die, welche jener Religion angehören, mit Gewalt verfahren, indem sie dieselben als Partei behandelt und von der Regierung verdrängt. Die Religion als Kirche muß dann äußerlich nachgeben, wobei aber eine Inconsequenz eintritt. Die Welt hält an einer bestimmten Religion fest und hängt zugleich an entgegengesetzten Principien; insofern man diese ausführt und doch noch zu jener gehören will, ist das eine große Inkonsequenz. Die Franzosen z. B. haben in der That aufgehört, der katholischen Religion anzugehören, weil diese in Allem unbedingte Unterwerfung unter die Kirche fordert. Religion und Staat widersprechen sich auf diese Weise; man läßt die Religion auf der Seite liegen, sie soll sich finden, wie sie mag; sie ist Sache der Individuen und die Religion soll nicht in die Staatsverfassung eingemischt werden. Dann bleibt diese aber selbst mit Einseitigkeit behaftet; es tritt ein Formalismus der Freiheit ein, weil die Erkenntniß nicht bis auf den letzten Grund zurückgegangen ist. Das Verhältniß von Staat und Kirche in den protestantischen Staaten gewährt allein die Möglichkeit einer völligen Versöhnung der Freiheit mit sich selbst von ihrer weltlichen wie von ihrer religiösen Seite.

Der erste Theil der Religionsphilosophie hat die allgemeinen Bestimmungen der Religion zum Inhalt, der zweite die Entwicke=

lung der mannigfaltigen Besonderung, in welche die Religion auseinandergeht. Dieser Unterschied der Religion von sich selbst erscheint in dem Gegensatz der Naturreligion und der Religion der geistigen Individualität. In der Naturreligion ist das Geistige versunken in die Natürlichkeit; das Göttliche wird in der Natur angeschaut. In der Religion der geistigen Individualität wird die Natur dadurch zum Accidentellen gemacht, daß der Geist sich seiner als der Substanz bewußt wird, daß er durch das Denken als geistiges Subject sich bestimmt.

Die Naturreligion beginnt mit der unmittelbaren Einheit des Geistigen und Natürlichen, eine Einheit, welche dem Begriff des Geistes nicht angemessen ist, weil er in ihr noch nicht zum Bewußtsein der Wahrheit, nicht zur Erkenntniß des Guten und Bösen sich erhoben hat. Man nennt diese Einheit die Unschuld des Menschen; sie ist aber vielmehr ein Zustand der Rohheit und, indem der Mensch wohl die reale Möglichkeit, allein noch nicht die Wirklichkeit der Vernunft und Freiheit ist, wird mit Recht gesagt, daß der Mensch von Natur böse sei. Er muß also mit jener Einheit brechen, was sich auch darin ausdrückt, daß die Religionen diesen Zustand oder das Paradies als ein verlorenes vorstellen, denn in der göttlichen Geschichte gibt es keine Vergangenheit. Wenn das existirende Paradies verloren gegangen ist, es mag dies geschehen sein, wie es will, so ist dies eine Zufälligkeit und Willkühr, die von Außen her in das göttliche Leben gekommen wäre. Dieser Verlust des Paradieses muß vielmehr als göttliche Nothwendigkeit betrachtet werden und in der Nothwendigkeit des Aufhörens enthalten sinkt jenes vorgestellte Paradies zu einem Moment der göttlichen Totalität herab, das nicht das absolut Wahrhafte ist. Die Naturreligion ist:

1) Die Religion der Zauberei d. h. daß sich der Mensch unmittelbar, in seiner empirischen Einzelheit als frei von der Natur, als Herrscher über sie weiß. Sie ist daher einerseits Religion der zauberischen Macht, wo der Mensch die Furcht vor den Naturgewalten, vor Erdbeben, Gewittern, Stürmen u. s. w. dadurch vernichtet, daß er sie durch das Aussprechen seines Willens zu bestimmen sucht oder, bei Gegenständen seiner Begierde, nach künstlichen Zaubermitteln greift, wie die Afrikanischen Völkerschaften, die

Mongolen und Chinesen. Von Cultus als freier Verehrung eines Geistigen, an und für sich Objectiven, kann hier nicht die Rede sein; der Zustand dieser Herrschaft ist nur sinnliche Betäubung, wo der besondere Wille vergessen, ausgelöscht und das abstract sinnliche Bewußtsein auf's Höchste gesteigert wird; die Mittel, dies Außersichsein hervorzubringen, sind Tanz, Musik, Geschrei, Fressen, selbst Mischung der Geschlechter. — Andererseits ist diese Religion die der Erhebung über die Wildheit der Begierde, über die Zügellosigkeit des einzelnen Willens, ein Zustand der Abstraction von allem Aeußern, eine Hinkehr in die Tiefe des Bewußtseins, ein Insichseln, wie im Buddhismus. Hier beginnt der Gedanke der geistigen Freiheit in der Vorstellung der Unsterblichkeit und die Objectivität des Göttlichen im Gedanken des Einen Seins, das in seiner unveränderlichen Ewigkeit immer sich gleich ist. Diese Anschauung der Substantialität, gegen deren beharrliche Ruhe alles Einzelne ein vorüberschwebender Schein, ist von dieser Religion selbst in der frappanten Weise ausgesprochen, daß das Göttliche Nichts sei d. h. daß von ihm, weil es das Eine, das Sein in allem Dasein ist, keine Bestimmung angegeben werden könne, denn jedes Bestimmen ist Setzen eines Unterschiedes, einer Besonderheit. Dies ist eigentlich der Pantheismus.

2) Die zweite Stufe der Naturreligion, in welche die Macht der Zauberei und die Versenkung in die stille Innerlichkeit übergehen, ist die Religion der Phantasie. Die Einheit und Allgemeinheit der Substantialität muß sich zum Besondern entwickeln; die Bestimmungen des Begriffs, seine Unterschiede, müssen hervortreten; die Selbstständigkeit der Welt wird anerkannt. Aber zunächst geschieht dies nur durch eine flache Beziehung der Kategorieen des Verstandes auf die unendliche Fülle des empirischen Lebens, weshalb die Vernunft des Gedankens beständig in die Haltungslosigkeit und träumerische Willkühr der phantastischen Ausführung umschlägt, welche das, was als absolute, göttliche Macht gilt, bewußtlos zum Aeußerlichen, Sinnlichen verkehrt und in den Kreis gemeiner Alltäglichkeit herabsetzt. Dies Reich der Einbildung wird um so mannigfaltiger, insofern es in der Indischen Religion dem Local einer üppigen Natur angehört. Hier hat das Princip begierdelosen Einbildens einen maaßlosen Reichthum des

Gemüths und seiner Gefühle erzeugt, die in dieser ruhig brüten=
den Wärme besonders von dem Ton wollüstiger, süßer Lieblichkeit,
aber auch schwächlicher Weichheit durchdrungen sind.

3) Die Zerflossenheit der Religion der Phantasie in der ob=
jectiven Anschauung des Göttlichen und ihr negatives Verhalten
gegen das Subject, welches nur nach Auflösung, nach einer be=
wegungslosen Einheit mit dem Göttlichen ringt, hebt sich einer=
seits in einer Religion auf, welche das Göttliche als das Gute
und Affirmative setzt, andererseits in einer Religion, worin das
Negative mit dem Affirmativen in ein und dasselbe Subject ge=
setzt wird; weil dies zunächst in symbolischer Weise geschieht, so
empfängt die Religion einen durchaus räthselhaften Charakter.
Das Mangelhafte der Indischen, wie der Buddhistischen Religion
ist besonders der Untergang aller positiven Lebendigkeit in der star=
ren Ruhe der absoluten Substanz; — es ist dasselbe, wie wenn
heutiges Tages von Gott nur als von dem höchsten Wesen ge=
sprochen wird, von dem man weiter nichts sagen könne, als daß
es sei, ein Sein, welches mit dem Nichts zusammenfällt. In
der Persischen Lichtreligion liegt das Einseitige in der unaufgelösten
Entgegensetzung des Bösen gegen das Gute; indem dieses nicht
wirklich als die ihren Gegensatz bewältigende Macht gefaßt wird,
sondern der Triumph ihrer Wirksamkeit nur sein soll, so ist dies
das Nämliche, wie wenn in unserer modernen Theologie das End=
liche und Unendliche als unversöhnbare Gegensätze aufgestellt wer=
den; was man in solcher unwahren Stellung als hohe Weisheit
zu preisen pflegt, ist in der That bloßer Manichäismus. Die
Aegyptische Religion hat das Ausgezeichnete, daß in ihr jene im
Indischen und Persischen mit einander nur abwechselnden Extreme
des Affirmativen und Negativen, des Guten und Bösen, des
Lebens und des Todes zur subjectiven Einheit zusammengefaßt
werden. Das Räthsel, an dessen allseitiger Enthüllung die Ae=
gyptische Religion sich abgemüht hat, ist das Sterben. Osiris
erscheint in ihr als die Identität jener Bestimmungen. Er ist
der positive Grund alles Lebens; allein er schließt das Negative
nicht von sich aus, sondern in sich ein d. h. er stirbt; jedoch geht
er vom Unendlichen nicht bloß zum Endlichen fort, vielmehr kehrt
er aus dessen Beschränkung wieder zu sich als dem absoluten Prin=

cip zurück; er ersteht aus dem Tode wieder auf, zeigt damit, daß der Tod nur ein nothwendiges Moment des Lebens selbst ist und erscheint so erst als wahrhaft unendliche Persönlichkeit.

Der Naturreligion steht die der geistigen Individualität gegenüber. Jene hat ihren Fortgang an der äußeren Gestaltung, diese am Begriff selbst. Das göttliche Wesen ist erstlich Einheit, absolute Subjectivität; zweitens innere Nothwendigkeit; drittens Nothwendigkeit oder Zweckmäßigkeit.

1) Die Wahrheit der besondern natürlichen und geistigen Mächte der Naturreligion ist die Idealität des Geistigen, welcher die Natur unterworfen ist. Der Boden dieser reinen Subjectivität, dieses Einen, ist der reine Gedanke. In der allgemeinen Macht des weisen und heiligen, gütigen und gerechten Gottes ist alle Aeußerlichkeit, sinnliche Gestaltung aufgehoben; Gott ist hier gestaltlos, bildlos, nicht für die sinnliche Vorstellung, nur für den Gedanken. Uns erscheint, daß Gott so als Einer bestimmt ist, nicht auffallend und wichtig, weil uns diese Vorstellung durch Gewohnheit geläufig geworden. Sie ist auch formell, aber unendlich wichtig, weshalb man sich nicht zu verwundern braucht, daß sich das Jüdische Volk dies sich so hoch angerechnet hat, denn daß Gott Einer ist, ist der Weg zur Wahrheit, die Wurzel der intellectuellen Welt. Als Weisheit bestimmt sich Gott zur Thätigkeit, zur Vermittelung eines Zweckes, der aber noch außer ihm fällt, zur Erschaffung der Welt, die aus dem Geiste als ihrem Nichts gesetzt wird. Die Nothwendigkeit, daß Gott Setzen seiner Macht sei, ist die Geburtsstätte alles Erschaffenen. Diese Nothwendigkeit ist das Material, woraus Gott schafft; er schafft aus nichts Materiellem, daß gegen ihn ein schon Vorhandenes und Anderes wäre, denn er ist das Selbst und nicht das Unmittelbare, Materielle, und das Setzen der Natur fällt nothwendig in den Begriff des geistigen Lebens, des Selbstes. Dies Schaffen Gottes ist daher sehr verschieden von den Theogonieen und Kosmogonieen der Naturreligion, wo die Welt aus dem Göttlichen hervorgeht. Als Schöpfer ist Gott freie, unendliche Subjectivität, die ihre Bestimmungen als Freies sich gegenüber haben, als Freies entlassen kann; dies Auseinandergehen der Unterschiede, dessen Totalität die Welt, dieses Sein ist die Güte. Die Mannifestation

der Nichtigkeit und Idealität des Endlichen, daß das Sein desselben nicht wahrhafte Selbstständigkeit ist, erscheint als die Gerechtigkeit der absoluten Macht.

Die endlichen Dinge sind durch ihre Unselbstständigkeit entgöttert; sie sind für den Verstand in einem natürlichen Zusammenhang, gegen welchen erst hier die Bestimmung des Wunders auftritt. In früheren Religionen gibt es kein Wunder; in der Indischen vornämlich ist Alles schon von Haus aus verrückt. Erst im Gegensatz gegen die Ordnung und Gesetzlichkeit der Natur ist das Wunder die Manifestation Gottes an einem Einzelnen. Sie ist so eine zufällige; die wahrhafte Manifestation Gottes an der Welt ist die absolute, deren Form die Erhabenheit ist. Die Natur wird nicht bloß als ihrem heiligen Schöpfer unangemessen gewußt, sondern auch der Stoff, an welchem das Erhabene erscheint, wird vertilgt. Die Erhabenheit ist nicht bewußtlos, wie im Wilden und Grotesken des Indischen, sondern sich wissende Macht über die Realität wie über die Gestalt derselben. Der Mensch im natürlichen Bewußtsein kann natürliche Dinge vor sich haben, aber das Umherschauen an sich ist nichts Erhabenes, sondern der Blick gen Himmel, der das Darüberhinaus ist. Dieser Charakter der Erhabenheit ist den Schriften des alten Testamentes eigenthümlich. „Gott sprach: es werde Licht, und es ward Licht", ist eine der erhabensten Stellen; denn das Wort ist das Müheloseste, und dieser vorübergehende Hauch ist hier zugleich das Licht, die Lichtwelt, die unendliche Ausgießung des Lichtes.

Die Erhabenheit ist jedoch nur erst die Vorstellung der Macht, noch nicht die eines Zweckes. Der Zweck Gottes überhaupt kann hier nur er selbst sein, daß er im Bewußtsein anerkannt, gepriesen, durch Vollbringung seines Willens als des allgemeinen geehrt werde. Gott als der Heilige will das Gute, und dies hat als Thun des Rechten ein ihm angemessenes, affirmatives Dasein zur Folge, eine Existenz, die ein Wohlsein, Wohlergehn ist. Die Zuversicht auf diese Harmonie ist im Jüdischen Volk eine bewunderungswürdige Seite; die alttestamentlichen Schriften, besonders die Psalmen, sind voll von ihr; auch im Hiob, dem einzigen Buch, dessen Zusammenhang mit dem Boden des Jüdischen Volkes man nicht genau kennt, ist dieser Gang dargestellt. Diese Unter=

suchung und Bekümmerniß über das Unrecht, das Schreien der Seele nach Gott, dies Hinabsteigen in [die Tiefen des Geistes, diese Sehnsucht des Geistes nach dem Rechten, der Angemessenheit zum Willen Gottes, ist hier besonders charakteristisch.

Weil die Weisheit, der Begriff des Zweckes, hier zuerst auftritt, so ist sie noch unbestimmt, ihre Allgemeinheit schlägt daher in der Realität zum Einzelnen um. Der reale Zweck Gottes ist diese bestimmte, zur Nation erweiterte Familie, von welcher die übrigen Nationen geschieden sind. Durch den Besitz eines besonderen unveräußerbaren Bodens gewinnt diese Ausschließung eine ganz empirisch äußere Gegenwart. Gott als der Herr gibt daher seinem Volk Gesetze und zwar die allgemeinen als Grundbestimmungen der Moralität wie die besonderen als Einrichtungen des beschränkten Staatslebens. Moses wird Gesetzgeber der Juden genannt; er ist aber den Juden nicht gewesen, was den Griechen Solon und Lykurg; diese gaben als Menschen ihre Gesetze, er hat nur die Gesetze Jehovah's bekannt gemacht, der sie selbst, nach der Erzählung, in Stein gegraben hat. Der Dienst des Herrn besteht daher im Halten und Beobachten sowohl der sittlichen Gebote als auch der Ceremonialgesetze. Ein höherer Zweck ist nicht, denn für sich hat der Mensch, weil die Unsterblichkeit noch nicht anerkannt ist, nur den Zweck, sich und seiner Familie das Leben so lange als möglich zu erhalten. Die Strafen, welche ihm für die Vernachläßigung des Dienstes angedroht werden, sind deswegen, wie sein Gehorsam selbst, äußerlicher Natur, sinnlich, auf den ungestörten Besitz des Landes sich beziehend. Wegen dieses Herabfallens aus dem Allgemeinen zum Einzelnen beginnt auch das A. Testament zwar mit der Schöpfung der Welt, des Menschen als des göttlichen Ebenbildes und der Entzweiung des Bösen mit dem Guten. Aber diese Geschichte des Sündenfalles, welche in bildlicher Weise und mit allen Inconsequenzen des Mythischen die wahrhafte Natur des Geistes darstellt, hat in der Theologie der Hebräer gleichsam geschlafen, brach gelegen und sollte erst im Christenthum zu ihrer rechten Ausbildung und Würdigung gelangen; denn sogleich nachher vertieft sich die Erzählung in die particulären Interessen des Jüdischen Volkes.

2) In der Religion der Erhabenheit wird das Natürliche als ein in sich Unselbstständiges und Ideelles von der freien, Einen Subjectivität beherrscht; die weitere Bestimmung ist die Verklärung des Natürlichen im Geistigen, indem es als Zeichen desselben gesetzt wird. Der Zweck ist nicht mehr Einer; es werden viele Zwecke, welche nebeneinander gelten, wodurch Toleranz, Heiterkeit der Gesinnung, überhaupt Freundlichkeit des Daseins entsteht. Es ist auch nicht Eine Subjectivität, sondern es sind viele Individualitäten, Subjecte mit particulären Zwecken, welche im unmittelbaren Leben durch die Natur sich darstellen, durch sie erscheinen. Der Grundbegriff dieser ganzen Sphäre ist daher die Schönheit, die harmonische Angemessenheit des Natürlichen für das Geistige. Die Macht selbst schwebt über diesen schönen Individualitäten, über der Menge der mannigfachen Zwecke, subjectlos, weisheitslos, unbestimmt in sich, eine kalte Nothwendigkeit, als das Fatum des Schönen.

Die Vielheit der besonderen Zwecke erweitert sich zur Allgemeinheit, die aber nur äußerlich ist. Die Freiheit des Griechischen Volkslebens ist noch in viele kleine Staaten und Culte zersplittert. Der freie Geist muß sich aber als Freiheit des Menschen, nicht bloß des Bürgers dieses und jenes Staates erfassen und diese Nothwendigkeit macht sich durch die Römische Welt und die Römische Religion als Zertrümmerung aller beschränkten Zwecke geltend. Die Römische Religion nimmt man in oberflächlicher Weise mit der Griechischen zusammen, aber es ist ein wesentlich anderer Geist in der einen, als in der anderen. Wenn sie auch viele Gestaltungen mit einander gemein haben, so haben diese doch hier durch die prosaische, praktische Ernsthaftigkeit der Römer eine ganz andere Stellung. Diese hat den Zweck der empirischen Herrschaft über alle Völker und der Gott ist die Macht, diesen Zweck zu realisiren. Wir sehen den Römischen Gott als Fortuna publica, als eine Nothwendigkeit, die für andere eine kalte Nothwendigkeit ist. Die eigentliche, den Römischen Zweck selbst enthaltende Nothwendigkeit ist Roma, das Herrschen, ein heiliges, göttliches Wesen: in Form eines herrschenden Gottes erscheint sie als ein besonderer Jupiter, als der Jupiter Capitolinus. Das Individuum geht einerseits im Allgemeinen, in der Herrschaft unter; anderseits gelten die menschlichen Zwecke als etwas Wesentliches, das menschliche Subject als ein Selbstständiges, was sich der Hülfe der Götter nur als Mittel für seine Zwecke bedient und dadurch in äußerliche Abhängigkeit, in Aberglauben verfällt. Der Römische Geist vernichtete in der Vereinigung aller Volksgeister, aller Religionen das Glück und die Heiterkeit der vorhergehenden Religion, weil die Einheit, die nun sein sollte, keine concrete, innerliche war. Diese abstracte Macht brachte ungeheures Unglück und einen allgemeinen Schmerz hervor, der die Geburtswehen der Religion der Wahrheit sein sollte. Die Buße der Welt, das Verzichtthun auf das Endliche diente zur Bereitung des Bodens für die wahrhafte geistige Religion, — eine Bereitung, die von Seiten des Menschen vollbracht werden mußte. „Als die Zeit erfüllet war, sandte Gott seinen Sohn", heißt es; die Zeit war erfüllt, als im Geiste diese Verzweiflung überhand genommen, in der Endlichkeit und Zeitlichkeit Befriedigung zu finden.

In der bestimmten oder besonderen Religion entsprechen sich die Momente ihrer beiden Seiten auf umgekehrte Weise; die Jüdische correspondirt der Persischen, die Griechische der Indischen, die Römische der Chinesischen. Durch alle diese Religionen ist der Geist so weit gekommen, seinen wahrhaften Begriff erfassen zu können, sich als Geist zu wissen. In der absoluten, offenbaren, christlichen Religion ist der allgemeine und einzelne Geist unzertrennlich; das Unendliche ist mit dem Endlichen versöhnt; die Substanz ist an sich eben so sehr Subject; sie unterscheidet sich von sich, theilt sich dem endlichen Geiste mit, bleibt aber in diesem Wissen, weil es ein Moment ihrer selbst ist, bei sich und kehrt aus ihm ungetheilt in der Theilung zu sich zurück. Die Naturreligion ist die Religion nur des Bewußtseins: Gott wird als Gegenstand in der Natur gewußt; die Religion der geistigen Individualität ist die des Selbstbewußtseins: der Geist weiß sich als Zweck, aber der Zweck ist noch mit der Endlichkeit behaftet und kommt selbst in seiner Allgemeinheit nicht über eine äußerliche Einheit hinaus. In der offenbaren Religion weiß der Geist die Wahrheit als seinen Gegenstand und zugleich weiß er sie als sein eigenstes Wesen; d. h. sie ist ihm nicht bloß ein Anderes, ein Gegenstand liches, sondern er ist sich ihrer als seiner selbst bewußt. Die Aufhebung des Scheines der Fremdheit, die Versöhnung des Menschen mit der Welt, ist die Freiheit. Die Freiheit ist dasselbe, was die Wahrheit, nur mit der Bestimmung der Negation; die Versöhnung ist nichts Ruhendes, sondern Thätigkeit, Hervorbringen. Indem so die absolute Wahrheit ewige Befreiung ist, kann man den Begriff der christlichen Religion ohne Einseitigkeit nicht gut in einem einfachen Satz aussprechen. Die absolute Idee ist:

1) Gott an und für sich in seiner Ewigkeit, wie er außerhalb der Welt, vor ihrer Erschaffung gedacht wird: das Reich des Vaters; 2) Gott ist in sich selbst unterschieden und setzt diesen Unterschied auch wirklich als ein Anderes; dies ist die Welt, die er erschafft, theils als die Natur, theils als den Geist. Aber die Welt, weil er selbst es ist, der sie setzt, bleibt nicht gegen Gott ein Aeußeres, sondern er selbst als der Sohn bringt sie aus der Entfremdung von sich zu sich zurück; 3) in dieser unendlichen Versöhnung ist Gott, der Geist, dem endlichen Geiste offenbar; die Endlichkeit ist in diesem absoluten Selbstbewußtsein aufgehoben und die Einigung des Menschen mit Gott ist die Thätigkeit des heiligen Geistes in seiner Gemeinde.

Die Idee Gottes in ihrer Allgemeinheit ist in der christlichen Religion als das Dogma der Dreieinigkeit ausgedrückt, ein Dogma, das dem Verstande, der bei dem Zählen stehen bleibt, ewig ein Mysterium sein muß. Gott, der ewig an und für sich Seiende, erzeugt sich ewig als seinen Sohn, d. h. er unterscheidet sich von sich. Dieser Unterschied hat aber nicht die Gestalt eines Andersseins, sondern das Unterschiedene ist unmittelbar nur das, von dem es geschieden worden. Gott kehrt also aus seinem Unterschied von sich ewig zur Einheit mit sich zurück. Gott ist Geist; keine Dunkelheit, keine Färbung oder Mischung tritt in dies reine Licht. Das Verhältniß von Vater und Sohn ist aus dem organischen Leben genommen, bildlich und daher nie ganz dem entsprechend, was dadurch ausgedrückt werden soll. Gott als bloß der Vater ist noch nicht das Wahre; so ohne den Sohn ist er das falsche Gebilde des Verstandes, der modernen Theologie und bereits in der Jüdischen Religion so gewußt. Gott ist nicht abstracte, unterschiedlose Identität, sondern lebendige, in sich unter=

schiedene Thätigkeit; er ist Anfang und Ende seiner selbst, und nur als dieser ewige Proceß, als unendliche Totalität ist er der Geist. Der heilige Geist ist die ewige Liebe, denn die Liebe ist ein Unterscheiden Zweier, die doch für einander schlechthin nicht unterschieden sind. Wenn man sagt: Gott ist die Liebe, so ist es sehr groß, wahrhaft gesagt: aber es wäre sinnlos, dies nur so als einfache Bestimmung aufzufassen, ohne zu analysiren, was die Liebe ist. Der Unterschied in Gott ist als Person bestimmt worden, weil die Persönlichkeit eben sowohl ihr Fürsichsein bewahren, als diese Sprödigkeit in Anderes, in eine andere Persönlichkeit versenken kann. In der göttlichen Einheit ist die Persönlichkeit als aufgelöst gesetzt. Hält man in der Religion die Persönlichkeit auf abstracte Weise fest, so hat man drei Götter; die unendliche Form, die Subjectivität ist dann verloren und der Göttlichkeit verbleibt nur das Moment der unendlichen Macht. Setzt man aber die Persönlichkeit als unaufgelöst, so hat man das Böse, denn die Persönlichkeit, die sich nicht in der göttlichen Idee aufgibt, ist das Böse.

In dem Erscheinen Gottes in der Endlichkeit ist die Welt, das Andere, Gott Aeußerliche nicht als Sohn bestimmt. Als Natur tritt die von Gott erschaffene Welt nur in das Verhältniß zum Menschen, nicht für sich in das Verhältniß zu Gott, denn die Natur weiß nicht vom Geist und bleibt ihren Gesetzen unmittelbar getreu. Der Mensch ist nicht in einer solchen Nothwendigkeit, sondern als frei, als sich wissend, als von Gott wissend, kann er aus seiner Substantialität heraustreten. An sich ist der Mensch gut, denn Gott, der ihn zum Spiegel seines Wesens gemacht hat, ist der Gute, aber für sich hat der Mensch gut zu werden und die Freiheit enthält den Gegensatz des Guten und Bösen in sich. In ihr hat das Böse seinen Sitz; sie ist Quelle des Uebels, aber auch der Punct, wo die Versöhnung ihren letzten Ursprung hat; Quelle der Krankheit wie der Gesundheit. Sinnlicher Weise stellt man in der Geschichte des Sündenfalls vor, der erste Mensch habe die Entzweiung des Bösen mit dem Guten gesetzt; der erste Mensch will dem Gedanken nach heißen: der Mensch als Mensch, nicht irgend ein einzelner, zufälliger, Einer von den Vielen, sondern der absolut erste, der

Mensch seinem Begriff nach. Die Mangelhaftigkeit, den Menschen als solchen als den ersten vorzustellen, wird durch eine zweite Vorstellung, die der Erbschaft corrigirt, durch welche Mittheilung, was der Erste gethan hat, an Andere gekommen sein soll. Als Strafe der Sünde wird die Arbeit ausgesprochen; das Thier arbeitet nicht; der Mensch aber muß in körperlicher und geistiger Arbeit, im Schweiße seines Angesichtes sein Brot hervorbringen, sich zu dem machen, was er an sich ist: diese Thätigkeit ist des Menschen Würde und Hoheit. Indem mit dem Begriff des Guten und Bösen das wahrhafte Wesen des Menschen erfaßt wird, erscheint die Unsterblichkeit der Seele als ein Hauptmoment der Religion. In der Erzählung vom Sündenfall wird die Unsterblichkeit auf Erden und die der Seele noch nicht getrennt; sie wird auch davon abhängig gemacht, daß der Mensch vom Baum des Lebens.iße. Die Sache ist überhaupt diese, daß der Mensch durch das Erkennen unsterblich ist, denn nur denkend ist er keine sterbliche, thierische, ist er die freie reine Seele. Die Unsterblichkeit muß deswegen nicht so vorgestellt werden, als ob sie erst späterhin, nach dem äußerlichen Tode, in Wirklichkeit träte; sie ist vielmehr gegenwärtige Qualität; der Geist ist ewig, ist in seiner Freiheit an nichts Beschränktes, Endliches gebunden und diese innere Ewigkeit wird in der Unsterblichkeit vorgestellt. Weil nun die Erkenntniß des unendlichen Gegensatzes im Guten und Bösen ihn zum Bewußtsein seiner Freiheit und Geistigkeit bringt, so hat die Vorstellung ganz richtig das Sterben als Consequenz der Sünde, das Ewigleben als Folge des Freiseins ausgesprochen.

In der Entzweiung des Guten und Bösen hat der Mensch einerseits zu Gott das Verhältniß, diesen als die reine Wahrheit und Freiheit, als die absolute Einheit und ihm gegenüber sich als den in jenen Widerspruch Verwickelten zu wissen, dessen Empfindung Demüthigung, Zerknirschung, überhaupt unendlicher Schmerz ist; auf der andern Seite hat er das Verhältniß zur Welt, daß ihm diese keine Befriedigung zu geben vermag. Weil der Gegensatz in ihm selbst, weil er die subjective Einheit der sich widersprechenden Extreme ist, so scheint es, als könne er die Versöhnung aus sich hervorbringen. Allein eben hiermit, da es die ewige Wahrheit und Freiheit des Geistes ist, die er im Wissen und Thun des Guten realisiren will, geht er von sich zu Gott über und erkennt diesen als sein innerstes Wesen an, mit welchem er in Einigkeit sein will. So tritt die Einheit der göttlichen Natur mit der menschlichen und hiermit erst der Begriff vom Sohn Gottes heraus, der im Fleisch, in der unmittelbaren, lebendigen Wirklichkeit erscheint. Die substantielle Einheit ist für die Gewißheit der Anschauung und Empfindung als Einer, von dem die Andern ausgeschlossen sind, der ihnen als einzig gegenübersteht. Diese Objectivität bringt ihr subjectives Bewußtsein zum Begriff seines Wesens, daß die Endlichkeit, Schwäche, Gebrechlichkeit der menschlichen Natur mit der göttlichen Einheit und Ewigkeit nicht unvereinbar sei. Christus ist darum in der Kirche der Gottmensch genannt worden; diese ungeheure Zusammensetzung ist es, die dem Verstande schlechthin widerspricht.

Gott in sinnlicher Gegenwart kann keine andere Gestalt als die des Menschen haben, denn im Sinnlichen, Weltlichen ist der Mensch allein das Geistige. Christus wird als Mensch geboren und hat als Mensch die Bedürfnisse aller Menschen. Allein er geht in die besonderen Neigungen, Leidenschaften, in das Verderben derselben nicht ein; auch nicht in die besonderen Interessen der Weltlichkeit, bei denen Rechtschaffenheit stattfinden kann, sondern er lebt nur der Wahrheit und ihrer Verkündigung. Seine Wirksamkeit ist die Stiftung der Versöhnung des Menschen mit Gott, des Reiches Gottes, einer Wirklichkeit, in der Gott herrscht. Diese neue Religion ist noch concentrirt, nicht als Gemeinde vorhanden, sondern in dieser Energie, welche das einige Interesse des Menschen ausmacht, der zu kämpfen, zu ringen hat, sich dies zu erhalten, weil es noch nicht in Uebereinstimmung mit dem Weltzustand, noch nicht in Zusammenhang mit dem Weltbewußtsein ist. Die Lehre der Versöhnung ist daher in ihrem ersten Auftreten polemisch; sie macht die Forderung, alles Andere bei Seite zu setzen, von allen endlichen Verhältnissen auszuscheiden. In der Sprache der Begeisterung, in durchbringenden Tönen, die die Seele durchbeben, die sie herausziehen aus dem leiblichen Interesse, ist dies vorgetragen: „Trachtet am ersten nach dem Reiche Gottes und seiner Gerechtigkeit." Aber der Mittelpunct im Leben

Christi ist sein Tod. Es ist der Prüfstein, an welchem der Glaube sich bewährt. Gott, der zugleich die menschliche Natur hatte, ist Gottmensch bis zum Tode. Zu sterben ist das Loos der menschlichen Endlichkeit; der Tod ist so der höchste Beweis der Menschlichkeit, der absoluten Endlichkeit: und zwar ist Christus gestorben den gesteigerten Tod des Missethäters; nicht nur den natürlichen Tod, sondern sogar den Tod der Schande und Schmach am Kreuze: die Menschlichkeit ist an ihm bis auf den äußersten Punct erschienen. Gott ist gestorben, Gott ist todt! Dies ist der fürchterlichste Gedanke, daß alles Ewige, alles Wahre nicht ist; der höchste Schmerz, das Gefühl der vollkommenen Rettungslosigkeit, das Aufgeben alles Höheren ist damit verbunden.

Der Verlauf bleibt aber hier nicht stehen, sondern es tritt nun die Umkehrung ein. Gott nämlich erhält sich in diesem Proceß und dieser ist nur der Tod des Todes; Gott steht wieder auf zum Leben. Die Auferstehung gehört wesentlich dem Glauben an: Christus ist, nach seiner Auferstehung nur seinen Freunden erschienen; dies ist nicht äußerliche Geschichte für den Unglauben, sondern für den Glauben ist diese Erscheinung. Auf die Auferstehung folgt die Verklärung Christi und der Triumph der Erhebung zur Rechten Gottes. Die Menschlichkeit, die selbst Moment im göttlichen Leben ist, wird durch die Auferstehung aus dem Tode als ein Gott nicht Angehöriges bestimmt. Diese Endlichkeit in ihrem Fürsichsein gegen Gott ist das Böse, ein ihm Fremdes: er hat es aber angenommen, um es durch seinen Tod zu tödten; der schmachvolle Tod ist darin zugleich die unendliche Liebe, welche die Welt mit sich und mit Gott versöhnt, weil jener Tod das Endliche, Böse überhaupt vernichtet hat.

Mit dem Verständniß des Todes Christi beginnt schon die Entstehung der Gemeinde, die Ausgießung des heiligen Geistes. Vor seinem Tode hatten seine Freunde in ihm noch das sinnliche Individuum vor Augen; den eigentlichen Aufschluß gab ihnen aber der Geist, der Wiederhersteller der ursprünglichen Herrlichkeit. Einer ist dem Begriff nach, wie wir schon vorhin bei dem Sündenfall sahen, Alle; Einmal ist Allemal. Die Einzelheit der göttlichen Idee, die göttliche Idee als Ein Mensch, vollendet sich erst in der Wirklichkeit, indem sie zunächst zu ihrem Gegenüber die vielen Einzelnen hat und diese zur Einheit des Geistes, zur Gemeinde zurückbringt und darin als wirkliches, allgemeines Selbstbewußtsein ist. Die Gemeinde hat das Bewußtsein der Wahrheit und das einzelne Subject wird in dasselbe hineingezogen; es ist dafür bestimmt. Die Taufe zeigt an, daß das Kind in der Gemeinschaft der Kirche, nicht im Elend geboren wird, daß seine Welt die Kirche sei, der es sich nur anzubilden habe. Diese Wiedergeburt ist nicht mehr die unendliche Wehmuth, der Geburtsschmerz, aus welchem die Gemeinde hervorgegangen; der unendliche Schmerz der Unangemessenheit des Einzelnen im Verhältniß zu Gott ist dem Menschen nicht erspart, wohl aber gemildert. Der Genuß der Aneignung des Göttlichen, der Gegenwärtigkeit Gottes, wird dem Einzelnen im Abendmahl zu Theil; [in ihm wird dem Menschen auf sinnliche und unmittelbare Weise das Bewußtsein seiner Versöhnung mit Gott, das Einkehren und Innewohnen des Geistes gegeben.

Die Gemeinde ist zunächst im Innern, im Geist als solchen. Die göttliche objective Idee tritt dem Bewußtsein als Anderes gegenüber, das theils durch Autorität gegeben, theils in der Andacht sich zu eigen gemacht ist; oder das Moment des Genusses ist nur ein einzelnes Moment; der göttliche Inhalt wird nicht geschaut, nur vorgestellt. Das Jetzt des Genusses zerrinnt in der Vorstellung theils in ein Jenseits, in einen jenseitigen Himmel, theils in Vergangenheit, theils in Zukunft. Der Geist aber ist sich schlechthin gegenwärtig und fordert eine erfüllte Gegenwart; er fordert mehr als nur Liebe und trübe Vorstellungen; er fordert, daß der Inhalt selbst gegenwärtig, oder, daß das Gefühl, die Empfindung entwickelt, ausgebreitet sei. So wird die Weltlichkeit vom Geist der Kirche verklärt; die Sittlichkeit gewinnt ihre concrete Gestaltung im christlichen Staatsleben; der Glaube seine allgemeine Form der christlichen Philosophie und Theologie. Theologie ist die wissenschaftliche Religion. Es gibt Menschen, die sehr religiös sind, Nichts thun, als die Bibel lesen und Sprüche daraus hersagen, eine hohe Frömmigkeit, Religiosität haben, aber Theologen sind sie nicht; zur Theologie ist das Denken, das Philosophiren nothwendig. —

Wir haben, ohne uns zu unterbrechen, dem Leser ein anschauliches und gedrängtes Bild der Vorlesungen zu geben versucht und hoffen, daß uns weder ein wichtiges Moment entschlüpft, noch der allgemeine Zusammenhang der einzelnen Bestimmungen entgangen ist. Wir hätten noch von dem Anhang zu berichten, Thl. 2. S. 289 bis zu Ende, welcher die Vorlesungen über die Beweise vom Dasein Gottes enthält.

Hegel kannte die Vorurtheile unserer jetzigen Bildung gegen jene Beweise vollkommen; auch ist ihm nicht in den Sinn gekommen, das wirklich Mangelhafte derselben in Schutz nehmen zu wollen; hiervon vermag die Kritik der Kantischen Kritik der metaphysischen Beweise S. 368 — 94 am schlagendsten zu überzeugen. Allein er hat auch das Wahrhafte dieser Beweise gewürdigt und in ihnen die nothwendigen Formen der Erhebung des Menschen zu Gott nachgewiesen. Die Erhebung geht entweder vom Sein zum Begriffe oder vom Begriffe zum Sein über. Auf jenem Wege entsteht in dem Uebergange vom zufälligen Sein zum nothwendigen der kosmologische, oder im Fortgange von der Erkenntniß eines einzelnen Zweckes zur Erkenntniß des Endzweckes der teleologische Beweis. Auf diesem Wege, wenn wir vom Begriff Gottes auf das Dasein desselben schließen, entsteht der ontologische Beweis. Als eine der furchtbarsten Seiten der Hegelschen Darstellung dürfte hervorgehoben werden, daß sie das innere Verhältniß jener verschiedenen Beweise zu den verschiedenen Grundgestalten der Religion entwickelt, den kosmologischen in der Naturreligion, den teleologischen in der Religion der geistigen Individualität und den ontologischen in der christlichen aufzeigt. Hegel hat schon sonst in der Logik und Encyklopädie, besonders aber in der Religionsphilosophie selbst diesen Zusammenhang des Bewußtseins mit der Logik angegeben, In diesen Vorlesungen ist es aber in wahrhaft classischer Weise geschehen. Wir schließen diesen Auszug mit den Worten des Verewigten: „Das empirische Leben des Einzelnen, aus den vielfachsten Abwechselungen der Stimmung, der Zustände des Gemüths in den verschiedenen äußeren Lagen zusammengesetzt, führt es herbei, aus und in denselben sich das Resultat, daß ein Gott ist, zu vervielfältigen und diesen Glauben sich, als dem veränderlichen Individuum, immer mehr und von Neuem zu eigen und lebendig zu machen. Aber das wissenschaftliche Feld ist der Boden des Gedankens; auf diesem zieht sich das Vielmal der Wiederholung und das Allemal, das eigentlich das Resultat sein soll, in Einmal zusammen; es kommt nur die Eine Gedankenbestimmung in Betracht, welche als dieselbe einfach alle jene Besonderheiten des empirischen, in die unendlichen Einzelheiten der Existenz zersplitterten Lebens in sich faßt. — Aber es sind dies unterschiedene Sphären nur der Form nach, der Gehalt ist derselbe; der Gedanke bringt den mannigfaltigen Inhalt nur in einfache Gestalt; er epitomirt denselben, ohne ihm von seinem Werthe und dem Wesentlichen etwas zu benehmen; dieses vielmehr nur herauszuheben, ist seine Eigenthümlichkeit."

V.
Kritische Erörterungen der Hegel'schen Religionsphilosophie.

1. Conradi's Selbstbewußtsein und Offenbarung. 1832.

Führte das Buch Conradis einen andern Titel, als: Selbstbewußtsein und Offenbarung, etwa: Religionsphilosophie oder speculative Einleitung in die positive Theologie; so dürfte dies für seine äußerliche Auffassung und materielle Verbreitung vortheilhafter sein. Indessen ist der Titel charakteristisch, denn bei großen und durchgreifenden Erschütterungen der Wissenschaft müssen Werke entstehen, welche in die gewöhnliche Ordnung der hergebrachten Kategorieen nirgends unterzubringen sind. Bei der gegenwärtig sich vollführenden Fortwälzung der Erkenntniß reichen nach und nach die alten Formen der Theologie für den scharfen und universellen Geist der jungen Zeit nicht mehr aus; die Macht des Gedankens gährt und treibt im Innern der Gemüther mit gewaltigem Drang und bricht dann in unerwarteten Bildungen hervor, welchen an die bisher bestandenen nicht unmittelbar anzuschließen, sondern als Anfangspuncte einer neuen Reihe anzusehen sind. Schon seit geraumer Zeit treten solche Werke hervor, die mit den Principien der Theologie zu thun haben, allein die traditionelle Form der alten Schule verlassen und sich einen neuen Weg zu bahnen suchen. Man erinnere sich an Schleiermacher's Reden über die Religion; an die ähnlichen Reden von de Wette; an den ersten Theil von Twestens Dogmatik; man erinnere sich an des älteren Fichte Anweisung zum seligen Leben und an die Vorschule der Theologie von dem jüngern Fichte; an die Gnosis von Hase, an die Schrift von Rust: Philosophie und Christenthum; ja man vergleiche bereits vollkommen systematische Entwickelungen, wie die Glaubenslehren von Marheinke und Schleiermacher, mit Dogmatiken, wie die von Bretschneider, Wegscheider, Hahn, Reinhard u. A., welche noch den Sinn und die Form des vorigen Jahrhunderts zu bewahren trachten und man wird die lebhafteste Ueberzeugung gewinnen, daß die theologische Wissenschaft bis in die geheimsten Tiefen einer Umgeburt entgegengeht.

Auch das vorliegende Werk Conradis müssen wir zu diesen progressiven Werken rechnen. Es soll nach seiner Absicht eine positive Organisation der Theologie einleiten und den Begriff dieser Wissenschaft so zum Resultat haben, daß die Philosophie als die absolute Wissenschaft der Idee mit der Theologie als einer auch von der Geschichte bedingten Wissenschaft in das rechte Verhältniß zu einander trete. Als Vorbild seines Verfahrens scheint ihm dabei Hegels Phänomenologie vorgeschwebt zu haben, indem diese, nach der Aufzehrung aller irgend möglichen Erfahrung, damit endigt, daß das Bewußtsein zum Begriff des Logischen als der absoluten Vernunft sich erhebt und so die Pforten der reinen Wissenschaft sich eröffnet. — Wenn es nun das Geschäft des Kritikers ist, ein gegebenes Product als die individuelle und concrete Gestaltung der Idee mit der Idee selbst zu vergleichen, und wenn sein Urtheil in nichts anderem als in Angabe der Beziehung besteht, ob und wie die Idee in dem besonderen Werk realisirt worden, so können wir Conradi nur unsern vollen Beifall zu erkennen geben. Wir wollen uns aber weder in die Breite einer panegyrischen Erhebung seines Verdienstes ausgießen, noch können wir einen weitläuftigen Auszug aus seinem Buche machen, da nur eine dialektisch gehaltene Recapitulation desselben von Interesse sein würde; wir erlauben uns daher nur einige Bemerkungen, um die Aufmerksamkeit des Publicums näher auf diese vortreffliche Arbeit hinzulenken.

Sie ist hervorgegangen aus einem gründlichen Studium der Bibel und der Hegel'schen Phänomenologie; was in der letzteren im Abschnitt über die Religion mit tiefster, ewiger Bewunderung würdiger Anschauung gesagt ist, das ist von Conradi weiter in das Einzelne hin ausgeführt und mit dem Inhalt der Bibel alten und neuen Testamentes in den innigsten Zusammenhang gebracht. Versuchen wir nun in der Kürze eine Andeutung über das hier Entwickelte und über das Ineinandergreifen der Offenbarung und des Bewußtseins zu geben.

Die biblischen Schriften sind als Producte sehr verschiedener Zeiten und sehr verschiedener Verfasser doch identisch durch die Entfaltung der Offenbarung der Religion als des ihnen gemeinschaftlichen Thema's. Zu Anfang spricht Gott selbst noch mit den Menschen; dann tritt Moses als das Werkzeug seines Wissens und Willens auf; endlich erscheinen die Propheten als die Verkündiger der Offenbarung. Im neuen Testament ist es wieder Gott selbst, der sich offenbart, allein nicht als den Herrn, der in der Abendkühle des Paradiesischen Gartens wandelt, der den Seinen Engel und Traumgesichte sendet, der dem gehorsamen Knecht bald im feurigen Busch, bald im Blitz und Donner auf Bergeshöhen und den Propheten im lieblichen Säuseln erscheint, sondern in der unveränderten, unmittelbaren Wirklichkeit stellt sich der ganzen Menschheit der menschgewordene Gott als ihr eigenstes Leben dar. Was die vorchristliche Zeit wohl ahnte und wozu sie in tausend Geburten hindrängte, was aber klar zu sehen und fest zu erhalten sie nicht erreichte, das ward hier offenbar: Gott selbst ward Mensch und dadurch der Mensch von ihm in alle Herrlichkeit und Seligkeit seines Wesens aufgenommen. Diese Offenbarung enthielt also keine vereinzelten Bestimmungen, Aussprüche, Gesetze, sondern die Totalität der ganz in die endliche Erscheinung getretenen absoluten Persönlichkeit Gottes war die Offenbarung; jedes Geschick, jedes Wort, jede Handlung seines Lebens war zugleich eine Enthüllung des großen Mysteriums. Daher konnte auch die Form dieser

Offenbarung nicht in besonderen Einrichtungen und Vorschriften bestehen, vielmehr die Persönlichkeit an und für sich, das selbstbewußte Dasein des Gottmenschen, war auch die Form des unendlichen Gehaltes. In die Klarheit dieser Darstellung und andauernden Gegenwart des Göttlichen mußten alle Wunderzeichen sich auflösen, welche die Ahnungen früherer Religionen begleitet hatten; die glänzenden Traumbilder, die aus Wolken herabschallenden Stimmen des Gottes, das flüchtige Wort vorüberschwebender Engel, die nur momentan sich entzündende Begeisterung des Propheten — das Alles konnte nicht mehr aushalten vor der irdischen Bestimmtheit des göttlichen Wesens.

So war also die Offenbarung von Gott selbst mehr und mehr in das eigene Dasein der Menschheit übergegangen, denn durch Christus wurde sich das menschliche Bewußtsein als das göttliche offenbar, indem das früher Auseinanderliegende, die Offenbarung und das Princip derselben, bei Christus in ein und dieselbe Subjectivität zusammenfielen, so daß das Objective der Offenbarung mit dem Bewußtsein und den Thaten des Subjectes völlig identisch ist; Christus vertritt nicht bloß die Sache eines Anderen, wie die Propheten, wie Moses, im Namen Jehovahs handeln und reden, sondern die Sache, die er zur Verherrlichung des Vaters vollbringt, ist zugleich seine eigene, ist zugleich die der Menschheit. Diese Wendung von Gott zum Menschen, weil die Offenbarung für kein anderes, als für das menschliche Bewußtsein da ist, macht den Mittelpunct der Untersuchung Conradi's aus. Der Standpunct des Bewußtseins ist im Allgemeinen der des Unterschiedes zwischen dem sich wissenden Subject und dem an sich seienden Object, aber eben so sehr auch der Identität zwischen dem Object und Subject. Das als Gegenstand Bestimmte ist zugleich Inhalt des Bewußtseins selbst; die Differenzen der objectiven Welt sind seine eigenen; als sich bildend wandert es eben mit der unendlichen Elasticität der Erkenntniß von der Peripherie seines Daseins aus zum Begriff seines Wesens hin. Christus aber ist das Bewußtsein, wie es als einfaches persönliches Selbst zugleich die Allgemeinheit und Nothwendigkeit der Wahrheit ist; er ist deswegen der absolut Freie, über ihn, wie er sich ausspricht, kann folglich die Wissenschaft nicht hinaus, denn er ist die Wahrheit nicht nur, er ist auch die Gewißheit derselben.

Aber daß Christus das unmittelbar mit der absoluten Wahrheit identische Selbstbewußtsein gewesen, ist für Andere, die nicht Er selbst sind, immer nur eine Thatsache; insofern haftet nun an dieser Form immer noch der Charakter der Offenbarung, denn die Offenbarung stellt sich ohne Weiteres als ein Gegebenes heraus, von dessen Werden, dessen Erzeugung nur der offenbarende Gott einen Begriff hat. Es kann deswegen von dem denkenden Menschen an der Möglichkeit eines, wie Christus, absoluten Selbstbewußtseins, eben so gut gezweifelt werden, als an der Möglichkeit von Engeln, Traumgesichten, Wundern und ähnlichen untergeordneten religiösen Erscheinungen. Für das Denken ist somit das Factum erst dann nichts Fremdes mehr, wenn es dasselbe als das Resultat der Bewegung der Idee erkannt hat. Gerade nun, weil Christus der Schlußstein aller Offenbarung, weil er die höchste Gewißheit von Gott und die reinste Verwirklichung seines Willens, ist es erklärbar, warum die Wissenschaft der Theologie, anstatt mit dem Eintreten dieses Factums sich abzuschließen, im Gegentheil die leidenschaftlichsten Bemühungen erweckte und durch alle Jahrhunderte hin an dem Begriff desselben mit der rastlosesten Unruhe fortarbeitete. Der Glaube als das Bewußtsein, was sich seinem Wesen nach in Christo schlechthin anerkennt, was in seinen Worten sein Wissen von sich selbst enthüllt, in seinen Thaten sein eigenes Thun erblickt, ist natürlich vom Zweifel frei und empfindet die Entfremdung nicht, welche dem nach Wissenschaft strebenden Selbstbewußtsein eigenthümlich ist; denn für dies ist jenes erhabene Factum immer nur eine Voraussetzung; es darf ihm, bei aller glühenden Anhänglichkeit an dasselbe, nicht mehr sein, will es nicht sich selbst und Andere täuschen und schlaff und unredlich zu Werke gehen.

Wie unsere Zeit in dem Kampf zwischen gläubiger Hingebung und zweifelndem Denken begriffen sei, ist lebendig genug in Aller Bewußtsein gegenwärtig, und daß Conradi von diesem Gegensatz ausging, worüber er sich in der Vorrede rechtfertigt, war auch schon deshalb nothwendig, weil er der Gegensatz aller Religionsgeschichte ist. Wir müssen rühmen, daß Conradi in der Auflösung der Widersprüche dieses Gegensatzes sehr glücklich gewesen ist und die Grundbestimmung in der Phänomenologie des Geistes von der Gegenseitigkeit der Wahrheit und Gewißheit unerschütterlich festgehalten hat. — Unsere Zeit hat die Seiten jenes Gegensatzes auf den reinen Ausdruck vom Jenseits und Diesseits reducirt; gewiß die abstracteste Fassung, die nur irgend dafür ausgesonnen werden kann. Aber je schärfer diese Trennung, je unaufhaltsamer stürzen auch die auf's Aeußerste angespannten Extreme in einander nieder, je schneller geht die Entzweiung über in Versöhnung. Die verstehen von dem Bedürfniß unserer Tage sehr wenig, die uns immer noch Himmel und Hölle, Engel und Teufel, Adam und Christus, Paradies und Wiederbringung aller Dinge, als Bestimmungen vorführen, welche außerhalb der Gegenwart unseres Geschlechtes lägen und die Sehnsucht desselben bald in die Vergangenheit, bald in die Zukunft hinausschicken. Sie thun dies, weil sie die Meinung hegen, als wenn damit, daß jene Ferne zur Nähe wird, damit, daß Alles, was dem früheren Menschen drüben im wunderbaren Duftschleier einer entlegenen Welt vorschwebte, in die helle Beleuchtung der wirklichen Gegenwart sich einführte, die Bedeutung und immanente Wahrheit dieser Bestimmungen verloren ginge. Wahrlich so wenig, daß sie vielmehr erhöhet und verstärkt wird. Die Juden glauben an den Messias, der da kommen soll; die Christen an den, der da, ein Abglanz des Vaters, im Fleisch erschienen ist. Der Glaube an Christus begreift auch den Glauben an die menschliche Vergegenwärtigung von alle dem in sich, was frühere Religionen, was späterhin das Christenthum selbst noch einmal, als es während des Mittelalters in die Germanischen Nationen sich einbildete, in eine andere Welt hinüberstellten. Oder ist Seligkeit nicht der Himmel und kann nicht der Mensch selig sein? Ist Unseligkeit nicht die Hölle und kann der seiner selbst als des Bösen bewußte Mensch anders als unselig sein? Ist ein wirklicher Unterschied zwischen der Vorstellung eines Engels und eines schuldlosen, zwischen der eines Teufels und eines durch die böse Willkür seine Freiheit mißbrauchenden Geistes? Schauderhaft, sagt man, sei eine Theologie, welche dem Menschen diabolische Bosheit zutraue; aber, wenn etwas Thatsache ist, ist es nicht die Existenz des tiefsten Bösen in der menschlichen Brust? Und haben wir nicht in die andere Wagschaale den Gedanken von der unendlichen Energie der Freiheit zu legen, das gesetzte Böse wiederum aufzuheben und von Neuem einzugehen in das Bewußtsein und Wollen des Göttlichen? Hat die Lehre aller Religionen von der Versöhnung einen andern Sinn, als die Wiederherstellung des Paradieses, als die Wiedergewinnung der wahren Freiheit? So könnten wir fortfahren, den einfachen Begriff jener Vorstellungen als die ewig durch Gott in dem menschlichen Geschlecht gegenwärtige Seele aller Religiosität darzuthun. Diese Richtung der Wissenschaft zur Auflösung der Reflexionsbestimmungen von allen Beziehungen zwischen dem Jenseits und Diesseits hat eine kurzsichtige und oberflächliche Kritik als heidnisch gescholten und als mit dem Christenthum im herbsten Widerspruch stehend bezeichnet; denn das Heidenthum habe mit seiner Sinnlichkeit alles Göttliche in die enge Gegenwart des Menschlichen verkehrt und so thue nun auch die neuere Philosophie und Theologie und verstelle das Christenthum in einen orthodox angestrichenen Epikuräismus, der hier schon im Genuß eines Himmels leben wolle, den Gott den Seinen doch erst im jenseitigen Dasein verheißen habe. — Allein ein Blick in die heidnischen Religionen kann davon überzeugen, wie gerade in ihnen das Jenseits so reich und mannigfach vorgestellt wurde, daß die sinnliche Gegenwart des Göttlichen in Verhältniß dazu immer beschränkt erscheint; finden wir nicht selbst bei den Griechen, die doch das Göttliche dem Menschlichen so eng verschmolzen, einen Hades, ein Elysium? Den Todtendienst der Aegypter, das von der Materie befleckte und getrübte Lichtreich der Perser, die Seelenwanderungen und sieben Welten der Inder wollen wir nicht einmal erwähnen. Und nun das Christenthum? Streifte es nicht alle diese weitläufigen Vorstellungen wie eine zwar schillernde aber weltgewordene Schlangenhaut von sich? Verdichtete es nicht diese ganze Breite der himmlischen und höllischen Regionen zum einfachen aber in seiner Einfachheit unergründlich tiefen Begriff des Geistes? Sind nicht alle seine äußerlichen Wundererscheinungen dürftig gegen das, was andere Religionen davon in zahllosen Legenden aufgehäuft haben? Was sind die vier Evangelien sammt der Apostelgeschichte in dieser Hinsicht gegen die Jüdischen Purana's, gegen die Schasters und Anga's, was sind sie gegen die Wunder des alten Testamentes u. s. w.? Aber die schlichte Wahrheit ist sein höheres Wunder, was der Reflexion unbegreiflich scheint, weil es die vollkommenste Einigung des Göttlichen mit dem Menschlichen ist, des Himmlischen mit dem Irdischen; Anfang, Mitte und Ende des Christenthums drängen den Menschen, vollkommen zu sein, wie sein Vater im Himmel, und diese Nothwendigkeit als ein freies Dasein in den Schranken unseres Lebens uns gezeigt zu haben, ist die Bedeutung des Factums, daß der Sohn Gottes der Sohn des Menschen geworden ist. Daher widersetzt sich keine Religion so bestimmt und nachdrücklich allen Vorstellungen, welche die menschliche Natur und den menschlichen Geist degradiren, als die Christliche; jene ist ein Tempel Gottes, dieser ist der Ort, worin er mit dem Sohn Wohnung machen will.

Conradi hat sich um den eben bemerklich gemachten Zusammenhang des Christenthums mit den anderen Religionen und um die Auflösung aller darin vorkommenden Reflexionsbestimmungen in die concrete Einheit und Totalität des Begriffs sehr große Verdienste erworben. Er entwickelt erstlich das Selbstbewußtsein als Entäußerung seiner selbst zur Offenbarung an sich. Diese erste Bestimmung des Ganzen ist zu kurz behandelt und hätte für viele Leser wohl einer weiter ausgeführten Begründung bedurft. — Das Selbstbewußtsein besinnt sich, wird in der Offenbarung sein selbst inne und durchläuft auf diesem Wege seines Fürsichwerdens verschiedene Stufen, die als so viele Formen der Offenbarung, als Religionsformen sich erweisen. So geht das Selbstbewußtsein zweitens in seiner Bewegung zu sich zurück, worin die Lichtreligion als die Form der Beschaulichkeit; der Thierdienst als erster Reflex des Selbstbewußtseins und Uebergang in seine concrete Form; der Heroendienst als das in der Form der Besonderheit zu sich kommende Selbstbewußtsein erscheint. — Drittens kehrt im Christenthum das Selbstbewußtsein zu sich selbst zurück. Das Selbstbewußtsein kommt zu sich selbst in vermittelter Allgemeinheit; die Offenbarung ist in das Bewußtsein eingetreten und wird als das eigene Selbst von ihm erkannt. Indem auf diese Weise das Selbstbewußtsein, bereichert durch alle vorhergegangenen Formen der Offenbarung, sich im Christenthum in sich selbst zurückgenommen, müssen auch alle jene Formen in ihm wiederkehren, aber sie erscheinen in vermittelter Einheit und in der Totalität des Begriffs. Als solche stellen sie sich dar a) als Einheit Gottes; b) die Weissagung und der verheißene Christus; c) der erschienene Christus: die Geburt aus dem Geist und das fleischgewordene Wort; d) die Wahrheit und das Leben; e) aus der Wahrheit des Geistes geht die Lehre als das Allgemeine, aus dem Leben als dem Besonderen die That als das Wunder und die Gerechtigkeit hervor; f) der Glaube; g) der Geist: das Erkennen und die Auslegung; h) die Kirche.

Als das Vorzüglichste dieser ganzen Abhandlung glauben wir die Christologie (von b—e) hervorheben zu müssen; die tiefsinnige Entwickelung des Begriffs hat sich in diesen Abschnitten mit einer so umsichtigen und vertrauten Kenntniß der Schrift alten und neuen Testaments verbunden, daß man von der Klarheit und Sicherheit der Gedanken, wie von der Neuheit und Fülle der exegetischen Combinationen immerfort in der regsten Spannung erhalten wird. Die übrigen Theile des Buches sind nicht so ausgezeichnet; namentlich hebt die Lehre vom Glauben und von der Erkenntniß den formellen Widerspruch nicht stark genug hervor, der zwischen Glaube und Wissenschaft stattfindet, und Conradi will offenbar dem Glauben als der dem Wissen vorausgesetzten Wahrheit eine eigene Autorität erhalten wissen. — Die genetische Begriffsfolge jedes Abschnittes ist tadellos und besonders fruchtbar zeigt sich diese Methode in den erwähnten Abschnitten von der Christologie; ein Moment des Grundbegriffs entschließt sich aus dem anderen, jedes hebt sich durch sich selbst auf zum anderen, bis Christus als das höchste Resultat, als der Versammler aller vor ihm vereinzelten Elemente, als der Weg, die Wahrheit und das Leben dasteht.

So ruhig und gediegen die Untersuchung ihren Gang nimmt, so klar, so würdig und harmonisch ist auch die Sprache. Nur hier und da hätten wir weniger Milde und Ruhe, mehr Kraft, Bewegung und entschiedenere Contrastirung der Gegensätze gewünscht.

2. Marheinefe's kirchliche Religionsphilosophie.
1836.

Es ist merkwürdig, daß die theologische Productivität auf dem dogmatischen Gebiet jetzt allgemein mehr mit der Form als mit dem Inhalt sich zu thun macht und die Resultate der wissenschaftlichen Doctrin in den Kreis des Lebens, in die lebendige Kirchlichkeit einzuführen bestrebt ist. Die Dogmatik des Rationalismus hat in Wegscheider's, die des Supernaturalismus in Hahn's und Steudel's, die des biblisch-symbolischen Standpunctes in Bretschneider's, die des eklektischen Selbstgefühls in Schleiermacher's und Hase's Dogmatiken, die der mystischen Scholastik in v. Baader's Bearbeitung des Dobmayr, die des Indifferentismus, der mit bequemer Urbanität zwischen dem Supernaturalismus und Rationalismus die Wahl läßt, in Tzschirner's nachgelassener Glaubenslehre, endlich die der Hegel'schen Speculation in Marheinefe's Grundlehren culminirt. Wie immer, auch in früheren Perioden, folgt nun die praktische Assimilation in einer Masse popularisirender Lehrbücher für alle Grade der Intelligenz und für alle Schattirungen der genannten Tendenzen. Das Auffallende bei diesen Bestrebungen ist, daß fast nirgends der Standpunct der Confession, wie dies im sechszehnten und siebzehnten, ja noch tief bis in das vorige Jahrhundert hinein, der Fall war, die Hauptsache ausmacht, sondern daß an die Stelle der kirchlichen Dogmatik, fast überall ein wissenschaftliches Princip getreten ist, von welchem die Modification des kirchlichen Glaubens ausgeht, damit aber auch eine große Verwirrung des Glaubens selbst hervorbringt. Der Verstand, die Gelehrsamkeit, der exegetische Scharfsinn, die Psychologie, die Moralität u. s. w. suchen sich das Dogma zu accommodiren, es in ihre Tendenz aufzulösen.

Aus solcher Verwirrung resultirt der Drang zur Wissenschaft um so stärker und eben die Lehrbücher, welche schon Erarbeitetes nur zum Zweck leichterer, faßlicherer Aneignung darzustellen, welche den Gehalt der schulmäßigen Doctrin nur zu wiederholen scheinen, werden unvermerkt selbst productiv und bahnen neue Wege für die strengere Entwicklung. In diesem Sinn, glauben wir, ist Marheinefe's Lehrbuch zu nehmen. Man kann sagen, es sei eine

Popularisation seiner Grundlehren, aber zugleich wird man bemerken, wie er bald hier bald da an Freiheit der Entwicklung, an Tiefe der Fassung gewonnen hat, was er selbst bei einer neuen Ausgabe seiner Dogmatik am meisten inne werden würde.

Wir setzen daher den großen Werth dieses Lehrbuchs zunächst darin, [daß es dem Bedürfniß einer denkenden Auffassung des Christenthums durch lichtvolle Anordnung, durch Gründlichkeit der Bestimmungen und durch Schärfe des Ausdrucks so entschieden entgegenkommt und uns hierin vor ähnlichen Versuchen durchaus im Vortheil scheint. Zweitens aber darin, daß Marheinefe sich streng an das Grunddogma des Christenthums von der Trinität gehalten hat. Bei der Verwischung der confessionellen und bei der Vermischung der scientifischen Unterschiede scheint uns nur die stete Berücksichtigung dieses Dogma's als Grundbegriff der innersten Natur Gottes einen festen Halt zu gewähren, um aus allen Irren und Wirren unserer Zeit in der Kirche wie im Leben und in der Wissenschaft die wahrhafte Substanz des christlichen Glaubens zu retten und uns durch ihn von Neuem zu erleuchten und zu gebären. Ich weiß, wie sehr 1823, als die erste Ausgabe des Marheinefe'schen Lehrbuchs erschien, über die drei Abschnitte desselben von Gott dem Vater, Sohn und Geist als über obsolete Orthodoxie, die nicht in der Neutestamentischen Exegese, nur in menschlichen Symbolen eine Begründung finde, gespottet wurde. Unterdessen haben sich die Zeiten sehr geändert und manche jener Spötter haben sich sogar bis zur Unkenntlichkeit verwandelt. Das gründlichere Studium der Kirchen und Dogmen-, überhaupt der Religionsgeschichte von der einen Seite, die Nothwendigkeit, das Christenthum speculativ zu fassen, von der andern, haben die unendliche Tiefe jenes Dogma's immer heller an's Licht gestellt und Marheinefe's Anordnung hat die glänzendste Rechtfertigung erlebt. Hegel's Religionsphilosophie hat insbesondere die Erkenntniß vermittelt, wie die Mangelhaftigkeit der nichtchristlichen Religionen darin liegt, daß sie nur ein Moment der Trinität, nicht die Totalität derselben entwickeln. Daß die christliche Kirche in ihrer Entwicklung ganz an dies Dogma gebunden ist, wird auch immer klarer werden. Die Griechische Kirche kam zwar zum Begriff der Homousie des Sohnes mit dem Vater, aber nicht zur völligen

Verwirklichung des Trinitätsglaubens. Die Furcht des Herrn schimmert überall bei ihr durch; das Orientalische Moment der Substantialität ist noch nicht völlig überwunden und wie das Dogma der Eucharistie in ihr auf dem anfänglichen Standpunct der Agape verblieben ist, so hat sie dogmatisch den Begriff des Geistes als von Vater und Sohn ausgehend von sich ausgeschlossen. Die Römisch-katholische Kirche hat dagegen das Moment der Sohnschaft fixirt. Die Germanischen Völker kamen diesem Triebe durch ihr instinctartiges Festhalten der für sich freien Individualität entgegen. Die Größe, wie die Einseitigkeit der Kirche liegt darin. Man pilgerte nach dem Grabe des Sohnes; der erst nur stellvertretende Papst usurpirte endlich die Gewalt Christi selbst; die Nonnen verlobten sich dem himmlischen Bräutigam; die Ekstase eines Franz von Assisi metamorphosirte seinen Leib in den des leidenden Erlösers, der ihm seine Wundenmahle eindrückte u. s. w. Wo sich dagegen das Bewußtsein des Geistes regte, wie in dem Gemeindeleben der Waldenser, Katharer u. s. f., wurde es consequent unterdrückt. Die protestantische Kirche hob den Pelagianismus der Werkheiligkeit auf d. h. sie vernichtete die einseitige Fixirung der Subjectivität und brachte das Wesen des Geistes zum Selbstbewußtsein. Die Form, in welcher dies geschah, war die Appellation an den Glauben, der allein vor Gott rechtfertigen könne und die Erkenntniß des Glaubens aus der heiligen Schrift mittelst des göttlichen Geistes selbst, der in ihr der Menschheit ein Zeugniß seiner Manifestation gegeben hat. Der Unterschied von Laien und Klerikern stürzte damit von selbst und die Gemeinde war ihrem wahren Begriff nach für immer begründet. Allein nothwendig mußten sich nun das Moment der Substantialität und der Subjectivität in ihrer Losgerissenheit von einander beständig reproduciren. Das Erstere geschah und geschieht in dem Deismus; welche Form er auch als Socianismus, Unitarismus u. dgl. m. annehme. Das Zweite geschah und geschieht in allen den Gestaltungen des Protestantismus, welche über dem Sohn den Vater und Geist vernachläßigen und bald in gnostischem Dualismus, bald in Sentimentalität, wie die früheren Herrnhuter mit ihrem Jesulein und seinem Seitenhölchen, befangen sind. Allein eben weil der Protestantismus in der Idee des Geistes seine Basis hat, so muß auch diese in ihm als einseitige Concentration auftreten und die verschiedensten Formen annehmen. Im siebzehnten Jahrhundert waren dies die Böhmisten und Weigelianer; im achtzehnten Jahrh. die Quäker, die consequent auch nur ein inneres Abendmahl kennen, die innere Gleichheit der Menschen im brüderlichen Du, in Negirung der ständischen Differenz äußern, den Hut aufbehalten, keinen Kriegsdienst thun u. s. w.; auch den Swedenborgianismus hat man als ein Ringen anzusehen, die Einheit des göttlichen Geistes in dem Vater und Sohn zu begreifen. In unserem Jahrhundert endlich ist dies Bestreben in derjenigen Richtung vorhanden, welche im Allgemeinen Pantheismus genannt zu werden pflegt, allein so viele Abstufungen enthält, daß man wohl die Nothwendigkeit einsehen wird, neue Benennungen dafür zu erfinden und nicht mit seichter Abstraction das Heterogenste unter jenem Ausdruck zu verstehen. Daß z. B. aus der Hegelschen Philosophie pantheistische Momente hervorgetreten sind (wie aus jeder speculativen Philosophie zu geschehen pflegt), ist unleugbar; aber den eigentlichen Kern derselben als pantheistisch im ordinairen Sinne des Worts zu behandeln, ist das größte Unrecht und ein directer Beweis der Unkenntniß derselben. Mit einzelnen Stellen aus den Schriften Hegels oder seiner Schüler ist hierüber so wenig etwas bewiesen, als mit einzelnen Stellen aus dem neuen Testament gegen die Wahrheit des Dogma's von der Trinität. Es ist doch im Grunde eine hinterlistige Strategik, welche die Hegelsche Philosophie brevi manu als antichristlichen Pantheismus verurtheilt, da Daub, Marheineke und Göschel als diejenigen, welche die christlichen Dogmen am tiefsten mit der Hegelschen Speculation in Contract gesetzt haben, nichts Angelegentlicheres kennen, als die Wahrheit der kirchlichen Dogmatik, ohne der Vernunft etwas zu vergeben, durch den Begriff zu erweisen.

Marheineke's Lehrbuch wird durch seine vortreffliche Exposition jenes Dogma's hoffentlich Vielen zur Aufklärung über und zur seligen Beruhigung im christlichen Glauben gereichen. Besonders dünkt uns auch die Art und Weise gelungen zu sein, wie Marheineke das ethische Element mit dem dogmatischen verbunden hat. Nitzsch hat einen ähnlichen Parallelismus, aber

mit einer fast ängstlichen Berechnung, in seinem System christlicher
Lehre gegeben. Marheineke hat keineswegs ein solches Nebenein-
anderstehen des Dogmatischen und Ethischen bezweckt, sondern den
innern Fortgang des Glaubens zum Leben, den Nexus der Erkenntniß und der Liebe, angedeutet: z. B. wenn er den Begriff
Gottes als des Vaters abhandelt, so deducirt er aus der Kind-
schaft aller Menschen die Verwerflichkeit des Despotismus einerseits, der Sclaverei andererseits und gibt zugleich die Hauptstadien
der geschichtlichen Entwickelung solcher Verhältnisse an, wodurch
dem Leser ein reicher Stoff zum Nachdenken, dem Lehrer zur weiteren Ausführung geboten wird. Auch die historische Einleitung,
welche die Geschichte der Kirche, den Begriff der Bibel und der
kirchlichen Symbolik behandelt, ist im höchsten Grade zweckmäßig,
den Einzelnen über seine Stellung in der Kirche zu orientiren,
denn es ist das Unglück unser Aller, namentlich aber unserer her-
anwachsenden Jugend, in die Mitte so harter Extreme geworfen
zu sein, ohne sich über deren geschichtliche Entfaltung und ihr
Verhältniß zu dem, was das Ewige, das Absolute im Christenthum ist, gehörige Rechenschaft geben zu können, wodurch denn
die Begriffsmengerei immer größer wird. Man erinnere sich, wie
Göthe nach Eckermann's Mittheilungen sich einst gedrungen fühlte,
den Seinigen den Begriff der Gnade aus der Geschichte der Reformation auseinander zu setzen. Wie Göthe's Angehörigen geht
es aber Vielen der sogenannten und auch wirklich Gebildeten unter
uns und man kann, wenn von der Controverse z. B. der Luthe-
rischen und Reformirten die Rede ist, in Gesellschaft oft die aben-
teuerlichsten Ansichten darüber vernehmen. Nur der Gedanke als
das von aller Auctorität freie, allgemeine Selbstbewußtsein kann
hier Ueberzeugung und durch sie Ruhe des Gemüths schaffen.

Wollten wir das Buch einer Specialkritik unterwerfen, so
würden wir wohl auf manches Verfehlte, Unvollendete, Widersprechende
aufmerksam machen können. Marheineke hat sich die äußerste,
dankbar anzuerkennende Mühe gegeben, die Ansprüche des Denkens mit dem Buchstaben der Schrift und den kanonischen Bestimmungen unserer Kirche in Uebereinstimmung zu bringen. Im
Einzelnen diese nicht überall erreicht zu haben, ist bei der Schwierigkeit der Aufgabe kein Wunder. Z. B. erwähnt er bei der

Lehre von der Schöpfung der Engel und sagt, wir müßten wohl an ihre Existenz glauben, da Christus von ihnen als von realen Wesen spräche, worauf die betreffenden dicta probantia angeführt werden. Hätte nun Marheineke nichts weiter gesagt, so wäre dieß für ein Lehrbuch ausreichend gewesen. Allein er schreibt ja für denkende Christen. Es folgt also ein Paragraph, der uns über unseren Rapport mit den Engeln aufklären soll. Da heißt es denn, wir träfen in uns heilige Gedanken, fromme Entschlüsse, ohne uns sagen zu können, wie wir dazu kämen und da sprächen wir denn mit Recht, unser guter Engel habe sie uns eingegeben; das Gewissen (wie es auch weiter unten in der Lehre vom Geist heißt) sei unser Engel. Auch von Schutzengeln der Kinder ist die Rede, offenbar wegen einer bekannten Bibelstelle. Ich für mein Theil als Christ und Philosoph sehe nicht ein, warum wir für so gute Gedanken Gott nicht die Ehre geben und sie als ein Geschenk seiner Gnade annehmen wollen; ein Engel, auch ein guter, ist ein gar zu unbestimmtes Subject, wogegen der Gedanke an den allgegenwärtigen und allmächtigen Gott, der also zu seiner Wirksamkeit nicht erst auf einen Andern zu recurriren braucht, was eine unütze Weitläufigkeit, die größte Festigkeit in mir hat und die tiefste Erschütterung u. s. w. in mir hervorbringen kann. Unsere symbolischen Bücher haben sich ebenfalls gegen den Engelglauben erklärt und so sehe ich gar keine Nothwendigkeit, eine solche rationalistische Allegorie dafür aufzuwenden. §. 226 hätte darnach die Lehre vom Teufel — der als gefallener Engel in unbegreiflicher Ubiquität uns die schlechten Gedanken einflüstert — ganz anders ausfallen müssen. Allein hier war Marheineke's Begriff vom Bösen zu tief, zu speculativ durchgebildet, als daß er sich der Bezeichnung „poetische Ausschmückung, sinnliche Verkörperung, willkührliche Vorstellung" hätte enthalten können. Ich verkenne nicht die liebenswürdige Vorsicht Marheineke's, aus einem Lehrbuch der Religion alles Skeptische zu entfernen und den Zweifel am Glauben der individuellen Entwickelung zu überlassen. Allein ich glaube eben in der Manier, wie er über solche das Centrum des Geistes berührende Puncte mehr scheu hinweggleitet, als sie wirklich auseinandersetzt, eine große Veranlassung zur Skepsis zu finden. Soll einmal dem Gedanken sein Recht widerfahren, so muß man es schon wagen, die Vorstellung als Vorstellung zu behandeln. Dann wird das Wahre in der Sache schon nachdrücklich genug wirken, eine Zwitterform aber kann die bei uns ohnehin schon rege Reflexion nur noch mehr verunruhigen. Da aber der Impuls des Selbstdenkens heutigen Tags selbst bis in die Frauenwelt eingedrungen ist, so darf man nicht fürchten, dem christlichen Glauben Abbruch zu thun, wenn man die Vorstellung der Engel in den Begriff des abstract Guten, die des Teufels in den des abstract Bösen (was also nichts anderes ist als nur dies) auflöst.

Ueberhaupt ist Marheineke, wie uns scheint, noch in einem gewissen Dualismus befangen, in welchem die Größe und Bedeutung des Mannes liegt. Mit der tiefsten Inbrunst hält er alle Vorstellungen des christlichen Himmels und der Hölle, alles historisch Gegebene, in sich fest. Die erste Ausgabe seiner Dogmatik ist gerade hierin ein erstaunenswürdiges Werk, dessen priesterliche Weihe jeden nur irgend Empfänglichen tief ergreifen muß. Aber er hat auch Hegel's metaphysische Logik in sich aufgenommen und sich seitdem der colossalen Arbeit unterzogen, sie für die Theologie fruchtbar zu machen. Flache Menschen, die keine Ahnung von einem solchen Studium haben, wie es alle Kräfte der Seele bewegt, brachen den Stab über Marheineke, als die zweite Ausgabe seiner Grundlehren des christlichen Glaubens erschien. Und doch gab er hierdurch den Beweis, eine progressive Natur zu sein. Nicht Schwäche, sondern Stärke verkündete sich hierin. Vermochte denn Daub, dem doch wohl Niemand die intensivste Gewalt der Speculation abzusprechen wagt, nachdem er Hegel's Logik sich zu eigen gemacht, seinen Judas Ischarioth, worin er für den Supernaturalismus die Vorstellung des Urbösen als eines individuell persönlichen zu rechtfertigen unternahm, fortzusetzen? Ließ er nicht das schon vollendete Manuscript ungedruckt? Genug, Marheineke steht nach unserer Meinung eben dadurch unter den Koryphäen unserer theologischen Literatur als einer der vornehmsten da, daß er, wie Daub, rastlos die Kirche mit der Wissenschaft zu vermitteln strebt. Daß in diesem Streben sich bald mehr die kirchliche Seite mit dem Ton salbungsvoller Offenbarung, bald die wissenschaftliche mit der Dialektik des Begriffs hervorbrängt, liegt in der

Natur der Sache. So wäre wohl zu wünschen, daß es Marheineke gelänge, bei einer nochmaligen Revision dieses Lehrbuchs eine gewisse Herbheit der Sprache, eine gewisse dictatorische Strenge, eine in solche Lehrbücher nicht hingehörige Feierlichkeit, die allerdings aus seiner grandiosen Priesterlichkeit entspringt, zu vertilgen und der Diction ein noch zutraulicheres Colorit zu geben. Es ist merkwürdig, daß Marheineke gerade da, wo er Wärme aushauchen will, diesen Effect am wenigsten erreicht. Die Absicht der Erregung des Gefühls zerstört die Lebhaftigkeit, die, materiell genommen, in den einzelnen Worten liegt. Viel ergreifender schreibt er, wo er gar keinen paränetischen Aufwand macht und nur sachlich zu Werk geht z. B. in dem schönen Abschnitt vom Verdienst Christi. Nicht wenig würde es vielleicht zu einer Verbesserung des Styls, zu populärer Breite beitragen, wenn Ausdrücke, wie Substanz, abstract, concret und ähnliche ganz vermieden blieben.

Je würdiger die Gesinnung Marheineke's, je ernster und erfolgreicher sein Streben ist, um so weniger haben wir diese Ausstellungen zurückhalten wollen. Möge diese einfache und gründliche Darstellung der christlichen Religion dazu dienen, ebensowohl vor Verkümmerung in Buchstäblerei zu bewahren, wie wenn das Denken ein Verrath am Christenthum wäre und seiner Segnungen verlustig gehen machte, als den Trieb des Gedankens durch ächte Besonnenheit und vernünftige Zucht vor Ausschweifung in zügellose Flachheit, wohl gar in Naturalismus, zu behüten, damit je länger je mehr unserm Leben die wahre, gottinnige Freiheit gewonnen werde, welche begreift, daß das Joch Christi ein sanftes ist und daß nur die Wahrheit frei machen kann.

3. Eschenmayers pietistische Polemik gegen Hegel's Religionsphilosophie. 1834.

Eschenmayer gehört zu den Veteranen unserer heutigen philosophischen Literatur. Wenn ein solcher in einer so bedeutenden Angelegenheit als die Hegelsche Religionsphilosophie das Wort nimmt, so vermuthet man, er werde etwas Wichtiges dafür oder dagegen vorzubringen haben. Wie drückend aber ist die Empfindung, sich am Ende gestehen zu müssen, daß der an sich ehrwürdige Veteran leider auch zum schwachen Invaliden geworden, dessen ganze Theilnahme in einem breiten und seichten, nur durch gereizte Empfindlichkeit belebten Gerede besteht, aus dem mehr als zur Genüge hervorgeht, daß ihm zum Begreifen Zeit oder Lust, Kraft oder Willen vergangen sind. Forderte nicht der Ernst der Sache ernste Berücksichtigung, so sollte man aus Höflichkeit lieber ganz schweigen, da die Philosophie als Wissenschaft Esch. gänzlich verhaßt und das Fühlen, Glauben und Ahnen ihm der Mittelpunct der Speculation geworden ist. Er verspricht in dieser Schrift, die Heg. Relig. Ph. mit dem christlichen Princip zu vergleichen, weshalb, am füglichsten alle philosophische Discussion bei Seite geschoben und seinen Bibelstellen mit andern geantwortet würde. Aus Hegel ihm alle Stellen aufzuführen, die einseitigen Auffassungen corrigiren und das fragmentarisch Räthselhafte durch Combination mit dem Ganzen aufhellen könnten, würde ebenfalls zu weitläufig werden. Wir begnügen uns daher mit einer kurzgefaßten Angabe seiner eigenthümlichen Ansicht, die er für die christliche ausgibt.

Nach Eschenm. ist Gott für uns undenkbar, ein Urtheil, welches ohne den Gedanken Gottes sich gar nicht aussprechen läßt. Er ist ein Wesen, von welchem wir keine Prädicate angeben können, denn Prädicate würden, in dem Einen, Unterschiede bestimmen, Unterschiede aber würden Verendlichungen des Unendlichen sein. Gott muß daher als prädicatlos, als potenzenlos bestimmt werden, nach welcher Entleerung wir also nur wissen, daß er ist; das Er bleibt ohne Inhalt: als völlig unbestimmt ist das Sein des undenkbaren Er Nichts und dies Nichts ist Eschenmayers Gott.

Im Widerspruch mit der Forderung solcher Bestimmunglosigkeit nennt er ihn den Heiligen. Es scheint somit, als dürfe man doch eine Bestimmung hoffen, da das Sein durch ein Prädicat sich erfüllt. Aber das Heiligsein soll jedem Begriff entfliehen und nur im Glauben, im Ahnen soll der menschliche Geist sein Erkennen (?) zu dieser transcendenten Idee erheben können. Derjenige würde tief unter dieser höchsten Idee bleiben, der sie etwa als die Einheit der Wahrheit und Güte bestimmen wollte, denn Gott ist nicht die Wahrheit und Güte; Ihm als dem Heiligen sind beide tief untergeordnet. Das Resultat ist also, daß das Heiligsein, da es nicht gedacht, nicht bestimmt, nicht gesagt werden kann, für uns Nichts und dies Prädicat, weil es Nichts ausspricht, ein Scheinprädicat ist.

Weil nun Gott etwas ist, das alles menschliche Denken und Ermessen unendlich übersteigt, so ist er auch nicht als die Idee, noch weniger als Thätigkeit, als Proceß zu fassen. Zwar schafft er; allein auch vom Schaffen — was doch wohl ein Proceß, ein Unterscheiden, ein aus sich Herausgehen, ein in sich Zurückkehren wäre — haben wir keinen Begriff, nur von Erschaffenem. Was sich aber nicht in sich selbst bewegt, das ist todt; ein Sein, das, in starrer Einheit, sich nicht von sich selbst unterscheidet und in solcher Differenz von sich mit sich in Identität bleibt, ist abermals Nichts; das Nichts ist das Todte.

Um seinen todten Gott zu beleben, predigt Eschenmayer die Weisheit des Koran. Er wirft aller bisherigen Philosophie vor, den Willen Gottes nicht vom Wesen desselben gehörig unterschieden zu haben; eine Abtrennung, welche eben so neu und hypermystisch oder seicht ist, als, daß das Heiligsein alle Wahrheit und Güte transcendiren soll. Das Wesen Gottes sei für uns verschlossen; in der erschaffenen Welt offenbare er nicht sein Wesen, nur seinen Willen; das Sein der Welt wie das Wissen von ihr seien bloße Stückwerke, weil Gott uns nur soviel zeige, als ihm gerade beliebe, ein Punct, den Muhamed fast in jeder Sure einschärft. Wir haben also den Willen Gottes von nun an als die absoluteste Willkühr zu nehmen und, da die Willkühr das ganz Unbestimmte ist, so ist auch das Prädicat des Willens auf solche Weise glücklich zum Nichts verschwunden.

Daraus folgt unmittelbar, daß wir die Welt nicht als einen Spiegel der Totalität des göttlichen Wesens, ihre Ordnung nicht als eine aus dem Wesen Gottes entstehende Nothwendigkeit aufzufassen haben, sondern daß das Alles zufällig ist und nur insofern nothwendig genannt werden kann, als der unbekannte Er es so will. Es hätte auch anders sein können und, gefällt's ihm einmal, so schafft er sich die Welt um. Das Gesetz der Natur wie des Geistes ist schlechterdings kein absolutes, nur ein relatives und relativ höchstes, insofern Gott es gerade so will. — Es versteht sich, daß Eschenm. bei dieser Gelegenheit (S. 29) behaglich wiederholt, was er mit so großem Bombast vor schon zwanzig Jahren an Schelling schrieb, daß es "eine höhere Natur, ein höheres Leben, einen höheren Weltplan gebe, als was dieses arme Erdenvolk vollbringt. Wer in Beziehung auf Gott und das All an der Erde und ihrem Geschlecht kleben bleibt, der gleicht dem Maulwurf, der den Hügel, den er aufgestoßen, für die Welt hält." Einen "höhern Weltplan und ein höheres Leben" anzunehmen, als durch die Menschwerdung Gottes in Jesu Christo dem menschlichen Geschlecht zu Theil geworden, dürfte eben so unchristlich als unphilosophisch sein. Nur die in der gestaltlosen Weite des Nichts schwelgende Träumerei, welche mit dem Streben nach Erkenntniß des Wahren sich selbst und Andere betrügt, verdunstet gern in dem Schwall von Möglichkeiten, während die Religion, die Philosophie und Gott wahrscheinlich auch an Einer vollkommensten Welt und an Einer Weltgeschichte sich genügen lassen. Da jedoch Schelling diesem eiteln Bettelstolz der Philosophie schon so vortrefflich geantwortet hat, so mag man seine Erwiderung an Eschenm. jetzt von Neuem zur Erbauung für Geist und Herz wieder nachlesen.

Wenn nun Eschenm. so viel davon spricht, daß der Hegelschen Philosophie das Princip der Freiheit fehle, so übersieht er offenbar eine ihrer vielbesprochenen, sie vom Spinozismus abscheidenden Grundbestimmungen, daß die Substanz wesentlich Subject ist. Hierin liegt, daß die Freiheit das Princip der Nothwendigkeit, daß ihre Ordnung eine vom Willen gesetzte, oder daß der Grund des Gesetzes nicht das Gesetz als solches, vielmehr der es setzende Wille sei; wozu sich aber derselbe bestimmt, das geht nicht aus willkührlichen, wesenlosen Fictionen, sondern allerdings ex necessitate naturae hervor; der Inhalt ist so absolut als die Form.

Wie nun Eschenm. jeden Anhalt des Begriffs zu Nichte macht, so kämpft er auch gegen die philosophische Terminologie und geht so weit, daß er ein Kriterium der Wahrheit darin finden will, ob ein Mensch wohl beten könnte (S. 107): "O, du ewig bei dir bleibende, zurückkehrende und zurückgekehrte Identität! Erhöre uns!" oder: "Du absolute Einheit der göttlichen und menschlichen Natur! Vergieb uns unsere Sünden!" Als wenn die Hegelsche Philosophie sammt ihren Anhängern so in ihre Sprache vernarrt wäre, daß sie nicht die verschiedenen Sprachgebiete zu scheiden und sachgemäß auseinander zu halten wüßte. Daß er selbst durch solche Wendungen nur den Spott gegen sich erregt, scheint Eschenm. gar nicht mehr zu empfinden, nachdem er das Joch des Begriffs einmal abgeschüttelt hat und, wie ein abgeschirrtes Roß, nach Belieben auf der fetten Weide des Gefühls hin- und hergras't. Vater und Sohn nämlich sollen in Bezug auf Gott nicht Ausdrücke der Vorstellung sein, sondern im eigentlichsten Sinn (also als Vorstellungen) genommen werden müssen. Uebersteigt dann aber die Selbstzeugung eines Sohnes vom Vater nicht schon das Vorstellen, für welches ein Individuum immer von zwei anderen, Vater und Mutter, erzeugt wird? Oder soll die Maria mehr als ein Gefäß des ewigen Gottes sein? Eine physische Zeugung darf man sich demnach schwerlich vorstellen; eine geistige aber, von Ewigkeit zu Ewigkeit, kann man sich die vorstellen? Muß man eine so ununterbrochene, anfang- und darum auch endlose Continuität nicht denken? Doch nennt sich Christus auch des Menschen Sohn? Ist nun Alles eigentlich, nach dem unmittelbaren Sinn der Vorstellung, zu nehmen, wer sind dann seine Eltern? Können wir dann Gott noch als Vater denken, da wir Joseph und Maria als Eltern vorstellen müssen? Um dem Unbequemen dieser Dialektik auszuweichen, hat Eschenm. die Menschwerdung des Sohnes wirklich in der laxen Weise aufgefaßt, als ob Christo nicht die ganze Fülle der Gottheit leibhaftig innwohnte. Der Sohn ist (S. 10) von dem Wohlgefallen Gottes, sein Wort zu offenbaren, abhängig; Gott selbst verläßt die Regierung der vielen Sterne nicht, um mit den jämmerlichen Menschen sich so viele Mühe zu geben. Eschenm. wirft Hegel einen Swedenborgianismus vor, daß er (doch wohl in Uebereinstimmung mit der Schrift und mit der kirchlichen Dogmatik) in Christo Gott selbst anschauet. Man wundert sich, daß ein Mann, der jeden Augenblick das Evangelium als Waffe gegen die Speculation kehrt, Schriftstellen ignorirt, wie: „Alles, was des Vaters ist, ist auch mein". „Niemand kommet zum Vater, denn durch mich". „Wer mich siehet, der siehet den Vater" und ähnliche. Müssen die Theologen wegen solcher Lehre Eschenm. nicht des Arianismus und Sabellianismus bezüchtigen, müssen

sie ihn nicht auf das Studium der Dogmengeschichte verweisen?
In seiner Willkürlichkeit verirrt sich Escheum. so weit, daß er sogar den Tod Christi als etwas Zufälliges darstellt; freilich war
derselbe kein Erfolg eines Fatums, allein Eschenm. meint, wie
Gott bei dem Opfer des Isaak Abrahams Willen für die That
genommen habe, so hätte er es bei seinem Sohn auch thun
können, falls die Juden sich bekehrt hätten; einzig wegen dieses
Umstandes habe er den. Tod zugelassen. Wir gestehen, Christum
ohne den Kreuzigungstod weder vorstellen noch denken zu können;
da er aus Liebe d. i. aus absoluter Freiheit starb, so ist ja dieser
Tod die höchste Handlung seines Lebens, ohne welchen wir immer noch
den Wahn hegen würden, daß Gott sich selbst ein besseres Dasein
aufbehalten habe, als er uns erschuf, indem er uns werdende,
kämpfende, sterbende Menschen sein ließ, wie er selbst, in der
Fülle seligbeseligender Ruhe, als ein solcher unter uns wandelte.
Daß er den Tod als nothwendig begreifen will, darüber werden
nun Hegel Vorwürfe gemacht; wenn man doch bei solcher Polemik nur nicht mehr thun wollte, als ob man mit dem widrigen
Gemisch von halben Vorstellungen und halben Gedanken Philosophie bezweckte. Der Sohn, da er in unserer eigenen Gestalt
erschienen, ist am leichtesten vorstellbar; wie ist es aber mit dem
Geist? Sollen wir ihn als Feuer, als Taube, als Licht oder
wie sonst vorstellen? Dies scheint doch zu sinnlich zu sein. Um
nicht dem Denken die Ehre geben zu müssen, wendet sich Eschenm.
hier zum Worte, läßt es auch, des sinnlichen Eindruckes wegen,
in Parenthese hübsch mit Lateinischen Lettern als Logos hinzudrucken. Wort ist ein anstößiges Neutrum, Logos aber ein Masculinum, das für das Vorstellen entschiedener auf Persönlichkeit
hindeutet. Nun bringt er wieder vor, was wir aus Kirchenvätern und Scholastikern längst gelernt haben; der Vater ist das
unerzeugt zeugende, der Sohn das gezeugte, der Geist das fortzeugende Wort (S. 128). Was sollen wir nun anfangen?
Sollen wir das Wort eigentlich oder uneigentlich nehmen? Eigentlich? So müßte man Ein bestimmtes Wort, wäre es auch
das Wort selbst, haben; dann wäre man aber auch fertig und
käme über die Annahme nicht hinaus. Wir wollen daher einen
weiteren Umfang zugeben: Wort soll uns Sprechen überhaupt

bedeuten. So entsteht die Doppelfrage: was und von wem wird gesprochen? Was? Doch wohl Gedanken, Empfindungen. Wer? Doch wohl das Subject, welches Gedanken und Empfindungen als die seinigen hat. Das Subject eröffnet sich uns somit als der Grund des Sprechens; ist es nun nicht ein Subject neben anderen Subjecten — ein Mensch, ein Engel, wenigstens ein Bileamsesel — so ist es das Subject schlechthin, das ursprüngliche, in Eschenmayer's Sprache das unanfängliche (denn das Erste zu sagen, gilt ihm schon als eine Schmälerung der absoluten Priotät Gottes). Wenn es also causa sui ist, so wird sein Sein in seinem Denken seinen Grund haben; in ihrem Unterschiede werden Sein und Denken in ihm nicht unterschieden sein; das Sprechen wird nur eine immer entstehende und immer vergehende Aeußerung seines ewigen Denkens, ein ἔκτυπος, ein der ἄρχευς der absoluten Innerlichkeit sein. Da uns jedoch das Denken verboten und das Vorstellen empfohlen wird, was soll man sich unter einem zeugenden Wort vorstellen? Da von Gebären u. s. f. nicht die Rede sein kann, weil das Wort sich selbst als eine Geburt erweist, so werden wir uns schon entschließen müssen, es uneigentlich zu nehmen d. h. wir müssen die Form der Vorstellung auflösen; indem wir — wie zuvor geschehen — ihre halbsinnliche Hülle zerstören, kommt uns als einfacher, in keine andere Form aufzulösender Inhalt der Gedanke des absoluten sich wissenden Subjectes entgegen. Was der Geist ist, kann nur im Denken begriffen, wenn auch, worüber Eschenm. so schöne Worte zu machen versteht, als Liebe gefühlt werden; aber sollen Philosophie und Theologie eine Anleitung zu Gefühlen sein?

Hier gelangen wir zu der empfindlichsten Wunde, welche Hegel's Philosophie der denkschlaffen Zeit geschlagen hat; es ist die Nothwendigkeit der logischen Methode. Philosophiren möchte man wohl; eine speculative Vertheidigung des Evangeliums gegen die vermeintlich in's Unchristliche abirrende Speculation möchte man vor Allem gern; aber wie wir hier und anderwärts sehen, mit großprahlerischen, gedankenlosen Declamationen, mit keckem, um nicht zu sagen, frechem Versichern, wünscht man solchen Ruhm zu erwerben. Im Voraus vertraut man dabei der Gewißheit, daß das Publicum als der Chorus der literarischen Dialoge, so-

balb auf die grenzenlose Anmaaßung der Hegelschen Philosophie
und namentlich der gleichsam geächteten Hegelianer (sei es mit
wahrer oder bei der allgemeinen Mattigkeit oft auch nur erheuchel=
ter Erbitterung) gescholten wird, es an Lobsprüchen über die große
Bescheidenheit nicht werde fehlen lassen; Bescheidensein gilt aber
unbedenklich mehr als das Wissen des Wahren, denn in dieser
Behauptung, das Wahre zu wissen, liegt ja eben die unausstehe
liche Anmaaßung Hegel's und seiner Schule.   Eschenm. hat nun
entdeckt, daß in Hegels System die moralische Nothwendigkeit,
auf welche es vor allen Dingen ankomme, der logischen aufge=
opfert und dadurch eben das Christenthum, bei allem Schein der
Uebereinstimmung, furchtbar entstellt werde. Daß der logische oder
metaphysische Begriff der Nothwendigkeit, als der reine Begriff
derselben, dem Begriff der moralischen Nothwendigkeit immanent
sein müsse, wird übersehen.   Und doch würde damit jener ausge=
klügelte Unterschied sogleich zerfallen, weil man einsehen würde, daß
die logische Nothwendigkeit gegen die moralische sich gar nicht
feindselig verhalten kann.   Genug, daß auf die Vernunft, auf
ihre trockenen Kategorieen, Formeln u. s. f. heftig gescholten und
die Moralität als die Hauptsache gepriesen wird, obschon nach an=
deren Stellen die Moral gegen die Religion, in welcher das unbe=
kannte Heilige thront, gar wenig sein soll.   Es reducirt sich jene
Differenz bei Eschem. auf die Opposition der Willkür (sie ist ihm
das Moralische) gegen einen ewigen, somit auch in sich nothwen=
digen, sich selbst gleichen Willen.   So soll denn die Welt auch
nicht sein können.   S. 163 läßt er zwar drucken: „die Herrlich=
keit Gottes wäre ein leeres Wort, wenn nicht der Sohn und die
Welt wären." Indessen diese Aeußerung ist Eschenm. wohl be=
dachtlos entschlüpft, da aus dem ganzen übrigen Buch hinlänglich
hervorgeht, daß er die Welt nicht für eine die Tiefen der Gott=
heit an's Licht bringende Offenbarung, sondern lediglich für ein
Machwerk göttlicher Laune hält. Daß das Offenbaren im Begriff
Gottes liegt, daß er aus der Fülle seiner Freiheit die Welt schaf=
fen muß, ist Eschenm. ein logischer Götzendienst, weil er Gott
alsdann von der Welt abhängig zu machen fürchtet. — Auch die
Sünde soll nicht sein können. Der große Fortschritt der jüngeren
Philosophie und Theologie im Begriff des Bösen als des Will=

führlichen, darum an sich nichtigen, und wiederum als des in der Entwickelung des subjectiven Geistes als Durchgangspunct Unvermeidlichen, darum Nothwendigen, ist schon oft von den Katholiken besonders mit herber Ironie als eine satanische Wendung, wir möchten sagen, in usum diaboli, dargestellt. Es verhält sich damit, wie mit der Schöpfung der Welt. Gott ist nicht dazu gezwungen und doch enthält der Begriff der Liebe d. i. der absoluten Freiheit, die Nothwendigkeit der Entäußerung. Der Mensch ist nicht zur Sünde gezwungen, denn er ist frei; und doch geht alle menschliche Unschuld zur Schuld über, weil der Mensch in seinem Wollen das Moment der Eigenheit der Freiheit, daß der Wille sein ist, irgendwie und irgendwann so verwirklicht, daß er nur sich in seinem Wollen und Thun anschauet. Bis zu diesem Moment kann er an der Realität der Freiheit zweifeln; die Hölle kann ihm als eine Phantasmagorie erscheinen, aber die That gibt ihm die Erfahrung von der Nothwendigkeit der Freiheit, die Eigenheit des Willens mit der Allgemeinheit des Gesetzes identisch zu setzen; sein Fuß betritt die Hölle wirklich und zugleich eröffnet sich der Himmel über ihm — wie dies Alles so schön in der Bibel dargestellt ist.

In der Versuchung ist das Werden der Entzweiung zwischen dem Guten und Bösen; der erste Adam — und jeder neugeborene Mensch ist wieder der erste Adam — ging aus ihr zum reellen Setzen des Unterschiedes; der zweite überwand das Böse schon in der Versuchung, aber versucht ward er auch d. h. er erfuhr in sich die Macht des subjectiven zur ausschließenden Isolirung drängenden Willens. Ohne dies Moment, ohne solche Freiheitsprobe, wie Günther und Pabst es nennen, wäre Christus für uns ein kraftloses, unserm Innersten, dem Geheimniß unserer Natur fremdes Ideal und wir müßten uns Alle der Ruchlosigkeit ergeben, wie Marlowe's Faust:

> Stipendium peccati mors est — ha, stipendium!
> Der Lohn der Sünd' ist Tod — ei, das ist hart!
> Si peccasse negamus, fallimur,
> Et nulla est in nobis veritas —
> Das heißt denn doch: wir müssen sündigen
> Und dem zu Folge sterben,
> Ja, müssen sterben einen ew'gen Tod.
> Das nenn' ich mir 'ne Weisheit! Qui sera, sera —
> Was sein wird, wird sein — Bibel, leb' denn wohl!

Die Polemik, daß das Negative des Bösen affirmativ sei, ist ganz überflüßig. Das Etwas des bösen Willens, sein Inhalt, ist das Nichts. Eschenm. prunkt mit dem Terminus vom Grimm des Eigenwillens, den er von Schelling, den dieser von Jakob Böhm entlehnt. Aber was wollen denn diese Anderes damit ausdrücken, als daß der böse Wille, was er will, nämlich sich zum Absoluten zu machen, nie erreichen kann, darum gegen sich selbst wüthet? Daß Hegel's Ausdruck von der Natürlichkeit des Willens das Böse nicht in die Natur setzt, als wenn sie dessen Princip wäre, wie Eschenm. ihn versteht, ist klar genug, da es offenbar Hegel darum zu thun gewesen ist, das kirchliche Dogma zu erläutern, daß der Mensch von Natur böse sei; deswegen hält er sich an diesen Ausdruck, wie in der Schrift σάρξ und πνεῦμα einander entgegengesetzt sind und die Wiedergeburt als eine Kreuzigung des Fleisches durch den Geist dargestellt wird. Wenn nun vollends Eschenm. aus dem Positiven in der abstracten Negativität des Bösen folgern will, als ob der Wille von seiner Abstraction nicht wieder abstrahiren, seine exclusive Negation nicht negiren könne, so ist das gegen seine eigene und ganz richtige Annahme, daß die Wurzel des Christenthums die Vergebung der Sünden sei. Er ist nämlich merkwürdigerweise darüber empört, daß Hegel sagt: die Imputation gehöre dem Felde der Endlichkeit an und der Geist mache das Geschehene ungeschehen. Obschon Hegel die Imputation anerkennt (Eschenm. durfte ja nur zu weiterer Beruhigung die Rechtsphilosophie nachschlagen), so will er doch das Bewußtsein der Verschuldung nicht zu etwas Unüberwindlichem gemacht wissen, von welchem Befreiung unmöglich sei; er bestimmt die Zurechnung daher als etwas Endliches, wie uns dünkt, ganz der gnadenvollen Liebe des Christenthums gemäß. Mit welchem Recht macht Eschenmayer die empörenden Consequenzen, daß Hegel Zurechnung, Gerechtigkeit und Gericht leugne? Die Schuld der bösen That durch bloßes Abstrahiren von ihr aufheben zu wollen, ist unmöglich; aber die Reue darüber, die Zerknirschung des Herzens, hebt allerdings den Druck ihres Bewußtseins auf. Das Gewissen der Moralität hat nur Anklage und Bitterkeit des Vorwurfes in Bereitschaft; die Moralität verewigt das Bewußtsein der Sünde zum Wurm, der nimmer stirbt. Aber die Religion hat vor der menschlichen Moral das göttliche Vorrecht, Sünde zu vergeben und dem Dasein des Menschen in Gott einen neuen Anfang zu schaffen. So viel wir wissen, gilt in der christlichen Kirche die Verzweiflung daran, daß Gott jede Sünde, auch die schwärzeste, unter der Bedingniß wahrhafter Buße, vergeben könne, selbst für Sünde und mit Recht, weil die Anerkennung einer solchen Verzweiflung als einer berechtigten die unendliche Freiheit des Geistes zu einem Wahn, das Reich der Gnade zu einem Traum machen würde. Eschenm. führt zur biblischen Begründung seiner finsteren Härte die Parabel von dem armen Mann in Abrahams Schooß und dem reichen Mann in der Flammenpein an. Allein die Eregese, mit welcher Eschenm. seine Quasi-philosopheme aufputzt, ist die schlechteste von der Welt, da sie den Hauptgrundsatz aller Auslegung vergißt, das Einzelne aus dem Ganzen zu erklären. Bedenkt man nun die das glimmende Rohr nicht auslöschende sondern anfachende Milde Christi gegen die Ehebrecherin, gegen Maria Magdalene, die Beseligung des neben ihm gekreuzigten Verbrechers, die Parabel vom verlorenen Sohn, die Vorschriften Christi, wie oft wir unserem Bruder, der uns beleidigt hat, vergeben sollen u. s. f.: so leuchtet doch wohl ein, daß Christus mit jener Parabel etwas Anderes hat sagen wollen, als S. 123: „daß in dem ewigen Leben sich wohl noch eine fortgesetzte Stufenfolge zum Höheren denken läßt. Diese Stufenfolge ist aber nicht logischer, sondern moralischer Natur, und nur den Gerechten und Frommen verheißen, während die Ungerechten und Gottlosen gänzlich davon ausgeschlossen sind."

Was die Unsterblichkeit anbetrifft, so halte ich für überflüßig, weitläuftiger auf eine Widerlegung des Irrthums einzugehen, als wenn aus dem Hegelschen System eine Begründung derselben nicht abgeleitet werden könnte, seitdem Göschel auf eine so tiefsinnige Weise dargethan hat, daß in der Hegelschen Philosophie der Begriff der persönlichen Fortdauer des Individuums aus dem Begriff der Persönlichkeit und aus dem Verhältniß des einzelnen Geistes zu Gott als der absoluten Persönlichkeit abgeleitet werden müsse. Daß Hegel sich selbst nicht ausdrücklich darüber ausgesprochen hat und, wo er dies Thema berührt, dunkel erscheint, ist wirklich der schlechteste Grund, den man für die der gehässigen

Klatscherei so willkommene Behauptung hat auffinden können, daß das Hegel'sche System sich hier mit dem Christenthum in totalem Widerspruch befinde. Ich gestehe sehr gern, daß ich bis auf Göschels Arbeit hin einen genügenden Beweis nicht finden konnte und daß mir die gewöhnliche Auffassung der Unsterblichkeit so zuwider war, daß ich ihr Loos zu theilen mich nicht im Geringsten sehnte; es dünkte mich die Arbeit des Sisyphus, nur immer in eine andere, immer leichtere Form verkleidet. Göschel's Aufsatz, obschon er die Sache noch nicht erschöpft, [was auch nicht die Absicht sein konnte, hat mich eben deshalb so ergriffen und mit der freudigen Ahnung durchdrungen, auch hier die Speculation mit dem geltenden christlichen Glauben versöhnt zu sehen, weil er die Extreme auf diesem Gebiet so streng und glücklich zur Einheit des dialektischen Begriffs auflöst. Denn es sind jetzt offenbar vier Ansichten über die Unsterblichkeit im Umlauf; die eine nimmt sie als eine unmittelbare Qualität der Seele, als eine angeborne Unverwüstlichkeit, nach der alten Metaphysik, und läßt sie als die Fortsetzung des Bewußtseins erscheinen; die andere nimmt sie historisch als Erinnerung der Individuen an Individuen, wo dann eigentlich nur die berühmten Leute zur Ehre der Unsterblichkeit gelangen; die dritte legt sie in die Beschaffenheit des Inhaltes, den sich der subjective Geist gibt, so daß er selbst, wenn er im Ewigen, in der Religion, Kunst, Wissenschaft, genug, in der wahrhaft geistigen Freiheit verweilt, eben damit auch ewig ist, weil in dieser Region alle Relativität von Raum und Zeit abgestreift ist; eine vierte macht daher, im Gegensatz zur ersteren, das Unsterblichsein von der Wiedergeburt des subjectiven Geistes durch den absoluten abhängig, so daß nicht die Seele unsterblich ist, weil sie Seele ist, sondern weil der Geist durch die Vermittelung der christlichen Wiedergeburt seine natürliche Seelenhaftigkeit von sich abgestreift und sich mit der göttlichen Persönlichkeit selbstbewußter Weise vereinigt hat. Wie nun Göschel das, was an diesen Ansichten das Wahre ist, in seiner Entwickelung auf das sinnreichste vereinigt hat, ohne der immanenten Bewegung des Begriffs etwas zu vergeben, das eben scheint uns seinem Aufsatz bleibenden Werth zu verleihen und den Dank aller Derer zu fordern, welchen in diesem schwer zugänglichen Gebiet der Speculation entschieden weiter geholfen ist. — Ich kann nicht unterlassen, Eschenmayer's trivialen Verketzerungen gegenüber, noch die Bemerkung hinzuzufügen, daß die Wendung der Hegel'schen Philosophie, bei der Unsterblichkeit hauptsächlich auf den Gehalt zu bringen, mit der neueren Philosophie überhaupt in Zusammenhang steht. Wenn diese Forderung daher ein Vorwurf sein soll, so verdient Hegel denselben gar nicht allein, sondern viele Andere mit ihm. Spinoza will ich gar nicht anführen, denn da würde man sogleich das Geschrei von Panthelsmus erheben, aber Kant. Wie? Allerdings, denn in dem Gedanken der reinen Pflicht war bereits formell eine Vertiefung des Subjectes in einen absoluten Inhalt ausgesprochen. Bei Fichte, Schleiermacher und Schelling wurde die Unsterblichkeit ganz in die Ewigkeit oder Absolutheit des Momentes versetzt. Wie Schelling die Sache jetzt darstellt, kann ich freilich nicht wissen. Diese Wendung, die auch in reichlichen Strömen aus der Philosophie in die Poesie, namentlich in die Schiller'sche, hinüberfloß, war durchaus nothwendig, um jenen engherzigen Eudämonismus zu zerstören, welcher die Erkenntniß der Wahrheit wie das Thun des Guten nur als ein Mittel betrachtete, sich dadurch den Lohn einer soliden Glückseligkeit im jenseitigen Himmel zu verschaffen, für welche keine Störung zu besorgen wäre. Der elenden Angst will ich nicht einmal erwähnen, welche, aus Leidenschaft für das Leben des lieben Ichs, die gottlose Theorie ausbrütete, daß in der Religion Alles darauf ankomme, daß wir unsterblich seien; wenn wir nur sind, schienen diese Leute, wie der nun auch verstorbene von Langsdorf zu meinen, mit Gott, was er nun auch sei, wollen wir schon fertig werden; das findet sich, nachdem unsere Existenz in Sicherheit gebracht ist. An solche niedrige Denkart, die erst sich, hinterher Gott bedachte, mußte sich dann auch alle Gemeinheit der Gesinnung, Familiensentimentalität, Geschlechtsliebe u. s. f. anhängen. Solche Vergötterer der empirischen Persönlichkeit sind es dann auch besonders, welche nun, da Göschel's Aufsatz erschien, die Hegel'sche Schule wieder der Unehrlichkeit und Unredlichkeit zu zeihen wußten, als wenn sie sich immer zur rechten Zeit schmiegsam zu accommodiren wisse, wie etwa Pustkuchen in seinen Wanderjahren Göthe's Kunst auch als parasitische Coquette schilderte.

In ähnlicher Weise macht man sich von dem Seligsein ganz falsche Vorstellungen. Hier möge man doch mit Ruhe bedenken, daß die Seligkeit nur die mit dem wahrhaften Freisein identische Empfindung ist. Ob man mit Spinoza umgekehrt sagt, das Freisein geht aus dem Seligsein hervor, macht keinen wirklichen Unterschied, da Niemand verneinen wird, daß in der Seligkeit die Freiheit nothwendig mitgesetzt werden muß. Das Seligsein wird durch die Freiheit nicht wie ein Resultat hervorgebracht, das von ihr abgesondert werden könnte. Ohne frei zu sein, ist das Seligsein unmöglich; Frei — also auch Selig-sein ist aber durch die christliche Religion möglich; das Wasser, das den Durst auf immer stillt, entspringt aus der demüthigen Verleugnung seiner selbst, aus der lautersten Thätigkeit, deren Werke in Gott gethan sind, aus der rechtschaffenen Liebe. Daher scheint uns Hegel's Dringen auf Erfüllung des Geistes mit ewigem Inhalt dem Sinne des Evangeliums vollkommen gemäß zu sein. Es ist nicht abzusehen, wie der Tod, das Scheiden von Leib und Seele, die Stellung des Geistes zu Gott, welche ihm das Christenthum gibt, soll verändern können. Eschenm. behauptet, Hegel stelle den Tod als einen Uebergang zur Herrlichkeit so dar, als wenn magisch jedes Individuum dadurch verklärt würde. So viel ich aus Hegel's Schriften sehe, sagt er nur vom Tode des Erlösers, daß er ein Uebergang zur Herrlichkeit sei. Hiermit hängt auch die Verworrenheit zusammen, mit welcher die sogenannte Belohnung des Guten und Bestrafung des Bösen Veranlassung zum Postulat des Jenseits geben, indem man übersieht, daß das Gute sich selbst genug, das Böse aber in sich selbst verdammt ist. Man vergißt, daß Unfreisein mit Unseligsein ohne Weiteres identisch sein muß. Christus sagt ausdrücklich: „wer an mich glaubt, der hat das ewige Leben; wer aber nicht an mich glaubt, der ist schon gerichtet." Freilich, was das Gute sei, das schlägt man oft zu niedrig an und vergißt, was Christus von der Liebe zu seinen Jüngern sagt, wie sich die ihrige von der der Zöllner und Heiden unterscheiden soll, welche diejenigen auch lieben, von denen sie wiedergeliebt werden u. s. f. — Ein dritter Punct ist, daß die Versöhnung der christlichen Religion als eine absolute zu nehmen ist. Freilich, wer, wie Eschenm. S. 100, in dem Begriff des „Gottmenschen" nichts „als das metaphysische Product einer falschen Philosophie und Dogmatik sieht, welche die halben Werthe des Göttlichen und Menschlichen zur Einheit zusammensetzten," wer die Ausdrücke: Gottes Sohn und Menschensohn nur im moralischen Sinn (S. 101) verstanden wissen will, der muß das jetzige Leben nur als Anweisung auf ein besseres nehmen. Aber eine relative Versöhnung des Menschen mit Gott ist gar keine, weil sie die Entzweiung nicht wirklich aufhebt. Eschenm. frage sich selbst, ob unter solchen Bedingungen die Feier des Abendmahls etwas Anderes, als der Abschluß eines Waffenstillstandes, eine äußerliche Pacification sein würde? Er frage sich selbst, ob der Genuß dieser heiligen Handlung in der Tiefe ihrer schmerzlösenden Wehmuth den Menschen nicht absolut selig macht? Er frage sich selbst, ob das höchste Entzücken dadurch, daß es in seiner Erscheinung nur momentan culminirt, daß es in gleicher Höhe nicht fortdauert, im Geringsten verlirt, ob es hier nicht auch heißt: Einmal ist Allemal? Wenn wir von einem ächten Drama fordern, daß es alle Momente der verschlungenen Handlung innerhalb seiner selbst befriedigend entwickle, so daß der Dichter uns nicht auf eine Gerechtigkeit jenseit seines Stückes verweisen darf, so müssen wir an die Geschichte des menschlichen Geschlechtes dieselbe Forderung machen und thun es auch, indem wir an eine Vorsehung appelliren. Der Gedanke, daß absolute Gerechtigkeit alle Regionen des Lebens durchbringt, die Biographie des Individuums eben sowohl als den Gigantenkampf der Völker, worin es mit seinem kleinen Schicksal verschlungen ist, erhebt unsere sittliche Würde mehr, als das laue Warten auf eine einstige Vergeltung. Jedes Diesseits ist nichts als ein Bestimmtes, was sein Jenseits dadurch an sich selbst hat, daß in seiner Begrenzung schon ein anderes Bestimmte seinen Anfang nimmt. Eschenm. braucht also das Jenseits gar nicht erst im Jenseits zu suchen; es liegt ihm viel näher. Durch solche gegenwärtige Realität des Göttlichen wird der endlose Fortgenuß derselben für den Einzelnen nicht nothwendig aufgehoben, davon überzeuge ich mich jetzt gern. Religion wie Moralität haben gegen die blasse und weite Wahrscheinlichkeit des Jenseits alle Ursach, für ihr Gedeihen den Ausspruch Christi festzuhalten, daß Gott ein Gott ist der Lebendigen und nicht der Todten. Wenn die Schrift sagt: Leben wir, so leben wir dem Herrn, sterben wir, so sterben wir dem Herrn; so will sie damit die Gleichgültigkeit des Jetzt und des Künftig ausdrücken — immer sollen wir dem Herrn leben.

Hegel sagt von der Gemeinde, daß sie die Existenz des wirklichen allgemeinen Selbstbewußtseins Gottes sei. Eschenm. versteht dies so, als sei Gott erst durch die Gemeinde seiner selbst bewußt und wendet dagegen ein, daß sie vielmehr durch die Wirksamkeit des heiligen Geistes zum Selbstbewußtsein erst erhoben werden solle. Solche Anschuldigungen sind die Folgen der oberflächlichen Kritik, welche aus dem Zusammenhang einzelne Worte herausreißt, statt die Momente einer in sich fortschreitenden Exposition zu durchdenken. Wir müssen daher eine nochmalige Lectüre (denn Studium klingt schon zu barsch; philosophische Werke zu studiren ist außer Brauch) anempfehlen, damit Eschenm. einsehe, daß das Selbstbewußtsein in der Gemeinde von der göttlichen Wahrheit durch Gott selbst vermittelt, er aber in seinem Selbstbewußtsein und in dessen Existenz keineswegs durch die Gemeinde vermittelt ist (siehe z. B. S. 266—68). Mit diesem Vorwurf hängen noch eine Menge polemischer Aeußerungen zusammen, daß die Philosophie in der Vernunft ihren selbstgemachten Götzen anbete, daß das Evangelium höher sei als alle Vernunft, daß das ächte Christenthum nicht zu Berlin, sondern in Bethlehem zu suchen sei, daß zwischen dem endlichen Erkennen und dem göttlichen Schauen ein unendlicher Abstand sei, daß Hegel nichts von der Freiheit wisse, eine Halbgötterei des Menschen lehre u. s. w. Gegen die wissenschaftliche Erkenntniß der Religion, wie sie in der Dogmatik sich entfaltet, wird besonders ein Kreuzzug gepredigt, sie von der Vernunft zu erlösen und dem einfachen Evangelium wieder zuzuführen. „Glaube, Liebe und die Gemeinschaft mit Jesu sind in der Dogmatik nur todte Worte, aber im Evangelium sind sie lebendig." Ist dem so, dann müssen wir Eschenm. beschuldigen, selbst Unkraut unter den Weizen gesäet zu haben, denn er hat nicht bloß eine, in der That unfruchtbare, Religionsphilosophie, sondern 1826 auch eine „einfachste Dogmatik aus Vernunft, Geschichte und Offenbarung" geschrieben.

Wir haben nur die Hauptpuncte hervorgehoben; im Einzelnen würde sich derselbe Mangel an gründlicher, aus dem Zusammenhang resultirender Kenntniß der Bibel, wie an gesundem, klaren Denken zeigen lassen. Wenn die Freunde der Hegelschen Philosophie beständig über Mißverstand, Mißwollen, Unredlichkeit, Leichtsinn, Trägheit der Gegner klagen, so muß sie das unausweichlich verhaßt machen und in den Verdacht bringen, vielleicht eigene Untugenden in die Reinigkeit fremder Seelen hineinzuschmutzen; auch sieht es gar zu rechthaberisch, ja beschränkt aus, wie die schwachen Weiblein immer das letzte Wort behalten zu wollen und nichts vom Gegner zu lernen. Aber leider ist doch der Fall kein anderer: Hegel ist noch nicht widerlegt. In vorliegendem Fall wollen wir davon schweigen, daß Eschenm. die mühsame und tiefsinnige, wenn auch in der Darstellung unvollendete Entwickelung der nichtchristlichen Religionen und die herrlichen Abhandlungen über die Beweise vom Dasein Gottes, worin ein so reicher Schatz christlicher Erkenntniß aufgespeichert liegt, ignorirt; wir wollen davon schweigen, daß er die Beweisführungen für die Existenz Gottes für einen Wahn der Speculation erklärt; daß er so hinreißend begeisternde Darstellungen, wie Hegel vom Untergang des Heidenthums, von der Wirksamkeit Christi macht, gar nicht berücksichtigt; wir wollen nur die fast unglaubliche Crudität hervorheben, daß Eschenm., statt das System in seinem inneren Zusammenhang zu ergreifen, im Stande ist, allgemeine Sätze, wie man sie blätternd erhascht, auszuschreiben und dann über diese Themata in breiten Paragraphen mit geschwätziger Redseligkeit zu phantasiren. So weit ist es gekommen! Von wirklichem Studium des Gegners ist so wenig sichtbar, daß man es mehr als schülerhaftes Verstehen, daß man es Ignoranz nennen muß, wenn ein Philosoph, in dessen schönste Jahre das Erscheinen der Phänomenologie fällt, S. 18 versichern kann: „wir dürfen bestimmt annehmen, daß das, was Hegel Geist nennt, nichts anderes als die Vernunft ist, welche in der einseitigen Form der logischen Wahrheit sich für die Totalität ausgiebt." Wozu hat nun Hegel die Vernunft als das System der logischen Kategorieen, die Vernünftigkeit als das Bewußtsein des subjectiven Geistes, der sich der allgemeinen Realität der Vernunft bewußt wird, und den Geist unterschieden, der als absoluter der Begriff des Begriffs, der Logos, der der schöpferische Grund der Vernunft an sich wie ihrer lebendigen Realisirung ist — wenn ihm solche Dinge aufgebürdet werden! Und was soll es heißen; die Vernunft gibt sich in der einseitigen Form der logischen Wahrheit für die Totalität aus? Sie ist allerdings an und für sich Totalität; aber zur Totalität als solcher wären eben Natur und Geist gleich sehr nothwendig.

Wäre es nicht zu ermüdend und zu widerwärtig, so wollten wir Eschenmayer's salbungreiche Philippiken gegen die Hegel'sche Philosophie mit ähnlichen Warnungen gegen die seinige und seine spitzigen witzigen Worte mit noch spitzigern überbieten. In dem ruhigen Bewußtsein, daß eine solche rednerisch-amüsante Entgegnung vollkommen zu Gebote stünde, aber auch in dem Bewußtsein, daß das Publicum sich an solchem Kampf nur mit ähnlichem Gefühl zu weiden pflegt, wie die übersättigten Römer an den Thierhetzen und Gladiatorspielen, unterlassen wir es. Nicht unterlassen können wir aber, von dem traurigen, faden Gewäsch, was Eschenmayer „Geistesphilosophie" nennt und als Mauerbrecher an Hegel's logische Bollwerke heranschiebt, unseren Lesern eine kleine Probe zu geben. S. 162: „Aus der Wahlvollkommenheit Gottes entspringt das Wohlgefallen. Das höchste Wohlgefallen verknüpft sich mit dem vollkommensten Werke. Das vollkommenste Werk ist nicht die Welt, nicht der Mensch, nicht die Geisterordnung, nicht das Reich der Engel, sondern das, was Gott gleich ist, wie der Sohn dem Vater. Im Sohn (der also nach Vorigem gegen die Kirchenlehre zum $\pi o i \eta \mu a$ gemacht wird) ist die unendliche Fülle von Leben und Liebe. Das Leben aber harret nicht in sich selbst, es geht aus sich heraus, zeugt andere Wesen und ergießt in sie die eigene Fülle (hier sagt nun der Verfasser, was er sogleich leugnen würde, wenn man es in der bestimmteren Fassung sagte: es unterscheidet sich von sich selbst und bleibt in dem Anderen, was es aus sich setzt, mit sich identisch). Die Liebe ist sich auch nicht genügend und selbstsättigend, sie sucht in Anderen zu leben und will nichts als Gegenliebe (sagte man dafür: die Welt wird geschaffen, weil der absoluten Freiheit das Schaffen nothwendig ist, so würde der Verfasser abermals als gegen eine Blasphemie protestiren). Dem Verirrten und Verlorenen geht sie nach u. s. f."

Solche vage Ergüsse sollen nun für christliche, einzig wahre Philosophie gelten, die „in der Verknüpfung des Standpunctes der Offenbarung mit dem Standpunct des Selbstbewußtseins" bestehen soll. An Offenbarungen, besonders an Sonnenstrahlen, welche erleuchtend in das Auge fallen, scheint es nun zwar Eschenmayer's Philosophirem gar nicht zu fehlen, wohl aber theils an Selbstbewußtsein, wodurch eine perceptio clara et distincta erzeugt wird, theils und noch mehr an einer Verknüpfung der gegebenen Offenbarung und des sich selbst setzenden Selbstbewußtseins. Unter Verknüpfen braucht freilich nicht eine concrete Versöhnung, eine erfüllte Identität verstanden zu werden; ein schlappes Aneinanderheften von Verschiedenem überhaupt kann auch so heißen. Was für grenzenlose Willkürlichkeiten ein solch' kategorisches Raisonniren sich erlaubt, ist eigentlich nur an Beispielen recht zu verdeutlichen. Voraussetzungen werden auf Voraussetzungen gehäuft; die lockersten Schematismen werden als eine speculative Systematik hingestellt; mit wahrer Faselei werden Triaden auf Triaden wie S. 153 hingesudelt, wo unter Anderem das Wahre den Geist, das Schöne den Sohn, das Gute den Vater in der Creatur abspiegeln soll. Die Rechtfertigungen dieser flachen Combinationen sind noch flacher z. B. „Das Schöne ist eine Abspiegelung des Sohnes in der Creatur; denn das Schöne ist objectiv die Fülle des Lebens und Christus sagt: Ich bin das Leben. Das Gute ist eine Abspiegelung des Vaters in der Creatur, denn Christus sagt: Niemand ist gut als Gott". Die Liebe der drei göttlichen Personen untereinander soll sich im menschlichen Geist in der Harmonie der Ideen spiegeln, welche als geistige Liebe sich darstellt. — Man muß gestehen, nach Bethlehem, wo der Erlöser als die ewige Wahrheit in kindlicher Einfalt erschien, versetzen solche leere, kaleidoskopartige Zusammenwürfelungen wahrlich nicht hin; ob sie uns nicht eher auf Bedlam hinweisen, dürfte die Frage sein. Bedenkt man aber, daß Eschenmayer das philosophische Patronat für die wüsten Einbildungen der, man sollte meinen, ironisch so genannten Seherin von Prevorst übernommen hat, so muß man auch hier sagen: „An ihren Früchten werdet ihr sie erkennen".

Für Recensenten ist die Bitte des Vaterunsers, daß Gott uns unsere Schuld vergebe, als wir vergeben unseren Schuldigern, gewiß von größter Bedeutung und ich suche ihr aus allen Kräften nachzuleben. Ich will aber bekennen, daß bei nicht wenig philosophisch sein sollenden Schriften der letzten Jahre (ich ziele hier nicht auf Eschenmayer, der doch noch in dem Selbstbetrug lebt, Wissenschaft zu wollen) mir der Fluch eine momentane Herzenserleichterung gewesen ist, den Göthe (Sämmt. W. 29, 110) gegen Lavater ausstieß: „Hole oder erhalte ihn der —! der ein Freund der Lügen, Dämonologie, Ahnungen, Sehnsuchten u. s. f. ist von Anfang".

4. Günther's und Pabst's katholische Polemik gegen Hegel. 1831.

Die Theologie der Römischen Kirche hat allerdings durch das Tridentium eine sehr bestimmte Norm gewonnen; was daher in ihr producirt wird, muß auf diese bezogen werden, um durch die Identität mit den symbolischen Bestimmungen jener Synode seine Katholicität zu bewähren. Allein wie tief auch durch eine solche Abhängigkeit der dogmatische Charakter der katholischen Theologie befestigt sein mag, so ist es doch falsch, zu meinen, daß sie seit jenem Abschluß gar um Nichts eine andere geworden sei. Viele protestantische Theologen hegen diese Ansicht und wo ihnen Producte katholischer Theologen vorkommen, welche mit den Kanonen des Tridentinums nicht ad verbum übereinzustimmen scheinen, machen sie denselben sogleich den Vorwurf der Unkatholicität. So aber können auch die Katholiken vielen protestantischen Theologen den Vorwurf des Unprotestantismus insofern machen, als auch diese nicht buchstäblich bei Demjenigen stehen geblieben sind, was im sechszehnten Jahrhundert durch die symbolischen Schriften unserer Kirche als Glaubensregel fixirt ward. Unleugbar haben wir Protestanten uns vorzugsweise der Fortentwickelung zu erfreuen, weil bei uns der Gedanke auch wo er dem kirchlichen Glauben widerspricht, freigelassen ist und zwar, wo er das Falsche denkt, wiederum durch den Gedanken widerlegt und vernichtet, keineswegs aber äußerlich zurückgedrängt und gewaltsam unterdrückt werden kann. Dennoch können wir auch der katolischen Kirche eine weitere Gestaltung nicht absprechen; weniger in ihrer Verfassung und in ihrem Cultus, welche, in der Form mindestens, sich ziemlich gleich geblieben sind, als in ihrer Theologie. Diese Fortbildung hat aber das Eigenthümliche, daß sie ihren Ausgangspunct fast ausschließlich an einem negativen Verhalten gegen die Theologie und Philosophie des Protestantismus besitzt. Auch die protestantische Theologie hat sich durch Kampf mit der katholischen Weltansicht gebildet; aber diese Polemik war nicht ihr einziges Element, sondern auf gleiche Weise die freie Schriftforschung und der freie, durch keine Autorität gebundene Gedanke. Spanien und Italien haben als rein katholische Länder an diesem Kampf bei weitem weniger Theil genommen, als Frankreich und Deutschland, wo Protestantismus und Katholicismus sich unmittelbar entgegentreten. Eben aber auch durch die Polemik gegen den Protestantismus sind hier in die katholische Theologie selbst Ideen eingetreten, welche ihr ursprünglich fremd sind und den positiven Kern noch hinter der polemischen Hülle verborgen halten. Friedrich Schlegel, Franz Baader, Anton Günther — sind in ihrem Widerspruch gegen den Protestantismus identisch; aber wie weit gehen sie in ihrer Speculation auseinander! Ohne berechnen zu können, was für Resultate aus einer solchen Bewegung entstehen werden (besonders wenn man Erscheinungen der katholischen Kirche, wie Troxler und Carové, miterwägt), sieht man so viel mit Gewißheit, daß die katholische Theologie auf dem, wenn auch langsamen, Wege zu einer Umgeburt durch innere Entzweiung mit sich selbst begriffen ist, welcher wir alles mögliche Gedeihen wünschen, weil sie unzweifelhaft auch unserer protestantischen Theologie zu Gute kommen wird.

In diesem Sinne begrüßen wir die Schriften von Günther und Pabst als Zeugen einer solchen Gährung. Günther selbst spricht im zweiten Theil der Vorschule S. VIII. seinen Standpunct sehr entschieden in folgenden Worten aus: „Aussöhnung der sogenannten Weltweisheit mit der Gottesgelehrtheit des positiven Christenthums, des Schularioms mit dem kirchlichen Dogma, ist der ernste und laute Weheruf des Bedürfnisses der Zeit. Wem nun dieser Weheruf, ich will nicht sagen, durch Mark und Bein gedrungen, sondern nur zu Ohren gekommen ist, (wie könnte er aber dem katholischen Klerus entgehen?), der wird es gewiß Jenem nicht voreilig als Neologismus oder wohl gar als Philosophismus auslegen, der auf den glücklichen Schlüssel im Bunde hinweist, — indem er nachweist, daß nicht alle Weisheit der Welt Thorheit vor Gott sein kann: weil sonst auch alle Weisheit Gottes Thorheit vor aller Welt sein müßte, — und daß der Geist Gottes, der da weiß, (wie Paulus sagt), was in Gott ist, nicht all' und jedes Zeugniß vom Geiste des Menschen, der da auch weiß (oder doch wissen kann, was (durch Gott) im Menschen ist, verwerfen könne, eben weil dieser das Werk Gottes selber ist, und als solches keineswegs in nothwendigem Widerspruche mit seinem Schöpfer liegen kann. Kann aber die Wissenschaft des Menschengeistes Zeugniß geben von der Weisheit des göttlichen Geistes: nun so kann auch der Morgenstern, auf welchen St. Petrus vertröstet, ebenso gut sein Licht in den Kopf, als seine Wärme in das Herz des Menschen ausgießen."

Das Hauptthema, was von Günther in den mannigfachsten Wendungen behandelt wird, ist in Hinsicht auf die Methode die Entzweiung der durch die Ueberlieferung der Lehre dem Inhalt nach schon bestimmten Theologie, und der von der Wahrheit nicht als einer gegebenen, sondern von ihr als dem Begriff ihrer selbst ausgehenden Speculation; — in Hinsicht auf den Inhalt ist es der Gegensatz des Theismus gegen jede Gestaltung des Pantheismus.

In der Form des Philosophirens geht Günther von dem Princip des sich durch sich klaren Selbstbewußtseins aus und bezieht sich darin auf Cartesius zurück. Mit Nachdruck hebt er mehr als einmal hervor, daß Cartesius, ohne der Kirche und ihrem Glauben ungetreu zu werden, den wahrhaften Ausgangspunct des selbstständigen Denkens entdeckt habe. So richtig diese Behauptung ist, daß durch den mit Cartesius beginnenden Idealismus die Philosophie der modernen Welt die freie Form der absoluten Wissenschaft zu ergreifen wagte, so falsch ist doch jene andere, daß das Cartesianische Princip nicht mit dem des Protestantismus zusammenfalle. Denn wenn auch Cartesius innerhalb der katholischen Kirche blieb, wenn er auch seine Schriften ihrem Urtheil mit Demuth unterwarf, so wurde doch der Begriff des

Selbstbewußtseins, den er zuerst vollkommen klar erfaßte, die Basis
desjenigen Idealismus, welcher sich vornehmlich unter den pro-
testantischen Philosophen entwickelte. Bei den Franzosen war
Malebranche der einzige, welcher die Cartesianische Ansicht, daß
Gott als ein Geber des Wahren nicht betrüge, mit speculativem
Sinne festhielt; die Meisten warfen sich auf den dogmatischen
Theil des Systems, auf seine empirische Mechanik, Physiologie
und Psychologie und vergaßen über dem hieraus entstehenden Ma-
terialismus die idealistische Skepsis. Selbst bei unmittelbaren
Schülern des Cartesius, wie bei Regis, ist diese Neigung sichtbar.

Wir geben den Katholiken ganz Recht, welche der Meinung
sind, daß Cartesius in der Philosophie dasselbe sei, was Luther
in der Sphäre der Religion, ohne darum das Beschränkte ihres
Urtheiles zu bestätigen, als wenn beide, wie namentlich der Pater
Ventura in seinem Buch de methodo philosophandi vermeint
(S. Günther Peregrin's Gastmahl S. 433—56), als wenn
beide durch die Erkenntniß und Anerkenntniß der Subjectivität
alle Substantialität des Glaubens wie des Wissens aufgehoben
und zu einer verderblichen, separatistischen Atomistik des privaten
Fürwahrhaltens zersplittert hätten; denn sowohl Luther drang auf
eine objective Allgemeinheit des kirchlichen Glaubens, als auch
Cartesius gerade mit seiner Verzweiflung an aller Autorität das
Meinen und Dünken des subjectiven Philosophirens vernichten
wollte. Um die Wahrheit als die sich selbst wissende Idee von
allem menschlichen Beisatz zu reinigen, machten beide der Geltung
der Tradition als eines Grundes der Gewißheit ein Ende, indem
Luther alle Bestimmungen des Glaubens auf die unmittelbare
oder mittelbare Ableitung aus der Bibel als dem Wort Gottes,
Cartesius alle Bestimmungen des Wissens auf die Congruenz
mit dem sich selbst setzenden Selbstbewußtsein zurückführte, wobei
gar nicht von meinem und deinem, nicht einmal von unserm
oder eurem Privatbewußtsein, vielmehr von dem Bewußtsein als
solchem die Rede war. Dieser Idealismus entwickelte sich schließlich durch Kant und Fichte bis zur Absolutheit. Schelling rief
den Realismus in das Leben zurück, aber nicht als einen mechanischen Materialismus, sondern als die Gegenseite des Idealismus. Das Schwankende in dem Verhältniß der Natur zum

Geist, was bei Schelling vorherrscht, wurde erst durch Hegel vertilgt; indem er die Natur des Begriffs enthüllte und darin die an und für sich, nicht durch den Philosophen blos construirte, im Gegentheil sich selbst manifestirende Einheit der Substantialität und Subjectivität nachwies. Dies war nur dadurch möglich, daß er das, was Schelling die Indifferenz des realen und idealen Factors nannte, nicht in dieser vorausgesetzten leeren Allgemeinheit bestehen ließ, sondern in seiner Tiefe durchforschte. Das Logische ist das Moment der Idee, was weder die Bestimmtheit der Natur noch die des Geistes hat, wie Hegel dies auch vom Chemismus und Mechanismus so deutlich nachgewiesen hat. Um dieser Einfachheit willen ist es eben so sehr in der Natur als in dem Geist; aber keineswegs ist das Logische der Geist als solcher, wie man Hegel so oft beschuldigt. Schon in die Natur gehen die logischen Bestimmungen auf; in den Geist aber nicht blos die logischen, diese reinen Wesenheiten, vielmehr auch die Natur, wie Hegel dies in den Worten ausgedrückt hat, daß der Geist die Wahrheit der Natur sei. Obwohl Günther mit dieser Evolution des Gedankens von Cartesius bis auf Hegel sehr vertraut ist und häufig darauf zu sprechen kommt, so hat er ihren inneren Zusammenhang doch nicht so durchdrungen, daß er zu der Einsicht gekommen wäre, wie das Princip des Cartesianismus in der Dialektik des Hegelschen Systems sich bereits wirklich vollendet hat. Der ausführliche Beweis dieser Behauptung ist in der Phänomenologie vorhanden. Das Verhältniß des Selbstbewußtseins zum Bewußtsein als dem Wissen des Objectes innerhalb des vollendeten Systems ist hier S. 762 ganz deutlich so ausgesprochen: „Wenn in der Phänomenologie des Geistes jedes Moment der Unterschied des Wissens und der Wahrheit und die Bewegung ist, in welcher er sich aufhebt, so enthält dagegen die Wissenschaft diesen Unterschied und dessen Aufheben nicht, sondern indem das Moment die Form des Begriffs hat, vereinigt es die gegenständliche Form der Wahrheit und des wissenden Selbsts in unmittelbarer Einheit."

In materieller Hinsicht ist Günther's Hauptbemühung, den Beweis für den Satz zu führen, daß Gott als schaffender nicht sich selbst, sondern ein Anderes setzt, was nicht gleichen Wesens mit ihm selbst ist, weil der absolute Gott, für sich als unbedingt, nicht in die Creatur als in das Relative und Bedingte mit eingehe. — Jedes System der Philosophie, in welchem die wesentliche Identität des Geschaffenen mit dem Schaffenden, sei es als Hylozoismus oder als Spiritualismus, vorkommt, verwirft er als ein pantheistisches, weil es nothwendig zu einem Trabucianismus und durch diesen dazu führe, die Creatur blos als eine Modification Gottes anzusehen. — Diese Sätze werden so oft wiederholt, daß einzelne Stellen dafür zu notiren überflüssig ist; am einfachsten und schärfsten glauben wir sie im Gastmahl S. 544 ausgesprochen zu finden;

1. Alle immanente Actionen des Absoluten sind Affirmationen Seiner selbst — alle transcendentalen Actionen aber desselben sind Negationen Seiner selbst, sind seine formale Contrabiction, die objectiv realisirt zur Contraposition werden.

2. Die Weltcreatur (als Anderes Sein vom und gegen das Absolute) kann durch ihre immanenten Denkoperationen nie etwas Besseres gewinnen, als: Sich selber in verabsolutirter Gestalt d. h. kein Absolutes — keinen Gott.

3. Diesen kann sie aber nur denkend erringen durch Negation und Contrabiction Ihrer selbst — und das ist ihre Transcendenz in's absolute Sein, das eben so zur Weltcreatur, wie diese zu Gott, als lebendige Contraposition sich verhält.

Bevor wir weiter gehen, müssen wir hier auf einen Widerspruch aufmerksam machen, der bei Günther an vielen Orten zum Vorschein kommt, hauptsächlich aber im eilften und zwölften Brief seiner Vorschule auffällt. Hier heißt es nämlich zuerst, daß Gott seinem Wesen nach Einheit, seiner Form nach Dreiheit sei; dann aber wird von den drei Personen der Gottheit als von drei Substanzen geredet. Hier glauben wir mit Franz Baader (über den Begriff des gut- oder positiv und nicht gut oder negativ-gewordenen endlichen Geistes 1829 S. 9.), daß Günther nicht recht bedacht hat, was er schrieb; denn die Personen der Gottheit scheiden sich nicht als Substanzen; vielmehr in ihrer Substantialität sind sie identisch, in der Form ihrer Persönlichkeit aber unterschieden. Weiterhin unterscheidet Günther nach der alten Eintheilung die Creatur in Geist, Natur und Menschheit. Der Mensch als die Synthesis des Natürlichen und Geistigen hat an der Natur und an dem Geist die Voraussetzung seiner Existenz. Da jedoch eine solche unbekannte, reine Geisterwelt eine pure Abstraction ist (was einzusehen oder einzugestehen Viele noch fürchten), da die Menschheit allein die Welt der Geister im Unterschiede von Gott als dem absoluten Geist ausmacht und den sogenannten reinen Geistern von uns keine anderen Prädicate als von uns entlehnte gegeben werden können, nur daß wir ihnen von unserer schmutzigen Erdenwäsche gar nichts, sondern Alles von unseren Gallakleidern anhängen, so kann eine solche Synthesis nur sehr unbestimmt ausfallen. — Denn offenbar wird durch die Hypothese einer besondern Geisterwelt das wahre Verhältniß des Menschen zu Gott getrübt. Die Mosaische Genesis, auf welche man doch so gern für diese primitiven Bestimmungen zurückgeht, enthält nichts von der Schöpfung eines eigenen Geisterreichs; sie spricht nur von der Natur und vom Menschen, dem Gott, nachdem er ihn aus der Erde gebildet, unmittelbar seinen Geist einbläst. Die Elohim wird mir Günther hoffentlich nicht einwerfen, denn ich traue ihm eine verständige, aller Künstelei abholde Exegese zu. — Auf eine solche aparte Geistigkeit zwischen Gott, Natur und Menschheit ein großes Gewicht zu legen, ist Günther unstreitig dadurch getrieben, daß er, um allem Pantheistischen auszuweichen, den menschlichen Geist von dem göttlichen als einen eigenthümlichen unterscheidet. Eben dies verwickelt ihn in den Widerspruch, eine zwiefache Geistigkeit annehmen zu müssen, ohne doch recht deutlich machen zu können, was zwischen Geist und Geist das qualitativ Differenzirende sei. Denn, wie die Natur das Princip ist, durch welches Gott die Existenz des einzelnen Geistes vermittelt, so ist umgekehrt der Geist, auch in seiner Erschaffenheit durch den absoluten Geist, das Princip der Allgemeinheit. Günther hält, wie Cartesius, der Leib und Seele zu Substanzen machte, einen Dualismus im creatürlichen Sein fest und gibt nicht zu, daß das Wahrhafte des menschlichen Geistes der göttliche Geist selbst sei.

Günther stößt sich daher in aller Philosophie an dem Begriff, daß in der Welt oder in dem durch Gott gesetzten Sein Er selbst die Realität ausmache. Aber wir müssen dagegen bei ihm uns daran stoßen, daß er in einen gewissen Deismus verfällt und auf eine entgegengesetzte Weise das Relative der Erscheinung zu einem der Absolutheit des Wesens so widersprechenden Dasein erhebt, daß an eine concrete, den Widerspruch negirende Versöhnung des Endlichen mit dem Unendlichen gar nicht zu denken ist, daß es vielmehr bei einem bloßen Reflectiren der bedingten Creatur in den unbedingten Creator sein Verbleiben hat. Die Creatur vereinigt sich nicht mit dem Schöpfer; sie bringt es auch durch äußerste Negation ihres qualitativ anderen Seins nur zu einer Abmagerung ihrer Contraposition, zu einer Art Transparenz des Göttlichen durch das Irdische, und Günther mag es uns nicht übel nehmen, wenn wir diese Lehre antichristlich nennen, so wenig uns entgeht, daß nur der gerechte Aerger, das Endliche theils von einem sinnlichen Eudämonismus, theils von einer rohen Reflexion vergöttert zu sehen, ihn zu diesem Extrem verleiten konnte, die Beziehung des Creators zur Creatur zu einem bloßen Verkehr, wie er es nennt, zu machen. Es kommt in jeder Philosophie darauf an, wie darin das Endliche und Unendliche in Verhältniß zu einander bestimmt wird, ob so, daß das Eine das Andere in sich absorbirt; ob so, daß Eines das Andere nur auf der Oberfläche berührt; oder so endlich, daß eine lebendige Durchdringung beider Seiten Statt findet, wie es bei Plato und Aristoteles, bei Schelling und Hegel der Fall ist.

Nach Günther ist das Endliche von Gott nicht bloß dadurch unterschieden, daß es das Endliche ist; bei ihm ist es Gott dem Wesen nach ungleich, wie er sich einmal ausdrückt: die Creatur ist dem Schöpfer nicht ebenbürtig. Allerdings ist die Creatur an sich, als durch die Negation Gottes gesetzt, mit dem Charakter des Negativen bezeichnet; die Negation ihrer selbst, in wie weit sie an sich negativ ist, bildet darum den einzigen Weg, aus der Immanenz in ihrer Beschränktheit zum Genuß des Absoluten zu transcendiren. Aber wenn das Endliche durch die erste Negation von dem Unendlichen sich scheidet, so ist diese zweite Negation der Act, wodurch es sich als Endliches aufhebt und in das Unendliche zurückkehrt. Das Unendliche ist nicht so vornehm, daß es nicht dem Endlichen sich hingäbe; aber das Endliche ist auch so wenig das Princip seiner selbst, daß es sich ohne Demuth, wenn man es ethisch benennen will, oder ohne Verlust seiner Schranke, ohne ein Absterben seiner Egoität, über sich selbst nicht erheben kann. In der Natur manifestirt sich die Unendlichkeit nur als das Schicksal des Endlichen, unterzugehen.

Es ist uns sehr aufgefallen, daß Günther trotz des Dualismus zwischen Natur und Geist, den er behauptet, an vielen Orten von dem Streben der Natur spricht, sich zum Selbstbewußtsein durchzusetzen. Eine Vermischung des Natürlichen mit dem Geistigen will er nicht; die Natur kann nicht durch Potenzirung Geist werden, so wenig als der Geist durch Potenzirung seiner selbst Gott werden kann. Allein durch die Ansicht, daß die Sünde des Menschen auch in die Natur gedrungen sei und sie dem Fluch Gottes unterworfen habe, läßt er sich bestimmen, das Negative in der Natur, Schmerz, Krankheit, Tod, Gift u. s. w. als etwas anzusehen, was in ihr nicht sein sollte. Ich weiß recht gut, daß nicht bloß Günther, sondern auch Franz Baader, Windischmann, Friedrich Schlegel u. A. diejenige Ansicht für flach und sogar für irreligiös halten, welche gegen die Existenz der Krankheit, des Todes u. s. w. nichts einzuwenden hat und sie als ein nothwendiges Moment der Erscheinung zu begreifen sucht, aber ich trage auch keine Scheu, zu bekennen, daß ich nicht weiß, wie die Speculation dem Anerkenntniß entgehen soll, daß die Realität des Endlichen, insofern die Idee dasselbe frei aus sich entläßt, alle jene tausendfachen Calamitäten mit sich führt. Alle idealisirenden Darstellungen der Welt ohne Schmerz, was sind sie anders, als liebliche Träume? Die christliche Religion ist auch in dieser Hinsicht die vernünftigste, weil sie von einem mühelosen Dasein gar nicht redet, sondern die Seligkeit einzig darin setzt, den Willen Gottes zu thun, außerdem aber Jeden sein Kreuz auf sich nehmen heißt. Daß nicht die menschliche Natur durch die Sünde corrumpirt worden, wer wollte das leugnen! Daß aber diese Corruption die ganze Natur verändert habe, leugnen wir und erklären die Hoffnungen, welche eine Veränderung dieser vermeinten Veränderung ersehnen, für zwar liebenswürdige jedoch grundlose Sentimentalität. Alle diese mineralischen Gifte, diese Wüsten, diese Felseinöden, tödtliche Pflanzen, Raubthiere, Orkane, Erdbeben und wie das Verzeichniß dieser unzähligen Plagen bis zur Cholera herab lauten mag, stimmen so innig mit den übrigen freundlichen Erscheinungen der Natur zusammen, daß die Natur ohne dieselben nicht zu denken ist. Selbst daß das Thierleben „ein krankes, unsicheres, angstvolles Dasein" ist, macht uns nicht irr, weil wir nicht, wie Günther, die Voraus=setzung machen, daß die Natur über sich hinauswolle, ohne doch je näher über sich hinauszukommen. Die Natur ist nur noch an sich geistig; das Bewußtsein über sie, das Wissen von ihr, liegt jenseits ihrer selbst; die Thiere haben keinen Hunger nach Erkennt=niß, nur einen Trieb, sich das Leben zu fristen; die Pflanzen wollen nicht Thiere werden u. 'f. w. Denn die Natur hat zum Zweck, für den endlichen Geist den Boden abzugeben und ist durch ihre Bewußtlosigkeit gerade befähigt, Mittel seiner Thätigkeit zu werden. Wenn jene Sentimentalität, welche die Natur so gern von der Natur befreiete, sich in solche Phrasen ausgießt, wie Pabst in seinem Buch: „der Mensch und seine Geschichte" S. 80 mit folgenden Worten thut, von denen wir nur den Anfang her=setzen wollen: „Wie in schweren Fieberträumen erheben sich die Elemente gegen den, welcher ihnen zum Herrn gegeben; das Meer zertrümmert seine Schiffe und verschlingt ihn in seine Tie=fen; die Wolke schleudert den Hagel auf seine Felder und den Blitz in seine Hütte; die Atmosphäre gießt Pest und Seuchen aus" u. s. w. — so fühlt man die Gedankenlosigkeit der De=clamation bald. Wenn sie sich, wie bei Günther, hinter eine glühende Sehnsucht nach totaler Beseligung des Universums schwer=müthig verhüllt, nimmt sie leichter für sich ein, so lange man nicht darüber nachdenkt. Es ist bei den Schriftstellern, welche dieser Ansicht zugethan sind, ordentlich Mode geworden, die be=kannte Paullinische Stelle von dem ängstlichen Harren der Crea=tur als eine Autorität dafür aufzuführen, und mit tiefem Gefühl nennt Günther dies schwere Wort von ihm die unverwelkliche Cypresse am Sarkophage des Naturlebens. Allein auf die Ge=fahr hin, für einen seichten Eregeten gehalten zu werden, ver=werfe ich das Mystische dieser Worte: ὠδίνει καὶ στενάζει πᾶσα κτίσις ἄχρι νῦν: und beziehe sie auf die Sehnsucht des Menschen, der ja auch eine κτίσις ist, erlöst zu werden, weil ich schlechterdings im ganzen neuen Testamente keine Spuren von

einer Vergeistigung der Natur in jenem Sinne erblicken kann;
ja ich möchte als Gegenspruch gegen jene Zärtlichkeit Göthe's
Worte setzen:

   Anbete du das Feuer hundert Jahr:
   Fall' dann hinein, dich frißt's mit Haut und Haar.

  Für die Auslegung, unter κτίσις nur den Menschen zu
verstehen, sprechen auch die Worte Christi zu seinen Aposteln,
daß, was sie sähen, Viele zu sehen getrachtet hätten. Das Harren und Seufzen ist das Bedürfniß der Creatur, sich selbst in
ihrer Einzelheit los zu werden. Dies Bedürfniß hat aber nur
der Mensch, nicht die Natur.

  Günther's Irrthum liegt darin, daß er das Verhältniß der
Erscheinung zum Wesen nicht streng genug beachtet hat. Wenn
er gegen Pantheismus in dem Sinne eifert, daß die Erscheinung
in ihrer Zufälligkeit nicht unmittelbar als Gott selbst aufgefaßt
werden soll, widersprechen wir ihm nicht; wenn er aber dagegen
streitet, daß in der Erscheinung oder in der Welt, als der Totalität der Erscheinungen, das Wesen das göttliche ist, also auch
das Wesen existirt, so widersprechen wir ihm, und wenn es
ihm beliebt, eine solche Lehre pantheistisch zu nennen, so vertheidigen wir diesen Pantheismus. Da Gott die Welt aus Nichts,
d. h. aus keinem außer ihm existirenden Sein, vielmehr aus Sich
schafft, so ist das Geschaffene als Geschaffenes allerdings ein Anderes, als Er, der Schaffende; allein weil Er offenbar die innere
Einheit alles Geschaffenen ausmacht, so ist das Andere, durch
ihn Gesetzte, ihm nicht qualitativ heterogen, sondern eben dem
Wesen nach identisch. Der Unterschied ist aber, daß die Welt,
welche von Gott gesetzt wird, nicht das Setzende, vielmehr das
als Erscheinung gesetzte Absolute ist und daß die Weltcreatur, obwohl ausgegangen von Gott, dennoch durchaus nicht Gott an
und für sich ist. Dazu wäre nothwendig, daß sie nicht ein Gesetztes, sondern absolut auch das sich selbst Setzende, daß sie der
Grund ihrer selbst wäre. Als freigelassen von Gott, kann die
Creatur es versuchen, sich absolut auf sich beziehen und von ihrem
Centrum abstrahiren zu wollen. Mit einem solchen Beginnen
erlangt sie aber in Ewigkeit nichts anderes, als die Qual, ihre
Endlichkeit durch das Einhausen in sich immer tiefer zu empfinden,

weil die Unendlichkeit des Wesens nur dann die Erscheinung durchdringt, wenn diese nicht sich in ihrer Einzelheit zum Centrum macht, sondern sich dem sie begründenden Wesen ganz hingibt. Wie nun in jenem Fall die Absolutheit des Wesens dadurch sich kund gibt, daß die Creatur in ihrem tantalischen Streben und durch dasselbe von Schmerz und Angst zerrissen wird, so manifestirt sie sich in diesem Fall durch die Erhebung und Beseligung der Creatur; und wie dort der Widerspruch existirt, daß das Nichts sich als Wesen affirmiren will, so existirt hier die Versöhnung der Erscheinung mit dem Wesen, indem der Unterschied beider sich aufhebt. — Günther ist nicht dazu gekommen, diese Versöhnung zu begreifen und will daher auch nicht die Nothwendigkeit eingestehen, daß das Wissen des ewig Wahren, daß absolute Erkenntniß nur durch das Absolute selbst zu Stande kommen kann, welches die Wahrheit nicht blos erkennt, wie wir, sondern, indem es sie weiß, dieselbe ist. Deswegen muß ihm auch die Speculation mehr ein Reflectiren vom Standpunct des Selbstbewußtseins aus verbleiben und der uralte, schon von Empedokles so schön ausgeführte Satz, daß nur Gleiches das Gleiche erkenne, als ein zum Pantheismus verlockender erscheinen. Auch wir bekennen uns zu diesem Satz, weil Gott nur durch Gott wahrhaft erkannt werden mag; ohne Ihn kann man vielerlei von ihm denken; aber was er wirklich ist, kann nur durch sein Wissen von Ihm selbst unsere Gewißheit werden. Da Günther öfter die Bibel für sich anführt, so sei es uns erlaubt, sie auch einmal zu citiren; Korinth. I. C. II. v. 10 und 11., wo die Schlußworte: οὕτω καὶ τὰ τοῦ θεοῦ οὐδεὶς οἶδεν, εἰ μὴ τὸ πνεῦμα τοῦ θεοῦ; doch gewiß mit jenem Satz auf das Beste übereinstimmen.

Daß der Mensch Gott nur durch Gott erkennt, ist doch wohl nicht dasselbe damit, daß der so erkennende Mensch Gott auch ist; und so nimmt Günther dies Princip, weil er sich nicht davon losmachen kann, da, wo eine Identität des Menschlichen mit dem Göttlichen behauptet wird, augenblicklich diese Identität nicht als freie Einheit, sondern materiell so anzusehen, daß er die Creatur als einen Theil Gottes betrachtet. Dann wäre Gott, wie er sehr gut auseinandersetzt, nicht wahrhaft Schöpfer, der die

Welt nicht aus reiner Freiheit d. i. Liebe, vielmehr aus Nothwendigkeit schaffte. Die Speculation kann den Grund zur Schöpfung wahrhaft nur aus dem Begriff der absoluten Freiheit Gottes begreifen; eine Entäußerung der Substanz ex necessitate naturae als bloße Evolution ist sie nicht, weil nur die höchste Freiheit die Gott bestimmende Nothwendigkeit ist, so daß er, in Liebe die Welt erschaffend, von ihr völlig unabhängig ist. Er bedarf ihrer nicht, wie wir, die Geschaffenen, Seiner bedürfen. Also schafft er die Welt nicht in einem Drange, um sich zu entwickeln, wie etwa ein Künstler, um seinem Ideal näher zu kommen, Werke schaffen und von einer Stufe der Bildung zur anderen fortschreiten muß. Noch weniger haben gar wir Menschen uns einzubilden, daß (wie etliche Philosophen sich schmeicheln) wir durch unser Thun und Denken den immer herrlicher sich gestaltenden Gott zu verklären beitrügen, daß er erst in uns zum Wissen seiner selbst käme. Verhielte es sich so, dann wäre Gott nicht absolut. Die Weltschöpfung, zu welcher er dann gezwungen wäre, würde unmittelbar zu ihm gehören, würde wirklich einen Theil von ihm ausmachen und Er selbst nur in der Totalität der Erscheinungen als absolutes Ganzes existiren. So aber würde er eben nie absolut sein, weil er immerfort der Endlichkeit zu der stets gesuchten, jedoch nie abgeschlossenen Vollendung seiner selbst bedürfte; im Gegentheil wäre er dann von Natur und Geschichte abhängig, weil er durch endlos fortgesetzte Offenbarung in ihnen sich selbst zu erreichen streben müßte. Dann wäre Gott freilich ein auch in Raum und Zeit werdender und ihm die Welt in ihrer Doppelgestalt als Natur und Geschichte schlechthin nothwendig, denn sie wären Momente seiner Existenz und alle jene crassen pantheistischen Vorstellungen, daß Gott durch Natur und Geschichte sich selbst erst zu erfassen, durch sie zum Bewußtsein über sich zu kommen sucht, wären vollkommen gerechtfertigt.

Wenn Günther gegen solche Ansichten kämpft, so geben wir ihm ganz Recht, weil er die Freiheit und Unabhängigkeit Gottes von der Welt vertheidigt. Allein über diesem Bemühen vergißt er leider, daß Gott als der absolut freie auch die Freiheit der Welt will. Diese Freiheit ist in ihrem Wesen Gottes Freiheit selbst; aber in der Welt scheidet sich die Freiheit in die wahrhafte und in die falsche, dem göttlichen Wesen entfremdete. Die von Gott frei gelassene Welt kann sich selbst bestimmen, ohne aus ihrer Identität mit dem Wesen herauszutreten. Aber die Selbstbestimmung enthält auch die Möglichkeit, ihren formellen Unterschied von Gott zum reellen Widerspruch zu machen und, als der Form nach von Gott unabhängig, gegen Gott sich zu bestimmen. Dies ist das Böse. Sein Entstehen auf die angedeutete Weise zu begreifen, ist offenbar noch keine Billigung desselben, keine Rechtfertigung in dem Sinne, daß die Schuld des Bösen aufgehoben oder gar auf Gott zurückgewälzt würde. So aber nimmt Günther jede Theodicee, welche entwickelt, daß die menschliche Freiheit die in ihr gesetzte Möglichkeit, durch sich ihr Wesen, die göttliche Freiheit, negiren zu wollen, auch verwirklichen mußte. Daher darf es uns nicht wundern, wenn er auch dem Hegelschen System in dieser Hinsicht den Vorwurf des Pantheismus macht. Besonders tadelt er einmal im zweiten Bande der Vorschule, S. 140—42, Marheineke's Dogmatik deswegen, wenn er auch bei dieser Gelegenheit mit milderem Ausdruck nur von Semipantheismus spricht. Uns scheint Marheineke's Auffassung der Freiheit gerade den unsäglichen Widerspruch der angeerbten und persönlichen Schuld glücklich zu lösen, denn nach ihm will und thut Gott das Böse nicht. Der Mensch will und thut es, weil er als Einzelner sich selbst ausschließlich wollen kann. Von solcher Einzelheit ist Gott frei. Der Mensch aber ist nicht unmittelbar von ihr frei, sondern wird mit ihr geboren und überwindet sie nur durch die That, welche als Versöhnung sich erst nach Erkenntniß der Negativität der Einzelheit realisiren kann. Wie nothwendig und unausbleiblich diese Erkenntniß sei, finden wir weitläuftiger in dem Buch von Pabst S. 112 — 20 ausgeführt, wo sehr sinnreich unter der Ueberschrift, Freiheitsprobe des zweiten Adam, die Versuchungsgeschichte Christi als diejenige Act seines Lebens durchgenommen wird, in welchem er die Natur der Freiheit des Menschen, zum Guten oder Bösen sich bestimmen zu können, an sich erfuhr.

Wir stehen in Bezug auf die Freiheit als menschliche und göttliche gar nicht an, Günther den Vorwurf zu machen, daß er den Begriff des Selbstbewußtseins mit dem des Geistes verwechselt. Das Wissen ist des Geistes tiefste Bestimmung; er ist nur Wissen, so daß man vom Geist allenfalls die Definition geben könnte: das Wissen als solches ist der Geist. Aber als geistiges Wissen läßt es die endliche Vermittelung hinter sich, welche die Bildung des Bewußtseins mit sich führt. Gott als der absolute Geist, als das absolute Wissen, hat Sich als absolutes Object und weiß, wie wir schon vorhin sagten, die Wahrheit unmittelbar, indem er sie selbst ist. Nicht, wie das einzelne Bewußtsein im Proceß seiner Entfaltung, hat er nöthig, vom Gefühl zur Anschauung, von der Anschauung zum Vorstellen u. s. w. fortzugehen; vielmehr als absolut frei von aller Endlichkeit der Natur und Geschichte ist er auch ewig in gleicher Klarheit sich absolut durchsichtig.

Daher kann man von seinem Wissen nicht blos, wie Günther thut, als von dem Selbstbewußtsein reden, sondern muß die Absolutheit dieses sich selbst Wissens zugleich mitbedenken, was unsere Sprache, um es von dem Bewußtsein zu unterscheiden, eben mit dem Ausdruck Geist bezeichnet. Außerdem hätte er erwägen sollen, daß der endliche oder menschliche Geist in der Bildung des Bewußtseins einen Weg zurücklegt, der zwar für Gott als den absoluten Geist gar nicht zu machen ist, daß aber auch Alles, was diesem Proceß angehört, in das Endliche fällt, bis durch die Ueberwindung seines Scheines und seiner Täuschungen der Begriff des Geistes selbst erreicht ist, der als das Wissen seiner Substantialität das Selbstbewußtsein für sich als Moment in sich aufgehoben hat. Aus Besorgniß, Gott mit der Welt in zu nahe Affinität zu bringen und in irgend einen Pantheismus zu gerathen, sondert Günther den menschlichen Geist so sehr von dem göttlichen, daß er oft in Abstractionen verfällt, die er, vermöge der Kraft seines Gemüthes und seiner Phantasie, einen Schritt weiter selbst wieder aufhebt. Besonders ist dies der Fall in der Vorschule, wo die Incarnationslehre Vieles anders stellt, als es in der Creationslehre geschieht, denn zu lebendig empfindet er, daß Alles, was in dem menschlichen Geschlecht Geist ist, was darin also nicht der Seite des endlichen Bewußtseins angehört, wirklich göttlich ist. Günther wird uns nicht einwerfen, daß durch die Sünde unsere ursprüngliche Einheit mit Gott zerrissen worden (abgesehen davon, daß nach seiner Creationstheorie eine solche wesentliche Identität nicht ist), denn verzweifeln wir unseres Bösen wegen an einer Wiederherstellung des Ebenbildes Gottes in uns? Liegt nicht in der Versicherung einer solchen Reintegration die Stärke des christlichen Glaubens? Ist nicht jene Traurigkeit um der Sünde willen die, welche Niemanden gereuet? Sind diese finstren Momente unseres Lebens nicht die Geburtswehen, in denen Christus Gestalt in uns gewinnt? Wir wollen Günther selbst II. S. 114, antworten lassen und dabei zugleich eine Probe seiner kräftigen Darstellung geben: „diese Theologen mit und ohne Doctorhut haben sich, glaube ich, wohl nie ernstlich gefragt, wie viel zum Verzweifeln an Sich, und zum Vertrauen auf Gott, als subjectiven Thätigkeiten eines Geistes gehöre, sonst hätten sie erstlich nie den, wenigstens theilweisen, Besitz der ursprünglichen Kräfte geleugnet; diese Leugnung ferner nicht wider Willen aufgehoben, um eine schwammige Passivität als schwachen Ueberrest des Ebenbildes; — als Spinnrocken für den heiligen Geist zu erhalten. Aber — zum Verzweifeln gehören so gut zwei Kräfte, als zum Trauen und Bauen zwei Arme. Diese speculativen Theologen müssen von den Geisteskräften des Menschen in der That keine andere Vorstellung haben, als von den Saamenkörnern eines Mohnkopfes, dem freilich, wenn er in seiner Ueberreife Sprünge bekömmt, alle Kräfte und Körner ausgerüttelt werden können, so daß er als ein leerer und armer Kopf und Tropf dasteht, der sich nicht einmal mehr anfüllen läßt. Aber viel fehlt jenen Theologen noch zur speculativen Reife bei einer solchen Ansicht von Seelenkräften, die doch nichts Anderes sein können als: die ursprünglichen Erscheinungsweisen eines Wesens, das da erscheinen muß, wenn es sich und Andern offenbar werden will. — Oder ist vielleicht jenes Verzweifeln gar keine subjective Thätigkeit, sondern die Thätigkeit Gottes in seinem Ebenbilde selber? — Ich meine, Thomas! wir Zwei müßten ohne weiters dieser Ansicht beipflichten', wenn wir als Papisten uns einst schämen sollten und neben die Rationalisten uns stellen zu lassen; sintemalen Gott wahrlich an sich selber als Urbild zuerst verzweifeln müßte, wenn Sein Ebenbild in der Creatur (als dem gelungensten Nachbilde) so miserabel ausgefallen wäre, daß der Automat bei der ersten mechanischen Bewegung irreparabel aus Leim und Fugen getreten wäre. — Du aber kannst Dir merken, daß es eine Demuth gibt, die nicht blos für die Hölle, sondern selbst für den Himmel zu schlecht, weil kraft-, saft- und muthlos ist; und daß es einen Lebensmuth gibt, der den Hochmuth wie den Kleinmuth ausschließt."

Und wahrlich, es verlohnte sich nicht, auch nur einen Tag mit Bewußtsein zu athmen, wenn nicht die Ueberzeugung den Menschen beseelen dürfte, daß Gott ihm sein Wesen nicht vorenthält, vielmehr ihm, als seinem freien Ebenbilde, mitzutheilen geneigt ist. Alle Religion, und vor allen Religionen die christliche als ihre Wurzel, sehen wir das Bekenntniß ablegen, daß nur Gottes Wesen das Wesen des Menschen ist und daß alles Andere der Zufälligkeit des Endlichen anheimfällt. Will Günther diese Ansicht pantheistisch nennen, so mag er es thun; Jedermann wird leichtlich einsehen, daß das Wort Pantheismus hier in einer Bedeutung auftritt, welche es noch nicht gehabt hat. Günther geht so weit, daß er, um den göttlichen und menschlichen Geist recht auseinanderzustellen, auch die Worte Christi anführt: „der Vater ist größer denn ich." Wäre diese Exegese richtig, so dürfte er nichts dawider haben, wenn ich ihm Christi Worte: „Was nennst du mich gut? Niemand ist gut, denn der einige Gott!" als einen Beweis anführen wollte, daß Christus selbst nicht gut, also böse war, daß Gott nur ein Einiger, also kein Dreieiniger ist. Aber wie sollten dann Stellen, wie z. B. Ev. Joan. XVII. 22—23, verstanden werden! — Wir verkennen das ehrenwerthe Princip nicht, wodurch Günther zu so schroffen Behauptungen hingerissen wird; er will die Erkenntniß des Göttlichen vor aller stumpfen Vermenschlichung und vor aller Verseichtigung in flachen Humanismus verwahrt halten. Das konnte er aber, ohne in der Erscheinung (nach seinem Terminus, Weltcreatur) das Wesen zu leugnen und ohne durch die wesentliche Identität des Göttlichen mit Menschlichen, wie er immer fürchtet, genöthigt zu sein, den Schöpfer mit dem Geschöpf, die Natur mit dem Geist, das Böse mit dem Guten confundiren zu müssen. Nur durch eine tiefere Erkenntniß des Negativen der Idee, wie er sie bei Franz Baader, bei Jakob Böhm, bei Hegel finden kann und durch ein noch tieferes Studium des Selbstbewußtseins kann er dazu gelangen.

Dann wird er über solche Ausdrücke, daß die Creatur das Nicht — Ich von Gottes Ich, die contraponirte Duheit seiner Ichheit sei, und ähnliche hinauskommen. Wir beschließen diese Auseinandersetzung, indem wir ihm mit Schiller zurufen:

> Freundlos war der große Weltenmeister
> Fühlte Mangel — darum schuf er Geister,
> Sel'ge Spiegel seiner Seligkeit!
> Fand das höchste Wesen schon kein Gleiches,
> Aus dem Kelch des ganzen Seelenreiches
> Schäumt ihm — die Unendlichkeit.

Es wird nun hohe Zeit sein, den Leser näher mit der Oekonomie der Günther'schen Bücher bekannt zu machen. Die Vorschule enthält einen Briefwechsel und mehre Beilagen. Die erste von diesen gibt eine Kritik der Begriffe von Raum und Zeit bei Aristoteles, Augustinus und Kant und sodann eine eigene Theorie als von den Grundformen alles creatürlichen Seins, welche von der Augustinischen nicht viel abweicht. Die zweite Beilage spricht über den wechselseitigen Einfluß der Metaphysik und Psychologie; die dritte — ein scharf zugeschnittener Auszug aus Schleiermachers Dogmatik — über Naturwissenschaft in ihrem Verhältniß zur Religionsphilosophie des positiven Christenthums. Die letzte Beilage, welche die Stratageme der auf dem Boden der speculativen Theologie Kriegführenden Mächte beschreibt, dürfte wohl die gelungenste sein. Der Briefwechsel selbst wird zwischen dem Onkel Peregrinus Niger zu Kirchfels und seinem Neffen Thomas Wendeling geführt, welcher letztere sich eben durch das Studium der Theologie zum Dienst der Kirche vorbereitet. Der Neffe trägt dem geistlichen Oheim seine speculativen Bedenken vor, referirt ihm seine Lectüre und der Onkel — referirt ihm ebenfalls seine Lectüre, eröffnet ihm die Resultate seines Nachdenkens, löst ihm seine Zweifel und regt ihn zu neuen auf.

Im Gastmahl finden wir die Scene verändert. Der Neffe ist bereits zu Turin im Dienst der Kirche, von wo er dem Onkel Ventura's Buch überschickt. Dieser ist aber nicht allein, sondern auf einem gemüthlichen Landsitz mit dem Pedel seines Kirchspiels, Benedict Wabbel und mehren alten Freunden, einem Excarmeliter Fidelis, einem Physikus und einem Capitain-Auditor, in eifrigen philosophisch-theologischen Untersuchungen begriffen. Alle Donnerſtag Abend verſammelt ſich die ſpeculative Gemeine; es wird von einem der Mitglieder ein Vortrag gehalten und hinterher, bei einem Gericht Krammetsvögel oder bei einem Glaſe Punſch, heiter und freimüthig darüber geſprochen. Eine ächte Wiener Behaglichkeit iſt über dies ſo tieffſinnige und doch ſo anmuthige Stillleben ausgegoſſen; von der neckiſchen Laune eines Abraham a St. Clara erhebt es ſich bis zur Erhabenheit des Jean Paulſchen Humors, beſonders in der vortrefflich erzählten Geſchichte des Hahnenſchlages. Aber den Mittelpunct des Ganzen macht das Verhältniß des Friſeurs Pietro Belcampo zu dem Pedel Wabbel. Belcampo iſt kein anderer, als der auch unſeren Leſern aus Hoffmann's Elixiren des Teufels hinlänglich bekannte Pietro, mit ſeinem Deutſchen Namen Peter Schönfeld, ein alter Schulfreund jener Speculanten. Er kommt direct aus Paris zu ihnen und hält ihnen lange, meiſt nach Damiron verfaßte Vorleſungen über den Zuſtand der ſpeculativen Theologie in Frankreich, für welche er begeiſtert iſt. Aber ſeine Deutſchen Freunde wiſſen ihm ſo viel Mängel an Couſin (man vgl. beſ. S. 176 ff.), an Bonald, de Maiſtre u. ſ. w. aufzuzeigen; der naturaliſtiſche Benedict weiß ihm ſo manches Geheimniß der Deutſchen Naturphiloſophie ſpielend zu verrathen und durch ſein inniges Lautenſpiel, womit er den geiſtlichen Geſang der alten Herren begleitet, ſo zu rühren, daß er ſich Knall und Fall zu ihren Anſichten bekehrt. Das Glaubensbekenntniß, was er bei dieſer Gelegenheit ablegt, halten wir unbedingt für den Kern des ganzen Buches; es enthält S. 355 — 367 in Parallele mit dem Apoſtoliſchen Symbolum alle Hauptſätze der Günther'ſchen Speculation in ſich verſammelt. — Gegen das Ende zu wird die Darſtellung ſowohl der Verhältniſſe als des Raiſonnements etwas verworren. Zwar kommen immer vortreffliche Sachen vor z. B. das Geſpräch des göttlichen Waldteufels (von Göthe) mit dem Einſiedler S. 487; das Effectenverzeichniß der erſiegten Spolien aus dem Kampfe der Laubfröſche und Kirchenmäuſe S. 494 u. ſ. f. aber doch ſcheint es uns an einer rechten Verbindung dieſer an ſich intereſſanten Einzelheiten, an einem zweckmäßigen Uebergehen von einem Thema zum andern zu fehlen und beſonders iſt uns Pietro's und Benedict's Reiſe gar nicht recht begreiflich. Da aber das Gaſtmahl ſeine idylliſchen Synoden bei einem halbweg schönen Herbst wiederholen dürfte, so wollen wir uns bescheiden, die Lösung so manches Räthsels darin nachzusuchen.

Der Leser wird sowohl zur Theilnahme an jener Correspondenz, als an diesen Festins sich gern einfinden, weil ein ungenirter, aller falschen Vornehmheit und wissenschaftlichen Affectation abgeneigter Ton im Hause des alten Peregrinus herrscht. Die Entwicklung ist nicht systematisch, sondern aphoristisch, ohne jedoch so breiweich und abenteuerlich zu werden, wie wir leider in brieflichen und andern Darstellungen protestantischer Theologen und Philosophen haben erleben müssen. Um aufzuregen, um eine Menge noch nicht zur vollendeten Harmonie gebildeter Gedanken in das Leben treten zu lassen, ist eine solche Methode ganz angemessen. Die Widersprüche, welche sie bei dem Auseinanderfallen der Gedankenreihen mit sich führt, sind gerade in dieser Zufälligkeit recht wirksam, weil man von der fragmentarischen Form keine strenge Auflösung verlangt und doch ein tüchtiges Object zum Nachdenken empfängt. Auch redet Günther keine Schulsprache, obwohl er, wie gar manche Passagen zeigen, der strengen und consequenten Deduction vollkommen mächtig ist; dieser zu Grunde liegende Ernst befähigt ihn zur humoristischen Parodirung des ordinairen Schultons. Eine Fülle von Bildern, Wortspielen und ironischen Wendungen steht ihm zu Gebot. Dies Talent allein würde freilich den Humoristen noch nicht ausmachen, wenn nicht durch das Ganze eine Stimmung zum Komischen sich hinzöge, welche nur durch das schmerzliche Ausbulden des ächttragischen Pathos errungen werden konnte. Denn die Komödie, wo sie entsteht, ist immer der Verrath, daß der Geist mit irgend einer Gestaltung seines Bewußtseins fertig geworden ist und, weil er selbst schon auf einem anderen und höheren Standpunct sich befindet, mit derselben spielen, an ihrer Vernichtung sich erfreuen kann.

Diese Stimmung, die Verkehrtheiten des Geistes im Bewußtsein der Idee zu genießen, mag der Grund gewesen sein, daß Günther die Ausgangspuncte seiner Betrachtung beständig von Werken des zweiten Ranges entnimmt. Wir verstehen darunter solche, die zwar Anspruch darauf machen, für originale und stimmführende Producte gelten zu wollen, jedoch in sich derjenigen Selbstständigkeit ermangeln, welche nothwendig ist, um mit der

That, nicht bloß mit ihrer Prätension und Meinung, ihren Verfassern eine nationale. oder gar welthistorische Bedeutung zu verdienen. Solche Werke nun, weil sie irgend einer großen Richtung sich anschließen, jedoch zugleich als eigenthümlich sich davon auszuscheiden trachten, sind einer Darstellung sehr günstig, welche einen Gegenstand nicht rein für sich abhandelt, sondern immerdar ein ihrer Ansicht Widerstrebendes im Auge hat, worauf sie bald ironisch billigend, bald aufrichtig tadelnd, bald zurechtweisend, bald verhöhnend, reflectiren und gegen welches sie die Pfeile ihres Witzes abschießen kann. Günther macht daher zuerst aus irgend einem Buch Auszüge; hierauf recensirt er es in einem wehmüthig-lustigen Ton. Wir müssen dabei rühmen, daß er in Treue der Auffassung und Billigkeit des Urtheils sich sehr verbessert hat, wenn wir z. B. an die Zeit denken, wo er. in den Wiener Jahrbüchern Eschenmayer's und Hinrichs' Religionsphilosophie mit einem wahrhaft mathematischen Leichtsinn kritisirte; wir sagen mathematisch nicht darum, weil wir die Mathematiker oder gar ihre exacte Wissenschaft für leichtsinnig hielten, sondern weil Günther in der philosophischen Construction mit Plus und Minus zum Erbarmen umsprang und alle speculativen Begriffe mit grausamer Verständigkeit auf diesen Gegensatz zurückschraubte.

Der Vortheil, welcher sich durch das Verfahren ergibt, die Betrachtung immer an ein gegebenes Object anzuknüpfen, ist die Leichtigkeit der Reflexion, die Mannigfaltigkeit und Lebendigkeit der Darstellung, das Interessante, den geistigen Standpunct eines Individuums zu bestimmen. Der Nachtheil ist eine Zerstreuung der eigentlichen Grundansicht des Beurtheilenden, welche beinahe stets nur als Widerspruch auftritt und nur selten zu positiven Definitionen sich verdichtet, welche Ruhepuncte die Gefälligkeit Günther's dem Leser durch gesperrte Lettern bemerkbar gemacht hat. Es gehört die enorme Belesenheit, das anhängliche Leben in unserer dermaligen, so weitschichtigen Europäischen Bücherwelt und die witzige Ueberkraft unseres Wiener Hamann dazu, hierbei durch Wiederholung nicht langweilig zu werden. Und wenn wir ihm das Zeugniß geben müssen, daß er sich, wie Wenige, auf die Kurzweil versteht, so müssen wir uns dagegen der Befürchtung hingeben, daß wir in diesen Episteln und Dialogen gar Manches übersehen haben können, worauf er selbst wohl einen größeren Nachdruck gelegt hat, der uns entgangen ist. Namentlich ist uns vorgekommen, als wenn das Gastmahl viele Bestimmungen der Vorschule zwar nicht aufgehoben, aber bedeutend gemildert hätte. — Die Erscheinungen, von denen Günther ausgeht, machen wirklich eine besondere Schicht des großen Gebirgslandes unserer theologisch-philosophischen Literatur aus. Nicht das gediegene Urgebirge wird untersucht, denn es ist von Kant, Schelling, Leibnitz u. A. mehr indirect die Rede; sondern die mittlere Lagerung, welche zwischen diesen festen Grundformationen und zwischen den unbestimmteren Ansätzen und charakterloseren Aufschwemmungen liegt, fesselt den Blick. Herbart's Psychologie, Krause's jüngste dickleibige Schriften, Jäsche's Untersuchungen über den Pantheismus, Blasche's Buch über das Böse, Daumer's Urgeschichte des Menschengeistes, Troxler's Philosophie, Tholuck's Weihe des Zweifler's, Fichte's Vorschule zur Theologie und andere Schriften sind die Objecte, an welche die Betrachtung sich anspinnt. Einige derselben, z. B. Krause's Leistungen, sind überschätzt; andere z. B. Leo's Vorlesungen über die Jüdische Geschichte, sind mit einer gewissen Uebereilung verworfen und abgethan; hätte Günther Leo's von ihm selbst so klar angegebenen Zweck, die Juden vom politischen Standpunct aus anzusehen, ruhig bedacht, hätte er ferner, wenn er einmal persönlich zu werden nicht unterlassen konnte, sich näher nach ihm erkundigt, so wäre gewiß der schlechte Sarkasmus in der Vorsch. II. S. 330 nicht aus seiner Feder geflossen; kleinere Schriften, welche aufzuführen zu weitläuftig sein würde, werden sehr energisch im Vorbeigehen in den Koth getreten z. B. das Gebell von Schubarth und Carganico gegen Hegel, über welches Belcampo nach einigen Proben S. 162 ausruft: C'est inouï de tout et ennuyant! und woselbst der Capitän-Auditor, Carganico geradezu einen Gelbschnabel nennt. — Bei der großen Ueberlegenheit, welche Günther über Viele der genannten Schriftsteller, selbst über Troxler zeigt, ist zu bedauern, daß er nicht darauf gekommen ist, ihre Werke mehr genetisch und gruppenweise, mehr in Zusammenhang mit den tieferen und allgemeineren Grundrichtungen, denen sie angehören, zu verfolgen.

Die Freiheit der epistolarischen und dialogischen Form, Alles als zufällig erscheinen zu lassen, wäre durch eine solche Gebundenheit gar nicht aufgehoben, die vernichtende Persiflage aber, womit so Manches behandelt wird, hätte sich durch sie noch schlagender herausgestellt.

Wie aus dem Vorigen erhellen wird, macht das Verweben der Kritik mit der einfachen Didaktik, sowie des Jean-Paulisirens mit der Speculation, einigermaßen schwierig, den ganzen Sinn zu fassen und in seinen einfachen Grundzügen aufzufinden. Aus dem Bedürfniß einer solchen zusammenfassenden Darstellung der Güntherschen Speculation ist das Buch von Pabst: der Mensch und seine Geschichte, hervorgegangen. Es ist dies nichts Anderes, als eine sehr wohlgerathene, systematische Entwickelung dessen, was Günther mehr aphoristisch, polemisirend und poetisirend in seiner Vorschule der Theologie gibt. Der besonderen Kritik dieses Buches können wir also insofern entbehren, als das Wesentliche, was wir über seinen Inhalt zu sagen hätten, bereits vorgekommen ist. Wir machen daher nur die Bemerkung, daß der Verfasser bei aller Gewandtheit doch die gewöhnliche Krankheit der Schülerschaft nicht ganz hat verwinden können, indem er theils über wichtige Bestimmungen, besonders was die Natur des Selbstbewußtseins betrifft, zu leicht hinweggegangen ist, theils andere übertreibend hervorgehoben hat und damit, gewiß gegen den Sinn des Meisters, in Unwahrheit gerathen ist. Außer der ganz schlechten Ansicht des modernen Studiums der alten Religionen und Mythologieen (Siehe bes. S. 96), außer dem pfäffischen Stolze, der in der Lehre vom Apostolat durchblickt, außer der empörenden Art, wie höchst schwierige Momente der Kirchenverfassung mit einer Declamation abgemacht werden (z. B. S. 151 die Infallibialität des Pabstes so: „Sind auch der bösen Könige Herzen in der Hand Gottes, daß Er sie lenket wie Wasserbäche, — mußte auch ein Bileam und Kaiphas prophezeien: warum sollte es dem allmächtigen Geiste Gottes in der Kirche unmöglich sein, irgend einen Mund in derselben die Wahrheit aussprechen, und den obersten Hirten dieselbe sanctioniren zu machen, in dem Augenblicke, wo es der Wahrheit bedarf"?), außer diesen Stellen ist uns die Auffassung der Ehe als einer Beleidigung Gottes wahrhaft widrig gewesen. Der heilige Geist ist allerdings weder männlich noch weiblich; das wissen wir Protestanten so gut als Herr Pabst; aber wir Menschen können das Geschlechtsleben nicht verleugnen und die Ehe vertilgt in ihm die Lust, subordinirt sie dem geistigen Verhältniß und heiligt das Naturleben. S. 134 führt sie Pabst zwar auf als ein Sacrament der Kirche, aber S. 185—187 läßt er sich auf eine so mönchisch-sophistische Weise über diese Affirmation der Ursünde, wie er den Zeugungsact nennt, aus, daß man faßt eine priesterliche Angst hinter der Anstrengung sehen möchte, welche für die Rechtfertigung des Cölibates die Zeugung zu etwas so Ungeheurem macht und ein so unendliches Gewicht darauf legt. Dies Raisonnement schließt mit folgenden Worten: „wie der zweite Adam im Geschlechte den Gegensatz bildet gegen den ersten: so muß auch die Function der Zeugung für Jenen (die Fortführung des zweiten Adams im Geschlechte) sich als Gegensatz darstellen und aussprechen gegen die Function der Zeugung für letztern (die Fortführung des ersten Adams in der Gattung). Und wie im restaurirten Geschlechtsorganismus, — der Kirche, — das Priesterthum in nicht minder concreter Gestaltung und Geschiedenheit und mit gleichem Charakter der Unauflöslichkeit, der Ehe gegenübersteht, so ergibt es sich auch von selbst, daß die Träger desselben, die Verwalter der Geheimnisse Christi, die Geschäftsführer des Erlösungswerkes, der Geschäftsführung der alten Sünde absagen, — daß Diejenigen, deren ganzes Leben im Dienste gegen das Urübel aufgehen soll, diese ihre feindselige Stellung gegen dasselbe auch dadurch aussprechen, daß sie sich von einem Werke hinwegwenden, das nicht vollzogen werden kann, ohne den Gräuel der Verwüstung an heiliger Stätte zu affirmiren". Ich glaube kein widerlegendes Wort hinzufügen zu dürfen.

5. Daumer's Pantheismus und Kreuzhage's Autotheismus. 1832.

Schon 1827 gab Daumer zu Berlin die Urgeschichte des Menschengeistes als Fragment eines Systems speculativer Theologie heraus. Er beschäftigte sich darin vorzüglich mit der Schellingschen Lehre vom Grunde in Gott, welche Schelling in seiner

Abhandlung über die Freiheit gegeben hatte. Was Daumer in speculativer Hinsicht darüber sagte, war unbedeutend; die parallelen Stellen aber, die er aus Jakob Böhme's Schriften anführte und die mythologischen Erläuterungen aus den alten Religionen, boten manches Interessante dar. Seine Schrift, Andeutung eines Systems speculativer Philosophie, 1831, ist der Sache nach gehaltreicher, der Form nach klarer, obwohl sie keine schrittweise Entwickelung, nur abgerissene Aussprüche eines philosophischen Systemes enthält. Sie zerfällt eigentlich in vier verschiedene Massen. Bis S. 8 stehen poetisch ausgedrückte Reflexionen, welche den Pantheismus des Verfassers in Goethe'scher Xenienmanier darstellen; dann finden sich die Grundzüge des Systems; ferner die Beziehung desselben auf viele Interessen der Gegenwart und auf entgegenstehende Ansichten; endlich folgen Betrachtungen mythologischer Gegenstände, des Mannes und Weibes, der Sonne und des Mondes, des Trinkens und Essens, des Phönix und des Stiers u. s. w., eine Art von comparativer Anatomie der alten Mythen, zu welcher Daumer ein besonderes Geschick schon in seiner früheren Schrift zeigte.

Daß die Polemik der philosophischen Systeme beständig auf den Streit zwischen dem Pantheismus und Deismus zurückkommt, dürfte als etwas Lästiges erscheinen, wenn nicht die Natur der Idee selbst diesen Zwist begründete und rechtfertigte. Denn im wahren System der Philosophie ist der Pantheismus so sehr als der Deismus nur ein Moment; es selbst ist weder pantheistisch noch deistisch, weshalb eben Einige bald den Pantheismus, Andere den Deismus darin erblicken. Der Pantheismus geht in allen seinen Gestalten auf die Substantialität, auf die Einheit der Welt mit Gott und sagt hierdurch poetischen Naturen am meisten zu; der Deismus geht auf die Subjectivität, auf den bewußten Unterschied Gottes von der Welt und ist dadurch der Liebling moralisch gesinnter Menschen. An und für sich aber ist die Substantialität und Subjectivität als absolute untrennbar. Wir dürfen uns nicht verdrießen lassen, im Folgenden diese Gegensätze zu betrachten.

Daumer hat S. 30—31 die Hauptmomente seines Systems verzeichnet. Das Ganze zerfällt in die vorweltliche Geschichte des

Geistes in die Geschichte der Weltentwickelung und in die absolute Welt. I. Die vorweltliche Geschichte des Geistes enthält: 1) das Absolute; es ist ohne Voraussetzung, absoluter Geist, selbstbewußter persönlicher Gott und schließt die Idee und ihre Entwickelung in sich; 2) das allgemeine Andere des absoluten Geistes, den Grund; dieser wird von dem Absoluten hervorgebracht und zur Vernünftigkeit entwickelt, indem er zuerst im Stande der Unschuld als Selbstloses, sodann als Ich im Abfall und endlich in der Vermittelung der Ichheit als Vernunft ist; 3) den Uebergang zur Weltschöpfung. II. Die Geschichte der Weltentwickelung enthält als Momente: den Firsternhimmel, das Sonnensystem, die Organisirung der Erde, den Menschen der Urwelt und den Pantheismus der Natur; ferner den Uebergang ins zweite Weltalter und in die historische Zeit, wo Völkertrennung, Heidenthum und Judenthum, Christenthum und (nach Daumer's Erwartung) die absolute Religion und das Universalreich des letzten Weltalters auftreten; endlich den Uebergang III. zur absoluten Welt, von welcher aber gar keine Bestimmungen angegeben sind.

Hierbei springt in die Augen, daß die Idee eigentlich nur als Erscheinung genommen wird; sie ist nach dieser Ansicht absolut nur, insoweit sie als erscheinende sich offenbar wird. Sie soll von sich selbst anfangen und kein Anderes außer sich zur Voraussetzung haben; sie soll auch frei und persönlich sein. Aber die Absolutheit ist an sich nach D. ein in sich verschlossenes, chaotisches Wesen, das, um für sich zu werden, was es an sich ist, erst als Welt sich aus sich heraussetzen muß. Den Anstoß dazu gibt das Andere der Idee, der Grund, der zwar nicht ein dem Absoluten Fremdes, wohl aber seine eigene Entgegensetzung gegen sich ist. Es ist immer schlimm, im Speculativen solche abstracte Bezeichnungen, wie das Andere, ohne tiefere Begründung zu gebrauchen. Wir erleben noch alle Tage, daß man aus Hegel's Encyklopädie die vorläufige Definition der Natur, daß sie die Idee in ihrem Anderssein ist, als eine ganz leere Bestimmung tadelt; dann nimmt man aber keine Rücksicht auf die Entwickelung, welche Hegel von diesem Anderssein in der Naturphilosophie gibt, wo sich der abstracte Ausdruck von selbst in die größte und bestimmteste Mannigfaltigkeit aufhebt. Allein bei D. bleibt das

Andere als der Grund noch viel dunkler und vager als in der oben angeführten Abhandlung Schellings. Doch diese Auffassung von der Negativität der Idee, von ihrer Selbstbewegung zugegeben, so soll sie auch in sich die Entfaltung zur Vernünftigkeit sein. Aus dem Zustand der Selbstlosigkeit soll das Absolute zur Beziehung auf sich, zur Selbstheit übergehen, es soll Ich werden und diese Beziehung soll sich wiederum aufheben, indem das Ich zur Allgemeinheit der Vernunft sich erhebt, womit Daumer die Sophia und den Logos in Verbindung bringt. Nun, nachdem es sich in sich zur vernünftigen Persönlichkeit entwickelt hat, tritt das Absolute in die Welt über. — was ist das aber für ein Absolutes, das nicht das Absolute ist, sondern erst dazu wird? Der menschliche Geist geht freilich durch den Stand der selbstlosen Unschuld zum Abfall von ihr und zur Sühnung desselben über; er wird durch die Erkenntniß des Guten und Bösen das, was er an sich in seinem Grunde ist, nämlich vernünftig. Gott aber ist nicht erst Substanz, die durch einen Proceß hinternach zur freien Subjectivität sich erhöbe, sondern indem er Substanz ist, ist er auch Subject; ein Prius des einen Momentes vor dem andern findet bei ihm nicht Statt. Auch ist Gott nicht unschuldig, vielmehr heilig; der Ausdruck Unschuld hat nur vom Menschen Geltung, weil dieser durch die Schuld sie einbüßen kann, wogegen Gott aus dem selbstbewußten Wollen des Guten nicht heraustritt; und dies eben ist mehr als Unschuld, welcher beständig die Gefahr des Verlustes drohet. Eben so unrecht ist es, die Subjectivität als solche bereits als Abfall zu setzen, denn erst die innere Entzweiung der Subjectivität mit der Substantialität (wo die Identität der Essenz und ihrer Existenz aufhört), erst die bewußte Hervorbringung des Nichts, der Negation des Wahren und Guten, das erst ist der Abfall und das Böse. Zuletzt ist auffallend, daß D. die Vernunft als Prädicat des Absoluten hiehersetzt, denn was soll wohl der Inhalt der oben in Gott angedeuteten Ideenwelt sein? Wir wären doch neugierig, einige dieser Ideen und einige Bestimmungen dieser Vernunft kennen zu lernen, um uns über ihren Unterschied zu unterrichten. Es ist aber die Natur solcher kurzen schematischen Entwürfe, daß man Widersprüche, Tautologieen u. s. f. nicht leicht merkt, zu deren Erkenntniß die Ausführung des abstracten Planes bald genug bringen würde.

Die Weltentwickelung nimmt Daumer im Allgemeinen als ein rein negatives Moment; die Welt ist ihm nicht das beharrende Absolute, im Gegentheil nur ein Durchgang, vermöge dessen es seine wahre Gestalt erreicht. Daher die beiden Sätze: erstlich, das Absolute wird selbst zur Welt, bleibt nicht im Unterschiede von ihr; und zweitens, durch die Bildung der Welt, also auch nur durch ihren Untergang wird das Absolute zum wirklich Absoluten. Ist es in allen ihm möglichen Gestalten real geworden, ist es im Menschen durch Religion und Speculation ganz zu sich selbst gekommen, dann wird eine große Revolution des Universums eintreten; die niederen Schlacken der Endlichkeit werden abfallen und das gediegene Metall wird im Silberblick jener Umwälzung zum Vorschein kommen; dann wird das Absolute sich zur Ruhe begeben, weil es seine Bildung vollendet und die absolute, die selige Welt hervorgebracht haben wird.

Auf den ersten Blick sieht man die große Aehnlichkeit, welche diese Ansicht mit dem System des Scotus Erigena theilt. In jedem Fall aber müssen wir dem Scotus den Vorzug geben, da er es vermocht hat, hierbei in das Detail einzugehen und besonders die Restauration der Welt, ihre Adunation oder Rückkehr zur Einheit in der Wiederbringung aller Dinge viel deutlicher als D. auseinandergesetzt hat, bei dem gerade dieser Punct sehr im Trüben bleibt. (S. J. Scotus Erigena von Peder Hjort, S. 78 bis 85). Einen andern Punct, der in neuerer Zeit von verschiedenen Seiten her öfter zur Sprache gebracht ist, finden wir von D. mit Glück herausgehoben, nämlich den Gedanken, daß die Erde Mittelpunct des Universums überhaupt sei. Er stellt den Satz auf, daß die Bewohner eines jeden Weltkörpers als aus dem Totalorganismus desselben hervorgehend gedacht werden müßten, daß sie also ihre vollständige Existenz nur in diesem haben könnten; es sei daher nicht denkbar, weder daß die Bewohner von andern himmlischen Körpern auf den unseren, noch, daß der Mensch von seinem Planeten auf andere übergehe. Ferner hält er sich an den Satz, daß das Maaßlose, wie die ungeheuern Räume des Aethers, wie der enorme Durchmesser der Firsterne, keineswegs zu dem Schluß berechtige, als wenn die Intension des Lebens an die quantitative Ausdehnung gebunden sei und geht davon zu der

Erklärung fort, daß die Erde der einzige Planet sei, auf welchem Gott wirklich Mensch geworden, was er sehr schön in den Worten ausdrückt: die Erde sei das Bethlehem des Weltalls. Hätte O. diese wichtigen Sätze nur etwas weiter ausgeführt, wozu es gar nicht an Stoff fehlte; denn Schelling, Oken und Steffens haben von der Naturseite her schon die Grundlage zu dem Beweise gelegt, daß der menschliche Organismus die individuelle Zusammenfassung aller übrigen Gebilde der Natur ist; in diesem ist auseinandergestreuet, was in jenem concret vereinigt lebt: wie Oken sagt: die ganze Natur ist nichts als der auseinandergelegte Mensch. Von Seiten der Geschichte haben wir einen solchen Beweis noch nicht, allein die christliche Religion drängt fast unwillkührlich zur Annahme, auch das geistige Leben unseres Planeten als das einzige zu setzen.

Vortreffliche Andeutungen dazu gab Schelling in seinem Streit mit Eschenmayer in der Allgemeinen Zeitschrift von Deutschen für Deutsche, 1813. Bei der ersten Auffassung dieser Ansicht scheint es allerdings, als wenn die Schöpfung verengt und verkleinert würde und die Philosophen besonders, welche zur Fahne des Nichtwissens geschworen haben, müssen sich verwundern, daß Gott es zu nicht mehr, als zur Erde und ihrer Geschichte gebracht habe, denn natürlich fällt die Hypothese von jenen Myriaden Weltgeschichten, mit denen eine dichterische Phantasie, z. B. die eines Schubert in der Nachtseite der Naturwissenschaften, die übrigen himmlischen Körper freigebig ausschmückt, ganz hinweg. Dafür aber gewinnt der Blick an Einheit des Universums und die Vielleichts, die Möglichkeiten, die Wahrscheinlichkeiten stören nicht mehr die Betrachtung des Zweckes der Zwecke. Der alten Zeit und dem Mittelalter galt die Erde für den Körper, in welchen die Adern des ganzen Weltalls wie in ihrem Herzen zusammenliefen. Als aber durch die neuere Astronomie die Mannichfaltigkeit, Größe und wahre Stellung der übrigen Gestirne bekannter wurde, entstand jene Ansicht, welche sich die Erde mit Geringschätzung zu behandeln gewöhnte; da erst wurde sie bald zu einem Sandkorn, bald, wie Klopstock sang, zu einem „Tropfen am Eimer", bald, wie Eschenmayer sagte, zu einem Pünctchen u. s. w., genug, zu einem unter anderen Riesen des Himmels wie verloren hinschwimmenden Zwerg. Und nun kam die aufgeklärte Theologie und benutzte diese dargebotenen Massen zur Ablagerung der unzähligen von hier als ihrer Vorschule scheidenden Menschenseelen. Hier, auf dem Sirius und andern funkelnden Sternen, war das Jenseits, wo sie immer mehr lernen konnten, denn um vielerlei Kenntnisse, um nützliche Einsicht in die kluge Oekonomie Gottes war es vor allen Dingen zu thun. Die ganze Seligkeit wurde darein gesetzt, daß der Mensch, von Stern zu Stern umwandernd, seinen unaussprechlichen Durst nach Erkenntniß nie würde bis zu Ende befriedigen können, denn unaufhörlich würde er bei jedem vermeinten Ende nur wieder an einem neuen Anfang stehen; eine solche Unerschöpflichkeit der Schöpfung, eine so stete Weihnachtsfreude des lernbegierigen Menschen müsse ihn zur Bewunderung und Liebe Gottes erregen. Gelehrte Prediger träumten besonders viel von diesen nie endenden Himmelsreisen, auf denen sie doch ihre Unsterblichkeit besser verwenden konnten, als bei dem ehemals beliebten Singen in den Chören der Engel. Als man endlich der breiten und unbestimmten Declamationen müde wurde, mußte man doch bemerken, wie das wahrhaft Intensive auch die höchste Extension besitze, ohne daß jedoch die Größe des materiellen Umfangs den Maaßstab abgeben könne, nach den Worten der Schrift, daß Viele berufen, Wenige auserwählt sind: so zeigt es sich im Verhältniß des Europäischen Welttheils zu allen andern, der Griechischen Kunst zu jeder andern, des Christenthums zu den andern Religionen, der höheren Thiere zu den niedrigeren u. s. f.

Daumer betrachtet das Hegel'sche System als ein pantheistisches; es sei aber noch nicht pantheistisch genug; ebenso die Christliche Religion als die wahre Religion, die aber noch der Reinigung durch den Pantheismus bedürfe. Er behauptet in dieser Hinsicht, daß erst in der neuen pantheistischen Religion die ächte Sittlichkeit enthalten sein werde, denn das Christenthum sei noch lohnsüchtig. Wir wollen nicht leugnen, daß in der Christlichen Kirche sich die Meinung oft ausgesprochen habe, als wenn ohne Aussicht auf einen künftigen besondern Lohn dem Menschen die Tugend ganz reizlos erscheinen müsse, als wenn er, ohne Erwartung einer irgendwie irdischen Lust zum Entgelt für etwaige Entsagungen, einer tiefen Anstrengung für die Freiheit nicht fähig sei; aber wir leugnen, daß diese, wenn auch von Christen ausgesprochene, Ansicht die Christliche sei. Im Gegentheil hat das Christenthum — was auch in Bezug auf das neue Testament exegetisch erwiesen werden kann — den Begriff der vollkommenen Freiheit des Menschengeschlechts enthüllt. Die Freiheit würde nicht Freiheit sein, wenn sie nicht um ihrer selbst willen existirte; der Lohn der Freiheit kann ihr also nicht von Außen kommen; worin sollte er bestehen? Seligkeit aber, oder um in jenem Sinne zu reden, Belohnung der Tugend, was soll sie sein, wenn nicht der Genuß der wahrhaften Freiheit? Jede andere Seligkeit, z. B. die des Türkischen Himmels, wird der freie Mensch von sich weisen. — Noch spricht Daumer die Ansicht aus, als wenn das Christenthum in seiner weiteren Bildung, in der neuen von ihm erahnten Religion, ohne allen Cultus sein werde. Auch dies ist schon mehrfach geäußert worden, allein ohne hinlängliche Einsicht weder in das Wesen der Christlichen Religion, noch in der Bedeutung des Cultus überhaupt. Das Christenthum wird immer als Kirche bestehen, wie es immer als solche bestanden hat; wenn einzelne Secten alle äußere Gestaltung des Cultus verwischten, so sind das eben Secten, so ist es nicht die ganze Kirche. Daumer ist auch hier bei der abstracten Versicherung stehen geblieben, der Cultus werde aufhören; er soll beweisen, daß die Religion als Sache der Menschheit ohne Predigt, ohne Gesang, ohne Ritus, ohne Sacramente bestehen kann: dann wollen wir anfangen, seiner Assertion Glauben beizumessen. — Es ist mit der Meinung, daß eine neue Religion anhebe, in welche das Christenthum über- und relativ untergehe, immer eine gewisse Kurzsichtigkeit in Sachen des Christenthums verbunden; Bestimmungen werden gewöhnlich als neu aufgestellt, die längst vorhanden sind, oder die schon früher auftauchten, aber als unhaltbar wieder verschwanden. D. spricht zuweilen wie ein St. Simonist, nur daß er tiefere Kenntniß der Geschichte und ein innigeres Hangen an dem gewohnten Christl. Glauben beurkundet, was sich vorzüglich in seine Eschatologie flüchtet; allein wie wir schon bemerkten, ist er darin dunkel und zerfällt zu sehr in's Aeußerliche; die hierher gehörigen Worte der Skizze seines Systems: „Uebergang zur absoluten Welt; große kosmische Katastrophe, Weltumwandlung" klingen höchst komisch wie aus einem Theaterzettel. Als wenn nicht die Umwandlung der Welt in jedem Moment sich vollbrächte? Der Tod der Welt ist nicht ein ihr noch zukünftiges Moment; er ist ihr inhärirend; sie stirbt fort und fort, wie sie fort und fort über den Tod wieder zum Leben hinausgeht. So wird das wahrhafte Leben des Geistes nicht erst mit einem plötzlichen Bruch zwischen dem Guten und Bösen künftighin anheben; vielmehr existirt dieser Bruch schon so lange, als der menschliche Geist existirt; das Böse ist der Tod des Geistes, aber das Gute ist eben so seine ewige Macht, als in der Natur das Leben die Macht des Todes ist.

Das Schmeichelhafte und zwar Poetische, aber Unwahre der Daumer'schen Ansicht ist also, daß Gott, als die Substanz, um sich zu vollenden, zu Allem wird, daß er in Stern und Berg, in Luft und Pflanze, in Licht und Thier u. s. w. sich verwandelt, bis er schließlich im Menschen durch die Speculation zum Bewußtsein darüber kommt, was er eigentlich ist. Mit preiswürdiger Aufrichtigkeit ist dies in dem Glaubensbekenntniß der neuen Daumer'schen Religion und außerdem unverholen und faßlich so ausgesprochen: Gott bedarf des Menschen, weil er nur in ihm sich ein Bewußtsein geben und in ihm zu sich selber kommen kann. Der Mensch hat vor der Gottheit das wache Bewußtsein und Denken, den Besitz seiner selbst voraus, und in diesem Bewußtsein muß sie aufgehen, soll sie zu sich selber kommen, sie kann sich im Processe der Weltentwickelung kein Bewußtsein für sich geben, sie bedarf des Menschen, um sich aus ihrer Nacht befreien zu können, daher sie beständig dies Bewußtsein anruft, ihr aufzuthun und sie in sich sein zu lassen. Nur an der Stelle des menschlichen Bewußtseins kann sie offenbar werden, und so ist ihr Trachten nur dies, diese Stelle einzunehmen".

Gerade wie sich der Pantheismus hier ausspricht, faßt ihn Kreuzhage, aber nicht als den Daumer'schen, sondern als den Hegel'schen, den er nach diesem seinem Begriff einen superlativen Monotheismus nennt. Das Buch „Mittheilungen über den Einfluß der Philosophie auf das innere Leben, 1834" gehört zu den Werken, welche die philosophische Gährung der Zeit darstellen. Es scheint aus dem Bedürfniß entsprungen zu sein, von einer ausgebreiteten philosophischen Lectüre sich Rechenschaft zu geben, um nicht in eine resultatlose Vielleserei zu zerfallen. Zur Einkleidung ist die Briefform gewählt, die sich auch ganz wohl zu solchen hin und her wogenden Besprechungen eignet; allein die Briefe haben das Einseitige, daß sie immer von demselben Verfasser sind; die Antwort auf die geschriebenen Briefe wird immer nur kurz erwähnt und dadurch viel Monotones veranlaßt. Manche dieser Briefe haben auch gar keinen epistolarischen Charakter, sondern sind ganz schulgerechte Auszüge aus philosophischen Schriften, ein Verfahren, was uns dem Zweck des Verfassers, die Einwirkung der Philosophie auf das innere, individuelle Leben darzustellen, nicht recht gemäß scheint. Die Naturschilderungen, welche von der Isola bella, vom Rigi, vom Prebischthor u. s. f. eingeflochten sind, fallen zu grell in den didaktischen Ton der übrigen Briefe, so daß man die Absicht zu sehr merkt, der Verfasser habe damit für die Gedankenschwachen sorgen wollen, denen die Speculation immer eine Art Wüste ist, in deren Sande sie zuweilen grünender Oasen bedürfen, um an bunten Vorstellungen und Anschauungen sich von dem bildlosen Begreifen auszuruhen. Außerdem kommen auch Miniaturzeichnungen von Dichtern vor, wie Ariosto, Hippel, Byron, die ganz hübsch sind, und denselben Zweck der Erholung zu haben scheinen. Vieles in den Briefen verräth eine kränkliche Stimmung, welche, von Sehnsucht nach dem Höchsten ergriffen, öfter unbillig wird.

Wir haben bereits die wirklichen Briefwechsel von Philosophen, wie von Spinoza, von Hamann und Jacobi, von Leibnitz u. A. Hieran haben wir das Muster, wie philosophische Materien in dieser Weise sich lebendig gestalten und können uns der Erinnerung daran bei den Briefen des Verfassers kaum entschlagen. Diese sind recht gut geschrieben; ein ernster und tüchtiger, vielseitig gebildeter Sinn bezeugt sich durchgängig; die Auffassung der verschiedenen Philosophieen ist immer ziemlich richtig; was in unseren Tagen schon für großes Lob gelten muß, wo so Viele Platon, Kant, Schelling, Hegel, Fichte ganz nach ihrem Geschmack und Bedürfniß zu malen lieben; der Styl ist gewandt und lebhaft. Aber man vermißt trotz der Vorrede, die darauf anweis't, einen lebendigen Zusammenhang und den fordern wir nun einmal bei einer Briefsammlung, die nicht aus wirklichen, sondern aus fingirten Briefen besteht. Diese müssen, nicht bloß jeder für sich, auch alle in ihrem Verbande, mehr den Eindruck eines Kunstwerks machen und es sind an sie ungefähr dieselben Forderungen zu stellen, wie an den philosophischen Dialog. Kreuzhage geht von Kant zu Fichte und Jacobi, von da zu Platon, zum Christenthum, zu Tholuck und Hamann, dann zu Hegel über. Bei der Auseinandersetzung der Principien seiner Philosophie kommt er auch auf Mußmann's Seelenwissenschaft und v. Henning's Principien der Ethik und geht dann von Hegel auf Günther, Schubert, Molitor, Baader und Scotus Erigena.

Die Concentration des Ganzen ist unstreitig in der Entgegensetzung des Hegel'schen und Günther'schen Systems zu suchen. Kreuzhage gesteht dem Hegel'schen mehrfach den Ruhm zu, die Philosophie als Wissenschaft befestigt zu haben; er preist die Sicherheit ihrer dialektischen Entfaltung, die Schärfe und Fruchtbarkeit ihrer logischen Bestimmungen. Aber sie ist noch nicht die wahre Philosophie, denn sie ist irreligiös; sie ist Pantheismus, nicht, wie Günther's System, Spiritualismus. Kreuzhage beschuldigt Hegel, daß er Gott als die Identität des Subjectes und Objectes verendliche; das Absolute habe bei Hegel in der Natur und Geschichte seine Besonderung; es sei darin als Absolutes, als das besonderte Absolute und diese Immanenz Gottes in der Welt sei gegen das Christenthum. Dies verlange in seiner Wahrheit ein Subjectionsverhältniß der Creatur unter den Creator und ein untergeordnetes Wissen, das von dem Wissen Gottes unterschieden bleibe, denn wüßte der Mensch Gott, wie Gott sich weiß, so würde Gott Gott zu sein aufhören und der Mensch würde Gott sein.

Diese Beschuldigungen sind schon oft gegen Hegel vorgebracht und K. adoptirt in dieser Hinsicht im 29. und 32sten Brief gänzlich das Güntherscher System, von dessen Creations- und Incarnationslehre er recht übersichtliche Auszüge liefert. Wir begegnen hier abermals jener Ansicht von einer Verfinsterung des Naturlebens durch die Sünde und von einer Verklärung desselben durch die Heiligung. Wenn es doch denjenigen, die diese Ansicht vertreten, gefallen wollte, sich einigermaßen deutlicher darüber auszusprechen, denn der immer wiederholte Refrain aus dem Römerbrief und die allgemeinen Redensarten von gestörter Harmonie, Wehmuth, Sehnsucht der Natur können zu einer wahren Verdrießlichkeit bewegen, weil jeder Gedanke darin ersäuft. Daß der Mensch seine Natur, wenn er sie durch sündiges Leben befleckt und verderbt hat, durch ein keusches und frommes Dasein verklären könne, wer wollte das bezweifeln? Aber so ist es von Jenen nicht gemeint, sondern die Natur in ihrem ganzen Umfang wird verstanden. S. 189 sagt Kreuzhage: „Sage nicht, daß der Mensch dieses in die Natur hinein fingire! Denn noch hat die Natur, welche nicht selbst weiß und erkennt, ihr obgleich verdunkeltes und beschränktes Erkanntsein am Menschen, und in ihm kommt zum Bewußtsein, was sie unbewußt ausdrückt. Denn „alle Creatur seufzt nach Erlösung", und für alle Creatur wurde durch die Erlösung der Weg zur Restauration ihrer normalen Seinsweise eröffnet. Aber wie die Natur in ihrer normalen Seinsweise an den Menschen gebunden war, so ist sie es auch hinsichtlich ihrer Restauration; und wir haben das feste Wort, das einst, wenn die Restauration des Menschen vollbracht ist, auch ein neuer Himmel und eine neue Erde sein werden."

Nun wäre aber doch zu sagen, erstlich, was die Natur vor ihrer Corruption gewesen; zweitens wäre in der jetzt bestehenden Natur, in ihren Elementen, Pflanzen, Thieren u. s. w. der Widerspruch zwischen ihrem ursprünglichen Sein und zwischen dem negativen Princip des Bösen nachzuweisen, was ihre Schönheit in Häßlichkeit verzerrt und ihre Herrlichkeit vom Thron stürzt: es müßte hier die Möglichkeit einer Wechselwirkung zwischen dem geistig Bösen und dem Natürlichen auch außerhalb des Menschen und seines Leibes gezeigt werden, was niemals geschieht, nur kategorisch behauptet wird; drittens wäre zu beweisen, wie jetzt schon die Natur durch die Heiligung des Menschen in ihren Urstand zurückkehrt. Diese Rückkehr kann nicht eine bloße Voraussetzung sein, denn so viel wird man doch der Christlichen Kirche wenigstens zutrauen, daß durch sie und in ihr die Heiligung der Menschheit schon wirklich ihren Anfang genommen hat; es müßte also auch bereits in der Natur ein Anfang des Effectes sichtbar sein, den diese fortschreitende Heilung ausübt. Aber wie wäre der zu denken, wo wäre der zu finden? Selbst wenn man auf die Pflanzen und Thiere reflectirt, welche der Mensch sich ganz in seine Nähe gebracht, mit seinem Dasein auf das Engste verschwistert hat, welche organische Veränderung ist wohl daran sichtbar? Denn die Zähmung u. s. w. alterirt nicht die Qualität; sie ist Product künstlicher Gewöhnung, die wieder in Verwilderung umschlagen kann. Welch' ein Grauen würde uns erfassen, wenn der Charakter unserer Hausthiere mit einemmal ausbliebe, wenn wir am Ende wie Inder dem verklärten Esel gar noch abbitten sollten, ihn vor seiner durch das Christenthum bewirkten Erlösung mit Stockschlägen zur Arbeit getrieben zu haben!

Wie platt, ja, wie gemein ist dieser Einwurf! — Gut, wir lassen uns diese Entgegnung gefallen; aber dann fordern wir auch von Euch, daß Ihr uns bestimmter, als in poetischen Tiraden, sagt, was aus dem Ungeziefer, den Raubthieren, den Giftpflanzen u. s. w. in Eurer Verklärung der Natur werden soll? Ihr müßt doch irgend etwas darüber angeben, Ihr müßt überhaupt die Mängel der jetzigen Natur wenigstens andeuten können, wenn man Euch nicht der leersten Schwärmerei beschuldigen soll.

Freilich hat sich in den letzteren Jahren eine Meinung in das Publicum einzuschleichen gesucht, welche die Hegel'sche Philosophie beschuldigt, daß sie für die zarten und heiligen Geheimnisse der Natur keinen Sinn habe, daß sie die Wunder der Schöpfung nur mit rohem, logischem Verstand behandle und über den Cultus des Geistes alles Andere vergesse. Aber diese Leute wissen nicht, was sie wollen; wo es um den Begriff zu thun ist, da soll die Empfindung declamiren; statt die Luft, das Wasser, Feuer zu begreifen, soll der Philosoph eine angenehme Schilderung von Stürmen, Wasserfällen, vulkanischen Eruptionen malen, wobei sie nichts zu denken, aber viel zu sehen bekommen; mögen doch die Guten Reisebeschreibungen und Thomson's Jahreszeiten lesen, statt Naturphilosophie zu betreiben. —

Alle Verklärung der Natur außer der unmittelbaren Individualität des Menschen gehört dem Menschen. Die Beziehung auf ihn gießt das magische Licht auf die Gestaltung der Natur. Wir fordern K. auf, ein reines Naturleben mit einem solchen zu vergleichen, worin die That des Geistes, wenn auch noch so schwache

Spuren eingedrückt hat, und der Unterschied wird sich ihm entdecken. Unburchdrungene Gebirgsklüfte, himmelhohe Felsen, wildrauschende Ströme, riesiger Aufschuß der Vegetation, mächtige Thiere — solche Massen, wie sie uns die Reisenden von Ceylon, vom Imaus, von den Cordilleren schildern, sind erhaben, allein ohne Beziehung auf menschliches Dasein todt. Chateaubriand schildert in seinen Erinnerungen und in der Atala eine höchst feierliche Mondnacht in einem Amerikanischen Urwalde. Wodurch aber ergreift uns diese Schilderung so sehr? Dadurch, daß er die harmlos schlummernde Indianerfamilie, die ihn begleitet, dadurch, daß er seine eigene sehnsüchtige Stimmung zu schildern nicht vergißt. Ein Berg, mit bloßer Waldung gekrönt, weicht einem andern, von der Natur vielleicht minder reich ausgestatteten, auf dessen Gipfel die Trümmer einer Burg schwarz in die blaue Luft hinragen; ein Fluß, der seine schäumenden Wogen durch steile Felswände hinreißt, empfängt erst durch die kühn über ihn gewölbte Brücke rechte Lebendigkeit; und so durchweg. Ohne den Menschen und ohne seine Kunst ist die Natur nur halb, was sie ist; aber in dieser Verbindung ist sie auch ganz, nicht bloß, was sie an sich ist; sie ist auch ganz, was sie über sich selbst hinaus sein soll. Der Mensch kann die Gebilde der Natur nicht in ihrem Innern verändern, aber erst, wo seine Thätigkeit hinbringt, entsteht jene geschichtliche Bedeutung der Natur, die ihr ein so unendlich geistiges Gepräge gibt; das kleinste Segel, das am Horizont aufschwebt, ist im Stande, dem großen Meer eine Art Persönlichkeit zu leihen, die es außerdem nicht hat. Und diese Einarbeitung des Menschen in die Natur ist ihre Verklärung; eine andere gibt es nicht; jede andere ist ein gestaltloser Traum. Man soll uns doch sagen, was noch über Architektur und Sculptur, die Metall und Stein, über die Malerei, welche das Licht und die Farben, über die Musik, welche die zerstreuten Stimmen der Natur, über die Poesie, welche das Wort und endlich über die Sitte, welche Naturverhältnisse vergeistigt und adelt, was darüber hinaus noch für eine Verklärung gedacht werden könnte? Es wird damit gehen, wie mit Daumer's absoluter Welt; es lassen sich keine Bestimmungen davon angeben, d. h. die ganze Verklärung ist eine inhaltlose, nichtige Vorstellung, welche über die Herrlichkeit der Welt in ein selbstgemachtes trübes Jenseits hinüberschaut.

K. spinnt seine Träume über die Verklärung der Natur bis zu einer sich selbst widerlegenden Nichtigkeit aus. Er behauptet nämlich, die Natur sei vor dem Sündenfall immateriell gewesen und der Tod führe den Menschen wiederum in die Immaterialität zurück. Wir müssen aufrichtig gestehen, daß uns bei solchen Speculationen alles Denken ausgeht; alle Erfahrung, alle speculative Erkenntniß scheint uns dabei wie ein gespenstischer Schatten zu zerfließen. Was ist denn Natur, wenn es nicht das im Raum und in der Zeit Existirende, wenn es nicht das Materielle ist? Das Licht ist zwar unsperrbar und unwägbar, ist es aber darum immateriell in dem Sinn, wie Kreuzhage hier von einem Immateriellen Dasein spricht? Raum und Zeit sind ebenfalls nichts Greifbares; sie sind keine Stoffe, allein sind sie darum als Abstracta außer der Materie, sind sie ohne dieselbe? Keineswegs; nur insofern Materie ist, ist auch Raum und Zeit, und umgekehrt ist Materie nur, insofern Raum und Zeit als die beiden in ihrem Sein concret aufgehobenen Momente sind.

Bei dem vielen Trefflichen, was diese Briefe enthalten, hat es uns doch Leid gethan, daß K. sich immer so mit Abstractionen zu thun macht, statt daß man nach Titel und Vorrede recht Individuelles erwartet. So nur können wir uns erklären, wenn er sagt: „Das Hegelsche System ist in seinem Excess des absoluten Wissens mit dem Christenthum unvereinbar; denn in seinem superlativen Monotheismus, welcher dennoch ein Pantheismus ist, verrückt es total das Verhältniß des Menschen zu Gott, und zu der Religion über und unter dem Menschen. Insofern es das Wissen absolut machen will, verdunkelt es daher die Erkenntniß der Wahrheit, läßt das innere Licht eben entweder erstarren oder sich auflösen in ein Licht, das es selbst ist, wo sich dann nur die grüblichte Abstraction in eine kreisende umwandelt, welche sich Immanenz des absoluten Wissens nennt." Was soll man sich dabei denken, was hat Kreuzhage selbst dabei gedacht? Aber er geht noch weiter, er klagt die Hegelsche Philosophie auch einer gewissen Unredlichkeit an: „Mag nun auch dieses System, ungeachtet seiner offenbar pantheistischen Resultate, wodurch allein ein absolutes Wissen philosophisch zu begründen ist, dennoch gegen alle Anschuldigung von Pantheismus protestiren, in dem Bewußtsein, daß dieser mit dem Christenthum unvereinbar ist, so bleibt sein superlativer Monotheismus dessenungeachtet pantheistisch, und es muß dem Inhalte der Offenbarung eine künstliche Deutung geben, um sich mit demselben als einverstanden darzustellen." Wir hoffen, daß K. sich hierüber noch bestimmter erkläre, denn jetzt sagt er nur, die Allgegenwart, Vorsehung, Persönlichkeit Gottes, wie sie im Hegelschen System deducirt werden können, sind noch nicht die rechten Begriffe; wir müssen also wünschen, daß er sich deutlich darüber auslasse, was er unter göttlicher Allgegenwart, Vorsehung u. s. w. denkt. In Betreff der göttlichen Persönlichkeit ist uns sehr aufgefallen, daß er bei dem Hegelschen System immer nur die Immanenz Gottes in der Welt berührt, als wenn Hegel nicht eben so sehr die Transcendenz Gottes über die Welt hinaus lehrte? Was ist denn die von Hegel so oft in seinen Schriften erwähnte Differenz seines Systems von dem des Spinoza anders? Erinnerte sich K. nicht der Stelle, oder kannte er sie nicht, in Hegels Logik, III., S. 396: „Das Reichste ist das Concreteste und Subjectivste, und das sich in die einfachste Tiefe Zurücknehmende, das Mächtigste und Uebergreifendste. Die höchste, zugeschärfteste Spitze ist die reine Persönlichkeit, die allein durch die absolute Dialektik, die ihre Natur ist, ebensosehr Alles in sich befaßt und hält, weil sie sich zum Freisten macht, — zur Einfachheit, welche die erste Unmittelbarkeit und Allgemeinheit ist"?

Wir bemerken nur noch zum Schluß, daß es über die Maaßen leicht ist, so aus der Mitte heraus von Gott, Natur, Geschichte u. s. w., von ihrer Ueber-, Neben- und Unterordnung zu reden, daß aber die Sache sich ganz anders stellt, sobald man in der Erkenntniß der Dinge genetisch zu Werke gehen will, so daß man sieht, woher jede Bestimmung kommt und wohin sie wieder geht. Nirgend scheint es jetzt mehr um die genaue Beachtung dieses Zusammenhanges Noth zu sein, als in dem Gebrauch des Wortes Geist. Wir beschränken uns auf den schwankenden Sinn des Wortes Weltgeist aufmerksam zu machen. Mit diesem Wort hat man allerdings auch Gott bezeichnet; allein in der neueren Philosophie ist es bestimmter für den Geist der Menschheit gebraucht worden, in wieweit man alle Erscheinungen, in welche der menschliche Geist sich auslegt, darunter versteht. Der Geist der Welt begreift also die endlose Mannigfaltigkeit aller auch noch so verschiedenen Bildungen aller Völker und aller Individuen zu allen Zeiten; der Geist der Kirche ist daher von Seiten der äußeren Erscheinung selbst nur ein Theil dieses vielgespaltenen Aggregates und der Weltgeist, dem auch die Geschichte der Welt angehört, ist also nicht der göttliche Geist. Wohl aber ist der Geist Gottes die Wahrheit des Weltgeistes d. h. die innere Nothwendigkeit, das Wesen aller Gestaltungen des menschlichen Geistes, die aus seinem Naturleben, seinen Kriegen, seiner Gesittung, Religion, Kunst und Wissenschaft hervorgehen. Da nun sowohl Schelling als Hegel sich der Ausdrücke von einem tieferen sich Erfassen des Weltgeistes, von einem zu sich Kommen und Vollenden desselben bedient haben, so hat man ihnen ohne Weiteres für den Weltgeist, der doch augenscheinlich in der Geschichte der Völker und in dem unendlich vielfach abgestuften Individuen derselben seine Wirklichkeit hat, Gott als solchen substituirt. Darüber war denn leicht, groß Geschrei zu erheben, denn nach dieser seichten Auffassung würde ja offenbar Gott Männern, wie Schelling und Hegel, es verdanken, daß er in ihnen zum vernünftigen Selbstbewußtsein gelangte und über seine Natur in Büchern und Vorlesungen gründlichsten Bescheid empfinge. Daumer, wie wir oben gesehen haben, ist auch vollkommen dieser Meinung; dies heißt aber gerade so viel, als daß das Absolute wohl Substanz und in den Einzelnen Subject, aber nicht als Substanz an und für sich Subject, also, wie wir es oben bezeichneten, pantheistisch und deistisch zugleich ist; nur in der Einheit mit der Welt und zugleich im Unterschiede von ihr ist Gott der wahre Gott.

6. Stuhr's gelehrte Religionsphilosophie. 1836.

Die Erforschung der historisch bestandenen oder noch bestehenden ethnischen Religionen ist immer schwieriger geworden, weil allmälig zur Durchdringung derselben eine eben so umfassende Gelehrsamkeit als speculative Kraft gefordert wurde. Denn einerseits ist es nothwendig, das objective Factum zu ermitteln, was ohne ausgebreitete philologische und archäologisch-historische Kenntniß nicht möglich ist; andererseits ist aber in dem so gefundenen Factum, dem Namen, der Gestalt, dem Attribut, den Handlungen, der Geschichte eines Gottes, der Form seiner Verehrung u. dgl. m., noch das wahre Factum, die religiöse Bedeutung, zurück. Und doch liegt in dieser Erkenntniß das wesentliche Interesse, ohne welches die vorzugsweise so genannten historischen Thatsachen so leicht schaal und abstoßend werden. Diese Erkenntniß aber ist ohne philosophische Bildung unmöglich, denn durch sie allein kann es gelingen, in dem scheinbar Fremden, dem scheinbar Willkürlichen und Zufälligen doch die lebendige Gegenwart der ewigen Idee und die Seele ihres höheren Zusammenhanges zu entdecken.

Daß nun die Anschauung und Vorstellung des Concreten mit der Einfachheit des Begriffs auf diesem Gebiet sich vereinige, ist hier zur Vermittelung des Historischen mit dem Philosophischen wiederum ohne eine gewisse poetische Thätigkeit nicht wohl möglich. Oder wir wollen lieber sagen, ohne Phantasie nicht möglich, denn von einer eigentlich productiven Thätigkeit ist nicht die Rede; nur von einer reproductiven, welche die eigenthümliche Welt eines Volksgeistes in sich wiederzuschaffen im Stande ist, um in der Auffassung und Beurtheilung nicht durch die eigene Umgebung und unmittelbar gewohnte Weltanschauung gehindert zu sein.

In diesen Elementen der Religionserforschung, die von der Theologie als dem System der Idee Gottes und der Religion wohl zu unterscheiden ist, liegen ebenso viele Richtungen, welche in dieser Sphäre beständig bald successiv, bald nebeneinander, bald gegeneinander, bald miteinander hervorgetreten sind.

In Deutschland herrschte im vorigen Jahrhundert die trocken mythologische Manier, welche erst durch die Umwälzung der Philologie, die Wolf hervorbrachte, gestürzt ward. Der Mittelpunct der Forschung war der Griechisch-Römische Mythenkreis. Von andern Mythologieen trat nur die Aegyptische und, in meist spielender Analogie, seit Klopstock's Berserkerwuth und seit Schimmelmann's schlechter Uebersetzung der Edda, die Scandinavisch-Nordische als ein erläuterndes Parergon hervor. Die Orientalischen Religionen hatten für die Theologen allerdings immer ein größeres Interesse. Die Exegese des Alten Testamentes führte unvermeidlich zu ihnen, namentlich die unleugbare Einwirkung, welche die Hebräische Religion während des Exils der Nation durch die Persische empfing. Auch die Kirchen- und Dogmengeschichte wurde für gründlichere Bestimmungen beständig in das Morgenland hineingewiesen, von den Systemen der Manichäer und Gnostiker an bis zu den geheimnißvollen Sagen über den Wunderpriester Johannes hin. Da aber in den Theologen die damalige philologische Bildung die Grundlage ihrer allgemeinen Ansichten ausmachte, so wurden die Mythen und Culte der Orientalischen Religionen in demselben Lichte, wie die der Griechisch-Römischen gesehen. Dies war ein großes Unrecht, das man ihnen anthat.

Wir wollen nur kurz daran erinnern, wie die Schelling'sche Philosophie einen höheren Standpunct erschuf und für den Orient als das Mutterland aller Religionen eine leidenschaftliche Vorliebe zu hegen anfing. Morgenland, Religion, Mysterium, symbolische Offenbarung, priesterliche Telestik wurden gleichbedeutende Begriffe. Gegen die abstract großen Dimensionen aller Verhältnisse in Asien, gegen das Alter seiner Nationen und Religionen traten die antiken Völker zurück. Man schwärmte für Indien, für Iran und Turan. Der Olympos mußte dem Meru und dem Alborbsch weichen. Die Fortschritte der Erdkunde und Sprachwissenschaft unterstützten diesen Enthusiasmus, der mit jugendlicher Sorglosigkeit sich an der Poesie und Seltsamkeit des Orients weidete und mit kecken Pinselstrichen abenteuerliche Bilder von seinen Religionen entwarf. Die Divination der Intuition mußte oft die genauere Kenntniß ersetzen und hat es, man sage was man wolle, oft auf eine überraschend wahre und tiefsinnige Weise gethan.

Bis dahin war das mythologische Element, die Erforschung der Sagen, der Gestalt der Götter, ihrer Namen, der Orte ihrer Verehrung u. s. f. noch immer das vorherrschende gewesen. Die Phantasie fand in der Breite dieses Reichthums die meiste Befriedigung. Die Lyrik der Andacht erschien gegen die epische Fülle der Sagenwelt zu unbedeutend. Durch die Hegel'sche Philosophie wurde auch dieser Seite der Religion zu ihrem Recht verholfen und der Cultus, das Sichverhalten des Menschen zu Gott, zur Welt und zu sich auf einem bestimmten religiösen Standpunct, mit gleicher Wichtigkeit als das mythische Moment behandelt. Die Religion ist die Einheit der objectiven Vorstellung von Gott und der Art und Weise, wie durch dies Bewußtsein das Selbstbewußtsein, die Empfindung, Gesinnung, Thätigkeit des Subjectes in seinem concreten Leben bestimmt wird. Eine einseitige Auffassung der Religion nimmt daher auch wohl die Vorstellungen vom Göttlichen so, als wenn der Mensch seine moralische und anderweite Innerlichkeit darin nur reflectire und sie in ihrem Ursprung nicht eine auch objective oder vielmehr absolute Nothwendigkeit hätten. Die Hegel'sche Philosophie stellte aber auch ein vollständiges System der Religionen auf. Sie blieb weder bei dem allgemeinen Begriff der Religion, noch bei einer poetischen Skizzirung der hervorragendsten Gestalten der Religion stehen, sondern suchte den allgemeinen Begriff der Religion an sich und in der Besonderung der weltgeschichtlich gewordenen Religionen zu entwickeln. Hegel verwandelte die Mythologie in Religionsphilosophie. Es kam ihm wesentlich auf den Begriff, auf das Innere der Religionen, auf das Selbstbewußtsein des Menschen in dem mythischen Material an. Baur hatte in seiner Schrift über die Naturreligionen des Alterthums dasselbe Bedürfniß gefühlt und sich deshalb zunächst an die Schleiermacher'sche Dogmatik gehalten, um die Mythen und Symbole, welche durch Creuzer's Behandlung aus ihrer starren und dürftigen Haltung bereits erlöst und dazu fähig gemacht waren, in ihre religiösen Grundbestimmungen aufzulösen. Eine gewisse Aeußerlichkeit, ein Anpassen der Creuzer'schen Heuristik an die Schleiermacher'schen Dogmen läßt sich bei Baur trotz seines geistreichen Wesens nicht leugnen. Hegel hat in seiner Religionsphilosophie nicht weniger große Härten und Lücken; allein der Werth und Ruhm seiner Arbeit, eine concrete Totalität erreicht und das System der Idee mit der geschichtlichen Erscheinung bis auf einen hohen Grad versöhnt zu haben, ist ein ungetrübter.

Die bedeutendste Arbeit, welche bis jetzt aus dem Standpunct der Hegelschen Philosophie in dieser Sphäre hervorgegangen ist, ist unstreitig Vatke's biblische Theologie. Factum und Begriff haben sich hier sehr tief durchdrungen.

Stuhr will nun wieder einen eigenthümlichen Weg gehen. Er will den Ausschweifungen zuchtlos dichtender Phantasie entgegentreten: es soll alles Factische aus den Quellen geschöpft sein, so daß er sogar solche secundäre Quellen, wie Creuzer's Symbolik, v. Bohlen's altes Indien, verschmäht. Er will aber auch den speculativen Ausbeutungen der Religionen, den Verirrungen der philosophischen Enträthselung und Begreiflichmachung entgegentreten: er hat Windischmann's Philosophie im Lauf der Weltgeschichte, Hegel's Religionsphilosophie, Vatke's Theologie nicht im Mindesten berücksichtigt. Die Religion ist nach ihm als Gefühl nicht in den Begriff aufzulösen. Wegen dieses negativen Verhaltens Stuhr's zur Schellingschen und Hegelschen Schule hat man ihn die Mitte zwischen beiden genannt. Das ist falsch: Dann müßte er die poetische Gluth eines Görres mit der dialektischen Besonnenheit und systematischen Entfaltung eines Hegel verbinden. Dies ist aber so wenig der Fall, daß er nicht einmal ein juste milieu dieser Bestimmungen, ein äußerliches Temperiren der einen durch die andere ist. Stuhr's große und umfassende Phantasie, deren Besitz er in seinen Nordischen Alterthümern selbst einmal als ein Geschenk seiner Scandinavischen Abkunft rühmt, wagt sich nicht auf das hohe Meer individueller Anschauungen hinaus, sondern wird durch seine gewissenhafte Gelehrsamkeit immer auf die Küstenfahrt der Ufer der nächsten Quelle, die er vor sich liegen hat, zurückgelenkt. Seine Speculation aber beschränkt sich auf einige allgemeine Gegensätze, die er mit scharfem Verstande geltend zu machen weiß, jedoch nicht bis zur Lebendigkeit des speculativen Begriffs verfolgt, indem er auf den geschichtlichen Boden hinüberzukommen eilt, zu welchem die abstracteren Bestimmungen ihm nur die Propyläen sind. In einer seiner schönsten Schriften, die er unter dem Namen Feodor Eggo über den Untergang der Naturstaaten schrieb, tritt dies im Ansatz Verharren der Phantasie und Speculation in seinem Verhältniß zur Gelehrsamkeit vielleicht am Originellsten hervor. Es gemuthet einen, wie wenn man ein Felsengebirge erst auf glatt hauenen Stufen betritt, die sich aber gemach verlieren, bis man in einem Geröll von Steinen, d. h.

von durcheinandergehäuften Citaten, den Fuß verstrickt. Es ist hier nicht von der Gelehrsamkeit in üblem Sinne die Rede, denn Stuhr ist ein eben so gründlicher als eleganter Gelehrter, sondern von der Mischung, welche die historische Bildung in ihm mit andern Elementen eingegangen ist.

In diesem Umstand suche ich die Erklärung für den Eindruck, den die Entwickelung, welche Stuhr von den heidnischen Religionen des Orients gibt, im Allgemeinen macht. Es fehlt an einer gehörigen Sonderung des mythologischen Elements von dem liturgischen und ethischen des Cultus, und selbst die vorwaltende Schilderung des Mythischen macht es schwierig, die reichen Einzelheiten zu überschauen. Die kleinern Hülfsmittel zur Erleichterung der Auffassung, gesperrte Lettern u. dgl., was für die Verdeutlichung gar nicht so übel ist, verschmäht Stuhr's Großartigkeit und antike Simplicität völlig. Es wird von den Religionen, ihren Sagen, ihrem Alter, ihrer Metamorphose, meist nach Englischen Quellen, erzählt. Der Eifer des factischen Berichterstattens läßt das speculative Denken nur selten hervortreten, und es erscheint dann immer mit einer gewissen Schüchternheit den vielen durch so viel Citate fixirten Thatsachen gegenüber. Im Einzelnen gewinnt man durch Stuhr's Buch unendlich viel schätzbare Berichtigungen des mythologischen Details; hingegen im Ganzen scheint uns dies Werk als ein kritisches und geschmackvolles Repertorium des von den Engländern und Franzosen angehäuften Materials die herrschende Ansicht vom Orient und seinen Religionen nicht wesentlich zu verändern. Es fehlt zu sehr daran, daß Stuhr uns nicht bloß die mythischen Facta gegeben, sondern auch sie unserm sofern davon liegenden Bewußtsein zugänglicher gemacht hätte. Diese Vermittelung suchte die Schellingsche Schule in den dichterischen Abspiegelungen, die Hegelsche im Begriff der metaphysischen und phänomenologischen Stufe einer Religion.

Wenn daher die Darstellung der einzelnen Religionen selbst eine gewisse Trockenheit zeigt und uns eine zusammenfassende Innigkeit des großen Materials vermissen läßt, so ist die Einleitung nach unserer Meinung voll von Geist und Leben und enthält eine Darlegung von Grundsätzen der Religionsforschung, welche größtentheils zu billigen sind und denen eine große Ausbreitung zu wünschen steht, um die Confusion dieses Gebietes vermindern und eine unbefangene Auffassung fördern zu helfen. Wir heben Einiges heraus.

Stuhr bemerkt gleich am Eingang, daß bei dem Vergleichen der Mythen oft „gar nicht erwogen wird, ob die Verwandschaftlichkeit, die man in den Vorstellungen nachgewiesen zu haben glaubt, nicht eine rein innerliche sein könne, die nirgendswo anders, als in dem Gesetze des Lebens und der Vernunft wurzelt." Diese Wahrheit ist leider zu oft unerwogen geblieben. Ein abstracter Trabucianismus ließ die Mythen von Volk zu Volk in ganz äußerlicher Weise wandern, weil sich in ihnen verwandte Züge barboten. Statt nun die Ursprünglichkeit, die Schöpferkraft und substantielle Identität des Geistes als das Princip solcher Aehnlichkeiten anzuerkennen, suchte man den Grund in einer mechanischen Mittheilung, für deren Verwirklichung man oft die wunderlichsten Hebel in Bewegung setzen mußte. Denn wenn man z. B. einen Scandinavischen Mythus in einem Indischen oder Persischen wiederfindet, so bedarf es begreiflicherweise seltsamer Künste, um die Kette der historischen Tradition zu schließen. Finn Magnus ist es bei der in anderm Betracht so schätzbaren Bearbeitung seines Lexikons, der Nordischen Mythologie so ergangen. Wie hätte er sonst hundert und zehn Bogen dazu verbrauchen können! Die äußerlich vergleichende Methode kann mit ihrer losen Reflexion das Entlegenste zusammenbringen. Man kann natürlich den Einfluß einer Religion auf die Bildung der andern nicht schlechthin leugnen. Eine solche Leugnung wäre sehr unhistorisch und unphilosophisch. Nur gehört zum Nachweis einer solchen Einwirkung unendlich viel mehr, als die Analogie einzelner Züge in einzelnen Mythen. Daß wir in den Mythen der verschiedensten Völker und Zeitalter immer dieselben Züge wiederfinden, weist auf die innere Nothwendigkeit des Geistes hin, in ihnen das Wesen seiner Freiheit sich zur Darstellung zu bringen. Das Resultat des verbindenden Auch's der comparativen Methode, wie Kanne, Görres, Nork u. A. sie treiben, ist also eigentlich ihr Gegentheil. Die Besonderung des Mannigfaltigen hebt sich in der Allgemeinheit 1) der Natur und 2) der Vernunft auf. Die vier Elemente, der Sternenhimmel, der Gegensatz vom Unorganischen und Organischen existiren überall auf der Erde und die logischen wie ethischen Gesetze sind in allen Geistern ebenfalls dieselben. Stuhr hält das Erkennen und die Gesinnung streng auseinander; ersteres gehört der Philosophie, letztere der Religion an. Der Gedanke habe nichts mit der Neigung zu schaffen. Die Auseinandersetzung, die er über diesen Unterschied gibt, ist aber sehr unklar. Er verwechselt das Denken, wie es als begreifendes Erkennen das eigenthümliche Geschäft der Philosophie ist, mit dem Denken, wie es in andern Gestalten des Geistes die Grundlage ausmachen kann, wenn es auch nicht in abgesonderter Reinheit für sich hervortritt. Es ist nur das dem Gefühl schon immanente Denken, wodurch dasselbe als menschliches vom thierischen sich unterscheidet. Ohne das Denken würden wir wohl unmittelbar durch unsere Triebe bestimmt werden, aber keinen Willen haben. Der Wille setzt sich den Gedanken voraus. Stuhr sagt: „Neigungen, die von Gefühlen und Empfindungen abhängen, sind es, die am mächtigsten auf den Willen einwirken und zu deren Bändigung die Kraft des Gedankens nicht genügt". Die Neigungen, die also ihrerseits noch wieder dem Gefühl und der Empfindung subordinirt werden, ohne daß gezeigt wird, wie man diese Dependenz denken solle, wirken am mächtigsten auf den Willen ein? Heißt das nicht anerkennen, daß sie für den Willen nur ein Stoff sind? Er hat an ihnen allerdings seinen concreten Inhalt; allein ob er eine Neigung, die überdem noch wieder von der Begierde und Leidenschaft unterschieden, wie auch die Differenz von Gefühl und Empfindung angegeben werden müßte, als Inhalt für sich setzen und so den unmittelbaren Stoff seines praktischen Gefühls zum Motiv des Handelns machen will, hängt von dem Willen ab. Der Wille verhält sich zu den verschiedenen Neigungen als die Eine, sich selbst gleiche Macht. Seine Stärke schöpft er aber lediglich aus dem Denken. Die größten Thaten, in denen sich also auch das Maximum der Willensenergie offenbart, sind ohne den Gedanken unmöglich. Man muß Stuhr's Satz gerade umkehren und behaupten: nur die Kraft des Gedankens genügt zur Bändigung der Neigungen, denn nur durch das Denken kann der Mensch sich über das unmittelbare Bestimmtwerden durch sein Gefühl erheben. Eine der ewigen und schönsten Seiten an Spinoza's

Ethik ist die Entwickelung dieses Zusammenhanges des Wollens mit dem Denken den Affecten gegenüber. Stuhr sagt weiterhin: „Die Neigungen sind es, die ihn, den Willen, bestimmen; sie aber bewegen sich in ganz andern Kreisen, als welche dem Bereich der Philosophie anheimfallen. Es ist das Gebiet der in Gefühlen und Empfindungen bewegten Gesinnung, dem die Neigungen angehören." Wie unbestimmt sind diese Ausdrücke! Kann ich eine in mir existirende Neigung nicht durch meinen vom Gedanken des Rechten, Schicklichen, Schönen, belebten Willen bestimmen, sondern werde ich nur bestimmt, so ist die ganze Sittlichkeit eine Nullität und der ethische Kampf ein vergebliches Thun, da das Wollen, welches allein das Element des ethischen Verhaltens ausmacht, doch gegen die Neigung einmal ohnmächtig sein soll. Stuhr muß den so entstehenden Widerspruch auch sogleich gefühlt haben, denn er fährt fort: „es ist auch das Gebiet, in welchem die, die Neigungen bändigenden religiösen Gefühle walten. Die Neigungen würden stets in Begier ausarten, wenn nicht ihnen gegenüber im Gemüthe die Richtung auf das Allgemeine hin mahnend sich wirksam erwiese. Aus dieser im Gemüthe waltenden Richtung auf das Allgemeine hin entwickeln sich die religiösen Gefühle, und wenn die Vorstellung von dieser Richtung auf das Allgemeine hin in's Bewußtsein tritt, dann erzeugt sich der Gedanke vom Göttlichen. Dieser Gedanke fällt allerdings in das Bereich der Philosophie." Stuhr wird wohl nicht in Abrede stellen, daß in dieser Exposition auf einmal nach einander Elemente auftreten, von denen zuvor noch gar nicht die Rede war und über deren eigenthümlichen Begriff wie Zusammenhang gar keine Rechenschaft gegeben wird. Erst war nur von der Neigung die Rede. Dann schon von der Gesinnung. In diesem Wort sogar liegt das Sinnen, also das Denken. Nun erscheint plötzlich das Gemüth. Ist dies identisch mit Gesinnung? Es erscheint eine Richtung, die in ihm waltet? Woher taucht diese so ohne Weiteres auf? Hat das Gemüth nur diese Eine Richtung? Ist es selbst wesentlich nur diese Richtung? Diese soll nun auf das Allgemeine gehen, welches gegen die Egoität der Begierde sich negativ verhält. Weiter wird das Allgemeine nicht bestimmt, als nur durch diesen Gegensatz. Hinterher ergibt sich denn freilich, daß der Gedanke mit ihm gemeint ist. Bevor es jedoch dazu kommt, muß das Gefühl erst in die Vorstellung sich verwandeln, wovon ganz kurz als Grund angegeben wird, daß die Richtung auf das Allgemeine ins Bewußtsein trete. Erfahren wir wohl, wie sich das Bewußtsein zum Gemüth, zur Gesinnung verhält? Wissen wir zu sagen, welches Band das Vorstellen mit dem Bewußtsein verknüpft? Alle diese für den formellen Entfaltungsproceß des religiösen Bewußtsein so wesentlichen Fragen bleiben unbeantwortet. Es wird nur das Factum angegeben, daß nach der Vorstellung — dann — ein unbestimmter Ausdruck, der auch ein Zugleich involviren kann — der Gedanke des Göttlichen sich erzeugt, der dann in die Sphäre der Philosophie falle. Unstreitig weiß Stuhr das Wahre an der Sache, den Fortgang des Geistes vom Gefühl durch das Vorstellen zum Denken. Dies Wissen darf in diesen undialektischen Assertionen nicht verkannt werden. Allein er selbst verkennt, daß das, was im Gedanken als Allgemeines am Schluß des phänomenologischen Entwickelungsprocesses gesetzt wird, an sich schon auch im Anfang, im Gefühl, in der Anschauung da ist. Wenn Hegel also von dem Grundgedanken einer Religion, von der metaphysischen Grundlage derselben, von der Art und Weise spricht, wie sie den Beweis für die Existenz Gottes führe, so will er damit gar nicht sagen, daß in einer Religion das Allgemeine, der Gedanke auch als Begriff, als selbstbewußtes Denken existirt habe. Dieser Unterschied ist ihm nicht entgangen. Er legt den Gedanken nicht in die Religion hinein, er nimmt ihn in der That nur heraus; er setzt das, was in dem Gefühl und in der Vorstellung einer Religion an sich, als ihr substantielles Wesen enthalten ist, für uns als das Allgemeine auch in der Form des Gedankens.

Weil Stuhr sich die Stufen dieser Bildung des Bewußtseins nicht recht deutlich gemacht und einmal einen lockern Gegensatz von Erkenntniß und Gesinnung fixirt hat, so kommt er denn auch zuletzt darauf, „daß das religiöse Gefühl an nichts anders, als an das Gefühl der Ungenügsamkeit und der Ohnmacht des vereinzelten Daseins" anzuknüpfen sei. Da aber sein concreter Begriff der Religion über diese Ansicht weit hinausgeht, so treffen wir denn sogleich, wie bei Schleiermacher, auf eine Menge von Modificationen, wodurch das Abhängigkeitsgefühl von der niedern

Furcht vor einzelnen, vorübergehenden Naturerscheinungen untergeschleben werden soll. In der That ist es zu verwundern, daß Stuhr, der den Untergang des Naturstaates mit so tiefer Consequenz verfolgt hat, auf dem religiösen Gebiet nicht auch in der Freiheit das Princip gefunden hat, wodurch die Furcht erst gesetzt wird, ohne welche sie sich nicht erzeugen könnte. Hegel's Polemik gegen das Abhängigkeitsgefühl hat nie bestritten, daß nicht dasselbe der Inhalt einer nothwendigen Entwicklungsstufe der Religion sei; eben so wenig, daß das sich von Gott abhängig Fühlen ein sich immer wieder erneuendes Moment der Religion sei (auch das Christenthum läßt die Furcht in der Liebe untergehen, schließt dieselbe aber ebenfalls deshalb nicht absolut von sich aus); sondern die Ableitung der Religion überhaupt aus dem Abhängigkeitsgefühl war das, woran Hegel sich stieß. Die Religion, welche dem Menschen die höchste Freiheit gewährt, welche alle sonst für ihn bestehenden Schranken vernichtet, welche seinen Geist von allen Endlichkeiten entfesselt, kann nicht von einem Verhältniß ausgehen, welches der bloßen Substantialität angehört, sondern dies Verhältniß ist nur ein Schein, der sich als ein in die Totalität der Einheit verschwindendes Moment aufhebt.

Sehr zu beherzigen ist, was Stuhr über den wahrhaft religiösen Charakter des Heidenthums sagt. „Immer jedoch muß das heidnische Bewußtsein, wie sehr es verschlungen sein mag in die Richtungen des Naturlebens und deren Mannigfaltigkeit, als aus dem Geist erzeugt, auch Zeugniß ablegen von dem Wesen des Geistes, und eben hiernach, wie sehr es sich bewegen mag in der Mannigfaltigkeit reicher Anschauungen des vielfach sich gestaltenden Lebens, immer noch das in sich selbst gleiche einfache Wesen der Geistigkeit an sich abspiegeln." Die ungeheure Engherzigkeit, mit welcher Theologen oft den Ethnicismus betrachten, kann man zu ihrer Entschuldigung wohl nur dadurch erklären, daß sie sich auf dem Alttestamentischen Standpunct, namentlich im Prophetismus, so fest wurzeln, daß sie in den Göttern auch nur Werke aus Menschenhänden gemacht, fühllosen Stein, taubes Holz erblicken und von der göttlichen Berechtigung des Heidenthums, namentlich auch der Verehrung des Göttlichen in der Natur, keine Ahnung haben. Von einer solchen Befangenheit kann nur die

Wissenschaft befreien. Auch haben wir es ja schon oft genug erlebt, daß, wenn sich Einzelne dem Studium einer heidnischen Religion gründlich hingaben, sie von der Heiligkeit und Vernunft in ihr so überwältigt wurden, daß sie dieselbe entweder als ein entstelltes Christenthum oder als eine untergeordnete Vorstufe des Christenthums ansahen. Man erinnere sich nur, wie es z. B. mehr als einem Engländer so mit dem Indischen erging. Unsere Missionare haben freilich im Durchschnitt nur die niedrigste Form des Ethnicismus, Zauberreligionen vor sich. Allein das eben ist das Schiefe, daß man die unendlich mannigfaltige Abstufung im Kreise des Heidenthums nicht bedenkt, sondern mit merkwürdiger Rohheit nach einigen dürftigen Kategorien Alles mit demselben Maaße mißt.

Was Stuhr über die große Differenz der Aegyptischen Bauwerke von den Indischen sagt, ist uns bei den fortbauernden hypersthenischen Anstrengungen, zwischen Indien und Aegypten einen äußeren Zusammenhang, ein Kolonisationsverhältniß zu erkünsteln, sehr erquickend zu lesen gewesen. Ob er aber mit der Ansicht Recht habe, daß die Aegyptische Cultur mit ihrer Architektur sich von dem mittleren und oberen Aegypten in die Nubischen Thäler hinaufverbreitet habe, bezweifeln wir. Eben die höhere Einfachheit des Baustyls wie der Sculpturmonumente in Nubien widerspricht dieser Meinung. Die bildende Kunst ging hier an den steilen Nilufern Hand in Hand mit der Religion, von dem einfach Erhabenen zum anmuthig Schönen und von diesem zum zierlich Prächtigen über. Die Nilkataracten machen die äußerste Grenze der ersten Periode aus; Theben und Memphis sind der Mittelpunct der zweiten; in der dritten mischte sich der Aegyptische Typus, der seine reinste Blüthe in jenen ungeheuren Constructionen der Ebene entfaltete, mit dem Griechischen und diese Mischung wanderte dann allerdings unter den Ptolomäern vom Delta bis in die Nubischen Gebirge. Von Meroë spricht Stuhr in dieser Hinsicht gar nicht. Und doch scheint dies vor Aegypten eine historische Priorität zu haben. Vielleicht hängt diese Meinung Stuhr's mit einer andern Hypothese zusammen. Er bestreitet nämlich Ritter's und Kannegießer's Grundsatz, daß der Mensch ursprünglich von den Hochebenen herniedergestiegen wäre. Hier dürfte aber wohl ein Unterschied zu machen sein. Die primitive Existenz des Menschen scheint allerdings eher in die Ebene als auf das Gebirge gesetzt werden zu können, wie denn neuere Naturforscher dafür sogar die Meeresküste als das wahrscheinlichste Local haben geltend machen wollen. Allein damit ist noch nicht das constante Phänomen der Geschichte aufgehoben, daß wir auf allen Terrassen Wandervölkern begegnen, die sich in die Thalungen ausbreiten, aber, und dies andere eben so constante Phänomen wird meist vergessen, in der Ebene auch schon auf Bewohner stießen, mit welchen sie in Kampf geriethen. Diesen Conflict darzustellen, ist Ritter vorzüglich bei der Tigréterrasse in Afrika gelungen. (Eine hiervon wiederum ganz unabhängige rein geographische Frage ist natürlich, ob das Terrassensystem für die Bildung des Afrikanischen Terrains so durchgeführt werden könne, als Ritter es versucht hat und Steffens diese Möglichkeit bezweifelt). Auch auf das Nordwestliche Indische Gebirge wendet Stuhr diese Ansicht insofern an, als er das Kaschmirthal von dem Nimbus entkleidet, mit dem es herkömmlich seit etwa funfzig Jahren, seit der Herderschen Epoche, ausgestattet wird. Er sagt: „unfern von dem Lande, welches in alten Zeiten den Namen Baktrien führte, ist das Alpenthal Kaschmir belegen, dessen paradiesische Natur vielfach in den Sagen persischer Dichter gepriesen worden ist. Diese Lobpreisungen Kaschmirs stammen indeß aus jener Zeit des Mittelalters, in welcher, nach Ausbreitung des Islams und in Folge der damit zusammenhängenden Völkerbewegungen, in den Ländern, die Ost- und West-Asien mit einander verknüpfen, ein neues Leben erwacht war. Daraus, daß persische Dichter in der schönen Natur des Alpenthales von Kaschmir das Paradies wiederzufinden glaubten, und es mit dem Paradiese verglichen, es das Paradies nannten, darf man keineswegs auf alte Erinnerungen über ein paradiesisches Leben der Urzeit, die sich in jenem Thal erhalten haben sollen, schließen. Die Nachrichten über die alte Geschichte von Kaschmir sind überhaupt sehr dürftig. Die im Mittelalter von einem Indischen Brahmanen, in der Art und Weise der Geschichtschreibung der Araber, abgefaßte Chronik von Kaschmir enthält durchaus keine Beweise für die Annahme, daß in irgend einer uralten Zeit das Thal von Kaschmir ein Sitz höherer Bildung gewesen wäre".

Was Stuhr über die Felsendenkmäler bei Bamyan in Kabul sagt, scheint mir, soviel ich die darüber veröffentlichten Meinungen kenne, sehr zu billigen. Er erklärt sie für Indisch-buddhistische Kunstbildungen aus der Blüthe des Reichs der Yuntchin, die in der ersten Hälfte des zweiten Jahrhunderts vor Christi Geburt durch die Hiugnu aus ihren östlichen Ursitzen an der Grenze von China nach Westen gedrängt waren. Ebenso ist, was er über die Verwechselung der blauen Farbe Krischnah's mit der schwarzen und seines künstlich gekräuselten Haars mit natürlich krauslockigem Haarwuchs sagt, vortrefflich. Der gemuthmaaßte Zusammenhang des Krischnah mit Afrikanischen Stämmen u. s. f. zerfällt dadurch. Wenn er aber, um zu beweisen, daß die Araber zwischen Indischer und Griechischer Cultur kein Mittelglied haben sein können, ihnen „Dürre, Armuth und völlige Anschauungslosigkeit" zuspricht, so ist das ein Urtheil, dem jeder Sprachkundige schon aus dem Geiste der Arabischen Sprache, noch abgesehen von ihren dichterischen Producten, widersprechen muß. Eine gewisse logische Subtilität ist noch nicht Dürre; Einfachheit noch nicht Armuth; Mangel an bildender Kunst noch nicht Anschauungslosigkeit *). Ich habe gar nichts gegen die Behauptung, daß die Araber weder nach Hellas noch nach Aegypten hin Indische Bildung verbreitet haben; im Gegentheil scheint sie mir außerordentlich viel für sich zu haben, allein der wahrhafte Grund einer solchen Nichtcontinuität liegt hier viel mehr als sonst irgendwo in der Abgeschlossenheit des Terrains durch Meer und Gebirg oder Wüste, wozu noch kommt, daß Indien so wenig als Aegypten in alten Zeiten Meerschiffahrt hatten.

Ueberhaupt ist zu bemerken, daß das geographische Element, nämlich das Geologische in Verbindung mit der Flora und Fauna des Landes, für die ethnischen Religionen in viel höherem Maaße beachtet werden muß, als bisher geschehen ist. Stuhr hat diese Nothwendigkeit sehr wohl erkannt. Da die Natur in den heidnischen Religionen geradezu dasjenige Element ist, wodurch sie ihre Individualität empfangen, so kommt es auf sie wesentlich an.

---

*) S. G. Weil: die poetische Litteratur der Araber vor und unmittelbar nach Muhammed. 1837.

Unsere jetzige Geographie läßt uns die Einheit zwischen der Natur und dem Geist eines Volkes in ganz anderer Weise fassen, als dies vor einem A. von Humboldt, L. v. Buch, Steffens, K. Ritter möglich war. Aber die Religionsphilosophie hat nur erst wenig Nutzen davon gehabt. Stuhr hat zu jeder Religion eine geographisch-ethnographische Einleitung gegeben. Allein er ist auch noch sehr im Allgemeinen geblieben, z. B. bei Ost- und Südasien in dem abstracten Gegensatz des Starren und Flüssigen. Ich meine, es müsse hier so weit kommen, wie in der Naturwissenschaft, wo man den Gedanken einer Geschichte derselben in dem Sinne gefaßt hat, daß man aus der Natur eines Landes heraus zeigen will, warum irgend ein Zweig der Wissenschaft gerade in ihm sich hat Bahn brechen müssen, z. B. die Geologie in Deutschland. So muß man auch die productive Phantasie einer heidnischen Religion sich durch Veranschaulichung ihres individuellen Locals construiren. Ich meine dies nicht in der oberflächlichen Manier, welche Hegel bei der Entwickelung der Causalität mit so vielem Recht persiflirt, als wenn das schöne Klima Joniens die Ursache der Homerischen Gedichte wäre u. s. w. Wohl aber ist in der Natur für die Form der Göttergestalten, für das Detail des Opferritus u. s. w. das eine basische Element zu finden, denn das andere ist die geistige Stufe, auf der eine Religion steht. Oder vielmehr ist diese das Princip, gegen dessen organisirende Kraft die Natur eines Volkes doch nur als ein unorganisches Medium erscheint. Wollte man bloß bei der Natur und ihrem „großen Einfluß" stehen bleiben, also die Gestaltung des Geistes zu einem bloßen Ausfluß aus ihr machen, so würde man nichts als schon oft dagewesene Flachheiten wiederholen. Am Besten ist es, ein concretes Beispiel zu geben. In den Indischen Sagen tritt der Affe in der Bedeutung von wilden Völkern auf. Die Unterstützung, welche Wishnu von Affenfürsten erfuhr, ist bekannt. Ist es nun hier nicht nothwendig, auf die Naturgeschichte des Affen in Ostindien einzugehen? Begreiflich jedoch wird eine solche Vergottung und Vergötterung des Affen erst aus dem Princip des Hinduismus. Der Lotos ist ein so vielfach gewandtes Symbol der Indischen Mythologie; soll man sich nun nicht um seine natürliche Existenz bekümmern, die unstreitig über so viel Einzelnes Aufschluß giebt? — Auch dies Studium würde dazu führen, die identische Productivität des Einen Geistes darzuthun, der in den mannigfachsten Formen sein Wesen sich zum Gegenstand zu machen sucht und der in Wahrheit das Urvolk ist, das man mit einer Urreligion von einem Thal und Land ins andere und besonders wechselweise von Indien nach Aegypten schickt.

Ebenso richtig als Stuhr's allgemeine Ansichten über solche Puncte ist seine Auffassung der Symbolik, indem er die Natursymbolik von der Kunstsymbolik bestimmt unterscheidet und den Gegensatz eines exoterischen Bewußtsein des Volkes und eines esoterischen der Priesterschaft, welche die Dogmen der Religion für das ungebildetere Bewußtsein des großen Haufens durch Bilder, Räthsel, Mythen, Allegorieen darstelle, als für die ursprüngliche Bildung der Religion durchaus unstatthaft verwirft. Späterhin, wenn die Religionen alt werden, kommen wohl solche Gegensätze der Mysterien gegen die Volksreligion vor, aber ursprünglich ist die Priesterschaft in der That das Organ der Volksgemeine. — Den ersten Gegensatz zu treffen, hat mich ungemein erfreuet, weil dadurch die Eintheilung der ethnischen Religionen, die meiner Schrift über die Naturreligion zu Grunde liegt, eine erwünschte Bestätigung erhält.

Alle Religion ist entweder Ethnicismus oder Monotheismus oder Christenthum.

Der Ethnicismus ist 1) Naturreligion. Hierher rechne ich die Religion der sogenannten wilden Völker sowohl aus dem Alterthum, als aus der neueren Zeit. Die Benennung wild ist allerdings eine höchst relative, denn diese zahllosen Völker bieten eine große Scala von Bildungszuständen dar. Allein sie sind darin identisch, daß sie sich nicht zur Kunstsymbolik erheben, sondern die Macht des umgebenden Naturlebens noch nicht durchbrochen haben und daher in seinen Gestalten unmittelbar die Idee des Geistes anschauen. In dieser Objectivirung besteht die Natursymbolik und dies Barbarische finde ich auch noch in Mexiko und Peru. Diese stellen uns den Standpunct dar, welcher von der Kunstsymbolik überwunden werden muß.

2) Die symbolischen Religionen nenne ich diejenigen, welche bereits eine systematische Durchführung eines religiösen Stand-

punctes geben, so daß das Zufällige zur Nothwendigkeit aufgehoben und eine eigenthümliche Bilderwelt für die Idee geschaffen wird, die als ihr adäquater Ausdruck allgemeine und perennirende Geltung hat, wogegen in den Naturreligionen ein ewiges Verwandeln der objectiven Anschauung stattfindet. Der eine Neger verehrt den Tiger, der andere den Panther u. s. w.

3) Die plastischen Religionen dagegen sind alle diejenigen, in welchen es zur Anerkennung der Individualität des Menschen kommt. Die Folge davon ist, daß auch die Götterwelt zu einem Reich mannigfaltiger Individualitäten sich auseinanderlegt. In der Naturreligion fehlt noch alle Sonderung. In der symbolischen Religion ist der Standpunct des Bewußtseins entweder pantheistisch oder dualistisch. Pantheistisch, wenn dasselbe nicht weiter kommt, als bis zur Abstraction des Einen untheilbaren, ewigen, sich immer selbst gleichen Seins. Dualistisch, wenn neben dem Gedanken der Alles seienden Substanz der der Subjectivität hervortritt. Im Pantheismus hält die Substanz in ihren Incarnationen sich nur die Maske der Subjectivität vor; in Wahrheit ist es nicht Ernst damit. Im Dualismus kommt es auch noch nicht zur freien Subjectivität, sondern die Eine Substanz verdoppelt und entzweiet sich in sich selbst zu zwei Substanzen und die Subjectivität, die in ihrer Wechselwirkung sich hervordrängt, wird noch wieder in die chaotische Breite der elementarischen Mächte zerschwemmt. Im Plastischen existirt der eigentliche Polytheismus, d. h. eine Vielheit substantieller Subjecte. Die Substanz (im Griechischen z. B. γαῖα, νύξ u. s. w.) wird je länger je mehr in die Menge der göttlichen Individualitäten zersplittert, bis an einem schönen Morgen der komödische Leichtsinn sie als „bloße Vorstellungen" verbläst und in Betreff ihrer Existenz, wie jener Secretair-Kardinal sagt: je n'en vois pas la necessité. Der Dualismus geht im Polytheismus aus dem einfachen und imposanten Gegensatz in den Conflict zahloser divergirender Interessen so lange auseinander, bis der Mensch einsieht, daß diese Interessen der Götter nicht sowohl für sie als für ihn ein Interesse haben und ihre Einmischung und Bemühung in sein Thun und Treiben als ganz unnöthig empfindet.

Stuhr hat sich dieser Kategorieen von Dualismus, Pantheismus u. s. f. fast gänzlich enthalten, unstreitig aus dem Streben, sich durch sie nicht in der Reinheit der Auffassung des Objects stören zu lassen. Er will die Sache unbefangen aus sich selbst heraus sich entfalten lassen. Er sagt unter anderm sehr gut: „Nicht bloß das allgemein Menschliche, was sich an den mythischen Vorstellungen dieses oder jenes Volks offenbaren mag, hat Bedeutung und Werth für die Wissenschaft; sondern ganz besonders auch alles das, woran sich der Charakter einer jeden besonderen Volksthümlichkeit ausspricht". Wir haben erfahren, wie diese Seite der Religionsforschung nur zu oft vorgefaßten Allgemeinheiten geopfert, wohl gar ganz übersehen wurde. Wir wollen es daher an Stuhr loben, daß er sich in die Individualität der Völker lebhaft zu versetzen gesucht hat, wiewohl wir darüber es ungern entbehren, daß er das metaphysische Element der Religionen mit zu wenig Schärfe und Nachdruck behandelt hat.

Die eigentliche Darstellung zerfällt in zwei große Abschnitte: Ost- und Westasien. Zu dem östlichen Asien wird auch Mittelasien und Vorderindien gerechnet. So mikrologisch ein Tadel über dergleichen aussieht, so scheint uns doch solche Benennung etwas gewaltsam. Wäre von Hinter- und Vorderasien die Rede, so würde ein solcher Ausdruck noch eher eine solche Scheidung gestatten. Allein Indien, das von den Zügen Alexanders des Großen an mit der ganzen Gruppe der Vorderasiatischen Länder in immer engeren Verkehr trat, zu welchem ein Plotinos als Volontair in der kaiserlichen Armee pilgerte, Weisheit der Gymnosophisten zu lernen, schiene uns dann fast eher zum vorderen, nach Westen gewendeten, als zum hinteren, östlichen Asien gerechnet werden zu müssen. Stuhr nennt es die Wurzel des ganzen Asiatischen Lebens und bringt in Anschlag, daß von ihm aus der Buddhismus China und Tibet geistig befruchtet hat. Indien ist doch eigentlich, auch culturhistorisch, die Mitte zwischen China und Persien. Wenn man jedoch aus dem allgemeinen Standpunct des Geistes China, Indien und die Indochinesischen Völker mit ihrer Doppelrichtung nach dem centralen Tibet einerseits, nach dem peripherischen Archipelagus von Hinterindien anbererseits, als ein Ganzes betrachtet; wenn man ebenso Persien, Kleinasien und

Arabien nebst Aegypten wieder als Ein Ganzes faßt, so läßt sich diese Theilung gewiß, selbst geographisch, vertheidigen.

Stuhr fängt mit China und Japan an, geht dann zu Indien, zu den Völkern des Hochlandes und Nordens von Asien, zu Ceylon und Hinterindien und endlich zur Religionsgeschichte der Völker über, welche die Inseln der indisch=chinesischen Meere bewohnen. Man wird hier sich vorzüglich über die Genauigkeit freuen, mit welcher Stuhr das mythologische Detail behandelt hat, die Zahl und Gestalt der Götter, die kosmogonischen und eschatologischen Vorstellungen, die Stockwerke der Himmel und Höllen, die Approximationsstufen zur Seligkeit, namentlich aber die chronologische Folge der religiösen Bildungen. Höchst unterrichtend und ansprechend ist in dieser Beziehung seine Entwickelung des Bramismus von der abstracten Grundlage der Weden durch die phantasiereiche Fülle der epischen Gedichte bis zur Wiedervereinfachung in der Mystik, dem Buddhismus und den späteren Secten. Am eigenthümlichsten aber ist mir seine Darstellung des Schamanenthums vorgekommen. Ja, hier ist Stuhr recht zu Hause. Hier weiß er uns in die weiten Steppen, in das Gespenstergrauen des Nordens auf das Lebhafteste zu versetzen; in den pfadlosen Wäldern wird der einsame Wanderer von tückischen Geistern zu Irrwegen verlockt; in der kahlen Wüste hetzen sie ihn nach allen Richtungen umher. Gern häuft er hier einige Steine auf; gern bindet er dort Haarbüschel an die Zweige der Bäume, um sich orientiren zu können. Allein wenn die Nacht ihn ereilt, wenn Schneegestöber ihn umhüllt, wenn die Windsbraut über die öden Flächen stürmt, so weiß er keinen andern Rath, als den Talisman, den ihm der Zauberer gegeben hat. Der Sibirier glaubt nicht sowohl an Götter, als vielmehr an Geister. Das Schamanenthum hat seine Aufgabe vornämlich darin, ihre Macht zu brechen. In der engen Hütte, beim rothen Licht der Kienspäne, lauern die Rathlosen zusammen und heulen den Zaubergesang. Der Schamane rührt die Trommel und rast mit wilden Geberden umher, bis er leichenhaft in den orakelnden Schlaf versinkt. Diese Düsterheit ist nun wohl an dem Schamanenthum charakteristisch. Allein wesentlich halte ich dasselbe nach meinen Untersuchungen über die Naturreligion (1831) für nicht verschieden von der Zau=

beret, die wir bei andern Völkern finden, welche noch auf der Stufe der Naturreligion stehen. Die Differenz ist nur eine durch locale Modificationen und Raceninbividualität hervorgebrachte. Selbst den Fetischismus möchte ich dem Schamanenthum nicht ableugnen. Ich räume ein, daß die Lappen, Knochen, Haare, die man an Stangen bindet und vor den Jurten aufstellt, die ausgestopften Puppen in denselben, die Lumpen, mit welchen als mit Amuleten alte Weiber immer Trödel treiben, erst durch Beschwörung zu magischen Schutzmitteln werden: immerhin sind sie doch schon eine beginnende Objectivirung der allgemeinen Macht in einem einzelnen, sinnlichen Gegenstande. In Afrika wird allerdings zwischen Fetisch und Zaubermittel an der Guineaküste und in Senegambien unterschieden. Soll es nicht aber auch eine Stufe geben, wo Fetisch und Talisman noch in einander fließen, wo das Bewußtsein in seiner Dumpfheit theils über die unbestimmte Vorstellung von fratzenhaften, gespenstischen, schadenfrohen Dämonen, theils über eine räthselhafte Scheu vor der Macht des Zauberers und des durch ihn geweiheten Objectes noch nicht hinausgekommen ist? Auf den Nordafrikanischen Märkten von Innie und El Herrez werden viele Zaubermittel verkauft, vor deren Gewalt sich Neger, die schon bei Muhamedanern als Sclaven dienen und der Wüstheit der Naturreligion schon entfremdet sind, außerordentlich ängstigen.

Die Darstellung Westasiens zerfällt in zwei Abschnitte, deren erster den Feuerdienst von Iran, der zweite die Religionsgeschichte der Völker Vorderasiens umfaßt. Bei dem Parsismus sucht Stuhr einen möglichst engen Kreis zu ziehen, indem er den Bundehesch als Quelle ganz ausschließt. Er setzt seine Entstehung erst um die Mitte des siebenten Jahrhunderts n. Chr. — Als den Mittelpunct der Religionen Vorderasiens sieht er die syrisch=chaldäische an und construirt sie so, daß er in ihr einen Synkretismus des Nordischen Geisterglaubens mit Arabischem Gestirndienst erblickt, woraus denn die Astrologie als diejenige Gestalt des Heidenthums hervorgegangen sei, welche alle Völker und Zeiten sich wegen ihres mechanischen Fatalismus am leichtesten hätten zueignen können. Durch die Mischung des Nordischen und Südlichen entstehe immer eine gewisse Wildheit, welche theils als Wollust, theils als Grausamkeit erscheine. Ostasien sei das Land der Götter; in Westasien aber trete der Mensch hervor und damit eine gewisse Härte und Schärfe. Vorderasien sei daher immer der Schauplatz des Kampfes zwischen dem Geist und dem Fleisch gewesen. In der syrisch-chaldäischen Religion habe der Mensch sich der bloßen Nothwendigkeit unterworfen; im Judenthum der Nothwendigkeit mit der Aussicht auf die Freiheit; nach Abend zu sei dann mit den Hellenen zur Freiheit weiter fortgeschritten, nach Süden zu aber in Afrika ganz dem Fleisch, der Willkür eines thierischen Daseins verfallen. Auf dieser Stätte habe daher die Versöhnung des Geistes mit dem Fleisch durch das Christenthum hervorgehen müssen.

Diese auszugsweise hier angedeutete Entwickelung ist eine der ausgezeichnetsten in Stuhrs Werk. Aber Eine Frage drängt sich uns hier auf. Wie konnte er Aegypten von dem Kreise der Orientalischen Religionssysteme ausschließen? Zu der Masse der in unbestimmten, losen Formationen zerstäubenden Afrikanischen Naturreligionen kann man die Aegyptische doch auf keine Weise rechnen. Und so selbstständig sie sich in sich durchgebildet hat, so kann man sie doch auch wieder nicht als eine absolut eigenthümliche ansehen, sondern ihr Standpunct ist derselbe Dualismus, den wir auch in Vorderasien finden. Das Unterscheidende Aegyptens ist nur, daß es in der Ueberwindung desselben, in der Einigung der Gegensätze viel größere Fortschritte macht. Was im Parsismus und in dem Chaldaismus einseitig vorhanden ist, das faßt sich in Aegypten zu einer organischen Totalität zusammen. Der Parsismus verehrte das Licht unmittelbar in den Gestirnen, die sich der Anschauung darboten und im Feuer, dem irdischen Reflex des großen Bahman und seiner Amschaspands. Im Chaldäischen wurden die Gestirne auch wieder in Götterbildern dargestellt, so wie die Weltzeugung durch Mythen, Symbole und obscöne Culten. Die Aegyptische Religion besaß das astronomische Element, aber nicht in der abstracten Reinheit, wie der Parsismus; sie besaß das kosmogonische Element, aber nicht in der liederlichen Wüstheit, wozu dasselbe in Babylon ausartete. Sie besaß den Dualismus, aber nicht in der Starrheit, wie in Persien, oder in der sehnsüchtigen, erotischen Weichheit, wie in Phönizien, Phrygien, sondern durch Osiris wurde sowohl in seinem Verhältniß zum Typhon der Gegensatz des Positiven und Negativen von Ahuramazdao und Agromaynius, als in seinem Verhältniß zur Isis der Gegensatz des männlichen und weiblichen Princips von Abon und Astarte zur concreten Einheit zusammengehalten. Im Persischen Hochland wohnten Nomaden; im Tiefland Ackerbauer; in Mesopotamien, im reichen Babylon, welches die Indische Wunderwelt mit dem Westen vermittelte, Kaufleute; in den Arabischen Wüsten schwärmten die kriegerischen Hyksos. In Aegypten existirten alle diese Lebensarten, aber nicht als besondere Völker nebeneinander, sondern als Kastenunterschiede, so daß auch hierin sich Aegyptens übergreifende Natur manifestirt. Eben so wohnten die Juden in Aegypten bis zu ihrer Zurückwanderung nach Palästina und wurden durch die Strenge der Kastensonderung selbst in ihrer volksthümlichen Eigenheit erhalten und gekräftigt; die Hyksos fielen räuberisch das Küstenland an, wo sie, nach den Reliefs auf den Aegyptischen Sculpturen, zuweilen sogar Thürme errichteten; die Perser bekriegten Aegypten ebenso, wie dessen Pharaonen früherhin erobernde Streifzüge nach dem Norden unternommen zu haben scheinen. Endlich wurde Aegypten durch die Hellenische Bildung untergraben, so daß unter den Ptolomäern Aegyptisches und Hellenisches sich innigst vermischte und die gnostischen Systeme selbst in der Speculation das Abendländische mit dem Morgenländischen auszusöhnen trachteten. Aegypten erscheint daher in jeder Beziehung als das letzte und höchste Resultat des heidnischen Orients. Weil es weder China's kindlich-kindische Engheit, noch Indiens maaßlose Ueberfülle, noch das befriedigungslose Ringen der Vorderasiaten, vielmehr ein in regelmäßigem Pulsschlag in sich wiederkehrendes, mannigfaltiges, sich immer von Neuem in sich anfachendes Leben hatte, so mußte es auch die Lehre von der Seelenwanderung viel tiefer und verständiger ausbilden, als dies je zuvor geschehen war. Es strebte darnach, nicht bloß, wie China und Indien, eine Vergangenheit, oder, wie Persien und Babylonien, eine sei's durch Thaten, sei's durch Ueppigkeit, erfüllte Gegenwart zu haben, sondern in der Gegenwart sich eine Zukunft zu begründen. Darum ging es auch zu Grunde; es löste sich auf, was die übrigen Orientalischen Mammuthe nicht vermochten.

Stuhr deutet einen Uebergang der Vorderasiatischen Religionen in das Judenthum an, dem er, womit er wohl starken Widerspruch finden dürfte, auf die Bildung des Persischen Feuerdienstes einen großen Einfluß zuschreibt, während sonst, in der vulgären Vorstellung, die jedoch von so vielen gründlichen und besonnenen Forschern befestigt ist, theils eine gewisse ursprüngliche Identität aller Aramäischen Völkerstämme, theils eine Umbildung des Judenthums während des Exils durch den bereits systematisch entwickelten Parsismus angenommen wird. — Den Monotheismus des Judenthums setzt Stuhr nicht als das Product einer äußerlichen Offenbarung, sondern als die Abstraction eines Glaubens an die Geister der Ahnen. Hieraus sei ein Einheitsbegriff der göttlichen Macht, Jehovah, entsprungen. Als einen Hauptgrund für seine Meinung führt Stuhr die Teraphim an. Ich kann nicht leugnen, daß ich hier gern eine Spur gefunden hätte von einer Bekanntschaft Stuhr's mit der Art und Weise, wie Vatke den Entwickelungsproceß des religiösen Selbstbewußtseins im Jüdischen Volk darzustellen versucht hat. — Auch der Wunsch drängte sich mir auf, daß Stuhr die anlehnenden Bemerkungen, die er über den Tantalischen Zug Vorderasiens, namentlich in Betreff Nebukadnezar's macht, weiter ausgeführt haben möchte.

Bei einem eben so weitläuftigen als interessanten Stoff wie der mythologische, der religionsphilosophische, muß man sich gewaltsam beschränken. Ich breche meine Reflexionen ab. Stuhr wird der rühmlichen Anerkennung nicht entbehren, nach sieben und zwanzig Jahren, seit Görres seine an einer Superfötation der Phantasie kränkelnden Mythengeschichte des Orients in begeistertem Drange schuf, der erste gewesen zu sein, der das ungeheure Material, das seit Görres Zeiten noch unendlich vermehrt worden, mit kritischem Verstande perlustrirt und mit anschaulicher Klarheit dargestellt hat. Dürfen wir es wohl hoffen, daß man sein fleißiges Werk fleißig studiren werde, damit, vorzüglich in Ansehung des Bramismus und Buddhismus, so viele weit verbreitete schiefe Vorstellungen und Unrichtigkeiten verschwinden, mit welchen man aus Majer's mythologischem Lexikon und dem Werk der Obristin von Polier noch immer so freigebig ist?

7. Göschel's Entwicklung der Hegel'schen Unsterblichkeitslehre. 1835.

Göschel gehört, um einen Jean Paul'schen Ausdruck zu gebrauchen, zu den passiven Genies. Es ist nichts Ursprüngliches in ihm, aber er ist eine im höchsten Grade bildsame Natur. Man vermag keine Idee zu nennen, welche Göschel eigenthümlich wäre. Er hat alle seine Gedanken so sehr von Andern, daß er in seiner edeln Aufrichtigkeit uns selbst beständig die Quelle angibt. Aber er versteht es bewunderungswürdig, mit den Gedanken Anderer zu denken, sie miteinander zu verschmelzen, sie weiter auszuführen und in treuer Exegese interessante Folgerungen aus ihnen zu ziehen. Dies Auslegertalent ist seine Productivität.

Die immer wiederkehrenden Anhaltpuncte seines Denkens sind die Bibel und das Recht, Götha und die Hegel'sche Philosophie. Dies sind seine Autoritäten. Jede ist ihm theuer, keine will er aufgeben. Wo sich daher Widersprüche zwischen ihnen erheben, sucht er sie miteinander zu vermitteln. Durch sie vermittelt er sodann die Widersprüche unserer religiösen und politischen, poetischen und philosophischen Parteien, und hat sich durch dies Geschäft zu einer nothwendigen Gestalt im Kreise unsers jetzigen Lebens gemacht.

Sein erstes Buch 1824 handelte über Göthe's „Faust" und den ewigen Juden. Auf den letztern war er nicht unmittelbar durch die Volkssage, sondern durch den Bericht geführt, den Göthe in seiner Biographie von einer Bearbeitung derselben macht, die er damit im Sinne hatte. Die eigentliche Aufgabe war hier die Einarbeitung der Hauptmomente der Hegel'schen Phänomenologie in die Hauptwendepuncte des Faust. Mit Begeisterung, mit einem Anflug von Kühnheit löste er sie. Hierauf wendete sich Göschel entschieden zum Pietismus. Ein außerordentliches Erlebniß hatte ihn wunderbar erschüttert. Ein Reisebericht und ein Gespräch: „Cäcilius und Octavius", bezeichnen diese Epoche. Letzteres, von Tholuck eingeführt, nahm die Grundbestimmungen der christlichen Glaubenslehre ziemlich trocken durch. Doch der Trieb des freien Denkens drängte sich stärker 1829 in den „Aphorismen über Nichtwissen und absolutes Wissen" hervor. Die Wirkung dieser Schrift war ungemein. Der Pietismus, die altgläubige

Orthodoxie sah sich mit Einem Schlage dem so scheu als pantheistisch perhorrescirten Hegelianismus nahe gerückt und faßte eine bis dahin ungewohnte Achtung vor ihm. Gegen Marheineke's priesterliche Salbung blieb er mißtrauisch; aber die kindliche Weise der Göschel'schen Frömmigkeit zog ihn an. Er hoffte, des Guten der absoluten Philosophie theilhaft werden zu können, ohne sich das reine Gewand seines demüthigen Glaubens durch Wissensstolz u. s. w. zu beschmuzen. Hegel hatte sich für die Bewährung seiner Speculation durch Citate von Bibelstellen niemals abgegeben; nur im Allgemeinen hatte er die Einheit seiner Philosophie mit dem christlichen Glauben behauptet. Da er nun von der Unwissenheit, dem Unverstande, dem böswilligen Neide der härtesten Dissonanz mit dem Christenthum bezüchtigt wurde, so mußte ihm ein so specieller, so geistreich durchgeführter Nachweis jener Einheit sehr willkommen sein, und er drückte dem Verfasser mit Recht dankbar dafür die Hand.

So stand nun Göschel zwischen Tholuck und Hegel, zwischen Gefühlsinnigkeit und absolutem Wissen. 1832 gab er den ersten Theil seiner „Zerstreuten Blätter aus den Hand- und Hülfsacten eines Juristen" heraus. Die Philosophie vindicirte hier dem Recht einen theologischen Boden; die Satisfactionslehre der Kirche fand neue Bestätigung; die Grundbestimmungen der Hegel'schen Rechtsphilosophie wurden als im Preußischen Landrecht enthalten nachgewiesen. Dadurch erregte Göschel das Interesse der aristokratischen Schule.

Doch am nachdrücklichsten erschien die Bedeutung des vielseitigen Mannes unmittelbar nach Hegel's Tod. In der kleinen Schrift: „der Monismus des Gedankens", stellte er das Wesen der Hegel'schen Philosophie mit großer Bündigkeit dar, und wendete sich gleich darauf in dem Büchlein: „Ueber Hegel und seine Zeit" nach Außen, alle Elemente der Gegenwart und Wissenschaft berührend. Mit beiden Schriften drang er soweit durch, daß der Name Monismus von da ab allgemein aufgenommen und in der letztern ein populaires Handbuch zur bequemen Orientirung in der Hegel'schen Philosophie gefunden wurde.

In den „Aphorismen" hatte Göschel beständig die Bibel im Auge. Er zeigte, wie die für so religiös gehaltene Jacob'sche

Philosophie von dem orthodoxen Christenthum, vom Katechismus, weit entfernt, die Hegel'sche dagegen als gründliche Interpretin des Bibelwortes zu gelten wohl berechtigt sei. Im „Monismus des Gedankens", im Buch „Ueber Hegel und seine Zeit" hatte er vorzugsweise die Philosophie im Auge; die Bibel und Göthe waren hier nur secundair. In seinen „Unterhaltungen zur Schilderung Göthe'scher Dicht- und Denkweise" (1834) endlich war Göthe der Mittelpunct, dem Hegel und Bibel zur Peripherie dienten. Diese zarten, aus einer wahrhaft weiblichen Liebe zum Dichter hervorgegangenen Aufsätze, welche den Geliebten nur zu verklären, von jedem trübenden Verdacht zu reinigen sucht, können nicht harmlos genug genommen werden. Ihre Einseitigkeit ist zu grell, als daß sie zu andern Prätensionen führen könnte; nicht die Schönheit der Form, nicht der Reflex des mannigfachsten Weltlebens, nur die Religion interessirte ihn wahrhaft an den Dichtungen. Nicht Weniges, glauben wir, muß Göschel in Göthe ein Räthsel bleiben, weil er mehr geneigt ist, Christenthum und Hegel'sche Philosophie in ihn hinein, als unbefangen Göthe'sches Wesen aus ihm heraus zu lesen.

Unterdessen wurde Göschel auch Mitarbeiter an den Berliner „Jahrbüchern". Der jüngere Fichte ließ ergrimmt drucken, diese ihm so verhaßte Gesellschaft sei für Göschel viel zu gut und habe sich an ihn herangedrängt. Göschel sprach nun über den Rationalismus in England, über Günther's „Janusköpfe", Heinroth's „Criminalpsychologie", Lamennais' „Paroles d'un croyant", über mehre kleine Schriften, sogar Programme, und über Richter's „Neue Unsterblichkeitslehre". Dieser Aufsatz erregte einen großen Streit, wodurch Göschel's gegenwärtiges Buch, wo nicht überhaupt hervorgerufen, doch gewiß in seiner Erscheinung beschleunigt wurde. Schon in jenen Artikeln hatte Göschel die Richter'sche Schrift mehr als äußere Veranlassung genommen, seine selbstständige Entwickelung daran zu knüpfen. Wie Weiße in der Kritik der Richter'schen „Lehre von den letzten Dingen" gethan, hatte auch Göschel Richter'n sehr wegwerfend behandelt. So Vieles an Richter getadelt werden muß, so dürfte doch die Polemik gegen ihn mehr seine Form, die in ihrer zubringlichen Heftigkeit sich nicht selten in das Niedrige fallen läßt, als seine

Tendenz treffen. Ich hätte wohl am meisten Ursach, mich über Richter's Gereiztheit zu beschweren. Allein die Kränkung, die ich durch ihn erfahren, wird mich nie verhindern, das Rechte in ihm anzuerkennen. Richter ist durch und durch ehrlich, was in unserer verlogenen Zeit sehr hoch zu schätzen ist, und läßt sich seine Sache mit großem Ernst und Eifer, mit wirklichen Aufopferungen angelegen sein. Daß er in seinem Streben an den Fanatismus anstreift, daß er für die Vernichtung des Glaubens an die Unsterblichkeit in einer Zeitschrift eine eigne Propaganda eröffnet, ist eine Verirrung, von der er zurückkommen wird. Da im Geist eine Bestimmung mit allen andern, die Unsterblichkeit mit der Auferstehung, die Auferstehung mit der Seligkeit, dem jüngsten Gericht zusammenhängt, so bewies Richter einen ganz richtigen Tact, wenn er die Eschatologie überhaupt zum Gegenstand der Untersuchung machte. Aber gleich darauf verzettelte er seine Kraft in kleinen Aufsätzen und stumpfte die Schärfe seines Gedankens in falschen Popularisirungen ab. Hätte er statt dessen die Eschatologie fortgeführt, wie viel mehr würde er geleistet haben, und wie viel höher würde er in der Achtung des Publicums stehen! Wie sehr er aber durch ein dreistes Absprechen beleidigen, durch einen renommistischen Ton verletzen und das tiefere religiöse sowohl als wissenschaftliche Interesse unbefriedigt lassen mag, das Verdienst, durch seine Parrhesie die freieste Erörterung über den Gegenstand in Gang gebracht zu haben, muß ihm zugestanden werden. Wir gestehen, uns außerordentlich verwundert zu haben, daß Göschel Richter's nirgend erwähnt, nicht einmal da, wo er die hervorstechendsten populairen Schriften aufzählt, denn Richter's Kritik der Beweise für die Unsterblichkeit der Seele in der „Lehre von den letzten Dingen" hat dadurch einen unleugbaren Werth, daß sie mit unerbittlicher Strenge die Negation derselben auf die Spitze treibt. Sollte Göschel diese Schrift gar nicht kennen?

Von der ältern Zeit wollen wir abstrahiren, weil ihre Betrachtung uns zu weit führen dürfte. Wir erinnern also nur daran, daß die Freidenkerei des achtzehnten Jahrhunderts, der Englische Skepticismus und der Französische Materialismus, das Nichtglauben der Unsterblichkeit zu ihren Glaubensartikeln zählte. Die Deutsche Aufklärung verstieg sich nur sehr selten bis zu

diesem Nihilismus. Die Kant'sche Philosophie befestigte den
Glauben an das Jenseits vollkommen. Aber sie that es durch
eine egoistische Wendung. Sie begnügte sich nicht mit der Tugend; sie wollte auch das Verdienst ihrer Anstrengung belohnt
wissen. Sie forderte Glückseligkeit und widersprach dadurch ihrer
republicanischen Moral, die Pflicht nur um der Pflicht willen zu
thun. Der im Diesseits durch den kategorischen Imperativ ab-
gewiesene Eudämonismus schlich sich durch den praktischen Beweis
für das Dasein Gottes wieder ein.

Dagegen reagirte die Fichte'sche, die Schelling'sche, die Hegel'sche Philosophie. Die Freiheit soll sich selbst genügen können,
oder nicht sagen, daß sie Freiheit sei. Schiller, Novalis, Schleiermacher verschafften dieser Ansicht eine gewisse Breite. Man lebte
sich mit vornehmer Resignation in die Unendlichkeit des Momentes hinein. Auch war die Gegenwart so reich, die größten praktischen und wissenschaftlichen Bestrebungen erfüllten die Gemüther
so sehr, daß es immitten so reicher Wirksamkeit müßig schien,
sich um die Fortdauer des Ichs zu bekümmern. Der Glückliche
kennt keine Zeit.

Der Kampf der Philosophie des absoluten Wissens mit dem
Kantianismus war so gut' als vorüber. Die Völker hatten sich
der Verbesserung ihrer Verfassungen zugewendet; Napoleon starb
auf Helena; die politischen Excentricitäten der Burschenschaft be-
reiteten der Schwärmerei für die Größe der Deutschen Nation,
die ein Decennium hindurch die Religion unserer Jugend war,
ein trauriges Grab. Der Friede erlaubte ein ruhiges Behagen
an den individuellen Zuständen. Man ging von der militairischen
und politischen Aufregung zur religiösen über. Das kirchliche
Interesse führte zum wissenschaftlichen. Die Geselligkeit suchte in
der Frömmigkeit einen idealen Aufschwung und die Andachtsübun-
gen, die theologischen Studien, die Erzählungen von Bekehrungen,
von Wiedergeburten, das Proselytenmachen, die zum Wunderglau-
ben aufgeregte Spannung waren an der Tagesordnung.

Hegel war nach Berlin gekommen, nach dem Mittelpunct
aller dieser Bewegungen. Die Grundzüge seines Systems waren
veröffentlicht und die Theologie fing an, sie in sich aufzunehmen.
Marheineke arbeitete seine Dogmatik um. Bedenkt man, daß das

höchste Talent dieses Mannes das kritisch-historische ist, so setzt diese Unternehmung in Erstaunen. Wie unvollkommen auch Vieles darin sei, sie bleibt bis jetzt nächst Daub's „Theologumenen" die gründlichste aller Dogmatiken dieses Jahrhunderts, wofern man die Gründlichkeit nicht in sentimentalen Declamationen, in abstractem Raisonnement, in einem Wust exegetischer und scholastischer Gelehrsamkeit, in einem bunten Bilderschwall, sondern in der Wahrheit der Gedanken sucht. Marheineke's Dogmatik hat den einfachsten Gliederbau. Sie stößt nur dadurch von sich ab, daß sie das Element der Vorstellung mit einer gewissen Härte behandelt, was umgekehrt in der ersten Ausgabe, dem Rationalismus gegenüber, mit Vorliebe von ihm gepflegt worden war. Schonungslos zerbrach Marheineke für den Triumph des sich selbst als die ewige Wahrheit beweisenden Begriffs die liebliche Hülle der Vorstellung und zog sich dadurch nicht bloß, wie von Bredschneider u. A., gefährlichen Mißverstand, sondern auch, wie von dem jüngern Fichte, den Vorwurf zu, das Bedeutungsvolle der christlichen Vorstellungen (Paradies, Engel, Teufel, Hölle, Himmel) verkannt zu haben. In der Eschatologie kam natürlich die Vernichtung des Jenseits, der Zukunft als einer Abstraction von dem überall und immer sich offenbarenden Wesen des göttlichen Geistes am meisten zum Vorschein. Lohn und Strafe, Himmel und Hölle, Seligkeit und Verdammniß wurden in unsere gegenwärtige Geschichte als integrirende Elemente derselben eingewirkt. Das ewige Leben wurde im Diesseits anerkannt und aller phantastischen Auslegung des Jenseits der Flügel gelähmt.

Diese mit tiefer Besonnenheit durchgeführte Arbeit wurde ein Feuerwein, der viele Gemüther entzündete. Gegenüber den kränklich sehnsüchtigen, stummgelehrten Neandrianern, den heiter-wehmüthigen, dialektisch-scharfsinnigen Schleiermacherianern bildete sich eine neue Schule, trotzig genußschäumend, hinausgehoben über alle Gegensätze, Neander's stupende Gelehrsamkeit, Schleiermacher's kunstreiche Beredtsamkeit und Vielseitigkeit achtend, aber in Marheineke und Hegel ihre eigentlichen Vertreter findend. Der positive Charakter der jungen, aus dem Haupt der Wissenschaft entsprungenen Religion machte allerdings manchen Jüngling vor der Zeit altklug, und besonders konnte man an geborenen Berlinern, welche

sich dem Hegelianismus ergaben, oft eine gewisse Naseweisheit, ein
unausstehliches, mit Allem Fertigsein bemerken. Aber es darf
doch nicht geleugnet werden, daß in der wunderbaren Gährung
auch viel Kraft und Tiefe sich entwickelte. So war es in Berlin
vor 8—12 Jahren. Fragen wir uns nach dem Princip der Begeisterung, so war es unstreitig das Bewußtsein, daß der menschliche Geist dem Wesen nach von dem göttlichen nicht verschieden
sei, daß daher der Inhalt der Geschichte wahrhaft göttlicher Natur
sei, daß der Mensch dieser Erbe von Gott nicht in einen Winkel
des Universums als eine geringfügige Creatur verstoßen, sondern
von dem himmlischen Vater als sein Kind, sein Ebenbild an den
weltschaffenden Busen gedrückt werde. Ein Schauer der erhabensten Rührung über diese Gottesnähe, ein freudiges, demuth-ernstes
Entzücken hat damals Viele bei diesem uralten Evangelium durch-
bebt und ihnen das Leben von Neuem geadelt. Was die Andern
suchten, hatten die Hegelianer gefunden. Die Jugend mußte die
Unsterblichkeit als ein endloses Fortbauern abschwören; nicht aus
Pantheismus, wie man gesagt hat, sondern aus Moralität. Man
wollte sich aller Egoität entäußern. Die Richtung Hegel's auf
das Ansichseiende, auf das Allgemeine, Objective machte gegen die
Individualität, gegen die particulaire Subjectivität gleichgültig; ja,
man ging in der Verfolgung derselben ins Extrem und warf dadurch den Schein der Gemüthlosigkeit auf sich. Der christliche
Glaube schien mit einer absoluten Resignation auf das Jenseits,
auf eine persönliche Fortbauer nicht bloß verträglich, er schien sie
vielmehr recht zu fordern. Auch die Bezeichnungen der neutestamentischen Schriften, welche von einer nachirdischen Welt zu sprechen
scheinen, lassen sich, wie Richter und Daumer zeigten, wohl dahin
umdeuten. Behält Gott, wenn er Mensch wird, noch etwas für
sich, was er dem Menschen nicht offenbarte? Ist, wenn der Einzelne durch den heiligenden Geist der Gemeinde die Stellung zu Gott
empfängt, die er haben soll, eine wesentliche Veränderung derselben
durch den Tod denkbar? Kann, mit andern Worten, die Religion
im Himmel eine andere sein als auf Erden? Kann der Geist
Gottes für den Geist des Menschen je ein anderer werden, als er
schon jetzt ist? Da Gott der absolute Geist ist, so kann er als
die absolute Wahrheit, nur im Geist und in der Wahrheit, d. h.

denkend angebetet werden, denn ein Schauen Gottes, des unsichtbar Allgegenwärtigen, ist künftighin so unmöglich als jetzt. Auf die Dauer, auf die Länge des Genießens der Seligkeit kann es vollends nicht ankommen. Was aber die Furcht angeht, als wenn die Vernichtung des Glaubens an die Unsterblichkeit die Sittlichkeit gefährden, zur frechen Hingabe an das Laster verführen könnte, so widerlegt schon die Erfahrung diese gegen den Zweifel gewöhnlich zunächst erhobene Besorgniß, da, wie bereits Pomponazzio in seinem berühmt berüchtigten Buche zeigte, die frömmsten Menschen nicht an die Unsterblichkeit geglaubt haben; die größten Schurken dagegen haben sie geglaubt. Allein noch mehr. Das Bewußtsein, hier und jetzt schon selig leben zu können, muß im Menschen die tiefsten Kräfte wecken, muß ihn ernst und doch heiter, strebsam und doch zufrieden machen. Je allgemeiner daher der christliche, nicht der materialistisch-atheistische Glaube an die Nichtfortdauer wird, um so mehr wird ein rüstiges Geschlecht hervorgehen, welches ohne allen Egoismus in der Freude des wahrhaften Erkennens und Handelns lebt.

Dies ungefähr war das Raisonnement, in welchem sich sehr Viele aus der Hegel'schen Schule bewegten, welches in Richter's mehrerwähnter Schrift von den letzten Dingen seine schärfste Repräsentation fand. Hegel's Phänomenologie und Marheinecke's Eschatologie in seiner Dogmatik waren die Paniere, unter welchen sich die todesmuthige Jugend mit prophetischen Ahnungen von der lebenverjüngenden Wirksamkeit dieser Auffassung des Christenthums versammelte. Es ist leicht zu sehen, daß das sittliche Moment der Entäußerung seiner selbst, die Indignation über die für religiös ausgegebene verächtliche Behandlung der Erde und des Menschen, der Drang, das Seinsollen zum Dasein, den Begriff des Christenthums zur vollen Realität umzuwandeln, hauptsächlich jene Begeisterung entzündete. Schriften, wie die von Byron, gaben ihr außerdem ein poetisches Relief. Ich selbst schwelgte darin und riß nicht Wenige, namentlich auch meinen Landsmann Richter, dem ich von Jugend auf eine Art Autorität war, in jenen Enthusiasmus, weshalb er mich gegenwärtig, wo ich über jenen Standpunct der frommen Indifferenz zu einem höhern hinausgekommen zu sein glaube, als einen Apostaten seiner „guten Sache" beurtheilt, der feigherzig, seiner amtlichen Stellung wegen, andern Sinnes geworden sei.

Daß keine Philosophie so wie die Hegel'sche zur Versöhnung der unaufgebbaren Ansprüche der Vernunft mit der Tradition und dem Dogma des Christenthums fähig sei, ist meine innerste Ueberzeugung. Es ist keine Sophistik des Systems, wenn es sich einer solchen Concordanz rühmt. Man ist noch zu sehr gewohnt, in den Philosophien eine von dem kirchlichen Christenthum abweichende Richtung zu vermuthen, als daß man der Hegel'schen in ihrer Versicherung jener Harmonie Glauben schenken könnte. Es erscheint Vielen völlig sonderbar, daß sie durch die Speculation in ihrer Religiosität unangefochten, unverändert sollten gelassen werden können, daß der Unterschied des Glaubens vom Wissen nur ein formeller, kein reeller ist; man ist lüstern nach Dingen, die in Bibel und Katechismus gar nicht vorkommen; man will eine freimaurerische, esoterische Offenbarung, um sich von dem unaufgeklärten Volk der gemeinen Christen durch sein Besserwissen unterscheiden zu können. Wer dergleichen von Hegel erwartet, täuscht sich durchaus; er verhilft zu einer hellern Erkenntniß des Glaubens, aber der Glaube bleibt, der er ist, der Glaube der Welt, für welchen Niemand einen andern Grund legen kann als Christus.

Doch wir wollen den geschichtlichen Faden wieder aufnehmen. Die Eintracht, in welcher die Hegel'sche Philosophie und Theologie mit dem kirchlichen Christenthum sich befand, war sowohl dem Rationalismus als dem Supernaturalismus, dem Kantianismus wie dem Schellingianismus, dem gelehrten Verstande wie dem Pietismus ein Stein des Anstoßes. Man ärgerte sich über die Dialektik, die für Alles Rath zu wissen schien, und spottete ihrer als einer willkürlichen. Da bemerkte man glücklicher Weise, wie unter dem Feierkleid des logischen Schleppkleides dennoch der diabolische Schweif verrätherisch hervorguckte. Es fand sich, daß in der alle Wissenschaften integrirenden, alle Systeme in sich absorbirenden, alle Dogmen der Kirche begreifenden Philosophie in Ansehung der Unsterblichkeit ein großer Defect vorhanden sei. In Hegel's Schriften fand man nirgend einen expressen Passus über die Unsterblichkeit. Wie groß steht Gottsched's Encyklopädie gegen die seinige da! Sie widmet den künftigen Zuständen der Seele ein eignes Capitel, worin sogar ihr Aufenthaltsort ausführlich beschrieben wird. Bei Hegel war immer nur von der Ewigkeit des Geistes die Rede, während man die Dauer der eignen Seele garantirt wissen wollte. Nun hatte man an jener Entdeckung eine treffliche Waffe, der selbstsüchtigen Zeit die Philosophie so verdächtig zu machen, daß Hegelisch und verrückt Synonima wurden, und man sich durch die Berührung mit einem Hegelianer wie durch einen Paria befleckt glaubte. In einigen kleinen Schriften mußte Hegel selbst noch von der trostlosen Oede seines Systems, von der Hoffnungslosigkeit desselben lesen; nur das Vergangene, das Fertige habe er begriffen; für die schönere Zukunft, für die Wonne des Jenseits fehle ihm das Organ. Hegel antwortete sehr unbefriedigend. Gegen Schubarth und Carganico berief er sich sogar ganz lakonisch auf den Katechismus. Wie unphilosophisch!

Die Opposition aller Parteien ergriff nun diesen Punct als einen ausgemachten. Die Snpernaturalisten erinnerten an Christi Auferstehung, an Bibelstellen, an die Symbola; die Rationalisten an Kant, an das Bedürfniß der Vernunft, an den nnendlichen Fortschritt; die Gefühlsgläubigen beriefen sich auf ihre Ahnung; die Historischen darauf, daß Andere schon früher an die Unsterblichkeit geglaubt hätten, daß ja manche Todte den Lebenden wiedererschienen seien; die Schwachen stützten sich auf ihre Angst vor dem Tode; von Langsdorf darauf, daß von seiner Fortdauer das Dasein Gottes abhinge, und die Aesthetischen auf Jean Paul's „Campanerthal" und Tiebge's „Urania".

Da entriß der ironische Tod Hegel den Lebenden; aber, obschon man ihn nun nicht mehr persönlich inquiriren konnte, so hatte er doch keine irenische Wirkung. Die Gegnerschaft erhob sich mit desto größern Hoffnungen zum Siege. Hegel war schwierig; mit den Schülern wollte man bald fertig werden; sie selbst würden sich untereinander entzweien, da Hegel's machtvolle Persönlichkeit nicht mehr uniformirend wirke; die Berliner „Jahrbücher" würden zu einer ordinairen Literaturzeitung herabsinken, ohne weitere speculative Prätension; von den Schülern sei keiner zur centralisirenden Vertheidigung des Systems fähig. Bachmann rüttelte tapfer an allen Stangen des speculativen Käfigs und versprach durch eine Umgestaltung des Systems den eingegitterten

Menschen wieder in die frische Gottesluft zu führen. Der jüngere Fichte that sehr bedenklich und versprach, seiner kritischen Revue der Philosophie die ächte Wahrheit bald nachfolgen zu lassen. Mit ihm rivalisirte Weiße in Versprechungen; ja, er kam mit seiner „Metaphysik", einer überraschenden Probe der verheißenen Wahrheit, der Fichte'schen Ontologie bereits zuvor; Braniß und Fischer schleuderten ebenfalls Metaphysiken zum Angriff; Gruppe, ein gewandter Reiter, durchbohrte das System, d. h. sein Phantom desselben, mit tausend Lanzenstichen bis in die Haut der agirenden Personen. Endlich erhebt sich eine Herbart'sche Schule in blanken Waffen mit noch unabgenutzten Streitkräften. Richter's Schriften waren ein besonders willkommener Anhalt. Zunächst verwickelte sich Weiße in Streit mit ihm, weil er den Unglauben an die Unsterblichkeit eine Geheimlehre der Schule genannt hatte. Göschel trat gegen Richter auf; gegen Göschel erhoben sich wiederum Weiße und Fichte: Sie behaupteten, daß aus Hegel's Principien heraus eine individuelle Fortbauer nicht gefolgert werden könne; thue man es, so alterire man das System; man künstele ihm etwas an, was ihm innerlich fremd sei; man gehe durch die Affirmation der Unsterblichkeit aus dem System heraus. Göschel als „einem der Geistreichern unter Hegel's Schülern" zu schmeicheln und ihn als einen, der noch nicht, wie Hinrichs, mit sich abgeschlossen habe, wo möglich zum Fichte'schen oder Weiße'schen Standpunct der wahren Wissenschaft zu bekehren, wurde gesagt, er sei, wenn auch unbewußt, schon über das System in eine höhere Region hinaus. Andere dagegen, wie Mundt und Kühne, meinten, Göschel gehe nicht vorwärts, sondern zurück. Doch blieb es von dieser Seite bei allgemeinen, oft mit übertriebener Härte ausgesprochenen Beschuldigungen, die um so mehr als burch äußere Anlässe motivirt auffallen mußten, da Mundt wie Kühne bis zum Frühjahr 1835 gegen Göschel ein sehr ehrerbietiges Betragen bewiesen hatten. So steht die Sache. Richter leugnet die Unsterblichkeit als weder der Moralität noch der Religion nothwendig. Weiße behauptet sie, aber als eine precaire: unsterblich ist nach ihm nur der in Gott Wiedergeborene; der natürliche Mensch stirbt wie die Seele des Viehes; ein Bekenntniß, welches er auch in Knittelversen abgelegt hat. Fichte stützt sich vorzüglich auf die

Physiologie und Psychologie, auf den Begriff des Lebens, auf die monadische Individualität der Seele. Die Hegel'sche Schule aber scheint in dieser Beziehung jetzt in eine doppelte Fraction zu zerfallen: in eine, welche die persönliche Fortdauer unbegreiflich findet, und in eine, welche sie aus dem Denken glaubt darthun zu können; der bisherige Repräsentant der letztern ist Göschel geworden.

Göschel gab in seinem Buch über die Unsterblichkeit: 1) eine Kritik der gewöhnlichen Weise für die Fortdauer der Seele. Jeder derselben ist für sich unzureichend und weist aus sich von selbst auf die andern. Der Zweifel, das negative Denken, heftet sich mit Nothwendigkeit an die einzelnen Beweise, wenn sie als vereinzelte gelten sollen. 2) Ferner zeigt Göschel, daß die Beweise aus den verschiedensten Wendungen, worin sie gefaßt sind, auf drei Grundbestimmungen sich zurückführen lassen: a) auf den Begriff der substantiellen Einfachheit, der Individualität der Seele. Die Simplicität der Substanz führt auf den Begriff der Immaterialität, die Immaterialität auf die Incorruptibilität. So entsteht der metaphysische Beweis der alten Psychologie. Er nimmt auch eine theologische Färbung an, insofern der Mensch als ein Theil des göttlichen Wesens im Pantheismus oder als ein Gedanke des ewigen Gottes im Monotheismus, als eine Radiation seines Lichtes aufgefaßt wird. b) Die zweite Bestimmung ist die des Zweckes. Der metaphysisch-psychologische Beweis gibt nur den Begriff der Unverwüstlichkeit des Seelendinges, der teleologische den der Unendlichkeit. Hier ist aber zu unterscheiden: α) der aus der Natur und β) der aus dem Wesen des Geistes geführte Beweis. Aus der Natur heraus wird der physiologische geführt, der seiner Form nach der analogische ist; die Zweckmäßigkeit des Naturlebens zeigt, wie immer die niedere Stufe der Bildung in die höhere übergeht, so daß die letztere als Zweck der erstern erscheint. Für unsern gegenwärtigen Standpunct der Erkenntniß ist unser Organismus der vollendetste. Aber nach der Analogie, z. B. wie im Vegetabilischen eine Hindeutung auf das Animalische ist, kann vorausgesetzt werden, daß auch er noch zu höherer Vollendung verklärt werden kann. Aus dem Begriff des Geistes wird der Zweck als die Unendlichkeit des Strebens gefaßt. Die Perfectibilität der menschlichen Anlagen ist aber $\alpha\alpha$) eine theoretische; der Mensch hat einen nie zu stillenden Wissenstrieb; oder ββ) eine praktische; der Mensch soll das Ideal der Tugend realisiren, findet sich aber auf dieser Erde immer in Widerspruch mit seiner Aufgabe, weshalb er eine Fortsetzung des jetzigen Lebens zu postuliren hat. γγ) Nur in der unaufhörlichen Befriedigung seines theoretischen und praktischen Interesses kann der Mensch glückselig sein. Der Gedanke der Glückseligkeit führt aber zum Begriff der Seligkeit als seiner Wahrheit. So endigt der teleologische Beweis im theologischen, der aus der Weisheit und Güte des allmächtigen und heiligen Gottes argumentirt. Gott hat den Menschen zur Seligkeit bestimmt; sie ist der Zweck aller Erkenntniß, alles Handelns, für dessen Realisirung auch die Natur eingerichtet ist. c) Die dritte Kategorie ist somit die der sich mit sich selbst erfüllenden Unendlichkeit des Denkens, wodurch der ontologische Beweis als der Kern des teleologischen enthüllt wird. Die Einheit Gottes mit dem Menschen, die Seligkeit beruht darauf, daß der Mensch sich mit Gott im Gedanken Gottes zusammenschließt. Das Denken Gottes trägt seine Beseligung in sich selbst. Göschel entwickelt seine Gedanken nicht eigentlich genetisch, so daß er mit Ruhe jedes Moment erschöpfte und dadurch zum Uebergang in das folgende reif machte. Aber im Wesentlichen stellt sich das so eben Angegebene als Resultat bei ihm heraus. Er beschäftigt sich, nach den Hauptbestimmungen der Hegel'schen Lehre vom subjectiven Geist, besonders mit den Kategorien der Individualität, Subjectivität und Persönlichkeit. (Wir müssen dabei rügen, daß Göschel die engere Begrenzung des Ausdrucks Subjectivität, worunter er immer die geistige, das Selbst versteht, nicht eigens von der logischen und natürlichen unterschieden hat, denn an sich logisches Subject ist z. B. der Eichbaum so gut als der Mensch.) Diese Abhandlung von der immanenten Entwickelung des Geistes enthält den Beweis, dem wir vollkommen beistimmen. Die wahre Einfachheit der psychischen Individualität ist das Selbstbewußtsein; die Wahrheit des menschlichen Selbstes aber ist die göttliche Persönlichkeit. Die Persönlichkeit des Geistes an und für sich ist nur Eine; die Persönlichkeit des einzelnen Geistes aber hat ihr Princip nicht in der mit der Natur behafteten Individualität, sondern in der von allen Schranken freien absoluten Persönlichkeit Gottes. Der Geist ist wesentlich

Idealität. Er durchdringt Alles und ist selbst schlechthin durchdringlich. Das Bewußtsein nimmt alle Objectivität in sich auf, ohne sie äußerlich, in ihrer objectiven Realität, zu negiren. Es läßt die sinnliche Existenz unberührt. Ebenso manifestirt es sich, macht sich durch seine Thätigkeit zum Object, ohne sich in seiner durch es gesetzten Objectivirung zu verlieren. Statt sich darin abhanden zu kommen, gewinnt es sich vielmehr. Wie es in sich der unendliche Raum für Alles ist, ebenso vermag es Alles aus sich herauszusetzen, ohne etwas von sich einzubüßen. Der Geist ist der seiner selbst und Alles Andern bewußte; die Differenz des Seins als des Objectiven und des Denkens als des Subjectiven hebt sich in ihm, dem vernünftigen, der alle Realität als vernünftig und die Vernunft als real weiß, absolut auf. Das Sein, die substantielle, unmittelbare Individualität, das Denken, die sich mit sich selbst und allem Andern vermittelnde Subjectivität, durchdringen sich in ihm. Sie sind nicht bloß eine Synthesis in ihm, eine äußerliche συναφεια; im Gegentheil ist er ihre Einheit, aus welcher jene Differenz selbst erst hervorgeht. Die Persönlichkeit als die absolute, als die productive Einheit von Sein und Denken, ist aber unsterblich, weil das sich als Sein setzende, in sich unendliche Denken nicht durch das Sein negirt werden kann. Als sterblich müßte sie in ihrer Objectivität nicht zugleich subjectiv sein. Die Subjectivität hingegen greift über die Objectivität hin. Die Thiere sterben, denn sie haben nur psychische Individualität, sind nicht einmal des Bewußtseins, viel weniger des Selbstbewußtseins fähig. Der Mensch aber kann in diesem Sinne nicht sterben, denn der Tod, die Negation des Seins, ist keine Macht über das Denken, welches sich aus sich selbst, nicht aus den Nerven u. s. f. erzeugt. Was ist aber der Geist, der göttliche wie der menschliche, anders als Denken? Freilich ist die Entwickelung des menschlichen Geistes zu seiner Vollendung, das sich Erheben des Menschen zu Gott, ein beständiges Sterben. Aber dies Sterben ist keine abstracte Negation. Als ein Befreien von den Schranken des Raumes und der Zeit ist es ein Verklären der Individualität und Subjectivität durch ihre Vertiefung in die absolute Persönlichkeit. Insofern ist uns auch das Wie der Fortdauer nicht gänzlich verschlossen, denn es kann von dem gegenwärtigen Proceß des sich bewegenden Geistes nicht absolut verschieden sein.

Alle Zweifel an der Fortdauer des Geistes entstehen dadurch, daß man vom Sein ausgeht, statt vom Denken als dem Princip des Seins anzufangen. Das Sein als solches muß mit dem Tode endigen, denn durch den Tod allein erhält es sich in seiner erinnerungslosen Bewegung. Das Denken aber überwindet den Tod, das abstract Negative, und hebt in seiner verklärenden Erinnerung alles gewesene Dasein in sich auf. Aus der Existenz Gottes als des absoluten Geistes (nicht aber aus der Natur, wie im Heidenthum, oder der abstracten Monas, wie im Monotheismus, also nur aus der Trinitätslehre des Christenthums) folgt auch die unvernichtbare Existenz unserer Persönlichkeit. Die Individualität derselben hat freilich an der Natur die Bedingung ihrer Existenz; mit ihr beginnt die Geschichte des einzelnen Menschen. Allein die Wahrheit der Individualität ist die ihrer und der Welt bewußte Subjectivität. Der Form nach enthält sie schon die aus sich selbst anfangende, in sich selbst zurückkehrende Unendlichkeit; dem Inhalt nach aber strebt sie zur göttlichen Persönlichkeit. Gott hat dem Menschen seinen Odem eingeblasen; in ihm wurzelt die menschliche Persönlichkeit. Das Menschsein ist Gott daher so immanent, als dem Menschen das Gottsein. Gott ist nicht der Mensch, aber er wird Mensch; der Mensch ist nicht Gott, aber er wird Eines mit ihm, weil er Geist von seinem Geist und Fleisch von seinem Fleische ist, wie das Sacrament des Abendmahls uns dies himmlische Mysterium eröffnet. Es findet keine Confusion, wohl aber in der Liebe zwischen Gott und dem Menschen eine Communion der Idiome statt, welche unvergänglich ist. Die Subjectivität greift in ihrer Idealität, ich möchte sagen, in ihrer Intimität mit der göttlichen Personalität, über den Tod des Leibes, dem sie ja schon bei lebendigem Leibe abstirbt, absolut hinüber.

3) Eine dritte Reihe von Betrachtungen hat sich Göschel daraus ergeben, daß er die Beweise für das Dasein Gottes denen für die Unsterblichkeit parallelisirt, ihren innern Zusammenhang, ihre Wechselstellung aufdeckt. Doch, so wahr dieser Gedanke an sich ist, so sehr hat ihn Göschel durch eine gewisse Unbeholfenheit in seiner Exposition getrübt. Die Coincidenz beider Beweise konnte viel schlagender dargethan werden. Besonders hätte dabei auch auf die verschiedenen Religionen reflectirt werden müssen, weil eine

jede den Beweis für die Existenz Gottes wie für die Unsterblichkeit der Seele auf andere Weise führt und nur das Christenthum auch hierin eine Totalität offenbart, welche die einseitigen Beweise der andern Religionen, die teleologischen des Heidenthums, den kosmologischen des Monotheismus, in seinem ontologischen aufhebt.

Es fragt sich nun weiter, ob man diese Entwickelung als eine solche ansehen kann, welche mit den Principien der Hegel'schen Philosophie übereinstimmt oder nicht?

Göschel hat am Schluß seiner Schrift eine Sammlung von Stellen gegeben, welche Hegel selbst über die Unsterblichkeit sprechen lassen. Doch sie sind alle mehr oder weniger ungenügend und können noch dem Zweifel Raum lassen, was auch der Sammler durch hinzugefügte Commentationen selbst eingesteht. Uns scheint die Hauptsache, daß man das Verhältniß der logischen Idee zur Idee des Geistes gehörig auffaßt. Hegel's Philosophie hat allerdings kein Princip, aus welchem als einer abstracten Voraussetzung ebenso abstracte Folgerungen gemacht würden. Das Sein des logischen Anfangs ist kein substantielles Princip. Aber sie hat ein Resultat, welches sich als absolutes Princip, auch des reinen Anfangs, als Basis der logischen Idee offenbart, nämlich den Begriff des absoluten Geistes, der sich auch als die Wahrheit der Natur und des endlichen Geistes, als ihr Schöpfer manifestirt. Die logische Idee an sich ist nur die abstracte, die nur gedachte, nur im reinen Denken existirende Wahrheit. Sie ist nur der Begriff der Vernunft, das System ihrer Kategorien. Die Natur ist nicht bloß vernünftig oder vernunftgemäß, d. h. hat nicht bloß die Totalität der reinen Vernunftbestimmungen in sich, sondern lebt auch in ihrer Mannigfaltigkeit und Aeußerlichkeit ein qualitativ specifisches Leben. Der Geist ist in seinem Dasein als endlicher durch die Natur bedingt, sowohl nach seiner Zeugung als nach seiner Erhaltung durch die Ernährung. Allein das Princip des endlichen Geistes ist nicht die Natur, sondern der absolute, in seiner Unendlichkeit unendliche Geist. Gott ist die absolute Totalität, Schöpfer des endlichen Geistes und der Natur. Die Vernunft an sich ist noch nicht der Geist; allerdings ist der Geist wesentlich vernünftig, aber die Vernunft an sich ist nur sein abstracter Begriff. Da nun Hegel's System mit dem Bgriff der logischen Idee anfängt und von da zur Natur fortgeht, so hat man gemeint, die Idee als solche sei der positive Schöpfer der Natur, während es in ihr nur bis zum Begriff der Schöpfung kommt. Und da es von der Natur zum Geist fortgeht, so hat man gemeint, es könne Hegel keinen persönlichen, über der Geschichte und Natur in übergreifender Subjectivität schwebenden Gott haben, sondern der menschliche Geist in seiner Allgemeinheit, der Weltgeist sei sein Gott; die Individuen würden geboren und stürben, denn es sei das Schicksal des Endlichen, zu Grunde gehen zu müssen. Aber man vergaß dabei, was Hegel so oft einschärft, daß erst das Resultat die volle Wahrheit, den wahrhaften Anfang gibt. Dies Resultat ist der Begriff des göttlichen oder absoluten, sich als alle Wahrheit wissenden Geistes. Der menschliche Geist ist als einzelner freilich endlich, allein als Geist, als zur Freiheit bestimmt, als ein ihm selbst offenbares Verhältniß zu Gott habend, ist er nicht weniger unendlich. Und diese substantielle Unendlichkeit, diese in sich ewige Innerlichkeit ist die Wahrheit seines Endlichseins.

Hält man also fest, daß in der Hegel'schen Philosophie der absolute Geist das absolute Prius des endlichen Geistes, der Natur und der Vernunft, ihr productiver Grund, ihre Totalität ist, so wird man Göschel das Zeugniß geben müssen, daß seine Beweisführung consequent aus dem System entspringt. Wenn Fichte und Weiße ihm den Vorwurf der Inconsequenz machen, wenn sie mit Anführung von Stellen aus Hegel behaupten, daß bei ihm der logische Begriff Alles sei, in dessen abstracter Nothwendigkeit jedes frische, concrete Leben, alle Individualität, alle freie Persönlichkeit rettungslos umkomme, so muß man behaupten, wie hart es klingen mag, daß sie Hegel nicht ganz verstanden haben, denn selbst in der Logik kommt der allgemeine Begriff der Freiheit und des Lebens vor. Sie natürlich können bis jetzt nicht anders, als ihren Mißverstand für den wahren Verstand, die entgegengesetzte Auffassung aber für Mißverstand und willkührliche Deutung erklären. Daß sie aber ihren Einwürfen einen großen Anschein von Wahrheit geben, daß sie sogar Stellen aus Hegel für sich citiren können, liegt darin, daß die logische Idee allem Natürlichen und Geistigen immanent ist. Macht aber diese Allgegenwart sie zum

Princip? Schließt die Immanenz des Logischen die qualitative Differenz des Natürlichen und Geistigen von sich aus?

Wir erlauben uns noch einige Bemerkungen über die Art und Weise, wie Göschel seine Aufgabe gelöst hat. Wir können voraussetzen, daß Jeder in seinem Buch eine Menge geistreicher Gedanken, feiner Combinationen, treffender Ausdrücke, einen heiligen Ernst für die Sache, ein ausgezeichnetes, so vielfach bewährtes Forschertalent anerkennen wird. Dazu hat Göschel in seinem Verhalten nach Außen etwas so Liebenswürdiges, daß man für ihn eingenommen werden muß. Diese Anerkennung darf aber nicht zur Schmeichelei werden, ihn mit seinen Mängeln unbekannt zu lassen.

Zuerst vermissen wir an ihm die zusammenfassende Weite des Denkens. Aus den Ansätzen zu größern Entwickelungen fällt er überall schnell in Einzelheiten herab. Er vermag keinen umfangreichen, organischen Plan zu entwerfen. Er möchte es wohl; das sieht man aus seinen wiederholten Anstrengungen; allein es gelingt ihm nicht. Unaufhörlich geht er von einem Beweise zum andern, von einer Nuance zur andern ohne rechte Klarheit, ohne logische Ordnung über. Eine Vermischung von Bestimmungen, welche bei Hegel durch den streng dialektischen Gang viel deutlicher auseinandergehalten werden, ist die unausbleibliche Folge dieses unsystematischen Verfahrens gewesen, z. B. daß der Begriff der Seele, das unmittelbare Ineinandersein des Geistigen und Leiblichen, nicht gehörig entwickelt wird, worauf doch für den Begriff der Auferstehung so viel ankommt; Göschel spricht oft vom Leiblichen, wo er nur das Psychische meint. Auch Geist und Vernunft identificirt er nicht selten, während bei Hegel das Vernünftigwerden des einzelnen Geistes, das subjective Erfassen der Vernunft, nur den Uebergang zum vollständigen Begriff des Geistes macht. Göschel weiß sehr wohl, was die dialektische Methode fordert. Er will nicht bloß Versicherungen geben, er will seine Behauptungen durch den Beweis rechtfertigen. Auch zeichnet er sich die Spur vor, die er im Beweise zu gehen hat. Allein bald ermattet er und fällt in die Schlaffheit des Erzählens, wobei er sich schon in manche Angewöhnungen verrannt hat, z. B. das Erste ist, das Zweite ist, das Dritte dazu ist; — jetzt ist das so und so; — das A und O ist; — es bietet sich uns zunächst bar; — das Weitere ist; ferner u. s. w. So dankbar es auch aufzunehmen ist, wenn der Verfasser dem Leser durch solche Fingerzeige freundlich forthilft, so ist doch der innere sich selbst bestimmende Fortgang der Sache Das, worauf es ankommt. Da nun Göschel diese freie Methode beabsichtigt, ihr aber noch nicht völlig gewachsen ist, so entsteht dadurch etwas Gedehntes, Ermüdendes.

Göschel ist aus der Betrachtung des Gegebenen, der Bibel, des Corpus juris und Preußischen Landrechts, der Göthe'schen Dichtungen in die Philosophie hineingekommen. Auch die Philosophie wurde ihm gegeben. Daraus erklärte sich seine Manier. Er ist ungemein geschickt in der Combination aller jener Stoffe; er überrascht damit oft. Allein einen Gegenstand ganz rein, ohne eine literarische Beziehung, ohne eine Bibelstelle, eine Göthe'sche Devise oder ein Hegel'sches Philosophem anzuschauen, ihn frei aus sich, unbekümmert um alle Folge für Bibel, Göthe und Hegel sich entwickeln zu lassen, wird ihm sichtbar schwer, wie sehr er auch darnach ringt. So fällt er denn immer aus Einem in's Andere, zerreißt einen Zusammenhang in kleine Paragraphen, in aphoristische, nur im Allgemeinen zusammen gehörige Reflexionen und stört den Gedankengang durch ein unruhiges Umherblicken. Er gleicht einem Fechtenden, der mit den Augen nach einen Anhalt umherschweift, wodurch ihm der Rücken gedeckt werde. Auffallend wird diese Schwäche besonders bei seiner Betrachtung des geschichtlichen Materials. Auch eine nur flüchtige Erinnerung an die Geschichte der Philosophie, Theologie und Poesie mußte eine gewisse Folge, gewisse durchgreifende Wendepuncte beobachten. Jetzt ist dieses Element ungenießbar und wirkungslos durch das Ganze verschleppt worden, bald des Platon, bald des Dante, Spinoza, Aristoteles u. s. f. erwähnt. Freilich ist auch so noch unendlich mehr geschehen, als von der neuen hochfahrenden Schule Schellings, welche, um zu der wichtigen Frage doch auch ein Scherflein zu geben, alte Sentenzen noch einmal urtheillos aufwärmen läßt. Vergangene Gedanken bloß wiederabdrucken zu lassen, heißt das historische Princip wirklich aufs Aeußerste treiben; denn ob man jene Sentenzen auch wieder gedacht hat, scheint zweifelhaft, da man sonst wohl das Drucken unterlassen haben würde.

Aus der Gewohnheit, sein Denken mehr als Nachdenken an Gegebene auszuschließen, statt es selbständig in eignem Strom sich ergießen zu laſſen, iſt Göſchel auch in das Spielende verfallen. Da er nach einer objectiven Haltung der Darſtellung mehr ſtrebt, als ſie wirklich ſchon beſitzt, ſo hat er noch Zeit, noch Kraft genug zum äußerlichen Reflectiren übrig. Er kann bei Fixirung eines Objects mit blinzendem Auge noch zehn andere ſtreifen. Jeder tüchtige Denker hat auch einen zarten Sprachſinn, denn wer hätte die Sprache mehr in Erwägung zu ziehen, als der ihrer am meiſten bedarf? Auch Göſchel ermangelt dieſes feinen Sinnes nicht. Allein bei dem Philoſophen muß der Accent immer auf der Seite des Gedankens liegen. Daß die Sprache oft die glücklichſten Coincidenzen damit hat, wird ihn höchlich intereſſiren; aber er wird auf ſolche Entdeckungen nicht Jagd machen, weil damit ſogleich die Freiheit des Denkens beeinträchtigt wird. Kein ſeichteres Philoſophiren als das aus Wortanalyſen. Göſchel dürfte von einer ſolchen Richtung nicht ganz frei zu ſprechen ſein und iſt in dieſer Schrift einmal mit dem Wortſpiel: Entelechie und Endelechie ſelbſt ins Geſchmackloſe gefallen. Endelegie wäre ſchon witziger geweſen. Dieſe Rüge kann minutiös erſcheinen. Sieht man aber an Franz von Baader im Großen, wohin dergleichen führt, wie die Sucht nach Wortſpielen ein urſprünglich kraftvolles Denken weibiſch abſchwächen, ſeine Entwickelung ſiſtiren kann, ſo wird man unſere Warnung zeitig finden.

Jeder tüchtige Denker wird ferner Phantaſie haben; er wird ſeine Gedanken auch in bildlicher Form verdeutlichen können; der geniale Denker wird ſich darin durch Erfindung neuer Bilder und Wendungen dem Dichter annähern können. Allein die Philoſophie iſt nicht Poeſie; die Tiefe d. i. Wahrheit des Gedankens, nicht die Schönheit der Vorſtellungen, ſoll durch ſie an den Tag gelegt werden, weshalb der Philoſoph mit Bildern ſparſam ſein wird. In vorliegendem Buch hat Göſchel darin zuweilen kein Maaß zu halten verſtanden. Die Vorrede iſt eine widrige Spielerei mit Bildern, welche weder wahrhaft erbauen noch intellectuell anregen kann; in der Expoſition ſelbſt aber wird man einigemal mit Lichtgüſſen und Farbenvermiſchungen unangenehm überſchwemmt.

Was wir Göſchel ſehr hoch anrechnen, iſt, daß er, bei ſeiner Neigung zum Erbaulichen, in ſeiner Auseinanderſetzung doch nicht weiter gegangen iſt, als man vernünftigerweiſe gehen kann. Er hat gezeigt, wie das Denken Raum und Zeit negirt, wie die

Freiheit das Natürliche in sich aufhebt und die Unsterblichkeit aus dem Begriff des persönlichen Geistes abgeleitet werden könne und müsse. Zuweilen stimmt er wohl feierliche, prophetische Töne an, kehrt aber bald zum concreten Denken zurück. Der jüngere Fichte hat gemeint, die entschlafenen Seelen blieben in unserer Atmosphäre und wären uns vielleicht näher, als wir dächten; Weiße hat den Seelenschlaf hervorgesucht — diese Vermuthungen sind ein vages Feld für Fictionen, deren Wahrscheinlichkeit nie zur evidenten Wahrheit werden kann.

Wir wünschen der Wissenschaft nicht, daß sie aus einem Extrem ins andere falle und sich in Faseleien über das Jenseits verliere, welche mit biblischem Prunk so leicht, so wohlfeil und verführerisch auszustatten sind.

Die Erde, die Natur, den Geist, die Vernunft kennen wir. Unsere Gegenwart ist überreich an Wundern und unerschöpflich an den mannigfachsten Aufgaben für das Wissen und Handeln. Darauf uns hinzuwenden mit aller Kraft, ist unsere heilige Pflicht. Was aber künftig sein werde, haben wir ruhig abzuwarten. Christus hat uns nicht umsonst gesagt, daß jeder Tag seine eigene Plage habe. Welche aber noch mehr wissen wollen, als daß der Geist frei, daß er durch seine in sich unendliche Freiheit allem Vergehen entnommen und ewig in Gott zu leben bestimmt ist, welche sich mit den Subtilitäten des ätherischen Leibes, mit der Zeitbestimmung des jüngsten Gerichts, mit der Topographie und Statistik von Himmel und Hölle beschäftigen, solche gleichen nicht uneben den Heiden, welche fragen, was werden wir essen und trinken, was für Kleider werden wir anziehen? Das ist nicht fromme Wißbegierde, sondern sinnliche Neugierde; nicht speculative Kraft, sondern Aufschlag, Wucher der Phantasie. Es wird hier sein Bewenden bei dem trefflichen Paulinischen Ausspruch haben müssen, der als Motto der Hegel'schen Philosophie des Geistes vorgesetzt werden könnte: daß gesäet wird verweslich und aufersteht unverweslich, und daß wir werden verklärt werden von einer Klarheit zur andern.